वकील पारधी

वकील पारधी

लक्ष्मण गायकवाड़

अनुवाद
प्रभा शेटे

राधाकृष्ण प्रकाशन

मूल मराठी पुस्तक 'वकिल्या पारधी' से अनूदित

ISBN : 978-81-8361-447-4

वकील पारधी

पहलासंस्करण : 2011
दूसरा संस्करण : 2021
This book is printed on **Print on Demand** Technology : 2026

मूल्य : ₹995

प्रकाशक
राधाकृष्ण प्रकाशन प्राइवेट लिमिटेड
जी-17, जगतपुरी, दिल्ली-110 051

शाखाएँ : अशोक राजपथ, साइंस कॉलेज के सामने, पटना-800 006
पहली मंजिल, दरबारी बिल्डिंग, महात्मा गांधी मार्ग, प्रयागराज-211 001
1, अनमोल सोराबजी संतुक लेन, धोबी तलाव, मरीन लाइंस, मुम्बई-400 002
वेबसाइट : www.radhakrishnaprakashan.com
ई-मेल : info@radhakrishnaprakashan.com

VAKEEL PARDHI
by Lakshman Gaiakwad Novel
Translate by Prabha Shete

अपनी लेखनी से भटकते हुए विमुक्त घुमन्तू समाज के दुख और वेदनाओं को पुस्तक रूप में दुनिया के समक्ष खुलेआम रखने का साहस करनेवाले साहित्य रत्न अण्णाभाऊ साठे, शंकरराव खरात 'बली' उपन्यास की लेखिका मालतीबाई बेडेकर–इन सबकी स्मृति में, मैं अपना यह उपन्यास अर्पण कर रहा हूँ।

मनोगत

इस पुस्तक के लेखन का वास्तविक उद्‌देश्य केवल यही है कि पिचके हुए, दबे हुए और विकास से कोसों दूर रहनेवाले समाज का चित्र मेरी आँखों के समक्ष घूमता रहता है—और उसी चित्र को चित्रित करने की ऊर्मि मेरे मन में उठती रहती है—जिसे लिख डालने की इच्छा बार-बार मन में उठती है। जिस समाज ने देश की नींव मजबूत करते हुए देश का शिखर बनाने के लिए, अपने कुटुम्बियों के समेत, बड़े-बड़े कष्ट सहकर राष्ट्र की प्रगति में अपना सहभाग दिया, उस समाज की उपेक्षा 'पत्थर कटवा' में दर्शाई गई है। पिछले पच्चीस वर्षों से मैं उस समाज के उत्थान के लिए कार्यरत हूँ। पशुतुल्य जीवन को जीनेवाले 'पारधी' समाज की जानलेवा वेदना, कष्ट और स्वतंत्रता प्राप्ति के पश्चात् भी न मिटनेवाला उन पर लगा 'गुनहगारी' का कलंक—इन सबका चित्रण साहित्य के माध्यम से करने की मेरी प्रखर इच्छा थी। इसीलिए, स्वतंत्रता-पूर्व से स्वतंत्रता प्राप्ति के पैंसठ वर्ष बाद भी 'पारधी' समाज पर उनके जीवन पर प्रकाश डालनेवाला (वकील पारधी) वकील शिकारी यह उपन्यास लिखकर पूर्ण किया।

क्या पारधी इस देश के अन्य लोगों के समान हैं? यदि हैं, तो फिर पेट की भूख की आग मिटाने के लिए—जीने के लिए; समाज ने सारे माध्यम बन्द कर देने के कारण; जब पारधी समाज रोटी का टुकड़ा चुराने पर बाध्य हो जाता है, तब सारा समाज उसे चोर, डाकू करार देता है—पुलिसवाले हर रोज पारधी समाज की औरतों-बच्चों को जानवर-ढोरों की तरह पकड़कर ले जाते हैं—बन्द कोठरियों में रखकर पीटते हैं। अनेक परिवार इस प्रकार की मारपीट से उद्‌ध्वस्त हुए दिखाई देते हैं। पुरोगामी कहलानेवाले महाराष्ट्र में—चोरी और गुनहगारी का ठप्पा माथे पर लेकर घूमनेवाले आदिवासी-जनों की हालत कुत्ते-बिल्लियों से भी बदतर देखी जा सकती है। उनकी शिक्षा के लिए अथवा उनके आरोग्य हेतु कोई भी

सामाजिक कार्य होता नजर नहीं आता है। पारधी समाज वास्तव में आदिवासी जाति में गिना जाता है परन्तु फिर भी उन्हें राजपारधी, गावपारधी, हिरनपारधी जैसे नाम देकर, आदिवासियों को मिलनेवाली सुविधाओं से वंचित रखा जाता है, यह योग्य नहीं है। भारत में एक करोड़ से भी अधिक पारधी समाज है। एक प्रतिशत से अधिक शिक्षित लोग इस समाज में हैं ऐसा कहा जाता है।

पारधी समाज में सामाजिक बदलाव लाने के लिए मैं और मेरे साथ ज्ञानपीठ पुरस्कार प्राप्त प्रसिद्ध बंगाली लेखिका महाश्वेता देवी ने महाराष्ट्र और देश की अन्य गुनहगार जाति में जाने जा रहे आदिवासियों पर पुलिस द्वारा की जा रही अमानवीय ज्यादतियों से संरक्षण दिलाने हेतु, मानवी हक आयोग से लेकर यूएनओ तक इस प्रश्न पर चर्चा करवाई। प्रधानमंत्री से राष्ट्रपति तक सबके साथ भेंट कर–उनके संग मुलाकात कर, आदिवासियों का सर्वांगीण विकास करने की माँग की–परन्तु अब भी इस बात पर मंजूरी मिली नहीं है।

मराठवाड़ा, विदर्भ और पश्चिम महाराष्ट्र के विभागों में 'पारधी समाज' की अनेक समस्याएँ देखते हुए उनको सुलझाते समय हमें अनेक संकटों का सामना करना पड़ता है। पुलिस और राजकीय व्यक्तियों के विरोध का सामना करते हुए–पारधियों पर होनेवाले अत्याचार व अन्याय के विरोध में पश्चिम महाराष्ट्र के पुणे, सातारा, मराठवाड़ा, इन्दापुर, बारामती इत्यादि जगहों पर घटनेवाली अनेक अत्याचारों की घटनाओं को सबके सामने लाकर, मानवी हक आयोग के मार्फत, सी.आई.डी. से पूछताछ करवाकर, लगभग चालीस से पचास लाख रुपयों तक का मुआवजा उन पीड़ित पारधियों को, हमारे संघटन ने दिलवाया है।

बारामती में 'पिन्या हरी भाले' के खून के प्रकरण में कुछ पुलिसवालों को जेल भेजा गया। मराठवाड़ा के 'कलम्ब' नामक जगह पर तीन सौ पारधियों के घरों को जलाकर राख कर दिया गया था। यह काम जिन गुंडों ने किया था उन्हें भी पकड़वाया गया था। महाराष्ट्र में ऐसी अनेक घटनाओं और अत्याचारों को सबके सामने लाकर न्याय दिलवाया गया। इस प्रकार के अत्याचारों को दुनिया के सामने लाकर एक लाभ दिखाई दिया कि पारधी समाज और उसके लोगों के विषय में जो कुछ गलत धारणाएँ लोगों के मन में थीं उन्हें दूर करने में मदद मिली, जिससे लोगों के मन में पारधी समाज के प्रति कुछ सहानुभूति जागी, तब फिर शासन पर दबाव लाकर पारधियों के विकास-कार्य में कुछ गतिशीलता

लाने में कुछ यश प्राप्त हुआ–अच्छा लगा परन्तु फिर भी इन लोगों का सर्व दुख-निवारण करने का प्रयास करते हुए भी मुझे कुछ अपूर्णता का अहसास होता रहा। अतः इसी कारण मैंने पारधी समाज की सारी समस्याएँ अपनी लेखनी द्वारा पुस्तक रूप में समाज के समक्ष रखने का प्रयास किया है–इनमें उठे प्रश्न केवल मेरे तक मर्यादित न रखकर, पूरे समाज तक पहुँचाने का प्रयत्न किया है। अब ये सारे सवाल समाज के समक्ष रखे हैं–इस उपेक्षित पारधी समाज को अब पूरे समाज को ऊपर उठाना है–अपना हाथ आगे बढ़ाना है–अपने साथ लाकर खड़ा करना है जिससे अपना राष्ट्र प्रगति की ओर अग्रसर हो सके।

मुझे एक दुख सदैव सताता रहता है कि स्वतंत्रता के पश्चात् भी पेट की भूख मिटाने के लिए रोटी का टुकड़ा चुरानेवाले आदमी को यहाँ चोर, गुनहगार कहा जाता है। पारधियों को जन्म से ही गुनहगार करार देकर समाज से बाहर निकाल दिया जाता है! स्वतंत्रता के पश्चात यह दिखाई देनेवाला दृश्य मेरे जैसे लेखक को अत्यन्त भयावह प्रतीत होता है। इससे मुझे वेदना होती है। इस पुस्तक के माध्यम से पूरे समाज की इस समाज के प्रति दृष्टि में बदलाव देखना चाहता हूँ। अपनी पारम्परिक, कपोलकल्पित भावनाएँ बदलकर समाज, पारधी समाज की ओर प्रेम-भावना रखे और व्यवहार करे, उनकी सामाजिक, उनकी शिक्षा प्रणाली में सुधार लाकर उन्हें ऊपर उठाए, यही इस पुस्तक का उद्‌देश्य है।

इस समाज की उन्नति के लिए, आगे हाथ बढ़ानेवाले पुलिस के डी.एस.पी. श्री सुरेश खोपड़े, श्री अशोक दिवरे साहब को धन्यवाद देना आवश्यक समझता हूँ। इसी प्रकार समाज में परिवर्तन लाने में मेरे सहायक व खरे कार्यकर्ता धनगर (गड़रिए), समाज के नेता श्री माधव जाणकार, श्री अविनाश गायकवाड़, श्री दीपक जाधव, श्री विट्‌ठल जाधव, श्री हरिभाऊ गायकवाड़, श्री राजेश भांडे, श्री रामू काले, पारधी समाज के अनेक कार्यकर्ताओं का और बंजारा समाज के श्री रणजीत नाईक को आभार प्रकट करना आवश्यक समझता हूँ। 'वकील पारधी' (वकील शिकारी) में मैंने देखी व सुनी सत्य घटनाओं का उल्लेख किया है। परन्तु उनमें से यदि किसी व्यक्ति विशेष से उसमें साम्य दिखाई दे तब उसे केवल संयोग समझा जाए।

इस पुस्तक को लिखने व मूल पांडुलिपी कम्प्यूटर पर टाइप करने में जिन्होंने मेरी बहुमूल्य सहायता की, वे हैं श्रीमती रेखा इंगले तथा

पुस्तक रूप में आपके समक्ष लाने में जिन्होंने सहायता की वे हैं श्री निरंजन उजगरे और श्रीमती अनुपमा उजगरे जिन्होंने इसे छपवाने का प्रोत्साहन दिया, उनका मैं ऋणी हूँ।

सामाजिक कार्य करने और मुझे लिखने के लिए जिसने मुझे पूरी छूट दी–जैसे किसी वारु (घोड़े) को दौड़ने खुला छोड़ दिया जाए–वैसे ही मेरे काम में किसी प्रकार की भी अड़चन न डालकर कदम-कदम पर मेरा साथ देनेवाली मेरी पत्नी श्रीमती धबूताई गायकवाड़ तथा श्रीमती संगीता, डॉ. मंजुषा, प्रफुल्ल व प्रतीक–इन सबने मुझे पूरा सहयोग-सहायता दी। इन सबका मैं आभारी हूँ।

–लक्ष्मण गायकवाड़

दूसरे संस्करण के निमित्त

'वकील पारधी' मेरी इस पुस्तक का दूसरा संस्करण वाचकों के हाथों में देते हुए मुझे अत्यन्त प्रसन्नता हो रही है। देखते-ही-देखते प्रथम संस्करण बिक गया। कवि स्व. निरंजन उजगरे के मैजेस्टिक प्रकाशन के माध्यम से सम्पूर्ण महाराष्ट्र में यह पुस्तक पहुँची और बिक गई। मराठी वाचक के हृदय को भेदनेवाली और मराठी साहित्य में पारधी समाज का धक्कादायी चित्रण करनेवाला यह प्रथम उपन्यास मराठी वाचक के मन को भा गया। केशव गोरे स्मारक ट्रस्ट द्वारा आयोजित 'महाराष्ट्र फाउंडेशन' का 'ग्रन्थ पुरस्कार' इस उपन्यास को मिला। इस उपन्यास का हिन्दी के अलावा मलयालम अनुवाद भी उपलब्ध है।

हिन्दी में अनुवाद के लिए प्रोत्साहित करने वाले प्रतिष्ठित लेखक राजेन्द्र यादव तथा राजकमल प्रकाशन के निदेशक अशोक महेश्वरी का आभार व्यक्त करता हूँ, जिन्होंने इसे प्रकाशित कर हिन्दी पाठकों तक पहुँचाया।

—लक्ष्मण गायकवाड़

अनुवादक की ओर से

मराठी उपन्यास का यह अनुवाद सहर्ष मैं आपके समक्ष रख रही हूँ। सत्य घटनाओं का आधार लेकर यह उपन्यास लिखा गया था। इसका कथानक हृदयद्रावक और अनपेक्षित घटनाओं से भरा हुआ है। इसकी कथा सहजता से आगे बढ़ती है अच्छे कथानक में मैं समा गई और जिसके कारण मैं यह अनुवाद बड़ी सहजता से कर सकी।

उपन्यास का अनुवाद पूर्ण करने के बाद मुझे बहुत प्रसन्नता और सार्थकता का आभास हुआ। यह मन और विचारों को हिलाकर रख देने वाली कथा है। हिन्दी पाठकगणों के समक्ष मराठी उपन्यास के इस अनुवाद को रखने का साहस मैं कर रही हूँ, मुझे विश्वास है कि अनुवाद पसन्द आएगा।

–प्रभा शेटे

वकील पारधी

बिरडीस सवेरे-ही-सवेरे उठकर अपनी बस्ती के पास स्थित 'कोडियारा' देवी को प्रणाम करने चला गया। वहाँ अपना सिर नवाकर हाथ जोड़ते हुए बोला– "हे कोडियारा देवी, आज मैं जंगल में शिकार करने जा रहा हूँ। मुझे अच्छा-खासा बारहसिंगा हिरन का शिकार दिला दे।" कहते हुए वह अपने तम्बू की ओर लौट आया। तम्बू के एक कोने में वह अपना धनुष-बाण और तीर रखा करता था। बिरडीस ने चमड़े से बना थैला उठाया, हाथ में 'परशी' कुल्हाड़ी उठा ली, दरवाजे के सामने बँधी हुई वनगाय को खूँटे से छुड़ाया और छलाँग मारकर उस पर बैठ गया। वनगाय की पीठ पर बैठते ही वह बड़ी तेजी से शिकार करने चल पड़ा। उसके पीछे-पीछे उसके साथीदार 'लगमण्या, तीरमान्या अपनी-अपनी वनगायों को लेकर बिरडीस के पीछे हो लिए। वनगायों पर आरूढ़ होकर उनकी पीठ को थपथपाकर तेजी से चलने को कहा और वे तीनों एक के पीछे एक चलते हुए कीकर के जंगल में घुस गए। कीकर के जंगल से आगे बढ़ते हुए, उनकी नजरें चारों ओर घूम रही थीं कि कहीं कोई हिरन नजर आ जाए। वे अपने गऊओं के वाहन को इस प्रकार दौड़ा रहे थे कि उनके पैरों की आहट से उनका शिकार कहीं भाग न जाए। इस प्रकार तीनों चौकन्ने होकर अपना रास्ता कीकर के जंगल से काट रहे थे। बड़े-बड़े पेड़ों के बीच से गुजरते हुए, कहीं इमली के पेड़ थे तो कहीं मोट के पेड़ थे, चारों ओर नजर घुमाते हुए इसी ताक में कि कहीं दूर हिरनों का झुंड तो नहीं दिखता बस चले जा रहे थे। पर दूर-दूर तक नजर दौड़ाने पर भी हिरनों के झुंड का कोई अता-पता दिखता नहीं था।

सूरज सिर पर आ चुका था। धूप तेज थी। पेड़ों के पत्तों से छनकर आती सूरज की किरणें भी बिरडीस के नंगे बदन को तपा रही थीं, गरमी जला रही थी। पहाड़ों के माथे पर से झरनेवाली जलधाराएँ 'मुला नदी' बनकर बह रही थीं। उस मुला नदी के बहते हुए पानी की आवाज सुनकर बिरडीस अपनी वनगाय को पानी पिलाने नदी की दिशा में चल पड़ा। तीरमान्या और लगमण्या भी बिरडीस की देखा-देखी उसके

पीछे हो लिए। तीनों ने अपनी गऊओं को पानी के पास खड़ा कर दिया। पानी को देखते ही प्यासी गऊएँ पानी की ओर झपट पड़ीं और गटगट आवाज करती हुई पानी पीने लगीं। गर्मी से बेजार तीनों भाइयों ने अपने हाथों में पानी भरकर पहले अपने मुख और बदन पर छिटका-चेहरा पानी से धो डाला और बाद में जी भरकर पानी पी डाला। इतने में उनकी नजर नदी की ऊपरी ओर पड़ी जहाँ हिरनों का एक बड़ा-सा झुंड नदी की ओर पानी पीने बढ़ता आ रहा था।

बिरडीस ने कहा–''अपनी-अपनी गायों को पकड़कर जल्दी से उन पेड़ों के पीछे छुप जाओ।''

तीरमान्या और लगमण्या ने वैसा ही किया और उन दोनों ने अपने-अपने चमड़ों के थैलों से हिरन को पकड़नेवाले फाँस बाहर निकाले और उन्हें लम्बी सोटी पर बाँध दिया। उधर हिरनों की टोली नदी के किनारे-किनारे से होती हुई पास चली आ रही थी। तेज धूप के कारण प्यासे हिरनों ने धीरे-धीरे अपने मुँह पानी से लगा लिए और जी भरकर पानी पीकर अपनी प्यास बुझाने लगे। इसी समय बड़े हलके कदमों से बिना आहट किए, दबे पाँव अपनी चतुर-समझदार गायों पर सवार हो वे तीनों उस पानी पीते झुंड की ओर चल पड़े। तीनों ही अपनी-अपनी सवारियों पर उनके पेट के नीचे ऐसे चिपके मानो वे कोई 'किलनी' जो जानवरों के शरीर से इस तरह चिपक जाती है कि उसे बड़ी कठिनाई से अलग करना पड़ता है।

कदमों की कोई भी आवाज न करते हुए अपनी-अपनी शिकार करने हेतु प्रशिक्षित गऊओं पर, अनोखे तरीके से सवार, चौकन्ने होकर हिरनों की ओर, तीनों बढ़ते गए। अब वे हिरनों के काफी नजदीक पहुँच चुके थे कि हिरनों ने गऊओं को अपनी ओर आते देख लिया। वे चौकन्ने हो गए। उनके कान खड़े हो गए। कदाचित वे खतरा भाँप गए और लम्बी छलाँगे भरते हुए भागने लगे। यह देखकर तीनों शिकारी झट से गऊओं के पेटों से ऊपर सरककर, झटके से उन पर सवार हो गए। अपने पैरों से उन्होंने गऊओं को कसकर पकड़ लिया और हाथ से थाप देकर उन्हें तेजी से चलने का इशारा किया। बस उस इशारे की देर थी, वे तीनों गऊएँ अपनी सवारियों को लेकर तेजी से हिरनों के पीछे भागने लगीं और अपनी रफ्तार बढ़ाते हुए वे तीनों शिकारी हिरनों के नजदीक पहुँचने लगे। तीनों शिकारियों के हाथों में अब हिरनों की टाँगों में, सिर या सींगों में फँसाने के लिए फाँस थे, जो बार-बार झुंड की ओर फेंककर उन्हें पकड़ने का प्रयास कर रहे थे। परन्तु कोई भी हिरन पकड़ में नहीं आ रहा था। बार-बार रिक्त फाँस उनके हाथों में वापस आ जाते थे।

इतने में तीरमान्या ने जहर लगा हुआ काँटोंवाला तीर निकालकर अपने धनुष पर चढ़ाया और लक्ष्य बेधकर एक बारहसिंगे हिरन पर तीर चला दिया। इतने में एक मृग हिरन बारहसिंगे के सामने भागता हुआ आ गया और तीरमान्या द्वारा छोड़ा हुआ तीर उस मृग हिरन को लग गया। वह तीर उसके पेट में जा धँसा। घायल हिरन

फिर भी थोड़ी दूर तक भागता रहा और जब उससे भागा न गया तब वह गिर पड़ा। आज अचानक तीरमान्या के हाथ कस्तूरिया मृग लगा था। अचरज से वह उस हिरन को देखता रहा, एक दुर्लभ शिकार पाकर वह प्रसन्न था। बिरडीस बारहसिंगे के पीछे भागता ही रहा क्योंकि उसे उस बारहसिंगे का शिकार करना ही था। उसने ठान लिया था कि जब तक वह अपना शिकार अपने हाथों में नहीं ले लेता वह गाय के ऊपर से नीचे नहीं उतरेगा। बहुत दौड़ने पर बारहसिंगा थक-सा गया था, उसका दम-साँस फूल रहा था। उसकी गति धीमी पड़ रही थी। बड़ी चतुराई से बिरडीस ने अपने हाथ का फाँस अपने शिकार की तरफ फेंका। फाँस बारहसिंगे के सीगों में जा अटका। बारहसिंगे ने सकपकाकर एक जोर का झटका दिया, जिस झटके से बिरडीस अपनी गऊ की पीठ पर से नीचे आ गिरा। बारहसिंगा फाँस छुड़ाने के प्रयास में और तेजी से भागने लगा। इससे हुआ यह कि फाँस व रस्सी समेत बिरडीस को भी अपने साथ घसीटता हुआ दौड़ने लगा। बिरडीस नहीं चाहता था कि उसका शिकार उसके हाथों से निकले। घिसटते हुए वह एक बड़े पत्थर के पास पहुँचा था कि उसने बड़ी चतुराई से हाथों में पकड़ी रस्सी को उस पत्थर पर फंदा बनाकर डाल दिया। अब बारहसिंगे को झटका लगा और दौड़ रुक गई। अब खड़े होकर, बिरडीस बारहसिंगे के दोनों सींगों को अपने हाथ लगे फाँस से जोरों से जकड़ता गया। इतना होते हुए भी तगड़ा जानवर अपने को छुड़ाने की बहुतेरी कोशिश करता रहा। शिकार व शिकारी में मानो कुश्ती चल रही थी। इतने में बिरडीस ने जानवर को उसके गले से कसकर पकड़ लिया और अपने दोनों हाथों से उसका गला दबोचने लगा। अन्त में उसे जमीन पर गिरा दिया और अब अपना पूरा दम लगाकर उसने बारहसिंगे की श्वासनली को पकड़ा और वहाँ बिरडीस ने इतनी जोर से अपने दाँत रोंप दिए और काट खाया कि बारहसिंगे की श्वासनली से रक्त का फव्वारा छूटा। मानो किसी शेर ने हिरन को 'ग्रासिका से' पकड़ लिया हो। बारहसिंगा अपने पैरों को जोर-जोर से पटकता हुआ छटपटाने लगा और थोड़ी ही देर में धराशायी हो गया। धीरे से बिरडीस ने फाँस ढीला करके निकाल लिया और अपने शिकार को अपनी गाय की पीठ पर लादकर, मन-ही-मन कोडियारा देवी को धन्यवाद देते हुए लौटने लगा। पारधियों के लिए यह बहुत बड़ी बात होती है, जब दो-दो बारहसिंगों या हिरनों का शिकार मिलता है। तीनों भाई आज बड़े खुश होकर कीकर के जंगलों से होते हुए अपने-अपने तम्बुओं की तरफ चलने लगे। गऊओं के टापों की आवाज पहचानकर बिरडीस की बीबी जलानला को पता लग गया कि उसका पति शिकार से लौट रहा है।

तीरमान्या की बीबी हरणी और लगमण्या की बीबी घास लेकर वापस लौट रही थी। अपने पतियों के कन्धों पर रखे शिकार देखकर दोनों बड़ी खुश हुईं। पारधियों के 'पालों' पर–तम्बुओं में आनन्द की लहर दौड़ गई थी और सब बच्चों व औरतों ने खुश हो चहलकदमी शुरू कर दी। बिरडीस, तीरमान्या और लगमण्या ने अपने

शिकार अपनी वनगायें लाकर अपने-अपने दरवाजे के सामने खड़ी कर दीं। मृग कस्तूरी हिरन व बारहसिंगे का शिकार मिलने के पश्चात् आज तीनों भाई बड़े प्रसन्न थे। उनके चेहरे खिले-से थे। पारधी बस्ती की सब स्त्रियों और बच्चों ने मिलकर अपने-अपने पालों (तम्बुओं) के सामने की जगह एकदम साफ-सुथरी कर दी थी और केले के पत्तों से बनाए गए पानापासून (पत्तलों) को जमीन पर बिछा दिया था। बिरडीस अपने हिरन (बारहसिंगे) को छीलने बैठ गया। पूरी खाल अच्छी तरह से उघड़ जाए—चमड़ा कहीं पर भी न फट जाए इसका वह ध्यान रख रहा था। जिस सहजता से किसी लकड़ी की छाल निकाली जाए उसी सहजता से बिरडीस वह खाल निकाल रहा था। बारहसिंगे की चमड़ी बहुत बढ़िया दिख रही थी। उसके मन में था कि उस सुन्दर चमड़े से वह अपनी बीबी के लिए एक जम्पर और अपने बेटे के लिए लँगोटी बनाएगा। इसी विचार से वह अत्यन्त सावधानी से चमड़े को धीरे से; उस बारहसिंगे के धड़ से; अलग करता जा रहा था। हिरन का सिर को सींगों समेत उसने बड़ी सावधानी से अलग कर दूसरी ओर रख दिया और बाद में देखते-ही-देखते उस हिरन के मांस के छोटे-छोटे टुकड़े कर, उनका ढेर लगा दिया। छोटे-मोटे शिकार करने में उपयोगी सिद्ध होनेवाली हिरन की टाँगों की नसें व डोरियों खींचकर निकाल दी गईं और उन्हें पेड़ के तने पर सूखने के लिए डाल दिया गया। उधर दूसरी ओर तीरमान्या और लगमण्या कस्तूरी मृग हिरन को छीलने और काटने बैठ गए। वह मृग हिरन जवान था इसी कारण उसकी नाभि के पास लगी कस्तूरी की सुगन्ध दूर-दूर तक जा रही थी। उस कस्तूरी को प्रथम तीरमान्या ने और बिरडीस ने मिलकर अलग किया। कस्तूरी की गाँठ बाहर निकलते ही वहाँ का आसपास का वातावरण भी सुगन्ध से दमक गया। बिरडीस ने बड़ी सावधानी से वह कस्तूरी अपनी बीबी जलानला के हाथों में थमा दी और कहा—''हमारे बच्चों को अगर कभी खाँसी जुकाम हो, पेट दर्द हो, मिरगी आ जाए तब यह कस्तूरी बहुत उपयोगी साबित होती है। यह एक औषधि है। इसकी केवल खुशबू सुँघाने से या किसी चीज में थोड़ी-सी मिलाकर खिलाने से सब बीमारियाँ दूर हो जाती हैं। इसे बहुत सँभालकर रखना।''

तीरमान्या ने कहा—''कस्तूरी हिरन मिलना बहुत ही दुश्वार होता है। आज हमारी तकदीर अच्छी थी, जब कस्तूरिया मृग अपनी पूरी जवानी में होता है तब उसकी नाभि में यह कस्तूरी आ जाती है। कस्तूरी खुशबूदार होने के कारण अनेक हिरन इसका यानी इस खुशबू का पीछा करते हुए इस पर मोहित हो जाते हैं। और इसका पीछा करते हुए इसके पीछे भागने लगते हैं। यह हिरन जवान होने के कारण बहुत अधिक तेज भाग सकता है। उसका भागना इतना अधिक तेज होता है कि इस कस्तूरिया मृग का शिकार करना बहुत ही कठिन हो जाता है। वह पकड़ में आता ही नहीं है। परन्तु मेरे छोड़े हुए बाण से वह घायल हो गया था। इसीलिए मैं इसका शिकार कर पाया। इसका मांस बहुत ही स्वादिष्ट होता है। यदि इसका मांस सुखाया

जाए तो तीन-चार महीनों तक उसे हम खा सकते हैं।'' इतना कहकर उसने पुनः अपना काम चालू कर दिया। हिरन के मांस के टुकड़े कर सबको बाँटने के लिए रख दिए गए। सबके हिस्से एक समान थे। बिरडीस का तीन-चार साल का बेटा रानपाल्या अपने हिस्से में आए मांस के एक टुकड़े को उठाकर कहने लगा, ''माँ मुझे यह टुकड़ा आँच पर भूनकर खाने को दे।''

माँ ने उसे रुकने को कहा पर वह न माना। अन्त में बिरडीस ने तीन पत्थरों के चूल्हे में लकड़ियाँ जलाकर, उस मांस के टुकड़े पर नमक लगाकर अपने बेटे की इच्छा पूरी की। बेटा बड़े चाव से भुने हुए मांस का टुकड़ा खाता जा रहा था।

बिरडीस सोच रहा था कि आनेवाले आठ-पन्द्रह दिन बड़े आराम से कटेंगे। शिकार से मिला हुआ मांस इतने दिन तो अवश्य चलेगा। अब अगले पन्द्रह दिन शिकार करने की चिन्ता करने की कोई आवश्यकता नहीं होगी। उस दिन सब पारधियों के घरों में प्रसन्नता का वातावरण था। सब लोग भुना मांस बड़े चाव से खाते जा रहे थे। गप्पे मारते हुए शाम कब ढलने लगी, इसका उन सबको पता भी न चला। बिरडीस अपने बेटे को पास लेकर बैठा और उसे सिखाने लगा कि हिरन की नसों से 'फाँस' कैसे बनाया जाता है। उसे बनाते समय गाँठ कहाँ-कहाँ लगानी पड़ती है। बेटा भी बड़े ध्यान से अपने पिता की बातें समझ रहा था। इतने में तीरमान्या और लगमण्या भी वहाँ आ पहुँचे और बड़े प्यार से उन बाप-बेटे को देखने लगे। तीनों भाई अब इकट्ठे बैठ गए। दिनभर की थकान थी परन्तु अच्छा शिकार मिलने का आनन्द भी उनके चेहरों पर था। कोडियारा देवी के पत्थर के पास जाकर कहा, ''हमें ऐसा शिकार मिलता रहे, तुम्हारा आशीर्वाद हमें सदैव मिलता रहे।''

इस प्रकार का पारम्परिक गीत गाते हुए ढोल के संग सब नाचने लगे। तब तक वहाँ और लोग भी पहुँच गए और बड़ी लयबद्ध गति से उनका नृत्य चलता रहा। सब बहुत प्रसन्न थे। इन गीतों में गाया जाता था कि वे लोग कौन थे। कहाँ से आए थे। उनका इतिहास क्या है। अपने बाप से सीखे हुए ये गीत इस नाच के समय अपनी बस्ती के लोगों को बच्चों को बिरडीस बड़े प्यार से सुनाता था—''हम लोग हैं बावरी-बावरी, कभी किसी काल में इस भूतल पर हमारा ही राज्य होता था, राक्षसगुणी और देवगुणी में हमेशा लड़ाई हुआ करती थी। राक्षसगुणी जंगल में वास करते थे, देवगुणी बड़े कपटी थे, उन्हीं लोगों ने हमारा राज्य हमसे छीन लिया था।'' उनके इसी प्रकार के गीत थे।

नृत्य व गान शुरू था—बिरडीस पुनः उन गीतों के माध्यम से बता रहा था—"पृथ्वीतल पर अपना ही राज्य था। जंगल, हवा, पानी पर अपनी मिलकियत थी। अपने गोदामों में बहुत धान्य भरा रहता था। अपने राज्य दरबार में हजारों घोड़े व गऊएँ होती थीं। परन्तु ये देवगुणी आर्य लोग व्यापार के निमित्त अपने भारतवर्ष में आ पहुँचे और इन्हीं देवगुणी लोगों ने हम सबका मलियामेट कर दिया। हमारे गो-धन

व स्त्रियों को भगाकर ले गए। बद काम उन्होंने सबसे पहले किया। बाद में धान्य से भरे हुए गोदामों में आग लगा दी। घर जला डाले। हम सबको अपने घरों, जगहों से खदेड़कर भगा दिया। उसी समय हम लोगों ने जंगलों और वनों में आकर शरण ली। जंगलों में हम लोग भटकने लगे। वहीं रहकर कन्द-मूल फल खाने लगे। पहले हम कभी किसी प्राणी का शिकार नहीं करते थे। कन्द-मूल फल खाकर, गाय का दूध पीकर जिन्दगी यापन करते थे। प्राणियों का रक्षण करते थे। इसीलिए हम 'राक्षसगुणी' लोग कहलाने लगे—राक्षस गुणी का अर्थ होता है—रक्षण करनेवाले इस देश के मूल वंशज हम ही हैं। मूलतः हम 'मातृसत्तात्मक' लोग हैं। हम अपनी माँ को ही देवी मानते हैं। किसी समय 'कोडियारा देवी' ही अपनी महारानी थी। कितने ही देवगुणी लोगों को उसने मौत के घाट उतारा था। उसने हम जैसे आदिवासियों का संरक्षण किया था। देवगुणी लोगों को मारने हेतु उसकी चारों भुजाओं में चार तलवारें होतीं थीं। जब तक उसकी चारों तलवारों में देवगुणी लोगों का रक्त न लगता था तब तक वह अपनी तलवारें नीचे न रखती थी। आगे कुछ समय बाद अपने ही कुछ आदिवासी भाई उन लोगों से जा मिले, और वे दोनों मिलकर हम लोगों पर हमले करने लगे। हम जिन जंगलों में जाते उन्हीं जंगलों में वे आग लगा देते। उस समय का हमारा राजा (वन का राजा) हमारी तरफ से उन देवगुणी लोगों से, उनके अत्याचारो के विरुद्ध लड़ता था। 'राजवन' राजा जंगलों व उनमें रहनेवाले प्राणियों से बहुत प्रेम करता था। किसी भी प्राणी को मारने से रोकता था। जंगल में किसी को आने से रोकता था। देवगुणी लोग अपने जंगल के सब प्राणियों को पकड़कर अपने होम-हवनों में जलाकर खाते थे। उस समय राजवन राजा अपनी फौज लेकर, वहाँ जाकर उन सब प्राणियों को छुड़ाकर वापस जंगल में ले आता था और वहाँ के होमकुंड पर पानी-मिट्टी डालकर उसे बुझा देता था। बाद में देवगुणी लोगों को भगा देता था। आगे चलकर छल-कपट द्वारा इन्हीं देवगुणी लोगों ने हमारे राक्षसगुणी राजवन, राजा और उसकी फौज को हरा दिया। उस हार के बाद हम सब लोग जंगलों में छिपकर रहने लगे। तब जो कुछ मिलता कन्द-मूल-फल खाकर रहने लगे।"

राक्षसगुणी हम लोगों को जो कोई शिकार मिलता उसी से अपना पेट भरने लगे। अपने पूर्वजों ने यह शपथ खाई थी कि वे कभी भी पका हुआ अन्न नहीं ग्रहण करेंगे जब तक देवगुणी लोगों से बदला नहीं ले लेंगे। जिन देवगुणी लोगों ने छल-कपट से हमारा सोने जैसा राज्य छीना और हमें बेघर किया। हमें खानाबदोशों की तरह जीने पर मजबूर किया, उन लोगों को हमें खदेड़ना, हराना होगा। इसीलिए हम लोग किसी भी एक जगह पन्द्रह दिनों से अधिक नहीं रहते हैं। जब तक हमारा राज हमें वापस मिल नहीं जाता तब तक हमारे हाथों का तीरकमान व तीर इत्यादि को हमें नहीं छोड़ना है। नीचे नहीं रखना है। पैरों में चप्पल नहीं पहननी है। गाँव की रोशनी जहाँ नजर आए, उस जगह से बारह कोस दूर रहना। घरों में कभी दिया नहीं जलाना।

हर वर्ष कोडियारा देवी पर देवगुणी लोगों की बलि चढ़ाना, यदि ऐसा न हो सका तो फिर उन लोगों पर हमला बोलकर उनसे बदला लेना। कोडियारा देवी के समक्ष वर्ष में एक बार दुश्मन का रक्त डालकर उस दिन आनन्द मनाना। किसी दिन देवगुणी राजा के राज्य पर हमला बोलकर, उस राज्य को जीतकर राज्य की राजकुमारी का विवाह अपने पारधी समाज के एक बेटे से करवा देना। अपना खोया हुआ राज्य वापस जीतना होगा। यह महत्त्वपूर्ण बात आप लोगों ने कभी नहीं भूलनी है...।"

इस प्रकार बिरडीस अपना पारम्परिक, मौखिक इतिहास अपने पारधी समाज के समक्ष कभी गीतों के रूप में या कभी उस पर विवेचन कर, अपनी अगली पीढ़ी को बताता रहता था। अब नाचते-गाते थके हुए बच्चे और स्त्रियाँ अपने-अपने पालों में (तम्बुओं में) चली गईं। बिरडीस ने अपना ढोल कोडियारा देवी के पाल में रख दिया। पत्थर को तकिया बनाकर सिर के नीचे रखकर और बाघ की खाल ओढ़कर वह आराम से सो गया।

दूसरे दिन सवेरे उठकर अपने बेटे को शिकार करने का प्रशिक्षण देने के हेतु शुरुआत में बटेर, तीतर, बत्तख और मोर का शिकार कैसे किया जाता है इसको प्रत्यक्ष दिखाने के लिए उसे अपने साथ ले जाने का निश्चय किया। अपने बेटे रानपाल्या के लिए उसने प्रथम एक छोटा-सा धनुष बाण तैयार किया जो कि वह उसे अपने कन्धे पर लटका सके। वैसे कुछ दिनों से रानपाल्या भी आसपास मिलने वाले 'वेलू' के गीले बेंत से बनाए गए बाण से, उसमें 'हिंगणा' का काँटा रोंपकर, सामने पेड़ पर बैठी मैना या चिड़िया को मार देता था। शायद शिकार करने की कोशिश और आदत डाल रहा था। इस छोटी-सी उम्र में चार पक्षियों को घायल कर पेड़ों पर से जमीन पर गिराना–बिरडीस समझता था कि यह एक अच्छी बात है। वह अपने बेटे से बहुत प्रसन्न था। उसे लगा कि बेटा बाप के गुण उठा रहा है। आज यदि पंछी मारता है तो कल अवश्य ही बारहसिंगा ही नहीं वरन् बाघ का शिकार भी वह कर सकेगा। शिकार करते समय क्या सावधानियाँ बरतनी होती हैं क्या अड़चनें आ सकती हैं–अपने हथियारों को कैसे उठाना, पकड़ना। वनगाय पर बैठकर–भागते समय किस प्रकार हिरन पर फाँस डालकर, उसे पकड़ना, बारहसिंगे के सींग की मार से बचने के लिए कैसे उसके समक्ष न जाना, उसे किस प्रकार पकड़ना, इत्यादि की जानकारी अभी से बेटे को दे रहा था। शिकार के निकट जाते समय किस प्रकार वनगाय के पेट से चिपकना और ऐसे चिपके हुए किस प्रकार से छिपकर जंगल से अपना रास्ता तय करना। वनगाय की पीठ पर थाप लगाकर किस प्रकार उसे तेजी से चलने का इशारा देना, गाय की रफ़्तार कम करने के लिए किस तरह पैर की एड़ी से उसे धीरे चलने या थम जाने का इशारा करना–ये सब बातें एक बाप अपने बेटे को बड़े ध्यान व प्यार से समझा रहा था।

बिरडीस रानपाल्या को लेकर कीकर के वन में चला गया। घनघोर जंगल

ऊँचे-ऊँचे कीकर के पेड़, उन पर लगे काँटे वनगाय पर सवार बाप-बेटों के शरीर पर खरोंचे करते जा रहे थे। बिरडीस ने कहा–"कीकर के जंगल में पंछियो की, हिरनों की, तीतर, बटेर जैसे शिकार अधिक मिलते हैं, कभी-कभी यहाँ खरगोश भी मिल जाते हैं। इस कीकर के वन को पार करते ही 'दंडक अरण्य' आ जाता है। उस अरण्य में शहतूत-साग-पीपल-बरगद आदि के बहुत बड़े-बड़े पेड़ दिखाई देते हैं। यहाँ वह छोटा शिकार जैसे खरगोश या हिरनी का ही करते हैं, वैसे ही दंडकारण्य में सिंह, बाघ आदि छोटे प्राणियों का शिकार करके जीते हैं। उस बड़े अरण्य में शिकार करते समय बहुत सावधान रहना पड़ता है। कई बार मनुष्य के रक्त के प्यासे बाघ मनुष्य का ही शिकार कर लेते हैं–वे मनुष्य पर टूट पड़ते हैं और उनका रक्त पी जाते हैं...। इस प्रकार की छोटी-बड़ी बातें बिरडीस रानपाल्या को बताता जा रहा था। अपनी वनगाय को जंगल में छोड़कर अपने पास रखे हुए मांस को बिरडीस ने बाहर निकाल लिया। कीकर के वन में एक छोटे नाले के किनारे 'केकताड़' और 'निमगंड' पेड़ के तने के पास बैठकर सागवौन से बनाई गई अर्थात् उससे निकाली हुई लकड़ी की बारीक डंडी काटकर उस पर अटकाकर बनाया गया फाँस, जिसे घोड़े के बाल से बनाया गया था, और बाद में उसे एक टहनी में अटका दिया था। इस प्रकार से बने कई फाँस वहाँ रख दिए जो बिरडीस के झोले में रखे थे। तीतर, हरेले, बटेर लहर, मैना–जैसे अनेक छोटे पंछी दाने पानी की खोज नाले के किनारे घूमते, फुदकते रहते थे। बिरडीस इस बात को अच्छी प्रकार से जानता था, अतः उसने अपने कुछ फाँस–जो पेड़ की टहनियों में छिपाए थे–नाले के आसपास बिछा दिए। वनगाय की आड़ में बैठकर दोनों बाप-बेटे फाँसों में पंछी अटकने का इन्तजार कर रहे थे। इतने में बड़ी शान से चलते, फुदकते कुछ तीतरों की टोली नाले की ओर बढ़ी। बिरडीस ने रानपाल्या को गाय पर चुपचाप बैठने को कहा और स्वयं वनगाय के पेट की ओट में उन पंछियों की तरफ बढ़ने लगा, चलते हुए वह अपने मुँह से तीतरों की-सी आवाज निकालता जा रहा था। बिना झिझक एक तीतर एक फाँस की तरफ बढ़ता चला आ रहा था। अपनी चोंच से, टहनी के आसपास से–जिसमें फाँस छिपा था–डाला हुआ धान चुगने लगा। उसे देखा-देखी अन्य पंछी भी दाने चुगने उस टहनी के पास आ धमके। जैसे ही वे केकताड व निमगड के तने के पास पहुँचे–तभी उनमें से चार-पाँच तीतर उन फाँसों पर अटक गए, किसी का सिर तो किसी की टाँगें उन फाँसों पर अटक गईं थीं–वे बहुत छटपटाते रहे, चिऊ-चिऊ करते चीखते रहे। बिरडीस ने रानपाल्या को वनगाय की पीठ पर से उतरने को कहा और रानपाल्या को ही अटके हुए पंछियों को फाँसों से निकालने के लिए कहा।

रानपाल्या ने बड़ी चतुराई से धीरे-धीरे एक-एक तीतर को, बड़ी सावधानी से उसका अटका हुआ सिर और फड़फड़ाते पंख पकड़कर उसमें अटका फाँस छुड़ाया। पास के जालीदार पिंजरों में उन पकड़े हुए पंछियों को डाल दिया। बेटा और बाप

दोनों ही बहुत खुश थे। "कोडियारा देवी ने आज अच्छा दिन दिखाया है"—यह कहते हुए अपनी देवी को धन्यवाद देते हुए वे आगे बढ़े। बत्तख के जितने बड़े तीतर जिनकी संख्या पाँच थी, मिलने से बिरडीस का चेहरा खिल गया था। कीकर के कुछ पेड़ों में तीखी नोकवाले औजार से गोंदकर छोड़ दिया था। थोड़ी देर बाद उसमें से गोंद रिसकर निकलती थी (ऐसा वे अकसर करते रहते थे)। अब उन पेड़ों के पास से उन्होंने काफी सूखी हुई गोंद को इकट्ठा करके उनकी ढेरी बनाकर रख दी थी। इन ढेरियों में से कुछ गोंद को कुरेदकर उन्होंने अपने झोले में भर लिया। यह सूखा हुआ गोंद भूनकर खाना रानपाल्या और उसकी माँ को बहुत अच्छा लगता था। अतः थैला भर लेने के पश्चात् वे घर की तरफ बढ़ने लगे। जाते हुए उन्हें एक कीकर के पेड़ के खोखले तने से मक्खियाँ बाहर निकलती हुई दिखाई दीं। बड़ी देर से रानपाल्या अपने बाप के पीछे पड़ा हुआ था कि उसे मधुमक्खी का छत्ता खाना है—पर बिरडीस ने अब तक कहीं छत्ता न देखा था। मधुमक्खियों को बाहर निकलते देख रानपाल्या ने वनगाय की पीठ से छलाँग लगा दी और नीचे उतर आया। बिरडीस ने अपने पास रखे 'चकमक' पत्थर से पास रखी रूई को आग लगा दी और उस जलती हुई रूई समेत कुछ सूखी घास के जलते हुए गट्ठर को पेड़ के तने के पास रख छोड़ा—उससे उठते हुए धुएँ मक्खियों तक पहुँचते ही, परेशान होकर मक्खियाँ जैसे अन्धी होकर अपना छत्ता छोड़कर इधर-उधर भागने लगीं। मक्खियों को जाता देखकर, रानपाल्या छत्ते की ओर दौड़ा और झपटकर शहद का छत्ता फोड़ डाला और अपनी अंगुलियों से शहद खाना शुरू किया। वह चटखारे लेते हुए अपनी अंगुलियों को चाटे जा रहा था। जी भरकर खाने के बाद, पलाश के पत्तों का दोना बनाकर उसमें अपनी माँ के लिए शहद भर लिया। छत्ते के ऊपर बहुत मोम जमा हुआ होता है अतः उसका उपयोग उसे उसकी तीर-कमान पर लगाने के लिए उसने उस मोम का गोला बनाकर अपने लंगोटी की जेब में रख दिया।

सूर्यास्त हो रहा था, सूर्य का लाल-लाल गोला पश्चिम की ओर झुका चला जा रहा था। जहाँ-तहाँ पशु-पक्षियों की टोलियाँ अपने-अपने घरों की ओर बढ़ रही थीं। पंछी अपने घरौंदों और बच्चों के पास जाने के लिए आतुर थे। पेड़ों में पक्षियों की चहचहाहट सुनाई दे रही थी। कभी कहीं लोमड़ी व सियारों की बोली भी कानों में पड़ती थी। अपनी गाय पर बैठे तीतरों का पिजंरा सिर पर रखे बाप-बेटे घर के करीब पहुँच गए। गाय के टापों की आवाज सुनते ही रानपाल्या की माँ जलन अपने तम्बू से बाहर निकल आई। रानपाल्या भागता हुआ अपनी माँ के पास पहुँचकर खुशी से जल्दी-जल्दी बोलने लगा, "अम्मा, अम्मा क्या तुम्हें मालूम है—आज मैंने खुद तीतरों का शिकार किया है। मैंने ही अपने हाथों उन्हें फाँसों से सँभालकर निकाला है। आज एकदम पाँच तीतर फाँस में अटक गईं थीं। देखो तो..." कहकर पिंजरा अपनी माँ के हाथों में थमा दिया। जलन ने बिरडीस से पूछा, "क्या सचमुच अपने बेटे ने आज

शिकार किया है?''

बिरडीस के हामी भरते ही जलन ने अपने बेटे को गोद में उठा लिया और उसका मुख चूमती रही और कहा–''मेरा बछड़ा-मेरा मुन्ना-देखो तो-बड़ा होते ही मेरा बेटा अवश्य बारहसिंगा और हिरन का शिकार करेगा।'' उधर दूसरी ओर तीरमान्या ने भी कुछ और अलग पक्षियों का शिकार किया था। इस कारण उस दिन पारधी बस्ती में जगह-जगह भुने हुए तीतर की और अन्य छोटे पक्षियों के भुने हुए मांस की महक दूर तक जा रही थी।

'लँगोट' पारधियों की यह बस्ती घने जंगल के पास छोटे-छोटे पाल (तम्बू) ठोककर बसी हुई थी। बस्ती के लोग अपनी आजीविका के लिए पूर्णतः उस जंगल पर ही निर्भर थे। पिछली कई पीढ़ियों से जंगल के पास उनके वास्तव्य के कारण जंगल के हर एक कोने से वे भली प्रकार परिचित थे। वहाँ उगनेवाले हर पेड़-पौधे को वे पहचानते थे। उसकी जानकारी रखते थे। जंगल–उसमें रहनेवाले प्राणी पशु-पक्षियों की आवाज, बाघ की दहाड़–इन सबसे वे चिर-परिचित थे। उनके साथ सहवास होने से वे सब उन्हें अपने सगे-सम्बन्धी लगते थे। वे पालनहार, जीवनहार समझते थे। पिछली कितनी ही पीढ़ियों से तीरमान्या, बिरडीस, हरण्या, लगमण्या और वाघआवल्या ने, परम्परागत रूढ़ि के कारण, अपने घरों में जलाया गया दीया कभी नहीं देखा था। कभी उन्होंने दीया जलाने का प्रयत्न भी नहीं किया था। अतः लँगोट पारधियों की बस्ती में सब बच्चे व औरतें अँधेरे में रहकर–अन्धकारमय जीवन व्यतीत कर रहे थे। तीरमान्या, बिरडीस, वाघमान्या, इन सबको जंगल की इतनी आदत पड़ गई थी कि अँधेरी रात में यदि कोई प्राणी उनकी बस्ती की ओर चला आता तो उसके शरीर से आनेवाली गन्ध से वे बता देते थे कि जानवर लोमड़ी, जंगली सूअर या बाघ है। इन जानवरों की एक विचित्र उग्र गन्ध आते ही ये लोग अपने-अपने हथियार उठाकर तीर-कमान, कुल्हाड़ी लेकर बस्ती का संरक्षण करने निकल पड़ते थे। कितनी ही पीढ़ियों से लँगोट पारधियों का जीवन इन जंगलों की वादियों में गुजरा था। इस कारण यहाँ रहनेवाले लोग जंगली जानवरों से डरते न थे। दिन भर शिकार कर मस्ती से अपना जीवन बिताते, 'महुआ पेड़ों' के फूलों से बनी दारू को रात को चढ़ाकर, कोडियारा देवी के समक्ष अपने शौर्य, शिकार और अपने पराक्रमी वंशजों की गाथा गाते और थकने के बाद अपने-अपने पालों में (तम्बुओं में) चले जाते।

देखते-ही-देखते रानपाल्या और तीरमान्या का बेटा बन्दुक्या हिरन की तरह तेजी से भागते हुए जंगल में जाकर, अपने तीर-कमान से बेध साधकर, कोई-न-कोई शिकार अवश्य अपने कन्धों पर लादकर घर लौटते, कभी खरगोश, कभी तीतर या बत्तख या फिर कभी जंगली सूअर मारकर ले आते। बिरडीस और तीरमान्या आपस में बातचीत करते हुए कहते, ''अपने बच्चे अब बड़े हो गए हैं। आठ-नौ वर्ष की

उम्र से ही अच्छा शिकार करना सीख गए हैं। अच्छा है अब अपने परिवार को खाने-पीने की चिन्ता करने की आवश्यकता नहीं होगी।''

बन्दुक्या और रानपाल्या को जंगल बहुत पसन्द था। यदि उन्हें किसी दिन शिकार न मिलता तब वे दोनों 'महुआ' के ऊँचे-ऊँचे वृक्षों पर चढ़ जाते, ऐसी चतुराई से मानो जैसे वे दो बन्दर हों। उनके कन्धों पर बाघ की खाल से बना थैला लटका रहता था, जिसमें वे पेड़ों से तोड़े हुए फूल डालते जाते और थैला भर जाने पर बन्दरों जैसी छलाँगें लगाते हुए झट पेड़ों से नीचे उतर आते। हाथों में तीरकमान व कन्धों पर फूलों से भरा थैला लटकाकर, मजे से ठिठोलियाँ करते हुए अपने घरों को लौट जाते। रानपाल्या की माँ जलन, बन्दुक्या की माँ हरणी अपने बच्चों को परम्परागत चलती आई कहानियाँ सुनाती थीं। कभी वे उन्हें बतातीं कि किस मौसम में कौन से फल खाने चाहिए—कौन से फलों में औषधीय गुण होते हैं, किस झाड़ या पेड़ के पत्ते गुणकारी होते हैं और उन्हें कब और कैसे खाना चाहिए। दोनों अपनी माताओं की बातें ध्यान से सुनते पर उनका ध्यान होता पास थैलों में रखे 'महुआ' के फूलों पर जो उन्हें बहुत पसन्द थे। उन्हें वे बहुत स्वादिष्ट लगते थे। हरणी अपने बेटे को सदैव कहा करती थी, "महुआ के फूल किसी भी मौसम में खाने अच्छे होते हैं। इनको खाने से पेट में कभी कोई बीमारी नहीं होती—इसके सेवन से मनुष्य की आयु लम्बी होती है। जच्चा यदि ये फूल खाती है तब उसे भरपूर दूध आता है जिससे उसके बच्चे का भरण-पोषण अच्छी प्रकार होता है। इन फूलों के सेवन से कभी बीमारी पास भी नहीं फटकती...।''

राह चलते-चलते बन्दुक्या अपने थैले से एक-एक फूल निकालकर अपने मुख में डालकर चबाता जा रहा था। महुआ के फूल चबाते हुए दोनों दोस्त घर चले आ रहे थे। फूलों को खाने से उन दोनों को हलका-सा नशा चढ़ रहा था। नशे में थोड़े तैरते-से वे घर पहुँचे। जलन और हरणी अपने बेटों को आते देख उनकी तरफ बढ़ीं, थैलों में महुआ के ढेर सारे फूल देखकर बड़ी खुश हुईं और बड़े प्यार से उन्होंने अपने बेटों का मुख चूमकर कहा—''देखो तो सही! अपने बच्चे अब बड़े सक्षम हो चले हैं, माँ-बाप की मदद लिए बगैर, स्वयं ही जंगल में जाकर शिकार करने लग गए हैं; इतना ही नहीं ऊँचे-ऊँचे पेड़ों पर चढ़कर 'महुआ की दारु' बनाने के लिए थैले भर-भरकर उनके फूल भी लाने लगे हैं—वाकई में यह बहुत सराहनीय बात है!''

हरणी और जलन ने बेटों के हाथों से फूलों से भरे थैले ले लिये और अपने पालों के सामने हिरनों के चमड़ों से बनी एक बड़ी-सी चादर पर फूलों को सुखाने हेतु उस पर फैला दिया। तीरमान्या ने अपने बेटे से कहा—''यह तुमने बहुत अच्छा काम किया। इस मौसम में इन महुआ के फूलों को इकट्ठा किया। थोड़े और इकट्ठे करो। फिर इन्हीं फूलों को हम भिगोकर रख छोड़ेंगे और बाद में उसकी हम अच्छी-खासी दारू बनाएँगे।''

पारधियों की कुलदेवी कोडियारा देवी की पूजा और शोभायात्रा करने के दिन नजदीक आ रहे थे। इसी बारे में सोच-विचार करने हेतु आज जात-पंचायत बैठी थी। कई पीढ़ियों से इनमें यह परम्परा चली आई थी कि कोई भी उठा प्रश्न सुलझाने के लिए सब पारधी एकत्रित होकर; पुरुष और स्त्रियाँ; बैठते थे और फिर कोई निर्णय लिया जाता था जो सर्वमान्य होता था। परम्परा के रिवाज के मुताबिक बिरडीस जात-पंचायत का प्रमुख था। दिन ढलते ही पंचायत बैठी। लँगोट पारधियों की बस्ती में इस बात पर चर्चा और विचार हो रहा था कि इस वर्ष कोडियारा देवी के समक्ष किसकी बलि चढ़ाई जाए। परम्परा के अनुसार नर-बलि का विधान था, बिरडीस इस परम्परा से अवगत था परन्तु पिछले कई वर्षों से नर-बलि की परम्परा बन्द हो गई थी और अब उसकी जगह एक करोड़ राक्षसगुणियों को हरानेवाले 'यम' का अवतार समझे जानेवाले 'भैंसे' की बलि देने का रिवाज शुरू हो गया था। अतः देवी के नाम पर खुला छोड़ा गया भैंसा जो जंगल में घूमता-फिरता था उसे पकड़कर उसे खूब खिला-पिलाकर तगड़ा बनाकर; पूजा के एक निश्चित शुभ दिन; उस भैंसे की बलि दी जाती थी।

इस वर्ष भी वही परम्परा कायम रखने का निर्णय पंचायत ने लिया। अब उस दिशा में तैयारी शुरू कर दी गई। तगड़ा जवान भैंसा पकड़कर लाना तय हुआ। इस प्रकार का भैंसा जंगल से पकड़कर लाना एक कठिन काम था। इस काम में बहुत अड़चनें आती थीं। भैंसे को पकड़ने के लिए, उसके पानी पीने जानेवाले रास्ते में एक कुछ बड़ा-सा गड्ढा खोदकर रखना पड़ता था। उसे पकड़कर, अभी से बलि देने की तैयारी शुरू करनी थी। अपने-अपने शिकार करने के हथियार, गड्ढा खोदने में काम आनेवाले औजार लेकर उस जगह पर जाना था जहाँ से होकर भैंसे पानी पीने की जगह की ओर बढ़ते थे। जिस जंगल में भैंसे चरने के लिए आते थे उसी जंगल में उन्हें जाना था। बिरडीस ने जात-पंचायत में अपने सब भाई-बन्दों को तीरमान्या, बाघआवल्या, लगमण्या और हरण्या को इस काम में हाथ बँटाने को कहा। यदि कोई तगड़ा भैंसा पकड़ में आया तो उसे काबू में करने के लिए दस-बीस बन्दों की जरूरत पड़ सकती थी अतः बस्ती के सब सबल स्त्री-पुरुषों ने भैंसे का शिकार करने में मदद करने की ठान ली।

पानी पीने के रास्ते में; सबने मिलकर एक किनारे एक बड़ा-सा गड्ढा खोद डाला और उसे पेड़ों की टहनियों और पत्तों से ढक दिया और गड्ढे को छुपा दिया। कीकर के जंगल में भरी दोपहर की धूप पारधियों के नंगे बदन को झुलसा रही थी परन्तु गर्मी, सर्दी, बारिश के सभी मौसमों में उन लोगों के बदन पर लँगोटी के सिवाय कुछ भी न होता था। नंगे बदनवाले पारधियों को हर मौसम पचा जाने की आदत थी। तपती धूप में बीच-बीच में कभी किसी पशु या पक्षी की आवाज सुनाई देती थी या कभी-कभी पेड़ों और जमीन पर रहनेवाले कीड़ों-कीटों की कर्कश आवाज कानों

में आती थी। एक तरफ एक कोने में दुबककर खड़े हुए बच्चे और औरतें किसी भैंसे के आने का इन्तजार कर रहे थे। जो वहाँ से पानी पीने के लिए गुजरने वाला था। उन्हें कोडियारा देवी के लिए दी जानेवाली बलि के भैंसे का बड़ी बेसब्री से इन्तजार था। ऐसी कड़कड़ाती भरी दोपहरी में उन्होंने बड़ी दूर से भैंसों के प्यासे झुंड को पानी पीने की जगह की ओर बढ़ते देखा। धीरे-धीरे पानी पीने के लिए बढ़ता हुआ भैंसों का झुंड नदी के किनारे से होते हुए उस खोदे हुए गड्ढे की तरफ बढ़ने लगा। यह देखकर बिरडीस अपनी वनगाय के ऊपर झट से चढ़ गया और उस भैंसों के झुंड की तरफ जा धमका। पास पहुँचते ही, झुंड में एक जवान और तगड़े भैंसे पर उसकी नजर पड़ गई। अब वह उसी की तरफ बढ़ा और उसे उसके झुंड से अलग करने का प्रयास करने लगा। थोड़ी मेहनत करने के बाद अपनी वनगाय की मदद से उस भैंसे को बनाए गए गड्ढे की तरफ जाने पर मजबूर कर दिया। अपने को झुंड से अलग पाते ही वह जवान भैंसा बौखला गया। बेकाबू-सा हो गया। नाक से जोर-जोर से फूँ-फूँ की आवाज करता हुआ मानो गुस्से से भरा वह बिरडीस की ओर उसे मारने के लिए बढ़ने लगा। बिरडीस यही चाहता था। चिढ़ा हुआ भैंसा उसी के पीछे भागता चला आ रहा था। बड़ी चालाकी से बिरडीस उस गड्ढे के बहुत पास से गुजरा। गुस्से से भरा भैंसा पीछा करता हुआ बिरडीस के पास आया। बिरडीस गड्ढे की दूसरी तरफ हो गया...और पलक झपकते ही वह भैंसा पाँव के अटकने से धड़ाम से गड्ढे में जा गिरा। शक्तिमान भैंसा गिरा तो परन्तु उसी क्षण वह बाहर निकलने का भरसक प्रयास करने लगा। टणाटण उछलने लगा। अब तक तीरमान्या और लगमण्या गड्ढे के पास पहुँच चुके थे। उनके हाथों की रस्सी के फाँस उन्होंने भैंसे के गले में डाल दिए और वे फाँस को कसने लगे।

हिरन की टाँगों से निकाली गई नसों द्वारा बनाए गए फाँस; गड्ढे में गिरे भैंसे की छटपटाहट और बाहर निकलने की कोशिश में उसके लगे झटकों से अटके हुए फाँस और अधिक कसते गए और उसका झटके देना बन्द-सा हो गया। भैंसा थक गया था और अब वह उस गड्ढे में एक गरीब गाय की तरह अपने चारों पैरों पर चुपचाप खड़ा होकर डरी हुई नजरों से चारों ओर देखता जा रहा था। बीच में ही झटके से स्वयं को छुड़ाने का प्रयास कर देता था परन्तु एक बार पारधी के फाँस में अटकी गर्दन टूट अवश्य सकती है परन्तु छूट नहीं सकती। वैसे ही पारधी के फाँस से उसका शिकार कभी छूटकर भाग नहीं सकता यह बात उन पारधियों को भली प्रकार मालूम थी। चारों ओर से शिकारियों ने फाँस डाल रखे थे। कुछ फाँस भैंसे के सींगों में अटके हुए थे जिससे अब उसने हारकर झटके देना बन्द कर दिया था। पारधियों का शिकार अब उनके हाथों में था जिसके कारण वहाँ उपस्थित सब बच्चों और स्त्रियों के चेहरों पर प्रसन्नता दिखाई दे रही थी। उनकी कोडियारा देवी की बलि का बहुत ही उम्मदा जानवर था। जवानी से भरपूर दिखनेवाला भैंसा जब बलि चढ़ेगा तब वह दृश्य देखने

में कितना मजा आएगा इस पर वे सब चर्चा करने लगे थे।

अब भैंसे की गर्दन को बिरडीस ने थोड़ा बाहर निकालना चाहा। ऐसा करने के लिए उसने अपनी जेब से हिरन की नसों से बनाई गई रस्सी बाहर निकाली और उसे बड़ी-सी लोहे की बनी सूई में पिरो दिया और एक ही जोर के झटके से बिरडीस ने वह सूआ फुसफुसाहते हुए भैंसे की नाक में नकेल जैसे डाल दिया। दर्द के मारे वह भैंसा तिलमिलाकर चिंघाड़ने लगा...कुछ और रस्सियाँ नकेल के दोनों तरफ बाँध दी गईं और भैंसे को चारों ओर से कसकर बाँध दिया। अब भैंसे के चारों तरफ पारधी खड़े थे। और उन्होंने पूरा जोर लगाकर उस बलि के भैंसे को गड्ढे से बाहर निकाला। जंगल का वह शक्तिमान भैंसा नकेल व चारों टाँगों के फाँस में अटककर बँध जाने से अपनी सारी शक्ति खो चुका था। असहाय-सा अपनी जगह पर खड़ा था। उस बँधे हुए बलि के भैंसे को शिकारी धीरे-धीरे खींचते हुए अपनी बस्ती की ओर ले गए और उसे एक बड़े से, भारी-भरकम कीकर के पेड़ से बाँध दिया। रात्रि को वह भाग न पाए इसलिए उसकी चारों टाँगों को मजबूत चार खूँटों से बाँध दिया गया।

हकबक-सा शक्तिमान बलि का भैंसा पारधियों की बस्ती के सामने चुपचाप खड़ा था। दूसरे दिन बड़े तड़के ही रानपाल्या और बन्दुक्या भैंसे को खिलाने के लिए हरा-हरा चारा लाने जंगल चले गए। नदी किनारे लगी हुई हरी-हरी 'मारवेल' घास का बड़ा-सा गट्ठर बनाकर वे भागते हुए, भूख से व्याकुल भैंसे के पास पहुँच गए और बड़े प्यार से उसे चारा खिलाने लगे। भूखे भैंसे को घास खाने के सिवाय और कोई पर्याय नहीं था अतः वह चुपचाप घास चबाने लगा। बिरडीस, बाघआवल्या, हरण्या और तीरमान्या ये चारों ही बड़े प्रसन्न थे क्योंकि उन्हें इस आनेवाली अमावस्या के दिन कोडियारा देवी के समक्ष बलि देने के लिए एक तगड़ा भैंसा जो मिला था। इसी दिन देवी की आराधना का आरम्भ होनेवाला था। अभी से कोडियारा देवी के सामनेवाले आँगन की साफ-सफाई शुरू हो गई थी। ढोल, सीटियाँ इत्यादि जिनका उपयोग उन दिनों होनेवाले नृत्यों के काम आता था। और अन्य साधन-सामग्री का इन्तजाम करना उन्होंने आरम्भ कर दिया था।

बिरडीस ने चार ही दिनों में उस शक्तिशाली जंगली भैंसे को अपने वश में कर पालतू जानवर-सा बना दिया था। अड़ियल-से-अड़ियल जंगली गऊओं को पकड़कर लाने के पश्चात् कभी प्यार-दुलार से फिर कभी हिरन के चमड़ों से बनाई गई चाबुक की मार से, उन्हें प्रशिक्षित कर, अपने इशारों पर चलना सिखाता था। इसी कारण बिरडीस की प्रशिक्षित गाय शिकार पर जाते समय, उसके पीठ पर थाप पड़ते ही हिरनी की चाल जैसे तेज भागती थी या फिर पेट के नीचे एड़ी की चोट से वहीं रुक जाती थी। इसी कारण बलि के भैंसे पर काबू पाना बिरडीस के लिए कोई कठिन काम नहीं था। दस-बीस लोगों के भी काबू में न आनेवाला भैंसा जो अपने सींगों पर किसी भी आदमी को उठाकर दूर फेंककर जख्मी कर सकता था। ऐसे भैंसे को

बिरडीस फाँस की नकेल डालकर उसी भैंसे की पीठ पर बैठकर उसे उसी जगह पानी पिलाने लाया–जिस जगह पर उसे पकड़ा गया था। अब हर दिन इसी प्रकार बिरडीस भैंसे को पानी पिलाने और उसे नहालने-धुलाने नदी पर लाने लगा।

जिस दिन का सबको बड़ी बेसब्री से इन्तजार था, वह दिन आ गया था। सवेरे ही सब बच्चे, बूढ़े, जवान और औरतें जंगल के पास से बहती हुई नदी के निकट वाले तालाब की ओर जा रहे थे। वहाँ उन्होंने बड़ी अच्छी तरह, रगड़-रगड़कर स्नान किया। साफ सुथरे होकर त्यौहार के दिन पहनने के लिए रखे हुए खास नए लँगोटे जो हिरन और बाघ के चमड़ों से बनाए गए थे, पहन लिए। अपने साथ नदी का पानी लेकर वे सब अपनी कोडियारा देवी को नहलाने और बाद में अपनी मन्नत पूरी करने–उसके नाम का जयकार करते हुए अपने-अपने पालों की (तम्बुओं) की ओर चल पड़े। बिरडीस और तीरमान्या देवी के भगत होने के कारण अपने बालों को उन्होंने कभी नहीं काटा था जिसकी वजह से उनके बाल काफी लम्बे, कमर तक पहुँचनेवाले हो गए थे। जिन्हें वे अकसर जूड़े में बाँधकर रखते थे परन्तु आज उन्होंने अपने बाल खुले छोड़ रखे थे। आज विशेष दिन जो था। दोनों ने बलि देने के समय उपयोग में आनेवाली लम्बी-सी धुरी को धार लगाने के लिए चकमक पत्थर पर घिसना आरम्भ किया। काफी देर तक छुरी को धार लगाते रहे। दोपहर हो चली थी। सूरज माथे पर था। परछाई उसके पैरों तले लड़खड़ाती दिखती थी। ऐसे समय भैंसे को नहला-धुलाकर स्वच्छ भैंसे की परम्परागत पूजा की शुरुआत हुई। अब तक पालों के कानों में पड़े हुए ढोल, ताशे, लोहे के झांजों को सबने बाहर निकाला। ढोलों पर लगाया गए हिरन के चमड़े को गरम करके कड़ा बनाया गया जिससे कि ढोल की आवाज अच्छे से आए। बाघआवल्या और हरण्या ने अपने-अपने ढोल बजाने आरम्भ किए और बलि के भैंसे की शोभायात्रा शुरू हुई। वे अब कोडियारा देवी के आँगन की ओर बढ़ने लगे। बिरडीस और तीरमान्या के शरीर में जैसे ही कोडियारा देवी वास होने लगा वैसे ही उन्होंने अपने खुले बालों को अपने कन्धे पर लाकर अपने दाँतों को किटकिटाते हुए देवी के आँगन की ओर; जहाँ देवी के नाम के चार बड़े गोल पत्थर रखे हुए थे, बढ़ने लगे। ढोल, ताशे, झांजें की आवाज गूँज रही थी। पारधी औरतें अपने हाथों में विविध पेड़-पौधों की हरी टहनियाँ लेकर हिरन या बाघ के चमड़ों से बने ओढ़नी को ओढ़े उन्हीं के जैसा रूप धारण कर, नाचते-गाते, अपनी परम्परागत रागिनियों की धुन में बेहद पारम्परिक गीतों को एक ही सुर और ताल में गाते-नाचते हुए वे आगे बढ़ रही थीं। बच्चे भी उनके सुर में सुर मिलाते हुए चलते जा रहे थे। वह दृश्य और वातावरण बहुत सुन्दर था।

अब तक वह शोभायात्रा देवी के आँगन के पास पहुँच चुकी थी। बजते ढोलों, ताशों और झांजों की आवाज सुनकर उस जंगल के अन्य कोनों में रहनेवाले लँगोट पारधी, गायपारधी, हिरनपारधी, फाँसपारधी जैसे सब जो एक दूजे के भाई-बन्धु ही

थे—मानो उन्हें उस आवाज ने न्योता दिया हो। ढोल बजाते-नाचते गाते वे भी देवी के आँगन में पहुँच गए।

पूर्ण पारधी समाज के जमावड़े की स्त्रियों और बच्चों ने कोडियारा देवी के चारों ओर गोल दायरा बनाकर गीत गाते हुए नृत्य आरम्भ कर दिया। वातावरण जोश और उल्लास से परिपूर्ण था। सबके चेहरे आनन्द से खिले हुए थे। धीरे-धीरे बलि के भैंसे को आँगन में कोडियारा देवी के समक्ष लाया जा रहा था। ढोल और ताशों की आवाज और शोरगुल से भैंसा बौखला-सा गया था। देवी के समक्ष आते समय वह सहमा-सा लगता था। बलि देने के स्थान पर भैंसे के खड़े होते ही बिरडीस ने अपने पास रखी तीखी धारवाली 'कार छुरी' पर अपना अँगूठा फेर दिया जिससे अँगूठे से रक्त की धार निकल पड़ी। टपकते रक्त को उसने कोडियारा देवी के ऊपर न्योछावर किया और बाद में भैंसे के माथे पर उसका तिलक लगाया। पलक झपकते ही वह भैंसे की नकेल पकड़कर भैंसे पर ऐसे सवार हुआ मानो वह किसी घोड़े पर बैठा हो। बिरडीस के एक हाथ में नकेल से बँधी डोरियाँ थी तो दूसरे हाथ में इमली की गीली टहनी थी। अपने हाथ की गीली टहनी से भैंसे की पीठ पर मारते ही, वह भैंसा वायु की गति से भागने लगा। बिरडीस के बाल अब खुले हुए थे। कमर में मजबूत लँगोट बँधा हुआ था। भैंसे पर इस प्रकार सवार था मानो कि वह कोई जानवर पर चिपकी हुई 'किलनी' हो!

बिरडीस ने भैंसे को काफी दूर तक भगाया। उसे इतना दौड़ाया कि थककर उसके नाक और मुँह से झाग निकलने लगा, लार टपकने लगी। जंगल के एक शक्तिमान भैंसे की हालत खस्ता हो गई थी। ऐसी हालत में उसे देवी के समक्ष लाकर खड़ा कर दिया गया। बाघआवल्या, हरण्या, तीरमान्या और लगमन्या ने अपने-अपने फाँस भैंसे की चारों टाँगों में कस दिए और चारों ने उसे जोर लगाकर एक तरफ को खींचा। थका हुआ परास्त-सा भैंसा धड़ाम से जमीन पर गिर पड़ा, एक बलवान दुश्मन का प्रतीक धराशायी हो गया। उसके गिरते ही उसकी टाँगों को और जोर से कसा गया ताकि वह हिल-डुल न सके। अब बिरडीस के हाथों में अतितीक्ष्ण धारवाला नुकीला छुरा था। वह भैंसे के सिर के पास खड़ा हुआ और अपना पूरा दम लगाकर उसने वह छुरा भैंसे की गर्दन के पास वाली नस में खोंप दिया। नस के टूटते ही भैंसे के गले से रक्त का फव्वारा उमड़ पड़ा। ऐसा लगा मानो किसी बगीचे में लगे झरने के स्रोत से फव्वारा फूट पड़ा हो! यह देखते ही आसपास के जमा हुए लोग उस निकलते रक्त को पीने के लिए आगे बढ़े। उनमें एक होड़-सी लग गई। ऐसा लगा जैसे बहुत दिनों से प्यासे लोग पानी पीने दौड़े हों। जब तक रक्त बहता रहा—वे सब रक्तपान करते रहे...। रक्त का फव्वारा बन्द होते ही जब रक्त धीरे-धीरे रिसने लगा तब बिरडीस ने भैंसे की बँधी टाँगों को ढीला कर दिया और पुनः भैंसे के गले की दूसरी नस काट डाली, दूसरी नस के कटते ही भैंसा फिर छटपटाया फिर

लोग, पुनः बहते हुए रक्त को पीने आगे बढ़े। रक्तपान का सिलसिला अन्त तक चलता रहा। जब तक 'बलि' का भैंसा ठंडा न हुआ।

बिरडीस बड़े जोश से गीत गाता जा रहा था और जोर-जोर से गाते हुए बताते जा रहा था—"हे कोडियारा देवी, तुम्हारे आदेश का पालन करते हुए करोड़ रक्षण गुणियों को हरानेवाले इस 'यम' के रूप को हमने काबू में करने के बाद उसके गले से निकलते हुए रक्त का पान हम सबने जी भर के किया। उसके मरते दम तक किया है। आज हमने तुम्हारे समक्ष इस भैंसे-रूपी यम की बलि दी है। अब हमें वरदान दो कि हम और हमारे परिवारजन सुखी जीवन बिताएँ। जंगलों को हरा-भरा रहने दे। जंगलों में सब प्राणियों की संख्या बढ़े। हम राक्षसगुणी पारधियों को भरपूर ताकत दे। ऐसा होने से ही हम देवगुणी लोगों पर विजय पा सकेंगे। और हमारा खोया हुआ राज हमें वापस मिल सकेगा।" इस प्रकार अपनी कोडियारा देवी से याचना करते हुए सर्व पारधी स्त्री-पुरुष गीतों और नृत्य में मगन थे। बाघ के शिकार करने के पश्चात् जैसे उसका मुँह रक्त से सना होता है उसी प्रकार सब पारधी स्त्री-पुरुष और बच्चों के मुख बलि के भैंसे का रक्त पीकर लाल-लाल से हो गए थे। जब तक भैंसा जीवित रहा तब तक रक्तपान चलता रहा। उसके मृत होते ही रक्तपान रुक गया। पारधियों में यही संकेत था कि मृत जानवर का रक्तपान न किया जाए।

भैंसे के मृत होते ही तीक्ष्ण धारवाले छुरे से उसका सिर धड़ से अलग कर दिया गया और उसे कोडियारा देवी को अर्पण किया गया। चर-चर चर-चर की आवाज आती गई और भैंसे की चरबी काटकर उसे अलग कर दिया गया। बचे हुए भैंसे का मांस काटकर एक बड़ी-सी मिट्‌टी की हांडी में डाल दिया गया, उसमें नमक-मिरच डालकर हांडी को तीन पत्थरों से बने चूल्हे पर पकने के लिए रख दिया गया। हांडी तपकर लाल होती गई। इसी हांडी पर औरतों ने जौ के आटे से बनी रोटियाँ थापकर चिपका दीं। अन्दर मांस पकता जा रहा था और उसी हांडी पर बाहर रोटियाँ सेंकी जा रही थीं। दूसरी जगह एक और चूल्हे पर पेड़ की गीली टहनियों पर भैंसे के शरीर से निकाली गई चरबी के टुकड़ों को लपेटकर, कोडियारा देवी के भगतों ने अर्थात् बिरडीस और तीरमान्या ने अब उन टहनियों को चूल्हे की आँच पर पकड़े रखा और उसे गोल घुमाते रहे। चरबी गरम होते हुए कड़कड़ आवाज कर रही थी। गरम की गई चरबी को वे अपने शरीर पर लगा रहे थे। शरीर दाग रहे थे और अपनी देवी का नाम लेकर उन्होंने यह काम स्वयं को दागने का कुछ देर तक चालू रखा। दूसरी तरफ कुछ औरतें, जंगली सूअर की चरबी से बने तेल से जौ की गरम-गरम रोटियाँ, गर्म चावल, भैंसे के पके मांस के टुकड़े को देवी का प्रसाद समझकर, एक-दूसरे को बड़े प्यार और आग्रह से खिलाती जा रही थीं।

आज कोडियारा देवी की पूजा का दूसरा दिन था। पारधियों की परम्परा थी कि कोडियारा देवी के त्योहार के बाद दूसरे दिन सब लोग अपना बोरिया-बिस्तर बाँधकर

स्थानांतर कर देते थे। अतः दिन निकलते ही सब परिवारों ने अपना सामान जो भी कुछ रोजाना लगता था। वह सब कुछ खाने-पीने की चीजें बगैरा जो वे अपने सिर या कन्धों पर उठाकर ले जा सकते थे—उठाया। अपने पालों को (तम्बुओं में) समेट लिया। पारधियों के घरों में कमर में बँधी लँगोटी के सिवाय और भोजन बनाने के उपयोग में आनेवाली हांड़ियों के सिवाय और कोई भी सम्पत्ति नहीं होती थी। धन संचय करना नहीं होता था। परम्परागत चली आई प्रथा के कारण बिरडीस ने अब अपना सामान और पात्र अपनी वनगाय पर लाद दिया। इस बस्ती को छोड़ने के बाद उसने 'शिन्दवन' में अपना बसेरा डालने का निश्चय कर लिया था अतः उसने 'शिन्दवन' का रुख किया।

पारधी बस्तीवालों का यह मानना था कि यदि उन्हें कोई और गैर-व्यक्ति दिखाई दे जो पारधी न हो तब उसे 'खतरे की घंटी' समझ लेना चाहिए। क्योंकि उस व्यक्ति की आर्यगुणी होने की सम्भावना होती है। देवगुणी आर्यवंशी होने के कारण वे उनके शत्रु हैं। और शत्रुओं को मृत्युदंड देना उनका धर्म है। अतः उन्हें मारकर उनसे बदला लेना आवश्यक हो जाता है। यदि उन्हें हराना सम्भव न हो सका तब फिर ऐसी स्थिति में अपनी वनगायों पर आरूढ़ होकर शत्रु से लड़ते हुए जंगलों की शरण लेकर उनमें छिप जाना और वहीं बस जाना होता है। यह परम्परा पारधियों को भली प्रकार अवगत थी और इसी परम्परा का वे सब आज तक पालन करते चले आ रहे थे। बिरडीस आज भी अपनी कोडियारा देवी का आदेश अपने बाँधवों को बता रहा था। कीकर के वन से आज वह अपने बाँधवों को 'शिन्दवन' की ओर ले जा रहा था। देवी के आदेश को शिरोधार्य समझकर, पारधियों ने अपने-अपने पालों को उखाड़कर अपने परिवारों समेत 'शिन्दवन' की ओर कूच किया।

बिरडीस और तीरमान्या टोली में सबसे आगे चले जा रहे थे। वे टोही थे—जो इस टोह में लगे हुए थे कि उनकी नई बस्ती के आसपास बारह कोसों तक कोई मानवी बस्ती गाँव या शहर तो नहीं था। पारधी बस्ती के आसपास बारह कोसों के अन्दर रात को कोई दीया-बत्ती जलानेवाले कोई देवगुणी लोगों की बस्ती तो नहीं थी। ऐसा यदि होता तब उसे गुनाह जाना जाता था। उनकी परम्परा के विरुद्ध समझा जाता था। दोनों ठीक जाँच-पड़ताल के पश्चात् लौट आए और उन्होंने अपने परिजनों से कहा—"अब हमें देवगुणी लोगों से कोई परेशानी न होगी। बारह कोसों तक कोई भी बस्ती नहीं पाई गई है। यहाँ हम सुख-चैन से अपना उदर निर्वाह कर सकते हैं। यहाँ हमें कोई खतरा नहीं है।" इस रूढ़ि के कारण पारधियों के घरों में कभी दीये नहीं जले थे। बच्चों और औरतों ने दीये का उजाला न देखा था। इसी के कारण पारधियों की नजरें रात्रि के अँधेरे में भी सबकुछ देख सकती थीं। जंगली बिल्लियों की तरह उनकी नजरें तेज हो गई थीं। रात को यदि कोई दूर से आ रहा होता था तब उसकी भनक भी इन पारधियों को पड़ जाती थी। उनके कान व नाक

अतिसंवेदनशील हो गए थे। दो-तीन किलोमीटर दूरी से भी वे जान जाते थे कि आनेवाला कौन है। आवाज और बदन की गन्ध से भी वे जान जाते थे। इसी प्रकार के ज्ञान के कारण बिरडीस, तीरमान्या, बाधआवण्या, हरण्या अपनी होशियारी से नई बस्ती में अपना और परिवारों का संरक्षण करते थे।

'शिन्दवन' अर्थात् जंगली खजूर के ऊँचे पेड़ों का वन। इस वन में आने के पश्चात् रानपाल्या और बन्दुक्या अपने तीरकमान के सहारे अपनी कमानों में तीर लगाकर वन में घुस जाते और वहाँ के ऊँचे पेड़ों पर चढ़कर वहाँ लगे खजूरों जैसे फलों के गुच्छों को तोड़कर, अपने थैलों में उन्हें भरकर बस्ती पर ले आते–शिकार करना वे कभी नहीं चूकते थे। 'शिन्दवन' में बड़े प्राणियों का शिकार कभी-कभार बिरडीस या तीरमान्या को मिलता था। हिरन-बारहसिंगा, जंगली सूअर या वनगाय को पकड़ने के लिए उन्हें कीकर के वन से होकर दंडकारण्य में जाना पड़ता था। इसी कारणवश अपने उदर निर्वाह के लिए 'शिन्दवन' में ही तीतर, बटेर, बत्तख, खरगोश, लण्हर, टिटव्या, कबूतर जैसे छोटे शिकार कर अपना काम चला लेते थे। यहाँ शिकार उन्हें बड़ी सहजता से मिल जाता था, अतः पारधी परिवार बड़े सुख-चैन से अपना जीवन-यापन कर रहे थे।

'शिन्दवन' प्राकृतिक सौन्दर्य से भरपूर था। इस सुन्दर वातावरण में लँगोट पारधियों की बस्ती के लोग अच्छे-खासे रम गए थे। अब तक बिरडीस कई बस्तियाँ देख चुका था। कितनी ही बार उसने नई बस्ती बनाई थी। परन्तु यह 'शिन्दवन' की जगह उसे बहुत भा गई थी। इस जगह से वह बहुत प्रसन्न था। यहाँ उन्हें एक ही कमी खलती थी। वह थी महुआ के फूलों का न मिलना। यहाँ वे पेड़ ही न थे। वे बहुत दूर–कीकर के जंगलों में रह गए थे। महुआ के फूलों की दारू अब वे न बना पाते थे। अब उन्होंने इसी 'शिन्दवन' में पाए जानेवाले शिन्दी के जंगली खजूरों के पेड़ों के तनों पर, नुकीली छुरियों से उसके तनों पर वार करके उसमें छेद बना देते थे। चीरा लगा देते थे। वहाँ से जो रस टपकता था, रिसता था उसे वे एक मटके में (उस बनाए गए चीरे के पास मटका बाँध देते थे) इकट्ठा कर लेते थे। रोज रात को वे मटके बाँध देते थे और रोज सवेरे ही उन मटकों को नीचे उतार लेते थे। रातभर उन पेड़ों के तने से रिसा हुआ रस उन मटकों में भर जाता था। वह रस जिसे 'नीरा' कहा जाता था। 'नीरा' सवेरे-सवेरे बहुत मीठी और स्वादिष्ट होती थी। दोपहर की गर्मी से मीठी 'नीरा' का वही रस दूसरे दिन शिन्दी का रस-दारू जैसा नशीला बन जाता था। पारधी बस्ती के लोग शिन्दीवन में आकर बड़े खुश थे। उन्हें 'नीरा' और 'शिन्दी' पीने में बहुत मजा आता था। यहाँ उनकी मौज हो गई थी।

2

दिन ऊपर चढ़ आया था। सूर्य-किरणें प्रखर थीं, वे किरणें 'शिन्दवन' के प्रत्येक प्राणी और वस्तुओं पर मानो आग बरसा रही थीं। बिरडीस, तीरमान्या, लगमण्या और हरण्या आज शिकार करने की तैयारी में लगे हुए थे। उन्हें आज दंडकारण्य जो जाना था। अच्छी प्रकार से शिकार करने हेतु वे अपने शस्त्र ठीक-ठाक कर रहे थे। तैयार होने के पश्चात् वे अपनी वनगायों पर सवार हो गए और उसी दिशा में उन्होंने कूच किया। आज बस्ती के लोगों के लिए दस-पन्द्रह दिनों तक पूरा पड़नेवाला शिकार उन्हें करना था। एक या दो हिरन या फिर बारहसिंगे का शिकार करने का उन्होंने ठान ली थी। इतने में दूर से बस्ती की ओर आनेवाली टापों की आवाज से बिरडीस के कान खड़े हो गए, तीरमान्या भी चौकन्ना हो गया। ये घोड़ों के टापों की आवाज थी। उन्हें पहचानने में दोनों को देर न लगी। परन्तु वे घुड़सवार उनकी बस्ती की ओर क्यों आ रहे थे। इसी का अन्दाज लगाने की वे कोशिश कर रहे थे। जंगल के प्राणी पारधी के फाँस में अटकाने के बाद जैसे घबरा, सकपका जाते हैं। उसी प्रकार टापों की आवाज से आज उन पारधियों की हालत हो गई थी। कुछ वर्षों पूर्व, कीकर वन की परली ओर से दो गोरे लोग घोड़ों पर बैठकर बस्ती की ओर चले आए थे। उन गोरों के सिर पर गेन्देदार टोपी, पैरों में लम्बे से बूट और वे रंग-बिरंगे कपड़े पहने हुए थे। पट्टी से बँधे हुए लकड़ी के फट्टे पर बिठाई लोहे की नली से धुड़ुम-धुड़ुम आवाज करनेवाले हथियार थे। उन गोरों को देखकर डरे हुए पारधी बस्ती के सारे लोग जंगलों की तरफ भाग गए थे। बहुत प्रयत्नों के बाद तीरमान्या को पता लगा कि उन हथियारों का नाम बन्दूक था। उन गोरों की बन्दूकों से आनेवाली धुड़ुम-धुड़ुम आवाज की याद ताजा रखने के विचार से उसने अपने बेटे का नाम ही 'बन्दुक्या' रख दिया था।

उन्हीं दिनों में घोड़ों पर सवार उन दो गोरों ने एक ही झटके से एक खूँखार बाघ का शिकार कर डाला था। पारधियों के लिए बाघ का शिकार करना टेढ़ी खीर था। बहुत मेहनत करनी पड़ती थी, पहले एक गड्ढा खोदकर उसमें एक बकरी को छोड़कर, गड्ढे के ऊपर 'बाघ जाला' डालकर बाद में बाघ का शिकार करना होता था। उन्हें यह समझ नहीं आता था कि ये गोरे लोग क्षणों में ही बन्दूक की आवाज से बाघ को कैसे मार देते थे? ऐसी क्या बात थी आवाज के पीछे जिससे एक शक्तिशाली बाघ क्षणभर में मर जाता था? क्या भरा था उस बन्दूक में? बिरडीस समेत सब पारधियों को इस बात का आश्चर्य होता था। वे सोचने लगे कि उन्हें धनुष, वाण, कुल्हाड़ी या छुरा इसके सिवाय किसी भी अन्य हथियार की जानकारी नहीं थी। बिरडीस सोच रहा था क्या वे लोग वही गोरे लोग तो नहीं जो पिछली बार आए थे। उस समय हम जब जंगल में जा छिपे थे इसीलिए बच गए थे।

बिरडीस बोला–''पिछली बार मेरे बाप जंगल्या ने इन गोरों को जंगल में आने से रोका था, और पेड़ पर चढ़कर अपने तीर से एक घोड़े के पैर में तीर मारा था। घोड़ा जोर-जोर से चिंघाड़ने लगा तब गोरे को घोड़े के पैर में तीर लगने का पता चला। गोरे ने एक छलाँग लगाई और घोड़े से नीचे उतर गया, और झटके से तीर को खींचकर बाहर निकाल लिया और ऊपर नजर उठाकर देखा। पेड़ पर बैठी काली-कलूटी आकृति पर उसकी नजर पड़ी। जिसके दाँत एकदम चिट्टे सफेद थे। चेहरा डरावना पर था वह आदमी। ऐसे विचित्र आदमी को देख गोरे अचम्भित हुए। वे सोचने लगे कि यह एक आदमी जैसे दिखनेवाला प्राणी इसने ऊँचे पेड़ पर कैसे चढ़ गया और इतना अचूक निशाना कैसे मारा जिससे उनका घोड़ा जख्मी हुआ। गोरों ने इस प्रकार का मानव अपनी जिन्दगी में पहली बार देखा था।

जंगल्या ने अपनी कमान पर अब दूसरा तीर चढ़ा दिया और तीर मारने के लिए उद्यत हुआ ही था कि घोड़े पर बैठे गोरे ने अपने कन्धे पर रखी बन्दूक से निशाना साधकर जंगल्या जिस टहनी पर बैठा था उसके निकट ही गोली मार दी। जिससे वह टहनी टूटकर गिर गई।"

बिरडीस फिर बोला–''उसी समय मेरा बाप सोचने लगा कि उस बन्दूक के मुकाबले में उसका तीर कोई काम का नहीं, चाहें तो वे उसे भी बन्दूक की आवाज से मार सकते हैं। समझदारी दिखाते हुए वह झटपट पेड़ से नीचे उतर आया। वे अंग्रेज जंगल्या की हरकतों को गौर से देख रहे थे।

''गोरे लोग स्तम्भित होकर पेड़ पर से उतरते हुए जंगल्या की ओर देख रहे थे। उसके बदन पर कोई भी कपड़ा नहीं था, उसकी कमर में केवल बाघ की खाल से बनाई गई लँगोटी बँधी हुई थी। गोरा सोच में पड़ गया कि इस जंगली आदमी के पास बाघ का चमड़ा कहाँ से आया। क्या हिन्दुस्तान में अब भी आदिमानव जंगलों में वास कर रहे हैं? ऐसे आदिमानवों की कितनी टोलियाँ इन जंगलों में छिपी हुई हैं? इसका उन्हें पता अवश्य लगाना होगा। यह सोचते हुए धीरे-धीरे वह गोरा आदमी, अपनी बन्दूक जंगल्या की दिशा में ताने उसकी ओर बढ़ने लगा। यह सोचकर कि कहीं जंगली आदमी उस पर झपटकर हमला न बोल दे। (उसे अपनी जान जो प्यारी थी!) बन्दूक की नली को जंगल्या के पेट पर रखकर उसकी लँगोटी पर गोरे ने हाथ डाल दिया। अपनी अंग्रेजी भाषा में वह कुछ पूछ रहा था–जंगल्या अपनी बोली में उसे जवाब दे रहा था। किसी को भी एक-दूसरे का कहना पल्ले नहीं पड़ रहा था।" फिर थोड़ी साँस लेकर बिरडीस ने पुनः अपनी रामकहानी सुनानी आरम्भ कर दी– ''उसी समय, उन गोरे लोगों ने पहले अपने किए हुए बाघ के शिकार के साथ मेरे बाप को भी रस्सियों से जकड़कर बाँध दिया और उसे वे अपने साथ खींचते हुए ले गए। वे गोरे पारधियों को और उनकी भाषा को जानना-समझना चाहते थे। उस दिन से अब तक, हमें उनके बारे में कुछ पता न लग पाया। घोड़ों पर सवार हुए वे गोरे

लोग कहाँ से कितनी कोस की दूरी से आए थे यह हमें मालूम न हो सका। ऐसे ही कभी कभार वे जंगलों में शिकार करने आते हैं। और फिर हममें से कुछ लोगों को उठाकर ले जाते हैं!''

घोड़ों की टापों की आवाज बिरडीस को बैचेन कर गई। वह सोच में पड़ गया कि किस प्रकार उसने अपनी बस्ती और लोगों को बन्दूक की मार से बचाया।

टापों की आवाज पास आती जा रही थी। बिरडीस और तीरमान्या अपनी वनगायों पर सवार होकर थोड़ी दूर जाकर देखने लगे कि घोड़े किस तरफ से आ रहे हैं। दोनों अपने वाहनों पर से उतर गए। गऊओं को पेड़ की छाँव में खड़ा कर दिया और दोनों ऊँचे शिन्दी के पेड़ों पर सरसराते हुए झटपट चढ़ गए। वहाँ से उन्होंने अपनी नजर चहुँओर दौड़ाई। उनका अन्दाजा सही निकला। चार-पाँच गोरे घुड़सवारों को आते देख वे पेड़ों से उतर आए। अपनी सवारियों पर बैठकर उन्होंने आनेवाले संकट का इशारा अपनी बस्ती को दिया। देखते ही देखते पारधी बस्ती खाली कर दी गई, सब लोग 'शिन्दवन' से हटकर कुछ दूरी पर स्थित 'केकताड़ी' और 'निमगड़' के घने निबिड जंगल में जाकर छिप गए। पारधी औरतों और बच्चों को सुरक्षित रखने का यही उपाय था। बन्दुक्या और रानपाल्या की उत्सुकता गोरे लोगों को देखने की थी। अतः वे भागकर एक ऊँचे पेड़ पर चढ़ जा बैठे। बन्दुक्या ने रानपाल्या से कहा– ''उन गोरों की बन्दूकों का निशाना जबरदस्त होता है। उनका निशाना कभी नहीं चूकता। एक ही झटके में वे अपने शिकार को धराशायी कर देते हैं। तुम्हें मालूम है ना? इसीलिए ही मेरा नाम बन्दुक्या रखा गया है? आखिर यह बन्दूक है क्या चीज! कैसी होती है वह? उसे तो देखना ही पड़ेगा।''

यही सोचकर वे ऐसी जगह पर जा बैठे थे जहाँ से वे तो उन गोरों को नजर न आएँ पर वे उन्हें भली प्रकार देख सकें। तीरमान्या ने बन्दुक्या को सामने बिठाकर ठीक से समझाया था–''देखो ध्यान रखो...गलती से भी तुम्हारा तीर उन लोगों को, या उनके घोड़ों को लगना नहीं चाहिए। कोई भी आवाज न करते हुए उन्हें, उनके घोड़ों को और उनकी बन्दूकों को देखो, ठीक से निहारो और उनका सामना किस प्रकार किया जाए इस पर सोच-विचार करो। बड़े होकर तुम्हें ही उनका मुकाबला करना है, हाँ और एक बात, उनके सामने गलती से भी न आना। अभी उन्हें हमारे जंगल से, हमारे रास्ते से, आगे निकल जाने देना, समझे?''

सिर पर गेंदेदार टोपियाँ, बदन पर लाल रंग के कपड़े, ऐसे कि उनका पूरा शरीर ढक जाए। लम्बे-चौड़े, भारी-भरकम गोरे लोगों को देखकर, अचम्भित दोनों लड़के पेड़ों पर बैठे, चुपचाप उन्हें निहारते जा रहे थे। हट्टे-कट्टे फुर्तीले घोड़े बड़ी शान से दोनों की आँखों के सामने से गुजर रहे थे। बिरडीस की बताई हुई बात उन्हें याद आ गई कि कैसे ये गोरे लोग जबरदस्ती से रस्सियों में जकड़कर उनके दादा जगल्या को हमेशा के लिए अपने साथ ले गए थे। यह बात बच्चों को गुस्सा दिला रही थी।

रानपाल्या अपने क्रोध पर काबू न पा सका और आँख झपकते ही उसने अपने पास रखा तीरकमान में चढ़ा दिया और हरी-भरी झाड़ियों में छिपते हुए उसने अपने तीर का निशाना सबसे पीछे जाते हुए घोड़े की पूँछ पर तान दिया। कमान की डोर खींच ली। निशाना अचूक लगा। सूंई-सूंई आवाज करता हुआ तीर घोड़े के कूल्हे में जा घुसा। घोड़ा दर्द से तिलमिला उठा। जोर-जोर से चिंघाड़ता हुआ बेलगाम होकर टेड़ी-मेड़ी छलाँगे लगाने लगा। घोड़े को अचानक इस प्रकार उछलते देख, गोरे लोग चकरा गए और वे इधर-उधर देखने लगे। उस घोड़े पर सवार गोरा घोड़े पर से गिर पड़ा। उन्हें समझ नहीं आ रहा था कि घोड़े को अचानक क्या हुआ कि इतने में एक गोरे की नजर घोड़े के कूल्हे की ओर गई। तीर कूल्हे के माँसल भाग में, पूँछ के निकट धंसा हुआ दिखाई दे रहा था। तीर की एक तरफ से रक्त की धार बह रही थी। अब अंग्रेज चहुँ ओर देखने लगा और उसने कन्धे पर रखी बन्दूक निकाल ली। दूसरे गोरों ने भी वैसा ही किया पर चहुँ ओर देखने पर भी उन्हें कुछ समझ नहीं आया कि तीर कहाँ से आया और उसे मारनेवाला कौन था। वे इधर-उधर देख ही रहे थे कि उनके पैरों के निकट और दो तीर सूंई-सूंई की आवाज करते हुए जमीन में आकर गड़ गए। एक गोरे आदमी ने चिल्लाकर और गोरों से कहा–''इस समय तो यहाँ से निकल भागो, यहाँ जंगली इंडियन आदिमानव बसते हैं। ये लोग बहुत खतरनाक होते हैं। इनके जंगल में यदि कोई अनजान आदमी चला आता है तब ये लोग पहले तीर मारकर इशारा देते हैं, और यदि फिर भी वह न माना और वहाँ से वापस न लौटा तब वे उसे तीर मारकर जख्मी कर देते हैं या फिर उसकी जान भी ले लेते हैं। जब तक हम बन्दूक चला पाएँगे, वे तीर मारकर हमारी छाती चीर देंगे। अब तक हमने ऐसे कितने ही किस्से सुने हैं जहाँ हम जैसे अंग्रेजों को इन लोगों ने मार डाला था। जब वे यहाँ शिकार करने आए थे। अब तक इन जंगली आदिमानवों ने कई गोरों का शिकार किया हुआ है। इस बारे में बहुत कहानियाँ सुनी हुई हैं।''

इस घटना से डरे हुए अंग्रेज अपने घोड़ों पर सवार होकर, जख्मी घोड़े को साथ लेकर (पहले घुसा हुआ तीन निकालकर) बड़ी जल्दी में वहाँ से निकल भागे। दोनों बहादुर बच्चे हुर्रे...हुर्रे...हुर्रे की आवाज अपने मुँह से निकालते हुए, खुशी के मारे उछलते-फाँदते पेड़ों पर से नीचे उतर आए।

''हम जीत गए। हमने उन्हें जंगल से भगा दिया,'' कहते हुए वे दोनों निमगड़ और केकताड़ी के वन में छिपे हुए अपने लोगों के पास भागते–शोर मचाते हुए पहुँच गए। पूरा किस्सा उन्होंने अपने परिजनों को सुनाया। इस बात से पारधी बस्ती के सब लोग बहुत प्रसन्न हुए थे। तीरमान्या और बिरडीस खुशी से ओतप्रोत थे। उन्होंने अपने बच्चों को गले से लगाकर अपने कन्धों पर बिठा लिया और झूमते-नाचते हुए अपना आनन्द व्यक्त करने लगे।

रानपाल्या ने कहा–''जिन गोरे लोगों ने मेरे दादा का अपहरण किया था, जो

अब तक भी नहीं लौटे हैं। उन गोरे लोगों को मैं और बन्दुक्या अब इस जंगल में कदम रखने न देंगे।''

बिरडीस, तीरमान्या, बाघआवल्या और लगमण्या, बच्चों की कही इस बात पर बहुत प्रसन्न हुए और पुनः उन्हें शाबाशी दी। बिरडीस बताने लगा–''देवगुणी लोगों जैसे ही ये गोरे लोग हमारे जानी दुश्मन हैं। ये लोग हमारे जंगलों में रहनेवाले आदिमानव राक्षसगुणी लोगों पर अचानक हमला कर देते हैं और हमेशा उन्हें परेशान करते रहते हैं। इसलिए ध्यान रखो, जब कभी ये लोग जंगल में आने का प्रयास करें तब हम सबको मिलकर इनका मुकाबला करके उन्हें यहाँ से खदेड़ कर, भगा देना होगा। कीकर का वन, शिन्दी का वन, महुआ का जंगल, दंडक अरण्य ये सब हमारे हैं। अनेक पीढ़ियों से इन जंगलों पर, पशु-पक्षियों पर हमारे सिवाय किसी और का हक कैसे हो सकता है? ये सब जंगल हमारे हैं। बाहरी लोग अचानक जंगलों में आकर बन्दूक की आवाज से यहाँ के जानवरों का शिकार करते हैं। अब के बाद किसी भी गोरे फिरंगी को हमारे जंगलों में शिकार करने से रोकना होगा। जैसे आज उन्हें बाण मारकर उनके आने का विरोध किया गया। उन्हें डराकर भगा दिया गया। वैसे ही बार-बार करना होगा।''

गोरे साहबों को शिकार न कर देने पर और उन्हें खदेड़ देने के कारण उस समय सब गोरे लोग बहुत चिढ़े हुए थे। वे लोग कहने लगे–''हिन्दुस्तान के जंगली आदिमानव यदि ऐसे ही खुले घूमते रहे, उनका सही बन्दोबस्त न किया गया तब ये जंगली आदमी धीरे-धीरे हमारे विरोध में बलवा कर देंगे। इस देश के किसी भी अन्य गाँव या शहर में हमें वहाँ के लोगों से डरने की आवश्यकता नहीं है। क्योंकि हमारी बन्दूक की एक ही आवाज सुनते ही वहाँ के लोग डर जाते हैं। उनकी बोलती बन्द हो जाती है। पर ये जंगली लोग कुछ दूसरी मिट्टी के बने लगते हैं–इनमें डर का नाम ही नहीं है, उलटा वे हमें ही डराकर भगा देते हैं। लड़ने-मरने को तैयार बैठे लगते हैं वे। उनका छोड़ा हुआ तीर किस पेड़ से आता है, जिस तेजी से आता है इसका हमें पता ही नहीं लगता। हमारी बन्दूक की गोली छूटने से पहले ही उनका छोड़ा हुआ तीर कब हमारी छाती बेध देगा इसका किसी को पता भी नहीं लगता। वे पेड़ों पर झाड़ियों में इस तरह छिपे हुए होते हैं कि कभी हमें उनके वहाँ होने का पता ही नहीं लगता। वे अच्छे खासे तीरंदाज होते हैं। ये सब कहाँ और कैसे सीखते हैं? ये जंगली लोग मिलिटरी के जवानों से भी अधिक खतरनाक लगते हैं। हिन्दुस्तान के गाँव काफी बिखरे-से होते हैं। यह एक जंगली आदमी पूरे गाँव को भारी पड़ सकता है। गाँव और शहर के लोगों से भी अधिक इनका खतरा हम गोरे लोगों को होता है। ये जंगली लोग हम गोरे लोगों को बहुत भारी पड़नेवाले हैं, उन पर काबू करना ही पड़ेगा... ।''

जिस गोरे अंग्रेज के घोड़े को रानपाल्या और बन्दुक्या ने तीर मारकर जख्मी कर

दिया था वह फौज की एक टुकड़ी का प्रमुख था। वह अंग्रेजी सरकार की तरफ से, उनका काम करने यहाँ हिन्दुस्तान पहुँचा था। उसका काम था यहाँ के जंगलों में; आने जाने के वास्ते; रेलवे लाइन को बनाना जो एक शहर से दूसरे शहर को जोड़ सके। जिससे आवागमन सुविधा से हो सके। रेलवे पटरी बिछाने का नक्शा उसने इंग्लैंड से ही पास करवा लिया था। वहाँ की रानी की रजामन्दी का ठप्पा लगाया हुआ पत्र भी उसके पास था। इस काम के लिए जंगलों पर उनका अधिकार होना आवश्यक था। इसी कारण जंगली लोगों का हमेशा के लिए बन्दोबस्त करने का उसका इरादा था। इस अर्थ का आदेश लेकर वह वहाँ पहुँचा था। अपना काम शुरू करने हेतु वह अपने साथियों समेत जंगल का निरीक्षण करने वहाँ पहुँचा था।

एक दिन कीकर का वन, दंडकारण्य, महुआ का जंगल और सागवान के जंगलों में अचानक हजारों की संख्या में गोरों की फौज दाखिल हो गई। सैनिकों ने सबसे पहले अपनी बन्दूकों को दागकर, उनकी गगनभेदी आवाजों से जंगली लोगों को डराकर, उन्हें जंगलों से बाहर खदेड़ना शुरू किया और देखते ही देखते जंगल के बड़े-बड़े पेड़ कटने और गिरने लगे। कटे हुए बड़े-बड़े लकड़ियों के तनों के छोटे-छोटे भाग कर उन्हें गाड़ियों में और हाथियों पर—पकड़कर लाए हुए सब गुलामों की मदद से—लादकर दूर भेज दिया गया। जंगल को साफ और खुला करने के पश्चात्, गुलामों को काम पर लगाकर एक चौड़ा रास्ता बनाया गया। उसके बाद उस रास्ते पर लोहे की मोटी-सी भारी-भरकम लम्बी-सी पट्टी बिछाते गए। इस प्रकार रेलवे मार्ग बनाने का आरम्भ हुआ। पीढ़ियों सें जंगलों में बसी हुई राजपारधी, भीमपारधी, हिरणपारधी, गोंडपारधी, बाधपारधी, वारली जैसी अनेक पारधियों की टोलियाँ आपस में बैठकर सोचने पर बाधित हुईं कि उन्हें जंगल काटते हुए गोरे लोगों के विरोध में कुछ करना होगा। उन्हें रोकना होगा वरना अब आदिवासी पारधियों का जीना कठिन हो जाएगा। आए हुए संकट से सब बहुत व्यथित और चिन्तित थे।

एक दिन सब पारधी जनों को धोखे का इशारा देने हेतु लगमण्या, बाघआवल्या और बिरडीस अपने-अपने ढोल; जो भैंसे के चमड़े से मढ़े हुए थे और जिसे बजाने की डंडियाँ हिरनों की टाँगों से बनी थीं; गलों में लटकाकर जंगल की एक ऊँची पहाड़ी पर जा खड़े हुए और अपने ढोल जोरों से बजाने लगे। ढोलों की आवाज सुनते ही आसपास के सब पारधी खतरे का इशारा जानकर महुए के पेड़ों के घने जंगल में एकत्रित होने लगे। हर एक टोली का एक प्रमुख—जो पंचायत प्रमुख बनकर आया था, विचार विमर्श करने बैठ गए। वे देख चुके थे कि सब गोरे लोग उनका जंगल काट-काटकर रेलगाड़ी के लिए रास्ता बना रहे थे। वे जान गए थे कि शायद सारा जंगल काटकर वे जंगल साफ कर देंगे। उन्हें ऐसा करने से रोकने के लिए उन्हें वहाँ से भगाना आवश्यक था। इसके लिए उन्हें कोई युक्ति, कोई तरीका ढूँढ़ना था जिससे गोरों को वहाँ से खदेड़ने में उन्हें सफलता मिले। भीलों का प्रमुख 'गेंडया' वारलियों

का प्रमुख 'हरंग्या', वाघपारधियों का प्रमुख 'मानकाप्या', राजगौड़ का 'सलवाप्या' फासे पारधियों का बिरडीस और हिरणपारधियों का 'जमया'। ये सारे प्रमुख पंचायत लगा, रात भर सोचते रहे और अन्त में उन्होंने निश्चय कर लिया कि किस तरीके से गोरे लोगों पर हमला करना है और कैसे करना है। रात ढलते-ढलते उनकी योजना पक्की हो गई। अरंडी के वन से बोरियाँ भरकर अरंडी के बीज उठा लाए और उन्हें आग लगा दी। आग लगने पर आसपास के पेड़ों से नीचे लटकने वाली जड़ें और अंकुर शरीफों के पेड़ों की सूखी हुई टहनियाँ आदि को उस लगाई आग में झोंक दिया। अब जलती हुई टहनियों को उठाकर, इकट्ठा किए कटे हुए लकड़ी के ढेरों पर डाल दिया जो लकड़ियाँ गोरों ने रेलवे की पटरियाँ बनाने के लिए इकट्ठा कर रखी थीं। जगह-जगह पर ऐसी कटी हुई लकड़ियों के ढेर जमा कर रखे थे। एक ही रात में अबोध, वृद्ध, स्त्री-पुरुष पारधियों ने जंगल में पाए जानेवाले पेड़ों के बीजों से जैसे शरीफा, शिकाकाई, अरंडी, करड़ी आदि अपने पास रखे चकमक पत्थरों से आग जलाकर इसके लिए कई बम उपयोग कर जलती हुई टहनियों को अपने हाथों में लेकर, सैकड़ों पेड़ों से कटी हुई लकड़ियों के ढेरों को आग लगा दी। उस रात हर एक के हाथ में जलती हुई टहनी थी। ढ़ेरों में आग लगते देखकर सब लोग अपनी-अपनी वनगायों पर बैठकर, वायुवेग से जंगलों में भाग गए।

नजर झपकते ही अंग्रेजों के हजारों सैनिकों, गुलामों ने काटकर, ढोकर, एकत्रित की हुई लकड़ियों के ढेर, आग ने जलाकर राख कर दिए थे। आग की लाल-लाल लपटें बड़ी दूर तक पाँच-पचास कोसों तक दिखाई दे रही थीं। तेल के बीजों से लगी आग होने के कारण नीचे से ऊपर तक लकड़ियाँ काफी देर तक आग में धधक रही थी। सारी की सारी लकड़ियाँ जलकर राख होती गईं। आग की लपटें देखकर आसपास पाँच-पचास कोसों में रहनेवाले लोग भयभीत हो गए थे। उन लकड़ियों के ढेरों के आसपास रहनेवाले सैनिक जिनकी संख्या सैकड़ों में थी वे सब आग की लपटों से बच न सके। कई अंग्रेज जो उस समय सोए हुए थे, आग में झुलसकर मर गए। जो लोग भाग न सके वे भी मर गए। लकड़ियाँ ढोने के लिए रखे हुए हाथी, घोड़े जो वहाँ बँधे हुए थे वे भी बच न पाए। वे खड़े-खड़े ही जल गए। आदिवासी पारधियों की लगाई हुई आग से गोरे फिरंगियों का बड़ा भारी नुकसान हुआ था। इस आग में अंग्रेजों के कई सौ सैनिक मारे गए थे और रेलमार्ग बनाने के लिए काटकर रखी हुई लकड़ियाँ जिससे सैकड़ों किलोमीटर तक रेल पटरी बिछ सकती थी, जलकर राख हो गईं। बिछाई गई लकड़ियों की मोटी भारी फट्टियाँ जिन पर लोहे की लम्बी मोटी (रेलगाड़ी चलाने के लिए) पटरियाँ डाली हुई थीं वे भी आग में तपकर टेढ़ी-मेढ़ी हो गई थीं और बिखरी पड़ी थीं। दृश्य बहुत हृदय विदारक था। वह विध्वंस देखा नहीं जा रहा था।

दुर्घटना स्थल पर दूसरे ही दिन अंग्रेजों का सैनिक प्रमुख उस घटना का जायजा

लेने आ धमका। कोयले जैसे झुलसे, जले हुए सैकड़ों सैनिकों के मृत शरीर। आग से इतना बड़ा नुकसान हुआ देखकर वह गोरा प्रमुख गुस्से से लाल-पीला हो गया। आदिवासियों द्वारा लाखों-करोड़ों का नुकसान किया हुआ–मानुषहानी–देखकर वह मन-ही-मन कुछ तय कर रहा था। सोच रहा था, 'ये आदिवासी काबू से बाहर निकल गए। इन पर किसी भी हाल में काबू पाना होगा। आज इन्होंने अपने ही जंगलों से कटी लकड़ी इसलिए जला दी कि हम अपने मनसूबे में कामयाब न हो सकें। कल इनकी हिम्मत और भी बढ़ जाएगी। ये हमारे घरों, राजमहलों को भी जला डालेंगे। नहीं, नहीं इनको काबू में करना ही होगा।' नुकसान का जायजा लेकर आनेवाले दिनों में जंगलों में से आवाजाही करने के लिए रास्ता, रेलमार्ग का पुनः निर्माण करने के लिए रेल की पटरियाँ, उसके नीचे बिछाने के लिए लगनेवाली लकड़ियाँ वगैरा कैसे और कहाँ इकट्ठी की जाए? यह सब काम पूरा करने के लिए, कम से कम पाँच वर्षों की अवधि लग सकती है। इस नतीजे पर वह पहुँचा था।

जंगली आदिवासियों पर अंकुश लगाने का काम पहले हाथों में लेने का विचार अंग्रेजी प्रमुख ने किया। इसके लिए एक नए कानून की आवश्यकता थी और इसकी अनुमति अब उसने इंग्लैंड की रानी से ले ली थी। अब ऐसा कानून लाया गया जिसमें हिन्दुस्तान के आदिवासी जंगली लोगों को, अपने काबू में रखने के लिए, उन्हें जन्म से ही–'क्रिमिनल' चोर, गुनहगार, डाकू आदि घोषित कर दिया गया। इससे अब सारे आदिवासी कानून की नजरों में 'बाय बर्थ क्रिमिनल' माने जाने लगे। इस कानून के बनते ही आदिवासियों को पकड़कर मृत्युदंड देना, उन्हें गुलाम बनाकर उन्हें अनेक विकास कार्यों में लगाना, या फिर उन्हें कारागृहों में उम्र भर के लिए डाल देना भी, बहुत आसान हो गया। इस कानून का पूरा फायदा अंग्रेजी हुकूमत ने उठाया। 'जन्म से गुनहगार' आदिवासियों को घोषित करने का कायदा इस प्रकार हिन्दुस्तान में लागू हो गया था।

गोरे लोगों ने बनाए हुए कानून के लागू होते ही जंगलों में जहाँ भी आदिवासी पारधी लोगों का वास्तव्य था, उन जगहों के नक्शे बनाए गए और वहाँ रहनेवाले आदिवासियों को 'क्रिमिनल लोग' और वहाँ रहनेवालों की बस्तियों को गुनहगारों की बस्ती घोषित कर दिया गया। ऐसी बस्तियों में गोरे सैनिकों की छावनियाँ लगनी शुरू हो गईं। कीकर वन, शिन्द वन और महुआ पेड़ों के जंगलों में जहाँ एकत्रित लकड़ियों के ढेरों को जला दिया गया था और जहाँ भारी मानुष-हानी और करोड़ों रुपयों का नुकसान हुआ था–यहीं से नए कायदे पर पहली बार अमल किया गया। अर्थात् अंग्रेजों के सैनिकों ने अपनी बन्दूकें चलाकर और आवाजों से गौड़पारधी, मासेपारधी, राजपारधी और झीलपारधी आदि वहाँ जो भी टोलियाँ मिली, उन्हें मार-पीटकर अपने घोड़ों से रस्सियों से बाँधकर खींचते हुए बड़े दर्दनाक गति से पकड़कर लोगों को अपनी छावनियों में लाकर पटकने लगे। पकड़े हुए पारधियों को उन्होंने जंगलों को

काटने के काम में लगा दिया। जो लोग यह काम करने से इनकार करते या काम में बाधा बन जाते, उन पारधियों के पैरों में लोहे की जंजीरें डालकर, उन्हें चाबुक की मार देते हुए, उनके हाथों में बड़ी आरियाँ थमा देते और जबरदस्ती उनसे काम करवाते। इन गोरे लोगों की पकड़ में पारधियों के अनेक प्रमुख आ गए थे–गेंडया, मानकाप्या, तालकाप्या जैसों के साथ अनेक पारधी हाथ लगे थे। रात-दिन उनसे लकड़ियाँ काटने का और रेलमार्ग बनाने का काम करवाया जाता था। इन्हीं लोगों को मारपीट करके उनसे अन्य और बिखरी हुई टोलियों का अता-पता पूछकर उन्हें भी पकड़कर ले आते, बन्दी पारधियों को सदैव सलाखों में रखा जाता। हन्टर से मारपीट करना कोई नई बात नहीं थी। गुलामों से काम लेने में कभी गोरे नहीं चूकते थे।

गोरे लोगों द्वारा की हुई इस 'धर-पकड़' को देखकर बिरडीस और तीरमान्या अपने सब लँगोट फासे पारधियों को वहाँ से कोसों दूर–जंगलों से बहुत परे एक ऊँचे पहाड़ की तरफ निकल गए और अपनी नई बस्ती वहीं बसा ली। एक ऊँचे से पर्वत पर सब लोग अपने सामान व वनगायों के समेत वहाँ सकुशल पहुँचे देख दोनों मुखियों ने अपनी कोडियारा देवी को धन्यवाद दिया। बिरडीस ने आराम से एक बड़ी-सी शिला पर बैठते हुए कहा–"भाई तीरमान्या हम इतनी दूर और ऊँचे इस पहाड़ पर आकर टिक गए है, जहाँ उन गोरों का बाप भी नहीं आ सकता। हम ऐसी जगह पर है जहाँ बारह कोस तो क्या, उससे दूर से भी आनेवाला आदमी हमें दिखाई देगा। हाँ, और आसपास किसी की भी बस्ती नहीं है...।"

इस पर तीरमान्या और बाघआवल्या ने सोचते हुए कहा–"हाँ, भाई आपकी बात सही है, पर हमारे जैसे अनेक भाई-बन्धु हैं जिन्हें गोरे लोग पकड़कर ले गए हैं। हमारे कितने ही पारधियों की टोलियाँ इधर-उधर बिखर गई हैं। जो अलग-थलग होकर अनेकों जंगलों, दरियों और दूर पहाड़ों में जा छिपी होंगी जैसे हम यहाँ आकर बैठे हैं।"

बिरडीस ने कहा–"देवगुणी, आर्य, मुसलमान, मुगलों से भी ज्यादा खतरनाक फिरंगी गोरे लोग हैं। ये हमारे जंगल, हमारे ही घरों में घुसकर, हमें पकड़कर इन्होंने हमें बेघर करके हमें खानाबदोशों की तरह भटकने पर मजबूर कर दिया है। क्यों? हम लोगों को पकड़कर, गुलाम बनाकर, हम पर जुल्म ढाते हुए, जबरदस्ती हमारे जंगलों को तुड़वाकर, हमसे नए रास्ते बनवा रहे हैं? इनका उद्‌देश्य केवल हम लोगों को खतम करना ही है। जंगल और वन से बाहर निकलते समय हमें बड़ी सतर्कता बरतनी पड़ेगी। यदि हम ऐसे ही बाघ और हिरनों की चमड़ियों से बनी लँगोटियाँ पहन कर घूमते रहे तो ये लोग हमारा ही शिकार करने लगेंगे। हम पर ही बन्दूक दाग देंगे या फिर हमें जबरदस्ती पकड़कर सलाखों में बन्द कर, टरंग्या, मानकाप्या और गेंडया जैसे आगगाड़ी को चलाने के लिए रास्ता बनाने के काम में लगा देंगे।

चाबुक की मार सहते हुए जबरदस्ती हमें अनचाहा काम करना पड़ेगा। ना बाबा ना! यह सब टालने के लिए हमें हमारे पहनावे में बदलाव लाना पड़ेगा। हम जब किसी गाँव में देवी के मेले में जाते हैं या जब कभी हम गाँव के लोगों को देखते हैं तब वे लोग जैसे सूत से बने हुए कपड़े पहनते हैं, उन कपड़ों से उनका सारा शरीर ढका हुआ होता है। वैसे ही कपड़े अब हमें भी पहनने होंगे जिससे हम भी उन लोगों जैसे दिखने लगेंगे। इन कपड़ों का मिलना हमारे लिए बहुत आवश्यक है। ऐसे कपड़ों को पाने के लिए हमें प्रयत्न अवश्य करना पड़ेगा। गोरों से बचने का यही एक उपाय मेरी समझ में आ रहा है। लँगोटी लगाए हुए पारधी गोरों की नजरों से बच नहीं सकते। शरीर भर कपड़े पहनकर ही हम पारधी, गोरों की नजरों से बच सकते हैं। क्या मैं ठीक नहीं कह रहा हूँ? बोलो...।''

पहाड़ों पर रहने की आदत अब रानपाल्या और बन्दुक्या को हो गई थी। वहाँ वे दोनों खरगोशों का शिकार बड़े आराम से कर लेते थे। शिकार के बाद उस मांस के छोटे-छोटे टुकड़े कर वे आग जलाकर भूनकर खा जाते, ये शिकार करने में उन्हें बड़ा आनन्द आता था। बिरडीस और तीरमान्या गोरों के डर से बस्ती से अधिक दूर न जाते थे। अपनी-अपनी वनगायों की पीठ पर बैठकर कभी-कभार हिरन का शिकार कर लेते थे। उसी पर वे अपने परिवार का उदर निर्वाह कर लेते थे।

रानपाल्या और बन्दुक्या को 'शिन्दवन' और वहाँ के 'नीरा' की शिदी (खजूर) की बहुत याद आती रहती थी। वे एक-दूसरे से कहते—''यार देखो तो, गोरों का डर हम सबको कहाँ से कहाँ ले आया। यहाँ दूर पहाड़ पर आकर बैठे हैं हम, यहाँ न हमें महुआ के फूल मिलते हैं न ही उनका शहद। गोरों के आने से पहले हम लोग जंगल के राजा हुआ करते थे। जहाँ चाहे, मुक्त हो, घूम-फिर सकते थे, किसी भी पेड़ पर चढ़ सकते थे। उनके फल खा सकते थे। कोई भी प्राणी मारकर उसका मांस खा सकते थे। आनन्दपूर्वक हमारा जीवन बीत रहा था। गोरों के आते ही हमारा जीवन ही एक बन्दीवास हो गया है। कितने दिन चलेगा यह सब कुछ?'' इस प्रकार के जीवन से बहुत परेशान हो गए थे। वे दोनों बालक माथे पर हाथ रखकर इसी विचार में मग्न थे।

पहाड़ से उतरकर जंगलों की ओर आते-जाते हुए पारधी बच्चों और औरतों को कुछ गड़रियों ने देख लिया था। गड़रिये सोचते कि इतनी ऊँचाई पर ये लँगोटी पहने हुए लोग किस प्रकार रहते हैं? वहाँ शिकार कैसे और किसका करते हैं? इससे पहले उन्होंने कभी भी लँगोटी पहनने वाले पारधियों को देखा नहीं था। वे लोग जब आपस में मिलते तब एक-दूसरे को कहते—''अपने उस पासवाले पहाड़ पर के जंगल में लँगोट पहनने वाले लोग रहते हैं। वहाँ के सब लोग—बच्चे, औरतें और मर्द सिर्फ अपनी कमर में लँगोट बाँधते हैं और वह भी हिरन या बाघ की चमड़ी से बनाए गए लँगोट! उनकी शक्लें और भाषा एकदम हमसे अलग हैं। वे लोग हमारी भाषा नहीं

समझते और उन लोगों की बोली हमारी समझ में नहीं आती। पीढ़ियों से जंगलों में रहनेवाले ये लोग, अंग्रेजों के किए अतिक्रमण के कारण अपने जंगलों को छोड़कर बाहर निकल आए हैं और पहाड़ों, घाटियों या नदियों के किनारे जहाँ सुरक्षित जगह मिली, बसने लगे हैं।

विचलित हुए बिरडीस, तीरमान्या, बाघआवल्या, अपने सब बाँधवों को बताने लगे–"जिन जालों और फाँसों की सहायता से हम बाघ, हिरन और बारहसींगों को पकड़ते थे, उन्हीं से अब ये गोरे लोग अपने ही भाई-बंधुओं को पकड़कर रेलमार्ग बनाने के काम में जुटा रहे हैं। चाबुक से मारपीट कर सलाखों में बाँधकर, उनसे काम करवाया जाता है। यदि कभी हम पकड़े गए तब हमारी भी वही गत होगी इसलिए जहाँ भी कहीं इन गोरों की बस्ती है वहाँ कभी भी कोई भी गलती से शिकार करने या औषधी, वनस्पति इकट्ठा करने न जाए।"

इस बात को बड़ा जोर देकर कहा गया। धीरे-धीरे पारधियों ने अपनी बस्तियों का स्थानांतर, जहाँ सुरक्षित जगह मिलती गई, वहाँ करते गए। कभी किसी पहाड़ी की गोद में या कभी किसी नदी, नाले, तालाब के किनारे खुली जगहों पर वहीं बसने लगे।

कुछ ही दिनों में कीकर वन, शिन्द वन, महुआ के पेड़ों का वन, सागवानी वन जैसे अनेक जंगलों को गोरे लोगों ने वहाँ के पेड़ों को काटकर साफ कर दिया था। अंग्रेजों की बन्दूकों, तोपों के सामने कई आदिवासियों ने अपनी तीरकमान, धनुष वाण, कुल्हाड़ियाँ, भाले-बरछियाँ इत्यादि शस्त्रों को त्याग दिया और वे अंग्रेजों की शरण में आ गए। शरण में आने के बाद वे सब लोग रेलमार्ग बनाने का काम करने लगे। कई लोग बड़ी दूर-दूर तक जंगलों से भी परे जाकर बस गए।

गोरे लोगों के विरुद्ध अब भी कई पारधी लोग थे जिन्हें गोरों का, जंगल तोड़ना और नया रेलमार्ग बनाना पसन्द नहीं था। ऐसे लोग गोरों का अपने जीवन के अन्त तक मुकाबला और विरोध करते रहे। गोरों से छापामार युद्ध करते रहे परन्तु बिरडीस और तीरमान्या ने न ही शरणागती स्वीकार की और न ही अंग्रेजों से विरोध करने का या लड़ने का विचार किया। उन्होंने परम्परागत रीति से जीने का निश्चय किया। हाँ, अपनी परम्परा और रुढ़ियों में थोड़ा बदलाव अवश्य किया। अब वे पाँच-छह कोस पर जहाँ कोई बस्ती हो, जहाँ घर में जलती हुई रोशनी नजर आए वहाँ भी जाकर बसने लगे थे। कई बार, हर पन्द्रह दिन बाद रहने की जगह न बदलकर, वहाँ एक ही जगह पर साल भर तक रह जाते थे। उन्हें इससे जीवनयापन करने में सहूलियत लगती थी।

समय के साथ बिरडीस और उसकी बस्ती के लोगों में भी बदलाव आ रहा था। बिरडीस ने अपनी नई बस्ती 'एडशी' के एक ऊँचे पहाड़ पर बसा ली थी। कुछ ही दिनों में उन्होंने अपने पाल (तम्बू) वहीं ठोक दिए थे। उस जंगल में लोगों को बाघ,

सिंह, हिरन, गेंडे, हाथी, वनगाऊ, भैंसे जैसे जानवर दिखाई देते थे। पर अब जबसे पारधियों ने अपनी पालें वहाँ ठोक दी थीं तबसे वहाँ बदन पर ठीक तरह से सूती कपड़े पहने हुए लोग दिखाई देने लग गए थे। पहाड़ों पर आने-जानेवाले गड़रियों को अब गाय-भैंसों को रखनेवाले, चराने ले जानेवाले चरवाहे भी दिखने लग गए थे। पहले गड़रियों से बातचीत करनेवाले बिरडीस और तीरमान्या ही थे। शुरू-शुरू में उन्हें बातचीत करने में कुछ कठिनाई हुई, बाद में वे एक-दूसरे की भाषा हावभाव द्वारा भी समझने लगे थे। धीरे-धीरे उनकी झिझक भी हटती गई और साधारण व्यवहार करने लायक वे भाषा सीख गए। अब तक वे भली प्रकार से एक बात को समझ गए थे कि यदि उन्हें अंग्रेजों की चपेट से बचना है तब उन्हें गड़रियों जैसी पोशाक धारण करनी होगी तभी वे आसपास के गाँवों में घूम-फिर पाएँगे और गाँववालों जैसे भली प्रकार से सुरक्षित हो, अपना जीवन बिता पाएँगे।

एक दिन बिरडीस अपने साथियों के संग शिकार करने गया और लौटते हुए एक बारहसिंगा और दो-तीन कस्तूरी मृगों को ले आया। कस्तूरिया मृगों को वह जीवित पकड़कर लाया था। हिरन की नसों से बनी डोरियों से उन्हें बाँधकर इस प्रकार से खींचता हुआ ले आया था मानो जैसे वे हिरन कोई भेड़-बकरी हों। कुछ गड़रियों ने बिरडीस और उसके पकड़े हुए हिरनों को देख लिया। यह अजूबा देखकर वे उन सबके पीछे भागे और झाड़ियों के पीछे से छिपते हुए वे शिकारियों के पास जा पहुँचे और उनके सामने जाकर कुछ बात कुछ इशारों से वे करने लगे–"रुको, सुनो यह देखो मेरी दो भेड़ें, क्या इन भेड़ों के बदले में तुम अपने ये दो हिरन मुझे दे दोगे?" थोड़ी देर से ही सही, बिरडीस उस गड़रिये की बात समझ गया और वैसे ही इशारे से बोला–"हमें तुम्हारी ये भेड़ नहीं चहिए। पर क्या तुम अपने पहने हुए सूती कपड़े–धोती और कमीज दे सकते हो? अगर हाँ, तो फिर कपड़ों के बदले में ये सारे हिरन हम तुमको दे सकते हैं।"

गड़रिये इस बात के लिए राजी हो गए। हिरनों के बदले में भेड़ की ऊन से बनी चादर और सूती धोती और कमीज बिरडीस ने ले ली। इस लेनदेन से सब खुश थे।

कई पीढ़ियों से हिरन और बाघ के चमड़ों से बने लँगोट पहनने वाले पारधियों ने अपनी प्रथा बदल दी थी। गोरे अंग्रेजों के बनाए त्रासदायक कानून के कारण पारधी समाज को अपनी यह प्रथा बदलनी पड़ी। इसके सिवाय उनके पास कोई चारा ही न था। बिरडीस ने अपनी खास लँगोटी जो बिटप्या बाघ के (चीते के) 'बिन्दुकित' खाल से बनी हुई थी, निकालकर रख दी थी और अब वह गड़रिये से ली हुई धोती कुर्ता पहने हुए था। इस प्रकार से कपड़े पहने हुए बिरडीस को देखकर, पारधी पालों में बसे सब स्त्री-पुरुष और बच्चे, तीरमान्या, बाघआवल्या और लगमण्या समेत, पेट पकड़कर हँसते जा रहे थे। यह दृश्य उन सबके लिए बहुत अजीब-सा

था। किसी भी पारधी को उन्होंने अब तक ऐसे कपड़े पहने हुए न देखा था। बड़ों को यकीन ही नहीं हो रहा था कि यह बिरडीस वही है जो धोती कपड़े पहने हुए लोगों को देखते ही भागने लगता था। आज वही पारधी वैसी ही धोती और कुर्ता पहने उनके सामने खड़ा है।

कपड़ों के बदन पर चढ़ते ही बिरडीस आसपास की बस्तियों और गाँवों में जाने आने लगा। अब उसकी झिझक मिटती जा रही थी। शिन्द वन, कीकर वन, सागवान के जंगल जैसे-जैसे कटते जा रहे थे वैसे-वैसे ही उन जंगलों में बसे जानवर–हिरन, बाघ, लोमड़ी, सियार आदि वहाँ से भागने लगे थे और वे जहाँ जगह मिलती पहाड़ों में, तंग घाटियों में, दर्रों में, जंगलों में, जहाँ भागे हुए पारधी जा बसे थे, उन्हीं के आसपास दिखने लगे थे। निर्वासित मानव और जानवर दैवगति से एक बार फिर सहजीवन बिताने चले थे! पारधियों की नजरों में उन्हें मिला यह उनकी देवी का वरदान ही था। बिरडीस, तीरमान्या, रानपाल्या और बन्दुक्या को शिकार मिलने में अब कभी कोई कठिनाई न होती थी। अब तक पारधियों की गड़रियों के साथ अच्छी-खासी दोस्ती हो गई थी। आपस में बोलचाल भी आरम्भ हो गया था, जिससे जीवित हिरनों को देकर पारधी अब बकरियाँ, भेड़ें व सूती कपड़े गड़रियों से लेने लगे थे। गड़रिये भी वारधियों से बहुत प्रसन्न थे। कारण था कि वे उन जीवित हिरनों को और खरगोशों को गाँवों के अमीर जमींदारों को अच्छे-खासे दाम लेकर बेच देते थे, या फिर कभी वे साप्ताहिक बाजारों में उन हिरनों को बेचने लगे थे। खरगोश भी अच्छे बिकते थे। धीरे-धीरे सब पारधी लोग हर रोज उनके पालों से जलते हुए दीये दिखनेवाले गाँव में जाने-आने लगे। बिरडीस के मन में जिज्ञासा जाग उठी कि ये गड़रिये हम लोगों से जीवित हिरन और खरगोश खरीदकर उनका क्या करते हैं! इसी बात का पता लगाने हेतु एक दिन चोरी-छिपे वह गड़रियों के पीछे हो लिया, तब उसने देखा कि उन्हें वे साप्ताहिक लगने वाले बाजार में बेच रहे हैं और लोग भी बड़े उत्साह से उन्हें खरीद रहे हैं। बिरडीस सोचने लगा कि अब मैं भी इन्हीं लोगों जैसी पोशाक पहनता हूँ, अब अंग्रेज लोग मुझे पहचान नहीं पाएँगे। मुझे नहीं पकड़ेंगे और अब न ही मुझे रेलमार्ग बनाने का काम करना पड़ेगा। तो फिर क्यों न मैं ही बाजार जाकर खरगोश और हिरन बेचूँ? इस नए विचार से बिरडीस स्वयं से बहुत प्रसन्न था।

ढोकी गाँव में लगनेवाला साप्ताहिक बाजार काफी मशहूर था। दूर-दूर से लोग वहाँ खरीद-फरोख्त करने आते थे। बिरडीस तीरमान्या, बाघआवल्या और लगमण्या अब केवल अपने ही लिए शिकार न करते थे, परन्तु ढोकी गाँव के बाजार में बिक्री करने के लिए भी अधिक जानवरों का शिकार करने लगे थे। चार-पाँच दिन पहले से ही हिरन, खरगोश, तीतर, बटेर जैसे शिकार कर एक ही सोटी पर दो-तीन हिरन अटकाकर उन्हें अपने कन्धों पर डालकर, उसकी बिक्री करने के लिए ढोकी गाँव

की ओर चल पड़ते थे। इस ढोकी गाँव तक पहुँचने के लिए उन्हें ढोकी के निकट के ऊँचे पहाड़ों के रास्ते से होकर गुजरना पड़ता था। रास्ता कुछ कठिन था। कई बार खराब मौसम में उन्हें पगडंडियों को पार करने में पाँच-सात दिन तक लग जाते थे। ढोकी गाँव के आसपास रहनेवाले अमीर जमींदारों को अब तक पता लग चुका था कि वहाँ लगनेवाले साप्ताहिक बाजार में–जो मंगलवार को लगता था–जंगली लोग अच्छा ताजा 'शिकार' लाते हैं। कई बार उनके पास जिन्दा हिरन और खरगोश भी मिलते हैं। जमींदार और शौकीन लोग अब सीधे पारधियों से ही 'शिकार' और जीवित जानवर खरीदना पसन्द करने लगे थे। पारधी भी अपना शिकार झटपट बिक जाने से बड़े खुश थे। बिरडीस, लगमाण्या और तीरमान्या को अपना शिकार कितने में बेचना है इसका अन्दाजा नहीं था। जमींदारों की भाषा उन्हें समझ नहीं आती थी। उनके पूछने पर वे कीमत बता न पाते थे। बिरडीस केवल अपने हाथ की दो अँगुलियाँ ऊपर उठा देता था। जिसके कारण उसे हिरन के शिकार का एक-दो रुपया मिलता था। बाद में हर बाजार में चार-आठ आने दाम बढ़ाकर वे हिरन और खरगोश बेचने लगे। जबसे रानपाल्या और बन्दुक्या को इस ढोकी गाँव के बाजार के बारे में पता चला था। तबसे वे दोनों छोटा-मोटा शिकार लेकर चाहे वह साप्ताहिक बाजार का दिन न हो। तब भी अपना शिकार–जो एक सोटी पर बँधा हुआ होता था–लेकर गाँव में बेच देते थे। पारधियों का हर शिकार हाथोंहाथ बिक जाता था।

इस प्रकार पारधी लोगों का, शिकार बेचने के निमित्त गाँव में आना-जाना बढ़ता ही गया। जिस दिन पारधियों को हिरन या खरगोश का शिकार न मिलता उस दिन वे जंगल में मिलनेवाली अनेक औषधी, वनस्पति जैसे दालचीनी, जंगली लौंग, भोकणी, जायफल, कस्तूरिया मृग की नाभि से निकली हुई सुवासिक कस्तूरी, गोंद, महुए के फूलों की शहद जैसी वस्तुएँ साथ लाकर बेचते थे। बिरडीस की पत्नी जलन, तीरमान्या की पत्नी हरणी भी कई बार वन-औषधियाँ एकत्रित कर अपने बच्चों के हाथों उन्हें बेचने के लिए थमा देती थीं। पारधियों की लाई प्रत्येक वस्तु ढोकी के बाजार में झटपट बिक जाती। उनकी लाई हुई सब वस्तुओं का बहुत अधिक बोलबाला था। आसपास के गाँवों के वतनदार, जमींदार, देशमुख, पाटिल आदि मानवीय लोगों को बहुत कुतूहल था कि ये पारधी इतना अच्छा शिकार कहाँ से लाते हैं। उन्हें मालूम हो गया था कि ये लोग ढोकी के पासवाले पहाड़ों पर रहते हैं और अपनी वनगायों पर बैठकर शिकार करते हैं। अधिक जानकारी पाने के लिए वे लोग उन पारधियों के पालों तक (तम्बूओं तक) पहुँच गए थे। एक दिन तड़के ही एक जमींदार बाजीराव देशमुख अपने घोड़े पर सवार होकर बिरडीस की बस्ती पर आ पहुँचा। उनकी अगवानी करने बिरडीस आगे पहुँचा। घोड़े पर से नीचे उतरते हुए जमींदार ने बिरडीस से कहा–"क्या तुम मेरे लिए बाघ का शिकार करोगे? मुझे बाघ के चमड़े से बना हुआ, बैठने के लिए आसन चाहिए। बाघनख और उसके दाँत भी

मुझे चाहिए। ये सब मुझे तुम ला दोगे तब मैं तुम्हें इस काम के लिए काफी पैसा दूँगा। बख्शीश दूँगा। क्या यह मेरे लिए करोगे?''

बिरडीस ने सोचकर कहा–''हाँ यह काम मैं अवश्य करूँगा। मुझे आठ-पन्द्रह दिनों का समय चाहिए। हम आपके लिए बाघ का शिकार अवश्य करेंगे।''

जमींदार के जाने के पश्चात् बाघ का शिकार करने हेतु विचार विमर्श करने के लिए बिरडीस ने लगमण्या, बाघआवल्या को आवाज देकर बुलाया और वे अब शिकार करने की तैयारी में जुट गए।

बिरडीस ने कहा–''बाघआवल्या के हमारे संग होने से अब हम बाघ का शिकार करने दंडक, अरण्य और केकताड़ के वन में जा सकेंगे।'' बाघआवल्या ने उत्तर दिया–''हाँ बहुत पुरानी बात है जब मेरे बाप ने मुझे शिकार के लिए केकताड़ के वन में भेजा तब वहाँ हमने चारों ओर जाल लगाकर बीच में एक हिरन को बाँध दिया था और मैं एक ओर एक पेड़ की आड़ में जाकर छिपकर बैठ गया था। थोड़ी देर में ही एक बिबल्या बाघ (चीता) आता नजर आया और वह हिरन की ओर लपका। झटके से हिरन की गर्दन पकड़ ली। झटका लगते ही हिरन का शिकार करता हुआ वह चीता हमारे लगाए गए जाल में भी फँस गया। बड़ी देर तक वह जाल से बाहर निकलने की कोशिश करता रहा। तब मैंने जाल के समेत उस चीते के गले में मेरा बनाया हुआ फाँस डाल दिया जो उसके गले को कसता गया। मैंने तब तक वह फाँस कसे रखा जब तक उस चीते की जान न निकली। मेरा फाँस कसने का तरीका जिससे 'बिबल्या बाघ' (चीता) भी मर गया–मेरे भाई-बाँधवों को बहुत पसन्द आया तभी से मेरा नाम 'बाघआवल्या' अर्थात् 'बाघ के गले को कसकर पकड़ने वाला' पड़ गया–मैं इसी नाम से जाना जाता हूँ। उस समय बाघ के लगाए गए खरोंचों के निशान, उसके दाग अब भी मेरे शरीर पर दिखाई देते हैं। वह बाघ (चीता) बहुत बड़ा था। वह इतना बड़ा था कि मेरे परिवार के तीन-चार लोगों की लँगोटियाँ उस बाघ के चमड़े से बनी थीं। यादगार के तौर पर उस चमड़े से बनी मेरी लँगोटी आज भी मेरे पास रखी हुई है। आज भी यदि हम केतकी के वन में जाएँ और वहाँ पहले जैसे जाल बिछाकर बाघ का शिकार मिले तब भी मैं अपने लगाए फाँस से बाघ का गला घोटकर–कसकर उसकी जान ले सकता हूँ। आज भी मेरी इन कलाइयों में इतना दम है।''

''हाँ, और यदि बाजीराव देशमुख को जीवित बाघ भी चाहिए होगा तब भी हम उस बाघ के मुँह को बाँधकर उसे उसके सामने लाकर खड़ा कर सकते हैं।'' पुरानी यादों को ताजा करते हुए वे सब अब अपने काम में जुट गए।

एक दिन तड़के ही बिरडीस अपने दोस्तों के संग, अपनी गऊओं पर सवार होकर बाघ का शिकार करने केतकी वन की ओर चल पड़ा। रास्ते में पड़नेवाले कीकर वन में उन्होंने एक हिरन का शिकार किया। बाघआवल्या और साथी केतकी वन में

पहुँचते ही वे अपनी वनगायों से नीचे उतरे और चारों ओर बाघ के पंजों के निशानों को ढूँढ़ने लगे। बड़े ध्यान से गीली-सी जमीन को देखते जा रहे थे कि कहीं बाघ के पंजों के निशान तो नहीं दिख रहे। उन सबको जंगली जानवर की पहचान उनकी गन्ध से या उनके पैरों से बने ठप्पों से हो जाती थी। सुबह के समय शिकार करने निकले बाघ के निशान कैसे होते हैं या फिर शिकार करने के पश्चात् जब वह बाघ पानी पीने जाता है तब उसके पंजे कुछ चौड़े हो जाते हैं। वह किस दिशा में गया होगा इस सबकी अटकलें इन पारधी बंधुओं को थीं। भरी दोपहरी में ठंडी छाँव में बाघ अकसर अपनी गुफा में आराम करता है। बाघ की हर बात का निश्चित समय होता है इसकी पूरी कल्पना इन शिकारियों को थी। इस भरी दुपहरिया में उनका निरीक्षण जारी था। घूमते-घूमते उन सबकी नजर केतकी के एक पेड़ के पास गई। वहाँ कुछ रक्त के दाग–मुरुंडी हुई झाड़ी और शिकार को घसीटते हुए ले जाने के सारे निशान–बाघ के पंजों के निशान–इन सबको बिरडीस ने देखा। बाघआवल्या यह सब देखकर समझ गया कि बाघ अब यहाँ से अधिक दूर नहीं हो सकता। बाघ के शरीर की गन्ध का पीछा करते वह आगे बढ़ता गया। वह यहाँ कहीं आसपास अपने शिकार को लेकर बैठा होगा। किसी झाड़ी में छिपा होगा। अपने किए हुए शिकार को खाकर जब वह कभी पानी पीने के इरादे से बाहर निकला तब उसे जाल बिछाकर, हिरन का प्रलोभन देकर, पकड़ना होगा। इसके लिए अब उन्हें कुछ देर के लिए रुकना पड़ सकता था। उन्होंने अपना जाल बिछा दिया। हिरन बाँधकर रख दिया, काम खतम कर उन्होंने चैन की साँस ली।

बाघ का इन्तजार करते वे सब अब कुछ उकताने, थकने लगे थे। बाघ अपनी जगह से बाहर निकलने को अब तक राजी न दिखता था। थक-हारकर उन सबने अपनी वनगायों को चरने के लिए खुला छोड़ दिया और वे सब एक ऐसे ऊँचे पेड़ पर जाकर बैठ गए जहाँ से वे छिपे हुए बाघ को नजर न आ सकें। अब उन्हें बाघ के बाहर निकलने का इन्तजार था। पूरी रात उन लोगों ने पेड़ पर बैठकर ही गुजार दी। दूसरे पूरे दिन भी बाघ बाहर न निकला। पहले दिन किए गए शिकार से उसका पेट भरा हुआ जो था। रात गुजरी और फिर सवेरा हुआ। दिन के निकलते ही पशु-पक्षियों की आवाजों से जंगल जाग उठा। गीदड़ों की आवाज बीच-बीच में सुनाई देती थी। इतने में बाघ के दहाड़ने की आवाज बाघआवल्या के कानों में पड़ी। आवाज से सब सतर्क हो गए। आवाज उनके निकट आती गई...कुछ ही क्षणों में लाल पट्टों वाला बाघ, अपनी मूँछे फिसकारता हुआ लम्बी-सी जीभ बाहर निकालता हुआ, जोर-जोर से दहाड़ता हुआ, उनके सामने से गुजरा। जाल में रखे हुए हिरन की गंध उसने सूँघ ली थी और उसी गंध का पीछा करता हुआ वह बाघ उस हिरन की दिशा में बढ़ता गया। क्षणों में उस बाघ ने हिरन को लपककर धर दबोचा। हिरन की गर्दन को अपने दाँतों में जकड़ लिया और उसे उठाकर ले जाने की कोशिश करते ही वह

पारधियों के बिछाए जाल में बुरी तरह फँस गया। जाल में फँस जाने के कारण वह जोरों से दहाड़ने लगा। बिरडीस, बाघआवल्या अब तक अपने साथियों समेत जाल के पास पहुँच चुके थे। सब ने मिलकर जाल को खींचना और कसना आरम्भ किया। बाघ की टाँगों और गर्दन में अपने फाँस फेंककर फाँसों को भी उन्होंने कसना शुरू किया। बाघ का मुँह रस्सी से बाँध दिया। बड़ी कठिनाई से सबने मिलकर बाघ को खींचकर बाहर निकाला। अपनी वनगायों की मदद से वे सब उस बाघ को खींचते हुए दूर तक ले गए। एक बड़ा-सा गड्ढा खोदकर बड़े जोरों की चोट खाकर बाघ धम्म से गड्ढे में जा गिरा। अब बाघआवल्या ने अपना खास बनाया हुआ फाँस का फंदा बाघ के गले में डाला और फंदे को कसता गया। कुछ ही क्षणों में बाघ का छटपटाना बन्द हो गया। अब तक जोरों से दहाड़नेवाला बाघ शान्त हो गया था। बिरडीस ने अपनी कमर पर लटकाई हुई तेज धारवाली छुरी निकाल ली जो हिरन व बाघ के चमड़ों को उनके धड़ से बड़ी सफाई से अलग काट सकती थी। बाघ की गर्दन पर बिरडीस ने छुरी रखी और चमड़ा सीधी लकीर में काटता हुआ वह बाघ के पेट तक पहुँच गया। बाघ की सम्पूर्ण खाल उसके सिर के साथ उसने छीलकर अलग कर दी।

अपनी दूसरी 'छोटी पुट' छुरी से बाघ का हर एक दाँत और सारे नाखून तोड़कर अलग रख दिए। पूरा चमड़ा, दाँत और नाखून उठाकर अलग रख दिए। बाघ का मांस खाने में स्वादिष्ट न होने के कारण काटकर अलग किए गए बाघ के शरीर उसने वहीं छोड़ दिया। केवल अधमरे हिरन को वे अपने साथ ले गए। अब तक पारधी बाघ का शिकार केवल अपने पहनने के लिए लँगोटियाँ बनाने के लिए करते आए थे। खाने के लिए सबसे स्वादिष्ट मांस हिरन का होता है। इस बात का पता इन पारधियों को पीढ़ियों से ही था अतः इन्हें हिरण पारधी, शिकार पारधी, फाँसे पारधी इन नामों से जाना जाने लगा। अपने पुरखों का काम–शिकार करने का काम–आज भी बिरडीस, तीरमान्या, लगमण्या आदि करते जा रहे थे।

बिरडीस ने कहा–"अच्छे बाघ की सुन्दर खाल, दाँत और नाखून देखकर जमींदार बाजीराव देशमुख बहुत खुश होगा। हमें अच्छा इनाम देगा। अच्छा ही हुआ है यह शिकार हमने उनके बताए हुए समय में किया है। हमने अपनी दी जबान रख ली है।"

अपनी वन गऊओं पर सवार शिकारी अपने शिकार सहित पहाड़ के रास्ते को पार करते हुए घर लौट आए।

उधर शिकारियों के पालों में उनके परिवार वाले चिन्तित हो चले थे। क्योंकि शिकारियों को घर छोड़े तीन दिन से अधिक समय होता जा रहा था। उनके मन में डर था कि कहीं गोरे लोगों ने उन्हें पकड़ तो नहीं लिया? अनेक अप्रिय विचार उन्हें सताने लगे थे।

शिकारियों को लौटते देख परिवारजनों ने चैन की साँस ली। स्त्रियों, बच्चों ने उन्हें घेर लिया और अनेक प्रश्न पूछने लगे। बिरडीस की पत्नी जलन ने कहा– "बिरडीस तुम्हारे जल्दी न लौटने पर हम बहुत डर गए थे। लगा शायद उन निगोड़े गोरों ने तुम्हें पकड़ तो नहीं लिया, मन बहुत घबराया था, लगा कि कहीं उन्हीं लोगों ने तुम्हारा शिकार तो नहीं कर लिया। पर मुझे मालूम है कि हमारी कोडियारा देवी का आशीर्वाद हमारे सिर पर है। और जब तक उसका आशीर्वाद हमारे पास है तब तक हमारी पारधी जात इस पृथ्वीतल से कभी नष्ट नहीं हो सकती और हमारे लोगों पर कोई संकट नहीं आ सकता। पर जबसे इन गोरे फिरंगियों ने नया कानून बनाया है तबसे हमारे बंधु-बांधव सरेआम जंगलों में घूम-फिर नहीं सकते, हमारा वह जन्मसिद्ध हक उन्होंने हमसे छीन लिया है। ऐसे समय में जब आप लोग शिकार पर जाते हैं और जब लौटने में आप लोगों को देर लगती है तब डर के मारे हम लोगों की जान खुश्क हो जाती है।"

उस दिन पारधियों के पालों में हिरन के शिकार का हिस्सा सम-समान हिस्सों में बाँट दिया गया। स्वादिष्ट भुने हुए मांस की गन्ध सब पालों से आ रही थी। मृगहरिणी का स्वादभरा मांस खाकर उन सबकी आत्मा तृप्ति से भर गई। रानपाल्या और तीरमान्या ने हिरन का पूरे का पूरा सिर धधकती आँच में झोंक दिया था। उसके ठीक से भुन जाने के बाद उसे बाहर निकालकर, उसकी खोपड़ी फोड़कर उसके अन्दर के दिमाग का मांस बड़े चाव से खाते रहे। बाद में बची हुई हड्डियों की भी वह बड़ी देर तक चबाते, चूसते रहे। ढोकी के बाजार के दिन बिरडीस, तीरमान्या, बाघआवल्या अपनी वनगायों पर बैठकर जमींदार बाजीराव देशमुख से मिलने गए। बाजार में आए हुए लोग इन अजीबोगरीब शिकारी सवारों को और उनकी सवारियों को देखने रुक जाते। रुककर आपस में चर्चा करने लगते कि इन लोगों की वनगायें अपनी गऊओं से कितनी अलग दिखती हैं। ये गऊएँ इन लोगों के काबू में कैसे रहती हैं। वगैरा- वगैरा...।

ढोकी के बाजार के निकट आते ही शिकारियों ने अपनी वनगायों को 'पारवेल' की घास चरने को गाँव के बाहर छोड़ दिया। पारधियों की प्रशिक्षित गायें बहुत चतुर होती थीं। अपने मालिक के सिवाय वह किसी और को अपने पास फटकने तक नहीं देती थीं। मालिक के शरीर की गन्ध को वे भली प्रकार से पहचानती थीं। कई बार कठिन समय आने पर फुर्र-फुर्र आवाज करते हुए वे अपने मालिक की सहायता भी करती थीं। एक बार जब एक गोरा आदमी बिरडीस का पीछा करने लगा तब बड़ी चतुराई से जंगलों से रास्ता निकालते हुए थके हुए बिरडीस की उसने जान बचाई थी। समय की माँग को देखकर वे प्रशिक्षित वनगायें बड़ी तेजी से भाग सकती थीं। आवाज न करते हुए वे वन में घास चरने निकल जातीं और मालिक के इशारे पर झट से लौट आती थीं। शिकार करते समय गाय के पेट के नीचे या बाजू में

चतुराई से चिपके हुए पारधी बड़ी सहजता से कोई शिकार करने में समर्थ थे। वनगाय उनके शिकार जीवन का एक अविभाज्य हिस्सा थी। किसी भी पारधी के पाल (तम्बू) के आँगन में एक वनगाय अवश्य बँधी हुई पाई जाती थी। बिरडीस को अपनी वनगाय से बहुत सहायता मिलती थी। उसके लिए बहुत उपयोगी सिद्ध हुई थी। गाय उसे बहुत प्यारी थी।

बिरडीस अब समझदार होता जा रहा था। अपने व्यापारी सम्बन्ध सुधारने के विचार से वह बाजीराव देशमुख को और अधिक खुश करने के इरादे से बाघ के चमड़े, दाँत और नखों के साथ-साथ तीतर-बटेर, कबूतर भी जाले में रखकर ले आया था। वह एक अच्छा मुखिया भी था। अतः उसने बड़ी दूरदर्शिता दिखाकर अपने विचारों को कृति में ढालना चाहा। अब तक वह जान चुका था कि यदि अपनी पारधियों की टोली को अंग्रेजों के चंगुल से बचाना है, उन्हें जिन्दा रखना है तब उसे बड़े जमींदार बाजीराव देशमुख जैसे को, पटाकर अपनी ओर करना होगा, तब वह और उसके लोग सुख-शान्ति से जीवन बिता सकेंगे। अतः अपने साथ लाए हुए पक्षी भेंट के तौर पर उसने बाजीराव देशमुख को दे दिए। बाघ का चमड़ा, नख और दाँतों के बदले में बाजीराव से उसे पाँच रुपए मिले। हिरन का शिकार करना आसान होता है इसलिए उसके तीन रुपए लेने और बाघ का शिकार करना कठिन होता है, इसके लिए उसके पाँच रुपए लेने हैं। यह हिसाब बिरडीस ने लगा रखा था। बाजीराव देशमुख अपनी माँगी हुई वस्तुएँ मिलने पर बड़े प्रसन्न हुए थे और खुशी-खुशी से सामान को घोड़े पर लादकर वे अपने घर लौट गए। जमींदार देशमुख जिस सिंहासन पर बैठते थे उसकी पीठ के ऊपर बाघ का सिर टिका रहे। इसी प्रकार बाकी का चमड़ा बिछाया गया। पूँछ का हिस्सा आसन से नीचे लटकता दिखता था। अब बाजीराव बाघ के मुलायम चमड़े से बने आसन पर बैठते थे। बाघ के नखों को उन्होंने सोने से जड़कर, उसे गले में पहनी सोने की जंजीर में डाल दिया। इन वस्तुओं से वे बड़े प्रसन्न थे।

जमींदार से मिलने जब भी कोई आता और पूछता–''जमींदार साहब! क्या खूबसूरत बाघ पर बैठे हैं आप! कब किया आपने यह शिकार...?'' तब जवाब होता था–''अरे अपने गाँव की परली तरफ के पहाड़ों पर फाँसे पारधी आकर बस गए हैं। एकदिन कुतूहल से मैं घोड़े पर बैठा घूमते हुए उनकी बस्ती की ओर चल पड़ा और जाकर उनसे कहा कि मुझे बाघ का शिकार करना है। मेरे कहने पर वे मुझे शिकार के लिए घने जंगल में ले गए। थोड़ी दूर जाने के बाद उन्होंने मुझे घनी झाड़ी में छिपा हुआ बाघ दिखाया, बस फिर क्या था, मैंने झट से अपनी बन्दूक से उसे अपना निशाना बनाया। निशाने के ठीक लगते ही वह बाघ वहीं ढेर हो गया।'' इस बात को सुननेवाले बहुत प्रभावित हुए और जमींदार का किया हुआ शिकार, एक चर्चा का विषय बन गया। गाँव के लोग अपनी मुँडी हिलाते हुए विस्फारित नजरों से जब

भी जमींदार का; बाघ का सिर रखा हुआ, खूबसूरत चमड़ेवाला और सुन्दर लम्बी मोटी पूँछवाला सिंहासन देखते तब जमींदार के शौर्य की सराहना करते न थकते थे। इस कथित शिकार से जमींदार का दबदबा और भी बढ़ गया था। लोग कहते–"इतने बाघ का शिकार जमींदार ने घोड़े पर बैठकर किया है। यह खतरनाक आदमी लगता है! हम जैसे गरीबों को वह किसी भी समय दबोच सकता है; अगर हम जैसे लोगों को यहाँ अपनी रोजी-रोटी यदि शान्ति से कमानी है तब हमें इससे डर के ही रहना होगा।"

ढोकी के पहाड़ पर रहते हुए बिरडीस और उसके लोगों को अब एक वर्ष से अधिक का समय हो चुका था। अब भी उसके मन में वहाँ से कहीं और जाकर बसने का विचार नहीं था। ढोकी पहाड़ के निचले मैदानी इलाके से उसे अच्छा खासा शिकार मिल जाता था जिससे उन सबकी उपजीविका भली प्रकार से चलती थी। और वैसे भी गोरों से इस जगह पर वे स्वयं को सुरक्षित समझते थे। कोडियारा देवी के आशीर्वाद से बिरडीस की पत्नी का पैर भारी था। सात-आठ महीने की गर्भिणी थी वह। इन सब बातों का ध्यान रखते हुए बिरडीस ने निश्चय किया कि अब वह इस जगह से नहीं हिलेगा। जलन गर्भिणी होते हुए भी वह अपनी सखियों, हरिणी और चन्द्री के संग रोज, बिना नागा किए जंगल में जाकर कन्दमूल, फल-फूल, शिकाकाई की फलियाँ, पहाड़ी लौंग, जायफल, हाथजोड़ी, पायपड़ी जैसी औषधी वनस्पतियाँ इकट्ठा करके ले आती थीं और उन्हें एकत्रित कर साप्ताहिक बाजार में बेचने भेज देती थीं। महुआ के फूल, बिब्रे (अंकन करनेवाले बीज) और उनके अन्दर पाए जानेवाली बादाम जैसी स्वादिष्ट गिरियाँ लाकर रख देती थीं। खाने के लिए इमली, आमले, चींटियों के बॉबी (घर) के अन्दर की मिट्टी ढूँढ़कर अपने पास रख देतीं। बच्चे के जन्म के बाद वह बालक ताकतवाला बने। ठंड, गर्मी और वर्षा में वह बीमार न पड़े इसलिए जलन अब ऐसी सारी औषधी वनस्पतियाँ अपनी सखियों की मदद से मँगाकर खा लेती थी जिससे बाद में उसका नवजात शिशु हट्टा-कट्टा बना रहे।

दिन बीतते गए–नौ महीने के बाद एक दिन पौ फटने से पहले जलन के पेट में दर्द शुरू हुआ। प्रसव का समय निकट आ गया–हरिणी अैर चन्द्री ने प्रसव कराने की तैयारियाँ शुरू कर दीं। जानलेवा दर्द के उठने के कुछ ही समय बाद एक जीवंत मांस का गोला जलन के गर्भ से रोते हुए बाहर आया। एक माँ ने बेटे को जन्म दिया था। बालक सुदृढ़ व गोल-मटोल था। उसका सिर घने काले बालों से ढका हुआ था, उसकी आँखें बड़ी-बड़ी और बाघ की आँखों जैसी चमकीली थीं। लगता था मानो वह रात के अँधेरे में भी अपने शिकार को खोज रही हैं! अपने नवजात बालक की आँखें देखकर जलन ने कहा–"अब रानपाल्या के पीछे-पीछे जन्म लेकर लगता है कि यह बेटा अपने भाई का अच्छा साथी बनेगा, वे एक दूजे के लिए अच्छे साबित होंगे। एक-दूसरे के सहायक बन सकेंगे अपनी जिन्दगी में...।"

बिरडीस अपने नवजात बेटे को देखकर अतिप्रसन्न था।

इस शुभ अवसर के उपलक्ष्य में, विशेष रूप से बनाकर रखी हुई, महुआ के फूलों से ताजी बनी दारू उसने सबको पिलाई। इधर माँ जलन ने अपनी खास धारदार छुरी से; जिससे हिरन काटा जाता था; अपने बच्चे की 'नाल' (नाभि नाड़ि) काट दी। पास में इकट्ठा कर रखे हुए पानी में अपने बच्चे को उसने इस प्रकार डुबोकर साफ करना आरम्भ किया कि जिससे बालक के नाक-मुँह में पानी न जा पाए। बच्चे को साफ करते समय वह बोलती जा रही थी–"हे कोडियारा देवी मेरे जने हुए वंश के दीपक को बारहसिंगे जैसा हट्टा-कट्टा बनाए रख। ठंड, गर्मी और वर्षा ऋतु में इसका संरक्षण कर इसे हर एक बाधा से बचा के रख, इसे पूर्ण रूप से तंदुरुस्ती दे। हे माँ, हम पर कृपा बनाए रख।" बच्चे को प्यार से चूमकर जलन ने उसे हिरन के एक मुलायम से चमड़े पर, मृगछाल पर रख दिया। वह चाहती थी कि वह बालक को भली प्रकार खूब दूध पिला सके। इसलिए उसने अब तक एकत्रित कर रखे हुए अनेक प्रकार के बीज व वनौषधियों को पीसकर बनाए हुए मिश्रण को, महुआ के फूलों के शहद में मिलाकर खाने लगी। थोड़ी ही देर में जलन के स्तनों से दूध की धाराएँ टपकने लगीं।

ढोकी पहाड़ के 'रानपाल्या' पर अर्थात् 'ढोकी पहाड़ के जंगल भरे मैदानी हिस्से' में नवजात बेटे का जन्म होने के कारण बिरडीस ने अपने दूसरे बेटे का नाम 'रानमाल्या' रखा। बड़ा बेटा 'रानपाल्या' और छोटा बेटा 'रानमाल्या'।

बच्चे को दर्द व बुखार से बचाने के लिए जलन हर रोज कस्तूरी को एक पत्थर पर घिसकर, उसे शहद में मिलाकर उस मिश्रण को अपनी अँगुली से बच्चे की जीभ पर लगा देती थी। बच्चा मजे से सब चाट जाता था। हरिणी और चन्द्री ने जलन को–जच्चा को–जंगल से अलग-अलग औषधीय पत्तों से बना 'पान का बीड़ा' खाने को दिया। प्रसव के बाद आठ ही दिनों में जलन ने अपना नियमित काम–जंगलों में जाकर कन्दमूल, फल, औषधियाँ एकत्रित करने का–काम आरम्भ कर दिया। पारधियों में यही रिवाज था। पहले जैसे ही अब वह जंगल चली जाती। रानपाल्या अब पहले की तरह बन्दुक्या के संग शिकार करने न जाता था। परन्तु कई बार अब वह अपनी माँ और छोटे भाई के साथ जंगल में चला जाया करता था। माँ जब जड़ी-बूटी ढूँढ़ने जाती तब वह छोटे भाई की देख-रेख करता। जंगल में तब भी उसका जाना-आना लगा रहता था।

3

जंगलों में रेलमार्ग बनाने का काम बड़े जोर-शोर से चल रहा था। जंगलों से अब भी आदिवासियों को पकड़कर इस काम में लगा दिया जाता था। इसी कारण जंगलों

के आसपास रहनेवाले पारधीजनों में अब भी घबराहट और अंग्रेजों का डर कायम था। अंग्रेजों से बचने का उपाय अब कई पारधियों ने ढूँढ़ लिया था। भीलों और आदिवासियों जैसे अर्धनग्न न रहकर, चरवाहों और गड़रियों जैसे सूती कपड़े पहन कर पारधी लोग भी ग्रामवासियों जैसे दिखने लग गए थे। जमींदार बाजीराव देखमुख जैसे जाने-माने लोगों को उन्होंने पटा लिया था। ग्रामवासियों से लेन-देन का व्यवहार आरम्भ कर दिया था। परन्तु अब भी पारधी टोलियों में, अलग से, ऊँचे पहाड़ों पर या फिर उसके पास के मैदानी जंगलों में रहा करते थे। वे अब भी डरा करते थे कि कोई गाँववाला अंग्रेजों से चुगली न कर दे। इससे उन पर मुसीबतों का पहाड़ टूट सकता था। यदि अंग्रेजों की पकड़ में आ गए तो उनकी हालत उनके सरदार गेंडया, लरण्या या मानकाप्या से अलग न होगी। पारधी औरतें और बच्चे भी हंटर की मार से बच न पाएँगे। उन्हें भी जबरन काम करना पड़ेगा! यह सब कुछ टालने के लिए उन्हें अपनी बस्ती कहीं और ले जानी पड़ेगी। गाँव से न अधिक पास और न ही अधिक दूर। ढोकी के पहाड़ गाँव से काफी दूर थे। बिरडीस ने सोचा कि क्यों न वह जमींदार बाजीराव देशमुख से मिले और उससे मिलकर एक बार उससे पूछे कि क्या वह और उसके साथी, जमींदार की बंजर जमीन—जो उस गाँव से कुछ ही दूरी पर स्थित है—जाकर बस सकते हैं? वह जमीन बिलकुल खाली पड़ी थी और वहाँ किसी का भी आना-जाना नहीं था।

बिरडीस एक दिन सुबह उठकर जमींदार देशमुख से मिलने गया। उसने अपने मन की बात बाजीराव देशमुख से कह दी। देशमुख भी सोच में पड़ गया—'वाकई मेरी यह जमीन गाँव से बड़ी दूर बिलकुल खाली और बंजर पड़ी हुई है। वहाँ पर कभी कुछ नहीं उगा। केवल लोमड़ियाँ और जंगली जानवर वहाँ पर हग-मूत के जाते हैं। यदि वहाँ ये पारधी लोग आकर बस जाएँ तब हमें या गाँववालों को तो कोई अड़चन नहीं हो सकती...वरन कभी-कभार इन लोगों के किए हुए शिकार हमें मिल सकते हैं। ताजे शिकार हिरनों का मांस बहुत ही स्वादिष्ट होता है...क्यों नहीं? हाँ-हाँ आकर बसने दो इन्हें।' सिर को झटका देकर जमींदार अपने विचारों से बाहर निकलकर सामने बैठे हुए बिरडीस से बोला—"ठीक है, तुम जैसे चाहते हो वैसा ही करो। बेशक अपने लोगों को लेकर मेरी बंजर जमीन पर अपनी बस्ती बसा लो।"

दूसरे ही दिन बिरडीस ने अपने बाँधवों को अपना सामान बाँधकर नए स्थान पर प्रस्थान करने का आदेश दिया। 'इडशी' का छोटा पहाड़ी इलाका पार करते हुए अपने पालों और वनगायों के समेत पारधी स्त्री-पुरुष और बालक नए स्थान पर पहुँचकर बस गए। पासवाले गाँव की बत्तियाँ रात के अँधेरे में आसमान के तारों जैसी चमकती थीं। यह दृश्य बस्तीवालों की स्त्रियों और बच्चों के लिए एकदम नया था। यह नजारा उन्होंने अपनी जिन्दगी में पहली बार देखा था। इसे देखने वे कई रात तक खड़े रहे थे। इतना देखकर भी किसी ने भी अपने घर में 'पाल' में दीया नहीं

जलाया। रिवाज जो नहीं था।

ढाकी के पास आने से पारधी परिवारों में थोड़ा बहुत बदलाव अवश्य आया था। पलाश, नारियल, शिन्दी (खजूर) के पत्तों से बनी चादरें अब तक पारधियों के पालों को ढकने में सहायक होती थी परन्तु अब अलग-अलग कपड़ों के टुकड़ों की ठिगलियाँ लगाकर बनाई गई (गोधडी) चद्दर का इस्तेमाल अब उनके पालों (तम्बुओं) पर दिखने लगा था। पहले कभी-कभार बस्ती में जिन्दा पकड़े हुए हिरन, कुत्ते या वनगायें बँधी हुई नजर आती थीं परन्तु अब बिरडीस के पाल के आँगन में शिकार की बिक्री से मिले हुए 'रानीछाप' के रुपयों से मोल लिये हुए जानवर जैसे भेड़ें और बकरियाँ बँधी हुई दिखाई देती थीं। वे भी अब आसपास घास चरती हुई नजर आने लगी थीं। हिरनों की नसों से बने रस्से फँदे–हिरनों और बाघ को पकड़ने के काम आनेवाले जाल इत्यादि अब उनके घरों में खूँटों पर, एक पुरानी यादगार समझकर–रँगे हुए दिखते थे। धीरे-धीरे अब उनके पास रंगबिरंगी मुर्गियाँ भी आ गई थीं जो इधर-उधर फुदकती फिरती थीं।

पारधियों ने अपनी आँखों के समक्ष कीकर वन, शिन्द वन, सागवान वन, दंडक अरण्य जैसे बड़े-बड़े जंगलों को उजड़ते हुए देखा, बड़े-बड़े पेड़ों को कटते देख वे दुखी हो जाते थे। सब कुछ उजाड़-सा मैदानी इलाका लगने लगा। सूनी-सी लग रही थी वह जगह! जंगल के कम होते ही वहाँ के जानवर भी कम हो गए थे। जब कभी रानपाल्या और बन्दुक्या हिरन का शिकार ले आते या कभी बारहसिंगे का शिकार मिलता तब बस्तीवाले खुशी से भर जाते। परन्तु उसमें का कुछ हिस्सा उन्हें जमींदार देशमुख को देना पड़ता था, वैसी जबान जो दे रखी थी उन्हें...बस्ती बसाने का समझो वह किराया था!

पारधियों की नई बस्ती में अब काफी भेड़-बकरियाँ नजर आने लगी थीं। जलन, हरिणी और चन्द्री अपनी भेड़-बकरियों को अच्छी तरह से पालती थीं, उनके हरे चारे के लिए उन्हें जंगल में घास काटने जाना पड़ता था। साप्ताहिक बाजार में दो-चार भेड़ें, बकरियाँ, पाँच-दस मुर्गियाँ, कुछ छोटे-मोटे पक्षी बेचकर अब पारधी परिवार अपना पेट पालते थे। जब कभी हिरन का शिकार होता तब औरतें उस मांस को सुखाकर रख छोड़ती थीं। सबको यह सुखाकर रखा हुआ मांस बहुत पसन्द आता था। ऐसा सुखाया मांस पांच-छह महीनों तक रखा जा सकता था। वे लोग शुरू-शुरू के दिनों में ज्वार की रोटी खाना नहीं जानते थे परन्तु अब ऐसा नहीं था। पुराने जमाने में कोडियारा देवी के पूजा के समय वे लोग जौं या 'हुलग्या' की रोटी बनाकर खाते थे। बाकी और रोज का उनका खाना भुना हुआ मांस और कन्द-मूल और फल था। जबसे पारधियों का सम्बन्ध गाँववालों से हुआ या जब-जब वे लोग साप्ताहिक बाजार जाते तब वहाँ जलेबी, नमकीन और मिठाइयाँ, पकौड़े, पूरियाँ वगैरा देखकर उन्हें बड़ा आश्चर्य होता। हाथ में पैसा आते ही उन्होंने कुतूहलवश खाद्य पदार्थों को चखना-खाना

शुरू किया। उन्हें ये नए व्यंजन अपने रोज के खाने की अपेक्षा बहुत स्वादिष्ट लगे। वे हैरत में रह जाते कि ये गाँववाले इतनी स्वादभरी चीजें कैसे बना पाते हैं? शुरू में अपना शिकार बिकते ही सब पदार्थ एक-एक छटाँक तोलकर ले लेते थे। कुछ ही दिनों में वे अन्य गाँववालों की तरह सब कुछ शौक से लेने-खाने लगे। अब तक सब पारधियों का सम्बन्ध गाँववालों से आना शुरू हो गया था। वे भी अब बाजार से साग-सब्जी लाकर, रोटी बनाकर, रोटी सब्जी के साथ खाने लगे थे। बकरी का दूध, हरी सब्जियाँ, बाजार से लाई हुई जलेबियाँ, पकौड़े आदि सब स्वादिष्ट व्यंजन अब वे 'रानीछाप' रुपए देकर मोल ले सकते थे।

अब तक काफी सारा जंगल काटकर जगह खाली कर दी गई थी। बड़े से मैदान हर जगह दिखने लगे थे। अंग्रेजों ने वे मैदान, जहाँ के मध्य से रेलमार्ग जाता था; गाँववालों को बेचने शुरू कर दिए। गाँववाले भी कटे हुए जंगलों में जगह पाकर बड़े खुश हुए। गाँववालों ने अब हल और बैलों की सहायता से जमीन पर खेती करनी आरम्भ की। जमीन उपजाऊ थी जिससे उनके खेत लहलहाने लगे। अच्छी खासी कमाई होने लगी। ये सब देखकर बिरडीस, लगमण्या, रानपाल्या बाघआवल्या भी सोचने लगे कि क्यों न वे भी गाँववालों जैसी खेती करने लगे? फिर वे सोचते कि वे खेती करने के औजार–बैल कहाँ से लाएँगे? और यदि ऐसा करना चाहा भी, तो क्या गाँववाले और जमींदार उन्हें यहाँ टिकने देगा? ये लोग तो उन्हें यहाँ से भगा देंगे!

अचानक एक दिन ढोकी गाँव में हाहाकार मच गया। गाँववाले अपने हाथों में झंडे लेकर–आसपास के गाँवों में घूम-घूमकर नारे लगाते जा रहे थे–''अंग्रेजों! हमारे देश से चले जाओ।'' 'चले जाओ' की जोरदार घोषणाएँ कोने-कोने से आ रही थीं।

गाँववालों का बड़ा जमावड़ा और उनकी नारेबाजी और शोर सुनकर गेंदेदार टोपीवाले अंग्रेजी हुकूमत के सिपाही घोड़ों पर बैठकर अपनी सोटियों की बौछार उन घोषणा करनेवाले सत्याग्रहियों पर कर रहे थे। अपने घोड़ों की टापों के नीचे रौंदते चले जा रहे थे। अपने हंटरों से लोगों को मारते जा रहे थे–और गुस्से से बोलते जा रहे थे–''हम गोरे लोगों को चले जाएँ कहते हैं! आन्दोलन करते हो? यह खाओ एक और चाबुक... ।'' कहते हुए उन्होंने कई लोगों को पकड़ लिया और उन्हें अपने साथ ले गए। आन्दोलनकारियों की अब खैर नहीं थी!

गाँव में कई बार अब भी अंग्रेज चक्कर लगाते थे। बाजीराव देशमुख उनकी जी-हुजूरी करता था। उनके पाँव पड़कर उनके घोड़ों की खासी देख-रेख करता। उन्हें अच्छा 'मटन' वाला खाना खिलाता था, परन्तु चोरी-छिपे वह 'चले जाव' की घोषणा करनेवालों का साथ भी देता था, उनकी सहायता भी करता था। इन गोरों को देश से निकल जाने को सारे गाँववालों को कहते देख बिरडीस को बहुत अच्छा लगा। पारधी बस्ती के सभी लोग अब तक जान गए थे कि आसपास के सारे गाँव के लोग चाहते थे कि अंग्रेज हमारे देश से चले जाएँ, इसीलिए सब गाँवों और शहरों के लोगों

ने आन्दोलन छेड़कर, अंग्रेजों के विरुद्ध घोषणाएँ करते हुए कहना शुरू कर दिया था–"चले जाव।"

अंग्रेजों ने अपना काम पूरा कर ही लिया था। बहुत अड़चनों के बाद अब उस इलाके से रेलगाड़ी पटरियों पर से गुजरती हुई दिखाई देने लगी थी। आग और धुआँ उगलती हुई छुक-छुक करती जाती, सामान लेकर जाती हुई रेलगाड़ी अब रोज आने-जाने लगी थी। गाड़ी जिस-जिस गाँव से गुजरती थी वहाँ बसे गाँव के लोगों से अंग्रेजों ने लगान वसूल करना शुरू कर दिया था। कई लोगों ने यह जबरन लगाया हुआ लगान देने से इनकार किया। कई जगह, गाँव के लोगों में इस बात पर 'एकजुटता' हो गई और उन्होंने लगान देने से साफ इनकार कर दिया। अब इन्हीं लोगों ने अंग्रेजों के विरोध में अपनी आवाज उठाई और 'चले जाव' का नारा लगाया। आन्दोलन का आरम्भ हुआ। इन आन्दोलनकारियों को दबाने और पकड़ने के लिए सैनिकों के दस्ते अब नई बनी रेलगाड़ी से लाए जाने लगे। हाथों में बन्दूकें और गले में बँधे पट्टों में कारतूस भरे हुए, अब गोरों के सैनिक गाड़ी के डिब्बों से उतरने लगे।

बिरडीस और उसके साथी यह सब नजारा दूर से देख रहे थे। अंग्रेजों के विरोध में उठी आवाज उन्हें बहुत अच्छी लगी। उनके अन्दर भरा गुस्सा भी मानो बाहर आना चाहता था। बिरडीस सोच रहा था, 'ये वही अंग्रेज हैं जिन्होंने हमारे जंगलों को काट डाला, शिकार करके अपनी जिन्दगी बितानेवाले पारधियों को अपने शिकार से वंचित किया, हमारे अनेक बाँधवों को जबरन पकड़कर बन्दी बनाकर, उनसे रेलमार्ग बनाने का काम करवाया। हम लोगों की जिन्दगी बर्बाद कर दी। इन लोगों को सबक सिखाने का यही मौका है। इनका सर्वनाश करने का यही समय है।' एक रात बिरडीस और उसके मित्र अपनी गायों पर बैठकर जमींदार बाजीराव से सलाह मशवरा करने उनके घर गए। कुछ सोच-विचार के पश्चात् देशमुख की सलाह मानकर रात के अंधेरे में ही बिरडीस, रानपाल्या और बाघआवल्या रेलगाड़ी के एक स्टेशन पर जाकर खड़े हो गए। वहाँ से गाड़ी गोला-बारूद लेकर जानेवाली थी।

रेलगाड़ी स्टेशन पर थोड़ी देर रुककर थोड़ी दूर गई ही थी कि इन्तजार में बैठे पारधियों ने गाड़ी पर धावा बोल दिया। बिजली की तेज गति से वे चलती हुई गाड़ी पर–जो अभी बहुत धीमी चल रही थी; अपनी वनगायों की पीठ पर से छलाँगे लगाकर डिब्बों पर चढ़ गए। दरवाजों पर लगी लोहे की कड़ियाँ झटके से निकाल फेंकी और पलकों के झपकते ही बारूद से भरी पेटियाँ और बन्दूकों को चलती हुई गाड़ी के डिब्बों से बाहर फेंकना शुरू कर दिया। काम समाप्त कर वे गाड़ी से उतर गए। बारूदभरी पेटियों और बन्दूकों को वे जमींदार देशमुख के घर छोड़ आए। उसी समय रात के अँधेरे में देशमुख ने, लाए हुए सब सामान को अपने खेत में गड्ढे खोदकर, उनमें उन पेटियों को रखकर ऊपर मिट्टी डालने को पारधियों से कहा। पारधियों ने बड़ी तत्परता से बताया हुआ काम पूरा कर दिया। सुबह होने से पहले ही वे सब

अपने पालों में पहुँच गए थे।

भारत की स्वतंत्रता के लिए लड़नेवाले स्वातंत्र्य सैनिकों को; जो अंग्रेजों के विरुद्ध खड़े हो चुके थे; जमींदार देशमुख ने चोरी-छिपे धीरे-धीरे वह सामान–गोले-बारूद के डिब्बों और बन्दूकों को–उन सेनानियों तक पहुँचा दिया। बिरडीस, तीरमान्या बाघआवल्या और उनके साथी गोरों से बेहद नाराज थे। हर प्रकार से उन्हें नुकसान पहुँचाना चाहते थे। गुस्से की आग उनके दिलों में धधक रही थी। एक दिन बिरडीस बैठे हुए सोचने लगा कि ये गाँववाले अंग्रेजों को 'चले जाव' कह रहे हैं जबकि उन्हें हम पारधियों की तरह सताया नहीं गया है। फिर भी वे गोरों को देश से निकल जाने को कह रहे हैं। फिर हम जैसों को कुछ और अधिक ही इन गोरों के विरोध में करना होगा। उन्होंने हमें बहुत रुलाया है। मारपीट की है। जबरन हमारे परिजनों को उठाकर ले गए हैं। जानें ली हैं। गोरे लोगों ने हम लोगों का शिकार किया है...तो फिर क्यों न हम पारधी भी उनका शिकार करें...? जैसे पहले हम बारहसिंगों का शिकार करते थे। अब हम इन गोरों का शिकार करना शुरू कर देंगे। 'चले जाव' कहकर ही हमें नहीं रुकना है...हमें उन्हें अच्छा खासा सबक सिखाना है। मैं जो सोच रहा हूँ वह बिलकुल सही है। उन्हें जितना नुकसान पहुँचाना है–जैसे भी–हम उतना उनका नुकसान करेंगे। अब हमें भी पीछे नहीं हटना है... ।' इस प्रकार की सोच के बाद बिरडीस की परेशानी कुछ कम हुई।

दूसरे ही दिन अपना विचार उसने अपने साथियों को बताया। उसी रात को उसने रेल की लोहे की एक पटरी उखाड़ दी जिस पर रेलगाड़ी चलती थी। कुछ ही देर में अंग्रेजी सैनिकों को ले जानेवाली गाड़ी एक छोटी पुलिया पर से गुजर रही थी कि वह गाड़ी अचानक पटरी से नीचे उतर गई। सैनिकों से भरे हुए डिब्बे, एक के ऊपर एक आकर गिरे और गाड़ी नदी में जा गिरी। गाड़ी के पिछले डिब्बे से बिरडीस ने एक गोरे अंग्रेज को पकड़कर बाहर निकाल लिया और उसे रस्सियों से बाँधकर अपनी वनगाय के ऊपर डाल दिया। पकड़े हुए बन्दी अंग्रेज को वे ढोकी के पहाड़ पर ले गए जहाँ उनकी कोडियारा देवी थी। यह अंग्रेज उनकी नजरों में एक देवगुणी 'बलि' था, जिसकी कौम ने पारधियों पर बहुत जुल्म ढाए थे। जिन्होंने पारधियों की कौम को जन्म से ही गुनहगार करार दिया था। उनकी कौम पर हमेशा के लिए गुनहगारी का ठप्पा लगा दिया था। इनके जंगल बरबाद कर दिए थे। कितने ही आदिवासी बंधुओं को मौत के घाट उतार दिया था। क्या नहीं किया था इन गोरों ने..., अतः उस दिन भैंसे के स्थान पर उन्होंने अपने जानी दुश्मन को बलि चढ़ाया। गोरे की गर्दन पर तेज छुरी चलाकर उसके प्राण ले लिए। बलि चढ़ाते समय बिरडीस कह रहा था, "हे कोडियारा देवी यह लो तुम्हारी बलि... । बहुत अर्से बाद हम इस प्रकार की सच्ची बलि चढ़ा पाए हैं। इस बलि को स्वीकार करो और हम सबको आशीर्वाद दो... ।"

इस बलि की बात जानकर पूरी पारधी बस्ती में उत्साह का वातावरण था। बिरडीस और उसके साथी 'बलि' दान के बाद अपने घरों को लौट गए।

रानपाल्या और बन्दुक्या अब भरी जवानी में थे। चेहरों पर दाढ़ी मूँछें नजर आने लग गई थीं। शरीर लम्बा-चौड़ा और मजबूत दिखने लग गया था। अब अपनी वनगायों पर बैठकर दोनों ही दूर-दूर तक शिकार करने चले जाते थे। रानपाल्या कभी अपनी सधी हुई तीरंदाजी से शिकार कर लेता था या कभी अपनी गुलेल की सहायता से छोटे पत्थरों से पेड़ों पर बैठे पक्षियों को बेध देता था। हर रोज वह अपनी बस्ती में कोई न कोई शिकार अवश्य ले आता था। बिरडीस और तीरमान्या ने जब देखा कि उनके बेटे अब स्वतंत्र रूप से शिकार करने में समर्थ हो गए हैं, उन्होंने अपने घरों की चिन्ता करनी छोड़ दी थी।

पारधी बस्ती की औरतें और बच्चे अकसर ढोकी के बाजार में अपने शिकार और जंगली वस्तुएँ बेचते हुए नजर आते थे। परन्तु गाँववाले कभी भी पारधी बस्ती में जाते हुए नजर नहीं आते थे। गाँववालों और पारधियों में मनमुटाव बेशक नहीं था परन्तु फिर भी दोनों के मन कभी न मिल पाए थे। गाँव से कुछ दूर स्थित पारधियों की बस्ती जो जमींदार की बंजर जगह पर बसी हुई थी, वहाँ के घरों में, पालों में अब भी दीयाबत्ती नहीं जलती थी। अब भी वहाँ के लोग अँधेरे में ही जीवन बिता रहे थे। जंगलों से बाहर निकलने के पश्चात् भी उन्होंने अपनी परम्परा कायम रखी हुई थी। बिरडीस और बस्ती के लोगों को अब भी ढोकी गाँव और वहाँ के लोग अपने-से, सगे नहीं लगते थे वरन् जंगल और जंगल के पशु-पक्षी ही उन्हें अपने-से, सगे-सम्बन्धियों जैसे लगते थे। गाँव और गाँववाले अब भी पराए-से थे! अब भी पारधियों का दिल चाहता था कि वे सब अपने जंगलों में लौट जाए। मुक्त रूप से अपना जीवन व्यतीत करें। पहले जैसे शिकार, कन्दमूल, फल खाकर आनन्द और शान्ति से रहें। गोरों के कारण ही वे अपने सुन्दर और आनन्दमय जीवन से दूर हुए थे। इस बात का उनके मन में क्षोभ था। बलशाली गोरों से वे टक्कर लेने में असमर्थ हो गए थे अतः उनके मन बहुत अवसाद से भरे हुए थे। अपनी मजबूरी में ही वे गाँव के निकट आकर बस गए थे। यह बात उन्हें सदैव कचोटती रहती थी।

एक दिन ढोकी गाँव बैण्ड, ताशे, ढोल की आवाज से गूँज उठा। गाँव के सारे घर रोशनी से जगमगा उठे थे। सब घरों में दीये टिमटिमाते नजर आ रहे थे। पटाखों की आवाज और बारूद के धुएँ से आकाश भर गया। बाजीराव देशमुख बैलगाड़ी में बैठे थे। पीछे कई लोग और अन्य बैलगाड़ियों का जुलूस चला जा रहा था। सारा जुलूस एक ही घोषणा कर रहा था—"भारत माता की जय।"

बाजीराव देशमुख के नाम का भी जयघोष हो रहा था। गाँव के आसपास से चोरी-छिपे जिन स्वतंत्रता सेनानियों ने गोरों के विरुद्ध लड़ाई की थी, जिन्होंने गोरों की रेलगाड़ियों में से ले जाए जानेवाला गोला-बारूद और बन्दूकें लूटी थीं। अंग्रेजों

को नुकसान पहुँचाया था और देशमुख ने अंग्रेजों से लड़नेवालों की सहायता की थी। जिनके कारण भारत को स्वतंत्रता मिली थी, जिनकी 'चले जाव' की घोषणाओं के कारण अंग्रेजों ने भारत से चले जाने का इरादा किया। इस यश में बाजीराव देशमुख का बहुत बड़ा हाथ था। उसके साथियों ने भी उसकी बहुत सहायता की थी। इन सब बातों से ढोकी के लोग अच्छी प्रकार से अवगत थे। बाजीराव के ढाढ़स और त्याग से वे प्रभावित थे। इसी कारण उस दिन गाँववालों ने बड़ा जुलूस निकाला था। बाजीराव का सम्मान किया था। स्वतंत्रता प्राप्ति का वह उल्लास था।

बिरडीस और तीरमान्या भी अंग्रेजों के भारत से चले जाने से बहुत अधिक प्रसन्न थे। खुशी से फूले न समाते थे। वे अब जान गए थे कि अब आगे गोरे लोग कभी भी अपने घोड़ों पर बैठकर उन्हें पकड़ने या मारपीट करने नहीं लौटेंगे। उन्हें लगा कि अब उनके दुखभरे दिन दूर हो गए हैं। उन्हें अब कोई नहीं सताएगा। गोरे लोगों के चले जाने के बाद अब उनका बाजीराव देशमुख वहाँ का राजा बन गया है। पूरे इलाके में अब उसी का राज होगा। इस प्रकार की चर्चा अब बिरडीस और तीरमान्या अपने बंधु-बांधवों के साथ बैठकर करने लगे थे। जिन जगहों पर अंग्रेजों के झंडे लगे हुए थे अब उनकी जगहों पर भारत का तिरंगा झंडा फहराने लगा था। इस खुशी के मौके पर बिरडीस ने खास दिनों के लिए अलग रखी हुई महुओं के फूलों से बनी दारू बाहर निकाली और सबने मिलकर उसका आस्वाद लिया। इसी प्रकार अपनी प्रसन्नता व्यक्त की। दूसरे ही दिन बिरडीस और उसके साथी अपने खोए हुए भाईबंदों को ढूँढ़ने निकल पड़े, जिन्हें अंग्रेजों ने बन्दी बनाया था और कहीं दूर उन्हें जबरदस्ती ले गए थे। तिरंग्या, गेंडया, मानकाप्या, जमया, भाल्या जैसे कई लोग और उनके बाल-बच्चे कहाँ होंगे इसका कोई भी अन्दाजा उन्हें न था। अतः वे अपनी वनगायों पर बैठकर लुप्त होते हुए कीकर वन की ओर चल पड़े।

वे लोग बहुत घूमे। ढूँढ़ते हुए बहुत दूर निकल गए पर किसी का कोई भी अता-पता न लग पाया। अन्त में थककर वे जब एक पेड़ की छाया में बैठ गए तब उनकी मुलाकात एक भील पारधी से हुई। वह कहने लगा—"रेलमार्ग का काम पूरा होने के बाद सारे के सारे आदिवासी पारधियों को स्त्रियों और बच्चों समेत शोलापुर शहर की बस्ती के बाहर काँटेदार तारों के बने एक अहाते में बन्दी बनाकर रखा हुआ है। चहुँओर से लगाया गया ऊँचे-ऊँचे काँटेदार तारों का जाल ऐसे बनाया गया है कि कोई भी बाहर का आदमी अन्दर नहीं जा सकता और अन्दर से किसी के बाहर आने का तो सवाल ही नहीं। अन्दर से किसी का बाहर निकलना एक असम्भव-सी बात है। प्रशासन रात को लोहे की तारों में बिजली का करन्ट छोड़ देते हैं। इस कारण यदि कोई कभी भागने का प्रयास करता है तब वह बिजली के झटके से बेहोश होकर गिर जाता है।"

बिरडीस से जो बात कर रहा था उसका नाम 'मानकाप्या' था, जो भील पारधियों

का सरदार था। वह फिर बताने लगा—"मुझे भी पकड़कर उन्होंने बन्द कर रखा था। उन अंग्रेजों ने मेरे बच्चों और बीबी को भी पकड़ लिया था पर उनको कहीं और ले गए। वे भी ऐसे ही किसी तारोंवाले कैदखाने में पड़े होंगे। मैंने उन्हें ढूँढ़ने की बहुत कोशिश की पर अब तक उनका पता मुझे नहीं मिला। हम जैसे जन्म से ही गुनहगार करार दिए गए लोगों को अब तक कैद कर रखा हुआ है। वहाँ के पहरेदार दिन में चार-चार बार सबकी परेड करवाकर सबकी तलाशी लेते हैं। हाजरी लेते समय यदि एक भी आदमी कम नजर आया तब आसपास के सब लोगों को चाबुक की मार बहुत ज्यादा पड़ती है। सबको जंजीरों में जकड़कर रख देते हैं। बँधी हुई हालत में उन्हें कपड़ा बनाने के कारखानों में ले जाते हैं जहाँ उन्हें दिन रात काम करना पड़ता है। वहाँ भी उन पर नजर रखी जाती है। वहाँ काम ठीक न करने पर लोहे की सलाखों से पिटाई होती है और फिर भार ढोने का काम लिया जाता है। मैंने भागने की बहुत कोशिश की पर बीबी-बच्चों की याद मुझे सताती रही। इसीलिए मैं उन्हें ढूँढ़ता रहा। तार लगे कैदखाने से और कारखाने से मैं भाग नहीं सकता था, इस बात को मैं भली-भाँति जानता था, पर मैं मौके की ताक में रहता था। एक दिन वह मौका मुझे मिल गया। उस दिन मुझे कपड़ों के बड़े गट्ठरों को लॉरी में डालने का काम दिया गया। लॉरी कपड़ों के गट्ठरों से भरती देख, चौकीदारों की नजर बचाकर मैं लॉरी के नीचे जाकर एक बड़े से डंडे को पकड़कर उससे सटकर, लटक गया। वैसे ही जैसे हम लोग शिकार के निकट जाने के लिए अपनी वनगाय के पेट के नीचे चिपककर बैठते हैं। जैसे 'किलनी' का कीड़ा गाय से चिपक जाता है जो बड़ी कठिनाई से छूटता है। बिलकुल वैसे ही मैं लॉरी के निचले हिस्से में छिपा रहा। जहाँ से मुझे कोई भी न देख सकता था। थोड़ी ही देर में लॉरी भर जाने के बाद कारखाने के अहाते से बाहर निकल आई। लॉरी ने अपनी रफ्तार बढ़ा दी जिससे वह धुआँ उगलने लगी और वह लोहे का डंडा गरम होता गया। वह इतना गरम हो गया कि मेरे दोनों हाथ व पैर गरमी से झुलसने लगे, बदन भी जलने लगा, पर मैंने उस गरम पाइप से अपने पैर नहीं अलग किए। पकड़े जाने का डर जो था। कुछ देर बाद वह लॉरी थोड़ी देर के लिए एक जगह रुक गई तब कहीं जाकर धीरे से मैं लॉरी से दूर हो पाया। रात के अँधेरे में छिपता हुआ जंगल की ओर निकल पड़ा। पैरों-हाथों और पूरे शरीर में बहुत तकलीफ हो रही थी पर फिर भी मैं भागता रहा। जंगल से जड़ी-बूटी ढूँढ़कर अपने झुलसे हुए बदन पर लगाई। कुछ समय बाद जले हुए बदन को कुछ आराम महसूस हुआ। देखो तो सही मेरे ये झुलसे हुए हाथ-पैर कितने काले हो गए हैं।"

बिरडीस ने देखा तब मानकाप्या का पैर उसके ऊपर का माँसल भाग और वहाँ का चमड़ा पैर की हड्डी पर चिपककर बैठा था। और वहाँ बड़े व्रण का निशान दिख रहा था। अब तक बिरडीस और तीरमान्या को मानकाप्या की पहचान हो चुकी थी।

पहली बार कोडियारा देवी की पूजा के समय मानकाप्या से मिले थे। अब तक अपने जातभाई की पहचान उन्हें हो गई थी। उनमें एक आशा जाग्रत हो गई थी कि मानकाप्या से उन्हें काफी कुछ जानकारी मिल सकती है। थोड़ी देर बैठने के बाद बिरडीस मानकाप्या को अपने साथ ले गया।

मानकाप्या को भी कुछ सहारा मिला था, उसको कुछ ढाढ़स बँधा कि बिरडीस और तीरमान्या की मदद से उसके खोए हुए लापता सगे-सम्बन्धी बाल-बच्चे और पत्नी अब वह ढूँढ़ पाएगा। बातचीत करते हुए मानकाप्या बोलने लगा–"मुझे अभी-अभी पता लगा है कि गोरे अंग्रेज हिन्दुस्तान छोड़कर अपने देश वापस लौट गए हैं! है न अचरज की बात, पर सुनकर बहुत अच्छा लगा। शायद हमारे दुख के दिन अब बीत गए हैं।"

नाश्ता करने के पश्चात् मानकाप्या बिरडीस और तीरमान्या को लेकर काँटों के तारोंवाले कैदखाने के अहाते की ओर चल पड़ा। वहाँ पहुँचने में उन्हें रात हो गई थी। रात के अँधेरे में उस कैदखाने के अहाते के आसपास चक्कर काटते हुए अपने मुख से कभी गीदड़ की आवाज या कभी कोकिला या अन्य पक्षी की आवाजें निकालकर बंदीवान भाई-बहनों को इशारे कर रहे थे कि उन्हें ढूँढ़ते हुए वे उनके पास पहुँच गए हैं। इस प्रकार की तरह-तरह की आनेवाली आवाजें बन्दियों ने सुनी और वे समझ गए कि उनके जातभाई उन्हें ढूँढ़ते हुए यहाँ तक पहुँच चुके हैं। गेंडया, तरंग्या, जमया, भाल्या वगैरा कैदी इसी जगह बन्द थे। वे धीरे-धीरे तारों की बनी घेराबन्दी की ओर आने लगे। रात के अँधेरे में बिरडीस और साथियों की नजरें अपने जातभाइयों को ढूँढ़ने लगीं। जब उन्हें यकीन हो गया कि पास आए हुए लोग वहीं है जिन्हें वे ढूँढ़ रहे हैं तब वे दबी आवाज में उनसे बातें करने लगे। बातों की शुरुआत उन्होंने 'जय कोडियारा देवी' कहते हुए की। किसी जमाने में जिन लोगों ने जंगलों के बाघ और चीतों का शिकार बड़ी बहादुरी दिखाकर किया था उन्हीं लोगों को अपनी आँखों के सामने बन्दी देखकर बिरडीस की आँखें भर आई थीं।

बात करते हुए तरंग्या का गला रूँध गया था। आँखों में आते आँसुओं को रोकते हुए उसने बताना शुरू किया–"जबसे हमें जंगल से जबरदस्ती पकड़कर लाया गया तबसे हमारा जीना दूभर हो गया था। हमें रोज चाबुक से पीटा जाता। नए कानून के बनते ही हमें चोर-डाकू कहकर हमारे साथ बड़ा बुरा व्यवहार किया जाने लगा। रेलमार्ग बनाने का काम जबरन हमसे करवाया गया। अभी तक कैदियों जैसा व्यवहार हमारे साथ किया जाता है।"

बीच में ही बिरडीस बोल उठा–"अब अंग्रेज हमारा देश छोड़कर चले गए हैं। हमारा देश स्वतंत्र हो गया है। अब तुम्हें भी छोड़ दिया जाएगा। हम लोग अंग्रेजों के चगुंल से बचकर भाग निकले थे। उनसे बचने के लिए हमने गड़रियों का भेष बना लिया। ढोकी के पहाड़ों पर और गाँव के पास जाकर अपनी बस्ती बना ली।

गाँव का मुखिया एक जमींदार जिसका नाम बाजीराव देशमुख है। उसने हमें सहारा दिया, मदद की। इसी सहायता के कारण हम अब तक अंग्रेजों के खौफ से बचे रहे। यदि ऐसा न होता तब शायद हम भी तुम लोगों की तरह किसी कैदखाने में बन्द होते, काँटेदार तारोंवाले अहाते में बन्दी बने हुए होते, खैर अब हमें तुम यह बताओ कि बन्दीवास में हमारे जातभाई कितने होंगे? केवल हमारे ही लोग हैं या और कोई लोग भी हैं?''

इस प्रश्न पर तरंग्या ने उत्तर दिया—''जो भी आदमी अंग्रेजों के विरुद्ध उठ खड़ा हुआ था, जिसने भी कानून को तोड़ा था उन सबको नए कायदे के अधीन गुनहगार साबित कर बन्दी बनाकर यहाँ के कारागार में रखा गया। हमारे साथ अन्य जात के लोग हैं—जैसे रामोशी, टकारी, वडार, छप्परबन, पामलोर, कैकाड़ी, राजपूत, भामटा जैसी अनेक प्रजातियों के बन्दी यहाँ पर रहते हैं। उन सबके बाल-बच्चे भी हमारे साथ कैद हैं। हम सबको यहाँ से छूटने का इन्तजार है। परन्तु अब तक हमारे छूटने के आसार नजर नहीं आते! अब भी हमारी हाजरी दिन में चार बार और रात को भी दो बार ली जाती है। कारखानों में हमें सवेरे से देर रात तक काम करना पड़ता है। काम बहुत मेहनत से करना पड़ता है। सवेरे चावल का पतला पानी पीने को देते हैं। दोपहर को केवल एक रोटी खाने को देते हैं। जबसे अंग्रेजों ने हमें पकड़ा है तबसे हम लोगों ने कभी भरपेट खाना नहीं खाया है। हमें जंगलों के हमारे शिकार व स्वादिष्ट हिरन के मांस की बहुत याद आती है। भुना मांस खाने का बड़ा दिल करता है, यहाँ से भाग जाने को दिल करता है, दिल चाहता है कि हिरन का शिकार लाकर उसे सबके साथ मिल-बाँटकर खाया जाए पर इस कैदखाने के सख्त नियमों के कारण यहाँ के सन्तरियों की तीखी नजर से कोई भी नहीं बच पाता। उनकी चौकसी डरावनी है, कोई भी अन्दर नहीं आ सकता और कोई भी चींटी बाहर नहीं जा सकती। हम दोनों के बीच यह तारोंवाली दीवार है। यदि इसे किसी ने छू भी लिया तब पहरेदारों को इसका पता लग जाना है और उस आदमी को बिजली का जबरदस्त झटका लगता है। पकड़े जाने पर ऊपर से हंटर से मार पड़ती है और उसकी मुश्किलें और भी ज्यादा बढ़ जाती है। यह सब कुछ जानते हुए कोई भी यहाँ से भागने की कोशिश नहीं करता है। जब तक अंग्रेजों का राज था तब तक हम लोगों को लोहे की जंजीरों में जकड़कर कारखाने में काम करने के लिए ले जाया जाता था। हंटर की मार कभी चूकती नहीं थी परन्तु जबसे अंग्रेज चले गए तबसे कुछ दिनों पहले से जाली लगी हुई गाड़ियों में बिठाकर हमें कारखाने में काम कराने ले जाने लगे हैं। गाड़ियों के दरवाजों को बाहर से ताले लगा दिए जाते हैं। दोपहर के खाने में अब हमें आधी रोटी ज्यादा देते हैं! बस इतना ही बदलाव आया है हमारे जीवन में।''

मानकाप्या बड़े ध्यान से यह बातचीत सुन रहा था। अन्त में वह बोल उठा—''मेरे बाद बच्चों का और पत्नी का अब तक कुछ भी अता-पता नहीं लगा है।

भगवान ही जाने कहाँ हैं वे सब! इन गोरों ने हमारे परिवारों का बहुत नुकसान किया है। परिवार के सारे सदस्य बिखर गए हैं। पता नहीं उन पर क्या बीतती होगी! भगवान जाने कहाँ-कहाँ इन गोरों ने ऐसे बिजली के तारों से बनाए कैदखाने बनाए हैं? उनका पता लगाकर अपने परिवारों को हमें ढूँढ़ना ही होगा।''

बिरडीस ने कहा–''मैं जिस गाँव में रहता हूँ उस गाँव के जमींदार को एक दिन हम लोगों ने अंग्रेजों की रेल के डिब्बों से बन्दूकें और बारूद से भरी हुई पेटियाँ निकालकर लाकर दी थीं। उस जमींदार के संग हमारी दोस्ती है। अंग्रेजों के चले जाने के बाद अब उसी का राज वहाँ चलता है। उनसे बातचीत करके देखता हूँ–शायद तुम्हें इस कैद से छुड़ाने में मुझे सफलता मिले। प्रयत्न करके देखने में क्या हर्ज है?''

दबी आवाजों में बातचीत चल ही रही थी कि एकाएक सैनिकों की सीटियों की फुर्र-फुर्र की आवाज सुनाई देने लगी। यह धोखे का इशारा था। सब चौंकन्ने हो गए तब तिरंग्या फुसफुसाकर बोला–''यह हमारे रात की हाजरी का समय है–वहाँ हाजरी ली जा रही है। मुझे वहाँ न पाकर चौकीदारों ने धोखे का इशारा देना शुरू कर दिया है। उन्होंने मुझे ढूँढ़ना शुरू कर दिया होगा, मैं अब भागता हूँ। मैं बहाना लगा दूँगा कि मुझे पाखाने जाना पड़ा। आप लोग भी यहाँ से दूर चले जाओ, वरना वे आपको भी कैद कर लेंगे। चलता हूँ, कोडियारा देवी हम सबकी रक्षा करें।'' चलते-चलते उसने बिरडीस से अनुरोध किया कि अगली बार आते समय क्या वह उसके लिए हिरन के मांस की भुनी हुई 'सागुनी' लाएगा जो वह चार-आठ दिन रखकर थोड़ा रोज खा सके? तिरंग्या की इस माँग को सुनकर बिरडीस गद्गद् हो उठा। घने अँधेरों में वे दोस्त ओझल हो गए।

मानकाप्या के दिल पर बड़ा-सा बोझ था। बीबी-बच्चों के न मिलने पर परेशान था। अकेला पड़ गया था। बेसहारा था। इसलिए बिरडीस की वनगाय पर बैठकर वह उसके साथ चल दिया। सफर ठीक रहा। बस्ती पर पहुँचते ही वहाँ के सब लोग इकट्ठे हो गए और देखने लगे कि बस्ती में नया आदमी कौन आया है। रानपाल्या और बन्दुक्या भी डरे-सहमे आगन्तुक को देख रहे थे। मानकाप्या ने जब आदिवासी पारधियों की भाषा में बातचीत आरम्भ कर दी तब उपस्थित लोगों की बेचैनी दूर हो गई। खोए हुए लोगों की खोज में निकले लोगों को जब मानकाप्या मिला तब उन्हें बड़ी खुशी हुई थी, उनके मन में अब आशा जाग उठी थी कि किसी न किसी दिन सब बिछड़े हुए पारधी बांधव एक-दूसरे से मिल पाएँगे। बिछड़े हुए मानकाप्या के वापस आ जाने की खुशी में सुखाए गए हिरन के मांस को पकाकर, जलन ने गरम रोटियाँ सेंकी, महुआ के फूलों से बनी ताजी दारू और महुआ के फूलों का शहद, सारे बहुत खुशी से खाते और पीते रहे। उस रात सारे जन बड़ी चैन की नींद सो गए।

अंग्रेजों को देश छोड़े काफी समय बीत चुका था। पारधी बांधवों को अपने प्रियजनों के कारगारों से निकलने का बड़ी बेसब्री से इन्तजार था परन्तु बिरडीस ने

अब तक किसी को भी बाहर निकलते नहीं देखा था। वह बड़े असमंजस में था, उसकी समझ में नहीं आ रहा था कि अब वह क्या करें। अन्त में उसने सोचा कि क्यों न वह हिरन का शिकार लेकर जमींदार देशमुख से मिलने जाए? दूसरे ही दिन हिरन का शिकार कर, हिरन को वनगाय की पीठ पर लादकर तीरमान्या को संग लेकर देशमुख के बाड़े पर पहुँचा। वह बाड़ा एक बड़ी इमारत थी जो बड़े काले पत्थरों से बनी हुई थी। बाड़े के दरवाजे के सामने जाकर दोनों रुक गए और अन्दर कहला भेजा कि बाहर पारधी जीवित हिरन का शिकार लेकर खड़े हैं और जमींदार को वे बाहर बुला रहे हैं। हिरन का शिकार दरवाजे पर आया देख जमींदार अपनी घनी मूँछों पर ताव भरते हुए गढ़ी के नीचे उतरता हुआ, बिरडीस से मिलने बाहर चला आया। मोटा-ताजा जवान हिरन जिसका मुँह रस्सी से बँधा हुआ था और जो अपनी टाँगें झटककर खुलने का प्रयास कर रहा था। बीच में अपने कान हिलाकर करुणाभरी नजरों से चहुँओर देख रहा था। ऐसे हिरन को देखकर देशमुख बहुत खुश हुए और हँसते हुए बिरडीस से बोले—"क्यों तुम्हारा यह शिकार और कोई नहीं ले रहा था इसलिए उसे लेकर तुम मेरे पास चले आए?" बिरडीस ने झट से जवाब दिया—"नहीं सरकार ऐसी बात नहीं है। मैं खास आपसे ही मिलने आया हूँ। आपके लिए यह एक छोटी सी भेंट है। मुझे आपसे कुछ बात करनी है इसलिए चला आया हूँ। जमींदार साहब आप मालिक हैं, यहाँ अब आप ही का राज है। आपसे कुछ विनती करने आया हूँ। मना न करें। अंग्रेजों के राज में हम पारधियों के काफी लोगों को उनके बीबी, बाल-बच्चों समेत पकड़ लिया गया था और उन्हें बन्दी बनाकर जन्म से ही गुनहगार होने का ठप्पा उन पर लगाकर, कैदखानों में बन्द कर रखा है। ऐसे कैदखाने कई जगहों पर हैं और वे सब लोग उन्हीं कारागृहों में सड़ रहे हैं। अंग्रेजों का राज खत्म हुआ। अब आपका राज है। आपका जुलूस हम सबने देखा है। हम जंगल के आदिवासी लोग हैं। हमने भी अंग्रेजों को भगाने में आपका साथ दिया था। समय-समय पर बन्दूकें और बारूद अंग्रेजों से छीनकर आप तक पहुँचाया था। उस कठिन समय में हम लोगों ने आपकी सहायता की थी। अब हमारे विकट समय में आप हम लोगों की मदद करें। यही हमारी विनती है। शोलापुर स्थित कैदखाने में हमारे सब लोग बन्द हैं। उन्हें वहाँ से छुड़ाने में आप हमारी सहायता करें।"

जमींदार साहब कुछ सोचकर बोले—"देखो बिरडीस, तुम अपने लोगों की भलाई सोचो और मेरी बात ध्यान से सुनो। अंग्रेजों के बनाए हुए कायदे कानून अब भी लागू हैं, उनमें बदलाव लानेवाला या उनके विरोध में बोलनेवाला अभी कोई सामने नहीं आया है। जो कोई कानून का विरोध करता है उसे गुनहगार समझकर सजा दी जाती है। या उस पर कानूनी कार्रवाई की जाती है। तुम्हारे लोगों को जन्म से ही गुनहगार करार देकर, मानकर, तुम्हें बन्दी बनाने का अधिकार नई सरकार ने भी चालू रखा है। जब तक नई सरकार वह कानून बदल नहीं देती तब तक तुम लोगों

को पहली की तरह ही चोरी-छिपे रहना होगा। खुलेआम अब भी आप लोग घूम-फिर नहीं सकते हो। शिकार नहीं कर सकते हो हमारा गाँव बड़े शहरों से बहुत दूर पहाड़ों के बीच बसा हुआ है। यहाँ बाहरी लोगों का पहाड़ों के बीच बसा हुआ है। यहाँ बाहरी लोगों का आना-जाना कम है। कोई आता भी है तब उनके पूछने पर हम लोग यह कभी नहीं बताते कि यहाँ पारधी आदिवासियों की बस्ती है। हम उनसे कह देते हैं कि वे लोग गड़रिये और गोपालक हैं।" जमींदार की बात से बिरडीस और साथी को बहुत निराशा हुई।

संध्या के समय बिरडीस, तीरमान्या, बाघआवल्या, मानकाप्या को अपने साथ बिठाकर सुख-दुख की बातें करने लगे। बातें करते समय बिरडीस ने मानकाप्या से कहा–"सब कहते हैं कि हमारे देश से गोरे लोग चले गए हैं, फिर नई सरकार कैदखानों में बन्द हमारे पारधी बांधवों को क्यों नहीं मुक्त करती? जमींदार देशमुख से अधिक खतरनाक काम अंग्रेजों के विरोध में हमने किया है। अपनी जान जोखिम में डाली है। चोरी-छिपे उन गोरे अंग्रेजों पर हमने हमले कर उन्हें मारा है। उनके छक्के छुड़ाए हैं। उन्हें जंगलों सें मार भगाने में हमें कई बार सफलता भी मिली है। मुझे याद है हमारे छोटे बच्चों ने भी अपने तीरकमान से गोरों को और उनके घोड़ों को घायल कर मार भगाया है। इस अपमान का बदला उन्होंने हमारे लोगों को बन्दी बनाकर लिया था...क्यों याद है ना? मैं ठीक बोल रहा हूँ? इतना होने पर भी हम डरे नहीं। हम उनका विरोध करते हुए उनसे लड़ते रहे। हमसे बदला लेने के लिए वे लोग हमारे बीबी, बाल-बच्चों को बन्दी बनाकर ले गए और हमारे संग-संग उनसे भी जबरदस्ती हंटर मार-मारकर काम करवाया। भरपेट उन्हें खाना भी नहीं मिला था! स्वतंत्रता के लिए लड़नेवाले जमींदार बाजीराव देशमुख को हमने अंग्रेजों का खजाना और शस्त्र भी लूटकर दिये थे। स्वतंत्रता की लड़ाई हम सबने लड़ी है। जमींदार देशमुख और उनकी जनता को स्वतंत्रता मिली ऐसा कहते हैं। अब नई सरकार उनके हाथों में है यह भी सुनने में आया है। फिर हम लोगों को आजादी क्यों नहीं मिली? ऐसा क्यों?" बिरडीस यह सब कहते हुए बहुत दुखी हो गया था।

तीरमान्या भी बिरडीस से सहमत था। वह कहने लगा–"जमींदार और उसकी जनता ने अपने गाँव और देश के लिए अंग्रेजों के विरुद्ध झगड़ा किया। हमने अंग्रेजों का विरोध इसलिए किया कि उन्होंने हमारे जंगल नष्ट किए, पेड़ तोड़े। रेलमार्ग बनाने के विरोध में हमने उनसे दुश्मनी मोल ली। हम जंगलों में बसनेवाले आदिवासी हैं। हमारा सम्बन्ध जंगलों से है। ऐसा ये गाँववाले और बड़े शहरों में बसनेवाले लोग कहते होंगे। इसलिए वे हम पारधियों को अपने से अलग समझते हैं। तब वे लोग हमारी तरफदारी क्यों करने लगे...! हाँ वे इतना जरूर कह देंगे कि जाओ, फिर जाकर अपने जंगलों में बस जाओ। मुक्त रूप वहाँ घूमो, फिरो, शिकार करो...और क्या?" इस पर तुनककर मानकाप्या ने कहा–"तुम्हारी बात ठीक है, पर जंगल में बसनेवाले

आदिवासी पारधियों को गोरों ने कैद कर रखा था। वे अब चले गए हैं। अब तो हम लोगों को कैद से मुक्ति मिलनी आवश्यक है? तुम्हें मालूम है कि मेरा भाई 'कालविटया' भी पांढरकवाडी के नाना पाटिल के साथ स्वतंत्रता की लड़ाई में शामिल था? पाटिल ने जब 'धुलिया' शहर के पास गोरों का खजाना लूटा था। तब मेरा भाई भी उनके साथ था। लूट लेकर भागते समय गोरों का बड़ा कड़ा मुकाबला उन्हें करना पड़ा था। उस झड़प में भागते समय नाना पाटिल की टाँग में गोरे की बन्दूक की गोली लग गई थी। पाटिल अपने घोड़े से गिर गया था। वह भागने में असमर्थ था। उसके बाकी सब साथी भाग गए थे तब मेरे भाई ने ही उसे उठाकर, उसे अपने कन्धे पर डालकर जैसे उसने कोई घायल हिरन उठाया है, एक कोस से भी अधिक दूर भागकर, उसकी जान बचाई थी। कुछ दिनों बाद एक और खजाना लूटते समय नाना पाटिल के साथ कालवीर मेरा भाई भी अंग्रेजों के हाथों पकड़ा गया। स्वतंत्रता मिलने पर नाना पाटिल को बड़े सम्मान के साथ बैन्ड बाजे के साथ जेल से मुक्त कराया गया। इसलिए कि वह स्वतंत्रता सेनानी था। पर मेरा भाई तब भी जेल में बन्दी बना रहा क्योंकि 'गुनहगारी' के उस कानून के अन्तर्गत, उसे चोर और डाकू कहकर जेल में बन्दी बनाकर रखा, उसे उसकी सजा भुगतनी जो थी! यह किस प्रकार का न्याय है! अब मुझे बताओ कि दोनों का मकसद एक ही था पर एक स्वतंत्रता सेनानी कहलाया और दूसरा चोर-डाकू ठहराया गया। कारागार से छूटने के कुछ ही दिनों बाद नई सरकार में वह एक मंत्री बन गया और मेरा भाई कालवीर! वह अब भी 'गुनहगार जात' से होने के कारण सजा भुगत रहा है। यह किस तरह की स्वतंत्रता मिली है हमारे भारत देश को? मेरी तो कुछ समझ में नहीं आ रहा है...देश स्वतंत्र हुआ पर मैं और मेरा परिवार पत्नी, बच्चों का क्या हुआ? मुझे यह भी नहीं पता कि वे कहाँ हैं, किस हालत में हैं! अपने अन्य पारधी बांधवों को छुड़ाने की बात तो बहुत दूर की है। कदाचित देश के लिए लड़नेवालों को स्वाधीनता मिली हो! जंगलों के लिए लड़नेवालों को नहीं?"

तीरमान्या ने एक गहरी साँस लेते हुए कहा—"तो क्या हमें अब इस नई बनी हुई सरकार का भी विरोध करना पड़ेगा? अपने लोगों की मुक्ति के लिए इनके विरुद्ध भी खड़ा होना पड़ेगा हमें?" बिरडीस ने अपना सिर झटकते हुए कहा—"यह स्वाधीनता का क्या अर्थ है? क्या चक्कर है? यह मेरी समझ में नहीं आ रहा। मेरी अकल अब काम नहीं कर रही। मुझे अब भी डर है कि हम लोग पहले की तरह अब जंगलों में मुक्त होकर ना रह पाएँगे। शिकार करने न जा पाएँगे। मुझे बड़ी चिन्ता हो रही है।"

रात गए सब अपने पालों में जाकर सो गए। करवटें बदलते रहे। ठीक से कोई भी न सो सका।

वर्षा का मौसम आ गया। जहाँ-तहाँ जोरों से पानी बरस रहा था। देखते ही देखते

नदी-नाले पानी से भरकर बहने लगे। बाढ़-सी आ गई थी। चारों तरफ हरियाली थी। रानपाल्या और बन्दुक्या अपनी गुलेल और मछली पकड़ने के लिए 'कँटिया' और मछलियाँ रखने के लिए टोकरी लेकर नदी की ओर चल पड़े। दोनों ने अपनी-अपनी 'कँटिया' सोटियों पर बाँधकर पानी में लटकाकर मछलियाँ पकड़नी शुरू की। एक-एक करके पकड़ी हुई मछलियाँ वे टोकरी में डालते गए। उस मौसम में नदी किनारे बैठकर आराम से मछलियाँ पकड़ने में उन्हें बहुत मजा आता था।

अंग्रेजों के तोड़े हुए जंगलों में अब काफी खुली जगह दिखाई देने लगी थी। खाली मैदानी जगहों को अंग्रेजों ने गाँववालों को बेच दिया था। अब ढोकी गाँव के लोग अपनी खरीदी हुई जमीनों पर कब्जा लेकर, जमीन को खेती करने लायक बना रहे थे।

बिरडीस, तीरमान्या, बाघआवल्या इस बदलाव को देख रहे थे। वे आपस में बात करते हुए कह रहे थे—"हम हमारे कीकर वन के काफी नजदीक हैं। बेशक इस वन के काफी पेड़ काट दिए गए हैं। ढाकी गाँव से कोई खास दूर नहीं हैं। गाँववालों ने भी हमें स्वीकार लिया है। गाँव के साप्ताहिक बाजार में हम अपना शिकार छोटे-मोटे पशु-पक्षी अच्छी कीमत लेकर बेच पाते हैं। गाँववाले भी हमारे पारधी होने के कारण हमें तकलीफ नहीं पहुँचाते हैं। हम आदिवासियों का जीवन काफी सुख-चैन से कट रहा है। अब हमारे हर घर में भेड़-बकरियाँ व मुर्गियाँ हैं।" यह सब सोचकर गाँववालों की देखा-देखी बिरडीस और साथियों ने भी कीकर वन में छोटी जमीन के टुकड़े देखकर उस जमीन को खेती करने के विचार से ठीक करना शुरू किया। वे सोचते थे कि वे भी अन्य गाँववालों की तरह अपने खाने लायक खेती करेंगे। वहाँ खीरे, मिरची अन्य सब्जियाँ—धान उगाएँगे। हो सके तब रहने लायक घर भी बना लेंगे। इस विचार से उत्साहित होकर उन्होंने कुदाली, फावड़े लेकर जमीन को ठीक-ठाक करने का काम शुरू कर दिया। अनचाही झाड़ियाँ काटनी शुरू कर दीं। जहाँ गड्ढे थे उन्हें मिट्टी डालकर भरना आरम्भ कर दिया।

आदिवासियों को इस प्रकार काम करते देखकर ढोकी गाँव के लोगों में खलबली मच गई। आसपास के किसान इकट्ठा होकर आदिवासियों से लड़ने चले और शोर मचाते हुए कहने लगे—"तुम गड़रिये पारधी लोग हमारे अहाते में आकर हमारी जमीनों के आसपास अपनी खेती नहीं कर सकते, वहाँ तुम लोग आकर नहीं रह सकते। यह हमारी खरीदी हुई जमीन है, इस जमीन पर तुम लोगों का कोई हक नहीं है। इस जमीन पर हम अपने जानवर घास चराने के लिए लानेवाले हैं। तुम अगर यहाँ खेती करने लग गए तब हम अपने जानवर चराने कहाँ ले जाएँगे? तुम लोगों को जमींदार ने अपनी बंजर जमीन पर अपने घर बसाने दिए थे, यह अपनी अच्छी किस्मत समझो। वहीं बसे रहो। हमारी जमीन पर से अपनी नजर हटा लो। यहाँ आने का विचार भी अपने मन से निकाल दो। यदि तुमने ऐसा न किया तब

हम जाकर गाँव के पुलिस पाटिल से तुम लोगों की शिकायत कर देंगे। चुपचाप यहाँ से निकल जाओ।''

गाँववालों की बात सुनकर बिरडीस ने अपने जात-भाइयों से कहा—''ये गाँववाले हमारा विरोध क्यों कर रहे हैं, यह मुझे समझ नहीं आ रहा है। हमारा यहाँ खेती करना इन्हें क्यों खटक रहा है। हम इनके काम में कोई अड़ंगा नहीं डाल रहे है।'' अन्त में बड़ी हिम्मत दिखाकर बिरडीस गाँववालों से बोला—''देखो भाइयो! हम इस जंगल में रहनेवाले शिकारी पारधी हैं। पहले यहाँ घना जंगल था, उस समय इस जंगल में कोई भी कदम रखने की हिम्मत नहीं करता था। कई पीढ़ियों से हम लोग इस कीकर वन में बसे हुए हैं। अंग्रेजों ने यह जंगल ही काटकर रख दिया, जिसके कारण हम बेघर हो गए। हमारा शिकार, हमारी उपजीविका का साधन नष्ट हो गया। कन्दमूल, फल खाते थे वे भी नष्ट हो गए। अब हम लोग भी आपकी तरह खेती-बाड़ी करके अपनी उपजीविका चलाना चाहते हैं। भेड़-बकरियाँ, मुर्गियाँ पालना चाहते हैं। इसीलिए हम लोग यह जमीन ठीक कर रहे हैं। मेहरबानी करके आप लोग मुझे समझाएँ कि आप लोग हमारा विरोध क्यों कर रहे हैं?''

बिरडीस ने गाँववालों से बहुत अनुनय किया पर उन्होंने उसकी बात बिलकुल नहीं मानी और वे आदिवासियों का विरोध करते रहे।

बढ़ते विरोध को देखकर अन्त में बिरडीस ने अपने साथियों से कहा कि वे अपने फावड़े और कुदालियाँ लेकर वापस अपने घरों को लौट जाएँ। सारा सामान अपने पालों में रखने के बाद बिरडीस अपने साथियों को लेकर जमींदार बाजीराव देशमुख के बाड़े पर जा पहुँचा और उनसे मिलकर कहा—''मालिक हम लोगों ने सोचा कि कीकर वन के एक कोने में जाकर हम वहाँ थोड़ी बहुत खेती कर अपना पेट पालेंगे। भेड़-बकरियाँ वहाँ चराकर अच्छा गुजारा करेंगे। भेड़-बकरियाँ वहाँ चराकर अच्छा गुजारा करेंगे। हम वहाँ गए भी पर ढाकी के गाँववालों ने हमारा कड़ा विरोध किया। कई पीढ़ियों से अब तक हम आदिवासी वहीं बसे थे। उस कीकर वन पर हम लोगों का ही अधिकार था। गाँववालों के अपने बड़े-बड़े खेत इस गाँव में होते हुए भी वे अब हमारे जंगलों में आकर वहाँ अपना हक जताकर हमारी ही जगह पर अपना कब्जा होने का दावा कर रहे हैं। यदि हम लोग वहाँ जाकर थोड़ी जगह पर खेती कर लेते हैं तब उन्हें इतना बुरा क्यों लग रहा है? उनका क्या बिगड़ता है? यदि आप उन्हें थोड़ा समझा दें, मना लें तब वे हमें खेती करने से मना नहीं करेंगे...।'' एक ही साँस में इतनी बात कहकर बिरडीस रुक गया। उनके चेहरे की भाव-भंगिमा देखते हुए उनके उत्तर का उसे इन्तजार था।

थोड़ा सोचते हुए, बिरडीस की ओर गौर से देखकर जमींदार ने कहना शुरू किया—''देखो भाई, जब जंगल था तब तुम लोग वहाँ आते-जाते रहते होंगे, यह मत भूलो कि कीकर वन इस गाँव की सीमा में ही गिना जाता है। इसी हिसाब से यहाँ

के गाँववालों का, किसानों का, वहाँ की सफा की गई जमीन पर अधिकार है। तुम पारधी लोग यहाँ सदैव रहनेवाले रहिवासियों में से नहीं हो। न ही तुम्हें ऐसा जाना जाता है। तुम्हें इस गाँव में पनाह मिली है, अधिकार नहीं है। इसलिए यहाँ के गाँववाले तुम्हारा विरोध कर रहे हैं। वैसे देखा जाए तब तुम आदिवासियों को खेती करने की क्या गरज है? तुम लोग गाँव की खेती का, गाँव के जानवरों का, पक्षियों से खेती का रक्षण करो। गाँववालों की सहायता करो। बदले में गाँववाले आप लोगों को खेती से आया धान्य अवश्य दे देंगे।''

जमींदार देशमुख की बात सुनकर बिरडीस मुँह लटकाकर वापस लौट आया। बस्ती के लोगों को पास बुलाकर उसने कहा–''देशमुख की बात सुनकर हमारी रही-सही आशा की किरण जो हमारे मन में थी, खत्म हो गई। अब मुझे अँधेरा ही नजर आता है। हम अब तक जैसे गुजर-बसर करते आ रहे हैं, उसी तरह हमें रहना होगा। और कोई चारा नहीं है।'' कहते हुए बिरडीस वहाँ से उठकर चला गया।

उधर रानपाल्या और बन्दुक्या का जीवन बड़ी सरलता और शान्ति से बीत रहा था। बड़ों की बातचीत से बेखबर वे अपनी ही मस्ती से जी रहे थे। रोज नदी पर नहाने चले जाते, कभी तालाब में जाकर डुबकियाँ लगाते हुए तैरने जाते। ठिठोलियाँ करते हुए मछली पकड़ते। कभी मछली न मिलने पर वे छोटे-मोटे जानवर और पंछी पकड़ते, बिलों से निकलते हुए या झाड़ियों से बाहर आते हुए गिरगिट या पटागोह को पकड़ लेते। अपने फाँस डालकर रोज तीन-चार पटागोहों को उनकी पूँछ या टाँग पकड़कर बाहर खींचकर अपनी वनगायों पर लादकर, उन्हें घर ले आते थे। साप्ताहिक ढोकी के बाजार में जिंदा पटागोहों की बड़ी माँग थी। पटागोह का मांस खाने से कमर का, जोड़ों का दर्द दूर हो जाता है ऐसी मान्यता थी। गाँववालों का इसके औषधीय गुणों पर विश्वास था, इसी कारण बारिशों के दिनों में पटागोहों की अधिक माँग होती थी। उनके दाम भी अच्छे मिलते थे। इसी समय शोलापुर स्थित तारोंवाले कारागार 'सेटलमेंट' से, कारखाने में काम करने जाते समय, पुलिसवालों की नजर बचाकर तरंग्या अपने बच्चे और पत्नी को वहीं छोड़कर, जेल से भाग निकला। भागते हुए वह पहले शहर 'बार्शी' से होता हुआ 'ऐडसी' के पहाड़ी इलाके में भटकता फिरता रहा। कैदखाने में रहते हुए वह जब कारखाने में काम करता था तब वह 'तारासंग' विभाग में, सूत कातनेवाली मशीनों की देखरेख करता था। यदि कोई मशीन में खराबी आती तब वह उसे ठीक करता जिससे वह मशीन फिर सुचारू रूप से ठीक काम करने लगती थी। तंरग्या के भाग जाने से कारखाने और जेल के अधिकारी घबरा गए थे। कारखाने के अधिकारियों ने एक अच्छा कारीगर और मजदूर खो दिया था और जेल के अधिकारियों की पकड़ से एक गुनहगार भाग निकला था। वे लोग कहने लगे, ''यदि इस 'सेटलमेंट जेल' से ऐसे ही ये लोग–जिन्हें जाति के नाम पर गुनहगार साबित कर, जबरदस्ती कैदी बनाकर, कारखानों में काम पर लगाया

गया था—ये भागने लगे, तो फिर यह सरकारी कारखाना जिसमें बढ़िया सूत बनता है, बन्द पड़ जाएगा और सरकार बदनाम हो जाएगी। अगर यह कारखाना जो पूरे देश में 'सूत' बनाकर भेजता है बन्द पड़ गया तब जल्दी ही हम लोगों को भी घर बैठना पड़ सकता है। ऐसे हमारी रोजी बन्द हो सकती है।"

तरंग्या के भाग जाने की सूचना तुरन्त वरिष्ठ अधिकारियों को दे दी गई, दूसरी सूचना का मसौदा इस प्रकार लिखा गया, 'गोरे अंग्रेजों की नाक में दम करनेवाला, डाके डालकर उनका खजाना और बारूद व बन्दूकों को लूटनेवाले गिरोह का सरदार जो बहुत बड़ा गुनहगार माना जाता है। जो तरंग्या नाम से जाना जाता है, वह काँटेदार तारोंवाले सेटलमेंट से फरार हो गया है। जो कोई भी उसे पकड़वाएगा, सरकार उसे इनाम देगी।' इस घटना से सेटलमेंट में रहनेवाले सब कैदी बेहद डरे हुए थे। पुलिसवालों ने तरंग्या को ढूँढ़ने में कोई कसर न छोड़ी। पारधियों की बस्तियाँ जहाँ कहीं भी थीं, पुलिसवाले वहाँ पहुँच जाते और पूछताछ के दौरान वहाँ मारपीट करते। पारधियों की शामत आ गई थी। बहुत ढूँढ़ने पर भी तरंग्या पुलिस की पकड़ में नहीं आया। तरंग्या पारधी को ढूँढ़ना पुलिसवालों के समक्ष एक बड़ी चुनौती थी। इनाम पाने का लालच भी कुछ लोगों को था। इनमें से एक महाशय थे 'बार्शी' शहर के एक फौजदार देशमुख। अंग्रेजों ने इस गुनहगार जाति का लम्बा-चौड़ा वर्णन कर रखा था—उनके बारे में काफी कुछ लिखकर रखा था उन लोगों ने—वह जानकारी अब तक फौजदार देशमुख के मुखोद्गत हो चुकी थी, पोथी-पुराणों की तरह उसने पारधियों की जानकारी का पठन किया था। पारधी कैसे रहते हैं, क्या खाते-पीते हैं, कैसे दिखते हैं, इसका पूर्ण ब्योरेवार वर्णन उसने पढ़ा था। कानून की नजरों में वे आदिवासी जैसे; गाय पारधी, फाँसे पारधी, हरीण पारधी, लँगोट पारधी, शिकार पारधी आदि जो भी जातियाँ थीं, इन सबका ब्योरा वह अपने साथियों को बता रहा था। वह बताते जा रहा था, ''ये पारधी लोग लम्बे-चौड़े तगड़े होते हैं। इनकी आँखें कभी थोड़ी नीली-सी, किसी की भूरी या किसी की पीली-सी लाल होती हैं—हाँ, इनकी नजर बहुत तेज और तीखी होती है। मानो वे किसी शिकारी बाज की आँखें हों। ये लोग रात के घने अँधेरों में भी देख सकते हैं। इन लोगों के घर—जिन्हें वे 'पाल' कहते है—अकसर किसी भी गाँव से नब्बे-पच्चानवे कोस की दूरी पर होते हैं। भागते समय वह बड़ी तेजी से हिरनों जैसी छलाँगे मारते हुए भागते हैं। इनकी वनगायें भी बहुत तेजी से भागती हैं जिन पर बैठकर ये शिकार करने जाते हैं। कई बार बड़ी दूर तक भी अपने इन वाहनों पर बैठकर वे चले जाते हैं। पहाड़ों, घाटियों में जरूरत पड़ने पर कहीं भी ये लोग जाकर छिप जाते हैं।

"इन लोगों की औरतें बड़ी तेज होती हैं। कोई भी बाहर का आदमी यदि इनके पालों के आसपास दिखता है तो ये उसे पत्थर मारकर भगा देती हैं, गरम पानी बदन पर डाल देती हैं या फिर लाल मिर्च का पाउडर उनकी आँखों पर फेंककर वे जंगल

में जाकर छिप जाती हैं। चार-पाँच वर्ष से पन्द्रह साल के बच्चे हमेशा अपने साथ तीर कमान और गुलेल रखते हैं। गुलेलों से छोटे-छोटे पत्थर और तीर मारकर वे आगंतुकों को अपनी बस्ती से दूर भगाने में सफल हो जाते हैं। अंग्रेजों ने अपने कानून में लिखकर रखा है कि यदि किसी सधे हुए पारधी गुनहगार को पकड़ना हो तो रात के बारह बजे के बाद उन्हें पकड़ने के लिए जाएँ क्योकि ये लोग उसी समय अपने घरों 'पालों' पर लौटते हैं। ऐसे समय पुलिसवालों को चाहिए कि वे अपने साथ काफी सहायक लेकर उन्हें पकड़ने जाएँ और अचानक जाकर उन पर धावा बोल दें। उन्हें जो भी कोई पारधी मिले उसे हंटर से या बन्दूक के दस्ते से मारकर-पीटकर घायल कर दें। उन पर थोड़ी भी दया न दिखाई जाए और उन्हें रस्सियों से जकड़कर थाने पर ले जाया जाए। ये लोग बड़े खतरनाक साबित हो चुके हैं। इन्होंने अब तक बहुत से अंग्रेजों को जान से मारा है। हथियार गोला-बारूद और खजाने लूटे हैं। थाने में लाकर इनको इतना पीटा जाए कि वे अपने मुँह से किए हुए गुनाहों की कबूली दे दें। जब तक वे सारे गुनाह न कबूल करें तब तक उन्हें खाना पानी न दिया जाए। उन्हें परेशान करने के लिए उनके जांघिये में चूहे या गिरगिट डाल दिए जाएँ, उन्हें उलटा टाँग दिया जाए। नाक, मुँह और शरीर पर गरम पानी, लाल मिर्च मिलाकर डाला जाए। या फिर उनके छोटे बच्चों को उनकी आँखों के सामने मारा-पीटा जाए या पटक-पटककर मार दिया जाए। ऐसा कुछ करने पार ही ये ढीठ लोग डरकर अपने गुनाह कबूलेंगे। बाद में उन्हें अँधेरी कोठरियों में बन्द करके रखा जाए। अंग्रेजों के बनाए इस कानून का ज्ञान होना सबको बड़ा जरूरी है। इसीलिए उन सबको इसे पढ़ना आवश्यक है।''

अब तक फौजदार देशमुख और उसके साथियों को पारधियों की पूरी जानकारी हो चुकी थी। उन्होंने पारधियों की बस्तियाँ ढूँढ़नी शुरू कर दी थीं। जहाँ भी इन्हें गाय पारधी, पाल पारधि या भील पारधियों के पाल दिखते या किसी और से उनका अता-पता मिलता, तब वे रात के बारह बजे के बाद अपने सहायकों के साथ उन पर धावा बोल देते, उन्हें पकड़कर, थाने पर लाकर मारपीट करते हुए उनसे तरंग्या पारधी का पता पूछते और कहते कि यदि वे बता दें कि तंरग्या कहाँ है तब उसके मिलने पर उन्हें छोड़ दिया जाएगा। 'बार्शी' शहर के आसपास रहनेवाले तीस-चालीस पारधी बस्तियों के लोग पुलिस की पकड़ में थे। वहाँ के लोगों की नाक में दम करके रखा हुआ था पुलिसवालों ने। इसी कारण देश को स्वतंत्रता मिलने के बाद पारधी अपनी बस्तियाँ गाँवों और शहरों से दूर जाकर बसाने लगे थे। फौजदार देशमुख के सुनने में आया था कि ढोकी गाँव के मैदानी इलाके में–जो पहाड़ों की परली तरफ था–कुछ गाय पारधी और लँगोट पारधी काफी दिनों से बस गए हैं। वे अपने शिकार गाँव के बाजार में और वहाँ लगनेवाले साप्ताहिक बाजार में बेचते हैं। एक दिन आधी रात के बाद ही, फौजदार देशमुख ने अपने साथियों के साथ ढोकी के पास की पारधी

बस्ती पर घेरा डाला। बैटरियों की रोशनी में वे सब पारधियों के पालों की तरफ बढ़ने लगे। धीरे-धीरे पाल जो पुराने कपड़ों को जोड़कर बनाए गए थे—उन पालों के आँगन में उनकी वनगायें खूँटियों से बँधी हुई थीं। आसपास भेड़ें और बकरियाँ बँधी थीं, वे नजर आने लगीं। अचानक बैटरी का उजाला देख औरतें और बच्चे घबरा गए। बिरडीस चौकन्ना होकर उठ बैठा और उसने कहा—"पारधियों की बस्ती के आसपास अगर अचानक उजाला दिखने लगे तब समझ लो कि संकट सामने खड़ा है।" कितने ही सालों से पारधियों ने अपनी बस्ती के आसपास कभी भी रात को इतना तेज उजाला या दियाबत्ती जलाई हुई नहीं देखी थी।

बिरडीस ताड़ गया था कि पुलिस उन्हें पकड़ने आ रही है। आया हुआ यह संकट टालना कठिन दिख रहा था। फिर भी इस संकट से बाहर निकलने का मार्ग वह ढूँढ़ रहा था। उस पर विचार करने लगा। पुलिसवाले बैटरियों की रोशनी पालों पर चमकाते हुए जोर-जोर से चिल्ला रहे थे—"शरण में आ जाओ, हमारी शरण में आ जाओ।" और वे सँभलते हुए आगे बढ़ते जा रहे थे। बिरडीस ने सब स्त्रियों और बच्चों को भाग जाने का इशारा किया। बँधी हुई वनगायों को बिरडीस ने खुला छोड़ दिया। इस काम में रानपाल्या, तीरमान्या बन्दुक्या आदि लोग जुट गए। अब तक सब वनगायें खुल चुकी थीं। मुख से सीटी मारकर उन्हें धोखे का इशारा दिया गया। वनगायें भली प्रकार से प्रशिक्षित थीं और ऐसे समय क्या करना होता है इसका उन्हें ज्ञान था। इशारे की सीटी सुनते ही वायुवेग से उन गायों ने आते हुए दुश्मनों की तरफ भागना शुरू कर दिया। कभी वे पैरों से धूल उड़ातीं और उन लोगों पर चढ़ाई कर देती थीं। कभी उन्हें अपने सींगों से मारती थीं, कभी किसी गिरे हुए को पैरों तले रौंद देती थीं। पारधियों पर हमला बोलने आए हुए पुलिसवालों पर ही उलटे पारधियों ने अपनी वनगायों द्वारा हमला बोल दिया। रानपाल्या और तीरमान्या ने अपनी जेबों से गुलेलें निकाल लीं और बारीक पत्थरों का निशाना उन्होंने पुलिसवालों पर मारा। उनके हाथों में पकड़ी हुई बैटरी के उजाले में वे लड़के अपना निशाना देख सकते थे। उधर सारी औरतें और बच्चे अपना सारा सामान वहीं छोड़कर अँधेरे में भागने लग गए। प्रशिक्षित वनगायें पुलिसवालों को परेशान करते हुए उन्हें पीछे धकेलती जा रही थी। अन्त में परेशान होकर पुलिसवालों ने हवा में गोलीबारी आरम्भ कर दी और वे आगे बढ़ने लगे। पारधियों के लिए वह जगह जानी पहचानी थी—कहाँ गड्ढे हैं और कहाँ ठीक जगह है, इसका पूरा पता—जानकारी उन्हें थी। परन्तु पुलिसवाले उस परिसर से अनजान थे। वे गिरते-पड़ते पीछा करते जा रहे थे—उधर पारधी बड़ी तेजी से आगे भागते जा रहे थे। इस भागमभाग और गोलीबारी में पुलिस की बन्दूक से निकली गोलियाँ भागते हुए बाघआवल्या के पैर में लगी और वह जमीन पर गिर पड़ा। वह तुरन्त ही दुबारा उठकर खड़ा हुआ और जख्मी पैर को खींचते हुए भागने लगा। पर दर्द के मारे वह तेजी से भाग न सका और अन्त में वह पुलिस

के हाथों में आ गया। तब तक सारे पारधी भाग चुके थे। वे पास के पहाड़ी और घाटीवाले जंगल में जाकर छिप गए थे।

पारधी बस्ती में एक अस्सी वर्ष की बूढ़ी स्त्री–जो भाग नहीं सकती थी–अपने पाल में ही बैठी रही। वह थी बिरडीस की माता 'खुर्दाबाई'! उसे भी उठाकर पुलिसवाले अपने साथ अपनी लाई हुई गाड़ी में बिठाकर ले गए। तीन-चार पुलिसवाले जख्मी बाघआवल्या को पकड़कर बैठे हुए थे। उन्हें भी झटके देकर वह निकल भागने की कोशिश करता रहा। बन्दूक की गोली उसकी 'पिंडली' से आरपार निकल गई थी, इस कारण उसकी टाँग और आसपास की जमीन रक्त से सन गई थी। दर्द से बाघआवल्या का बुरा हाल हो रहा था।

फौजदार देशमुख अपनी मूँछों पर ताव देता हुआ बोला–"इन दोनों के हाथों में बेड़ियाँ लगा दो। ये लोग जंगल में शिकार कर मांस मछली खानेवाले हैं। जंगलों में रहनेवाले ये पारधी लोग बड़े खतरनाक होते हैं। ये लोग अपने दाँतों को जानवरों के गले में धंसाकर उनका रक्त पी जाते हैं। उन्हें गले से दबाकर मार देते हैं। इसने ताकतवर होते हैं ये लोग। यह सब जानकारी अंग्रेजों के किताबों में लिखकर रखी हुई है। अच्छा हुआ ये दो लोग ही सही हमारे हाथों लग गए हैं। अब पुलिस स्टेशन पर इन्हें ले जाकर, इनकी चरबी उतरवाकर पिघला देंगे, इनकी चमड़ी उधेड़ देंगे। हमारे कार्यकाल में यदि एक भी पारधी हम पकड़ पाए तब हमारा नाम रोशन हो जाएगा। और हमें अपने ओहदे में एक साल के अन्दर ही बढ़ोत्तरी मिलेगी, मान-सम्मान, पुरस्कार मिलेगा। इस मौके का उपयोग कर इन पारधियों को खासा सबक सिखाना पड़ेगा। जिससे हमें और अन्य पारधियों का पता मिल सकेगा।

"अंग्रेजों द्वारा इन लोगों के बारे में लिखकर रखी हुई बातें कितनी सही हैं, इसका अनुभव हमें हो गया है। उन लोगों की वे वनगायें कमाल की थीं, उन्होंने हमें खदेड़ ही दिया था। मन किया था कि उन पर फायरिंग कर दूँ, पर हमारे हिन्दू धर्म में गोहत्या वर्जित मानी जाती है। यही सोचकर मैंने उन पर बन्दूक नहीं चलाई।" पास खड़ा दूसरा पुलिसवाला बोल पड़ा–"साहब, वे पारधियों की वनगायें थीं। हमारी गायें दुधारू होती हैं। इसलिए उन्हें पूजा जाता है अतः उन्हें मारना ठीक नहीं था परन्तु पारधियों की वनगायें शिकार करने में उनकी सहायक होती हैं। वे गायें हमें ही शिकार बनाना चाहती थीं। हमारा समय अच्छा था, नहीं तो हमें लेने के देने पड़ जाते। उन्हें न मारना हमें बहुत महँगा पड़ेगा। आनेवाले समय में हमें इस बात का ध्यान रखना पड़ेगा कि यदि वे प्रशिक्षित वनगायें हम पर हमला करती हैं तो उस समय उनका बन्दोबस्त हमें करना ही पड़ेगा।"

थकी-हारी बिरडीस की अस्सी साल की बूढ़ी माँ, मार खाते हुए बेहाल हो गई। तब उसने बेबसी और गुस्से से कहा–"अरे कलमुँहों, आदमखोरों, क्या गुनाह किया है हम लोगों ने, क्या बिगाड़ा है हमने तुम्हारा जो तुम हमारी जान के पीछे हाथ धो

कर पड़े हुए हो। मेरे बच्चों ने तुम्हारी सरकार का क्या नुकसान किया है? हम जंगलवासी जंगलों में रहकर वहाँ जो कुछ मिलता है उसी पर गुजर बसर कर लेते हैं। जंगलों से कन्दमूल, फल, छोटे-मोटे कीड़े-मकौड़े भी खाकर पेट पालते हैं। मेहनत की कमाई है हम लोगों की। क्या हमारा इस हाल में जीना भी पुलिसवालों को अखरता है? हमने कौन सा अन्याय किया है? बताओ तो सही...।" थक कर बूढ़ी खुर्दाबाई चुप हो गई।

फौजदार देशमुख की त्यौरियाँ चढ़ गईं और गुस्से से भरकर वह बोला–"ऐ बुढ़िया! चुप कर जा, तू तो ऐसे बोलती जा रही है जैसे कोई बकरी हरा चारा खाकर मिमियाने लगती है।" उसने एक करारा थप्पड़ बुढ़िया की कनपटी पर जड़ दिया। जोरों की मार से बूढ़ी औरत तिलमिला उठी। अपने दाँत कसकर होंठों पर भींचते हुए अपनी रुलाई को उसने रोके रखा।

बन्दियों को लेकर फौजदार देशमुख अपनी चौकी पर पहुँचा। उसकी चाल इतने घंमंड से भरी हुई थी मानो जैसे उसने कोई बड़े बाघ या सिंह का शिकार किया हो। कोई बड़ा तीर मारा हो! हाँ, थी बड़ी बात! उसकी पकड़ में दो पारधी बन्दे जो आए थे!

बाघआवल्या के पैर में लगी चोट के कारण उसका बदन दुख रहा था। बदन बुखार से तप रहा था। एक गोली आरपार निकल गई थी। दूसरी शायद शरीर के अन्दर ही रह गई थी। रक्त के सूख जाने से वहाँ गुठलियाँ-सी बन गई थीं। उसके हाथों में हथकड़ियाँ लगी हुई थीं। और उसे चारपाई पर लिटाया गया था। बिरडीस की माँ को दूसरे कमरे में बन्द किया गया था। माँ अपने बेटे, पोते और घर-परिवार की चिन्ता से बेहाल हो रही थी। रोती जा रही थी।

दूसरे दिन फौजदार देशमुख ने अपने वरिष्ठ अधिकारियों को वायरलेस सन्देश भेजा कि–'तरंग्या पारधी को पकड़ने के लिए उसने एक पारधी बस्ती को घेरकर, उस पर धावा बोलकर एक खतरनाक पारधी को अपनी गिरफ्त में ले लिया है। अब अपने खास तरीके से उसका मुँह हम खुलवाएँगे। उसके किए हुए गुनाह और उसके साथियों का पता उससे उगलवाएँगे।'

सन्देश भेज देने के बाद फौजदार ने अपना पूरा ध्यान बाघआवल्या की तरफ किया। हथकड़ी लगा हुआ बाघआवल्या फौजदार के साथ एक बड़े से कमरे में दाखिल हुआ। उसे छत से लटकती हुई जंजीर से बाँध दिया गया। फौजदार ने अपने हाथों में हंटर पकड़ लिया और अब उसने बाघआवल्या पर हंटर चलाना शुरू किया। हंटर से पीटते हुए उसने पूछना शुरू किया–"बोलो, अब तक तुमने कहाँ-कहाँ डाके डाले हैं?"

बाघआवल्या ने कहा–"साहब हम डाके डालनेवाले पारधी नहीं हैं। हम बकरियाँ और भेड़ चरानेवाले, शिकार करनेवाले पारधी हैं।"

"झूठ मत बोलो, सच कहो–क्योंकि तुम ही वह लँगोट पारधी, गाय पारधी है जो डाके डालने आया है। तुम्हारा वह तरंग्या पारधी कैदखाने से निकल भागा है। उसे भी तुम्हीं लोगों ने छिपाकर रख हुआ है। तुम तो क्या–तुम्हारा बाप भी हमें सच्ची बात बताएगा। उसके बगैर तुम्हें हम जिन्दा नहीं छोड़ेंगे। अरे कोई है उधर? सुनो सिपाही! मिरचीवाला गरम पानी ले आओ, अब देखता हूँ यह आदमी कैसे अपनी जबान नहीं खोलता।" एक पुलिस जमादार लाल मिरची का गरम पानी बाघआवल्या के पास ले आया। जंजीरों से उसे खोलकर जमीन पर लिटाया गया। उसे औंधे मुँह लिटाकर उसकी पीठ पर हंटर की मार लगाकर, मिरच का गरम पानी डाला गया। दर्द और जलन से कैदी तिलमिलाकर चीखने लगा। छटपटाने लगा। कोड़ियारा देवी को दिए जानेवाली बलि के बकरे जैसा वह चिल्ला रहा था। बलि के बकरे जैसी ही उसकी हालत हो गई थी। जमींदार की क्रूरता हैरत में डालने वाली थी। बाघआवल्या की जख्मी टाँग पर फ़ौजदार ने नमक मिरची वाला गरम पानी डाला। उसकी आँखों में, नाक-मुँह में बचा हुआ तीखा पानी डाल दिया। दर्द के मारे छटपटाता, लोटता हुआ बाघआवल्या गिड़गिड़ाकर बार-बार पूछे जाने पर भी कहता रहा–"साहब मैं सच कहता हूँ, मैंने ऐसा कुछ भी नहीं किया है।"

अंग्रेजों के बताए हुए सब तरीके फौजदार अपना रहा था। कानून की वह पुस्तक उसके लिए 'वेदवाक्य' जैसी थी!

दूसरे दिन फिर से सवाल-जवाब शुरू हो गए। फौजदार ने फिर से बाघआवल्या की पिटाई आरम्भ कर दी, तब बाघआवल्या ने दर्द से कराहते हुए कहा–"साहब जी मैं सच बोल रहा हूँ, हम चोर या डाकू नहीं हैं। मैंने ऐसा कुछ भी नहीं किया है। अंग्रेजों ने हमारे जंगल काटकर हमें बेघर कर दिया। हमें खानाबदोशों की तरह मजबूर कर दिया। हम लोगों की जिन्दगी अस्त-व्यस्त हो गई। इसलिए उनसे छुटकारा पाने के लिए जो लोग स्वतंत्रता के लिए आवाज उठा रहे थे, उनसे लड़ रहे थे, उनकी हमने सहायता की। अंग्रेजों की बन्दूकें, खजाना और गोला-बारूद लूटकर हमने जमींदार देशमुख के घर पहुँचा दिया था जो हमारे गाँव के जाने-माने आदमी थे और जो स्वतंत्रता की लड़ाई लड़ रहे थे। ये सारा काम हम सब भाइयों ने मिलकर किया था। हमने अपने स्वार्थ के लिए कभी भी चोरी नहीं की है।"

बार्शी शहर के नाना पाटिल एक जाने-माने नेता हैं। तुम जानते होगे उनके बाड़े पर डाका पड़ा है। क्या वह डाका तुम लोगों ने नहीं डाला? तुम्हें इस बारे में पता तो जरूर होगा? तुम्हें जो भी कुछ मालूम है, उगल डालो।" कहते हुए फौजदार देशमुख ने एक और डंडा कैदी की टाँगों पर जड़ दिया।

बाघआवल्या ने अपना सिर हिलाते हुए कहा–"नहीं साहब, मैं आपके इस इलाके को नहीं जानता, यहाँ के बारे में मुझे कुछ भी मालूम नहीं है। मैं यहाँ कभी भी आया नहीं हूँ।"

फौजदार अब फिर से खीजने लग गया था। त्यौरियाँ चढ़ाते हुए वह बोलने लगा–"बाघआवल्या! तुम एक सधे हुए बदमाश लगते हो। तुम सब जानते हो पर बताना नहीं चाहते। तरंग्या पारधी के बारे में भी तुम नहीं बोलते, तुम एक हरामखोर, छँटे हुए आदमी हो। तुम सीधी तरह से नहीं बोलोगे तो ठीक है और खाओ मार... ।" उसने पास खड़े हुए कॉन्स्टेबल के हाथ से उसकी बन्दूक खींच ली और उसे उलटा कर बन्दूक को पकड़ने वाली लकड़ी के घेर से असहाय कैदी को बुरी तरह पीटना शुरू किया। बन्दूक की मार का एक फटका बाघआवल्या की जाँघ के बीच नाजुक जगह पर लगा। वहाँ की मार वह सह न पाया और पलटा खाकर वह जमीन पर लोटने लगा। दर्द से कराहने लगा, 'पानी-पानी' कहकर चिल्लाने लगा और बेहोश हो गया। उसकी गर्दन एक तरफ लुढ़क गई...। फौजदार के मारनेवाले हाथ वहीं के वहीं रुक गए। फौजदार ने पास खड़े जमादार व कॉन्स्टेबल को बुलाकर कहा–"देखो यह बेहोश हो गया है। इसे सँभालो।" फौजदार अपने दफ्तर की ओर चला गया।

'बाघआवल्या' नाम का अर्थ है–"बाघ की गर्दन को अपने हाथों से भींचकर घोंटकर मारने वाला।" यह नाम उसके पिता ने बड़े शौक से बेटे से प्रसन्न होकर रखा था। बेटे ने जिन्दा बाघ को अपनी ताकत से, उसका गला घोंटकर मारा था! आज उसी ताकतवर पारधी बेटे की हालत देखी न जा रही थी। पुलिसवालों ने मार-मारकर उसकी यह बुरी हालत कर डाली थी। जंगलों में शिकार करनेवाला आज पुलिसवालों का शिकार बन गया था। जमीन पर लाचार-सा बेहोशी में पड़ा हुआ था। पत्थर जैसे मजबूत शरीरवाला बाघआवल्या निढाल होकर पड़ा हुआ देखकर, पुलिसवाले उसके पास आकर जानना चाहते थे कि कैदी जिन्दा है या नहीं। एक पुलिसवाले ने कैदी का हाथ उठाकर उसकी नब्ज देखनी चाही। उसे लगा जैसे वह किसी भारी पत्थर को उठा रहा है। नस धीमी पड़ती लग रही थी। कैदी के पैर पर लगी चोट पर रक्त सूख गया था। वहाँ की चमड़ी एक पेड़ की सूखी छाल की तरह दिख रही थी। जख्म के पास मक्खियाँ भन्नाने लगी थीं।

जमादार कॉन्स्टेबल भागते हुए दफ्तर में बैठे देशमुख के पास जाकर बोला–"साहब, पारधी की जाँघ में जो जबरदस्त चोट लगी है, उसकी वजह से वह बेहोश हो गया है। उसकी नब्ज बहुत धीमी चल रही है। मुझे लगता है वह अब बचेगा नहीं, उसकी मौत बहुत जल्दी हो सकती है। अब क्या किया जाए?"

अपने माथे पर हाथ मारते हुए परेशान फौजदार देशमुख बोल उठा–"साला, हरामखोर पारधी मरने लग गया! मुझे लगा कि पिटाई के बाद वह अपने गुनाह कबूल करेगा। एक छँटे हुए गुनहगार को पकड़ने का सौभाग्य मुझे प्राप्त होगा। अच्छा काम करने पर मुझे प्रमोशन मिलेगा–पर यह सब कुछ उलटा पड़ गया है। जो सोचा था वह नहीं हुआ–अब क्या किया जाए? थोड़ा रुको–सोचने दो मुझे...अभी बताता हूँ कि अब हमें क्या करना होगा!"

फौजदार अब अन्दर-ही-अन्दर बहुत डरा हुआ था। वह जान गया था कि अब वह संकट में पड़ सकता है। इस पारधी की मौत 'पुलिस कस्टडी में हुई हत्या' बन सकती है। इस बात की खबर यदि वरिष्ठ अधिकारियों को हो गई तो उसे प्रमोशन तो मिलने से रहा पर उस पर संकट अवश्य आ सकता है। आनेवाले संकट की आशंका से फौजदार देशमुख की जान खुश्क हो गई थी। फौजदार ने अपना संकट टालने के लिए उपाय सोच लिया, और उस दिन– रात के अँधेरे का फायदा उठाकर वह बेहोश बाघआवल्या को पुलिस की गाड़ी में डालकर एक ऊँची पहाड़ी पर ले गया। सुनसान जगह देखकर ऊँचाई पर से गहरी खाई में कैदी को धकेल दिया गया। इस क्रूर कृत्य को देखनेवाला वहाँ कोई भी नहीं था। फौजदार कॉन्स्टेबल के साथ अपना सोचा हुआ काम कर, थाने वापिस लौट आया। अब वह निश्चिंत था।

फौजदार ने दूसरे दिन सुबह अपने वरिष्ठों को सूचना दी कि बाघआवल्या ने एक पुलिसवाले को धक्का मारा, जब वह उसे खाने की थाली देने गया तब। और वह फरार हो गया। अब फौजदार, बिरडीस की बूढ़ी माँ को जहाँ बन्द कर रखा था, वहाँ जाकर खड़ा हो गया और उससे कहने लगा–''तुम्हारे साथ जिसे हम पकड़कर लाए थे, उसने अपना गुनाह कबूल कर लिया और हमसे कहने लगा कि चलो मेरे साथ, मैं तुम्हें उस जगह ले चलता हूँ जहाँ हमने चोरी की थी। हमने उसे अपनी गाड़ी में बिठा लिया और उसे उस जगह ले चलने को कहा। थोड़ी दूर गए ही थे कि हमें चकमा देकर वह गाड़ी से कूदकर भाग गया। अब तुझ जैसी बुढ़िया को पकड़े रखने से हमें कोई फायदा नहीं है। इसलिए हम तुम्हें छोड़ रहे हैं। हाँ, यदि तुम्हें भागे हुए पारधी का पता लगा तब उसकी खबर हमें जरूर देना। और कोई तुम्हारी बस्ती के लोगों का पता लगा तब वह भी हमें बता देना।''

इस प्रकार बुढ़िया खुर्दाबाई से बात करते हुए फौजदार ने अपनी पुलिस गाड़ी में उसे बिठाकर ढोकी गाँव के पास पारधियों की बस्ती के निकट ले जाकर छोड़ दिया। खुर्दाबाई अपनी सोटी का सहारा लेते हुए अपनी पारधी बस्ती की ओर बढ़ने लगी।

दो-तीन दिन बीतने के बाद बाघआवल्या के शव से बदबू आने लगी तब आसपास के गाँववालों ने 'बार्शी' शहर के पुलिस थाने में इस बात की खबर दे दी। बार्शी का थानेदार और कोई नहीं फौजदार देशमुख ही था। घटना-स्थल पर जाकर उसने शव को उठवाकर अनजाने–जिसका कोई दावेदार नहीं ऐसे–शव को बरामद करने का दाखिल दर्ज किया। किसी को बताए बगैर शव को जला दिया गया। 'बाघआवल्या' के प्रकरण और पूरे किस्से पर पर्दा डाल दिया गया। फौजदार देशमुख का व्यवहार ऐसा था मानो जैसे कुछ भी न हुआ हो। इतना बड़ा हादसा होने पर भी उसने कॉन्स्टेबल और दूसरे उपस्थित लोगों को धमकाकर चुप्पी साधने को कहा और यह भी उन्हें बतलाया गया कि उस पारधी का पता लगाने आइन्दा कोई भी पारधी इधर नहीं आएगा। अब वे कभी भी किसी भी पुलिस चौकी पर शिकायत दर्ज कराने नहीं पहुँचेंगे।

उधर बिरडीस और अन्य पारधी लोग पुलिसवालों से डरकर उन्हीं जगहों पर, पहाड़ों और वहाँ के दरी नालों में जाकर छिप गए जहाँ वे बहुत पहले अंग्रेजों के भय से भागकर जा छिपे थे। पन्द्रह-बीस दिनों बाद बिरडीस की बूढ़ी माँ खुर्दाबाई लाठी टेकते-टेकते धीरे-धीरे लोगों से पूछती हुई उसी जगह पर आ पहुँची जहाँ उसका सारा परिवार और अन्य पारधी आ छिपे थे। इतनी दूर तक चलते हुए वह बहुत थक गई थी। उससे अब खड़ा भी न हुआ जा रहा था। बिरडीस ने अपनी माँ को गले से लगा लिया। उसने देखा कि उसकी माँ के दोनों पैरों में बहुत अधिक सूजन आ गई थी। ऐसे पैर दिख रहे थे मानो वे छोटे-छोटे कद्दू हैं। उसे पानी पिलाया और उससे अपने भाई बाघआवल्या के बारे में पूछने लगा। तब बूढ़ी माँ रोते-बिलकते हुए दोनों हाथों को जमीन पर पटकते हुए बोलने लगी–''उन पुलिसवालों का सत्यानाश हो, उनकी जल्दी मौत आ जाए। भगवान उनका कभी भी भला ना करे। उन मुओं ने मेरी आँखों के सामने बाघआवल्या को चाबुकों और जंजीरों से बहुत बुरी तरह से पीटा फिर मुझे भी मारपीट कर एक कमरे में बन्द कर, वहाँ दो रातों तक रखा। दोनों रातों को मैं सो न सकी। रातों को उल्लुओं की आवाजें, कुत्तों के भौंकने और कराहने की आवाजें आती रहीं। बाद में उन्होंने मुझे बताया कि बाघआवल्या उनके हाथों से भाग निकला है। मुझे लगा कि अब तक वह अपनी बस्ती में पहुँच चुका होगा। यदि अभी तक वह यहाँ नहीं आया है तो इसका अर्थ है कि पुलिसवालों ने मुझसे गलत बात कही है। कहाँ होगा वह? क्या हुआ होगा उसे? कैसे पता लगेगा हमें उसके बारे में?'' वह रोने लगी।

अपनी माँ के मुख से ये शब्द सुनकर बिरडीस गुस्से से भर उठा। उसके दाँत और मुट्ठियाँ क्रोध से भिंच गईं। तीरमान्या ने बिरडीस के कन्धे पर हाथ रखा और उसे शान्त करने का प्रयास करते हुए कहने लगा–''हम पारधियों ने चाहे कुछ भी गलत काम न किया हो पर हम शिकार पारधी हैं यह जानते ही ये पुलिसवाले हमसे मारपीट करने लगते हैं। हमारा जीना दूभर कर देते है। अब मैं भी देखता हूँ, यदि यहाँ कभी कोई पुलिसवाला पूछता हुआ आएगा तब मैं भी हिरन के शिकार के लिए बनाया गया फाँस उसके गले में डालकर उसका शिकार करूँगा, उसकी जान ही ले लूँगा।'' बाघआवल्या का इन्तजार अब भी पारधी बस्ती में किया जा रहा था। सब अब चिन्तित थे। उनके मन में आशंका उत्पन्न हो रही थी कि बाघआवल्या के साथ कुछ बुरा न घटा हो। वहाँ एक गहरी उदासी छा गई थी। वहाँ श्मशानवत् शान्ति थी, बेबसी थी। उन्हें लग रहा था जैसे कि वे अनाथ हो गए हों।

4

सारे बेचैन थे। बाघआवल्या अभी तक लौटा न था इसीलिए तीरमान्या और बिरडीस

अपनी वनगायों पर बैठकर उसे ढूँढ़ने निकल पड़े। वे आसपास की बस्तियों में जाकर, अपने रिश्तेदारों से पूछताछ कर रहे थे। एक दिन बिरडीस ऐसी ही बस्ती पर गया– उस समय वहाँ केवल औरतें और बच्चे ही मौजूद थे। शोलापुर कैदखाने से तरंग्या पारधी के फरार होने से पूरा पुलिस महकमा परेशान हो गया था। पगलाए हुए पुलिसवाले अब सब पारधियों के पीछे पड़ गए थे। बस्ती पर कोई भी पुरुष उनकी पकड़ में आता, तो उसे अपने साथ ले जाकर उससे मारपीट करते। इसी कारण बस्ती के सारे पुरुष दिन-भर गिरि-कन्दराओं में जाकर छिप जाते और आधी रात के बाद अपने परिवारों के पास लौटते।

बिरडीस को उस बस्ती की औरतों ने बताया कि कुछ दिनों पहले, पासवाली एक गहरी घाटी में बार्शी नगर के परिसर में एक अनजाने आदमी का शव पाया गया था। उसके बदन पर हिरन की खाल की लँगोटी लगी हुई थी। यह देखकर सब पारधी पुरुष डरे हुए थे। पुलिस के डर से अब वे दिन-भर बस्ती से कहीं दूर जाकर छिप जाते थे। हम औरतें महुओं के फूलों और गुड़ से बनी दारू बोतलों में भरकर गाँवों में बेच आती हैं। उसी पर हमारी रोजी-रोटी चलती है।

हिरन की खाल से बनी लँगोटी लगाया वह हट्टा-कट्टा आदमी, जिसका शव मिला था वह हमारा कोई जातभाई ही था, ऐसा हम लोगों का मानना है। यह बात सुनकर बिरडीस सोच में पड़ गया। उसका अन्तरमन कह रहा था कि वह अज्ञात व्यक्ति और कोई नहीं उसका भाई ही हो सकता था। शव अज्ञात आदमी का था। उन लोगों के लिए–पर वह लावारिस बिलकुल नहीं था। वह उसका अपना भाई ही था शायद! नहीं वह बाघआवल्या ही था क्योंकि अभी तक उसने हिरन या बाघ के चमड़े से बना लँगोट पहनना छोड़ा नहीं था। गठीले बदन का बलवान था मेरा भाई– जरूर उन पुलिसवालों की मार से वह मरा होगा। उन्हीं ने उसकी जान ली है। तीरमान्या से उसने अपने मन में उभरी हुई बात कह डाली।

पारधियों की उस बस्ती से एक और बुढ़िया माँ उनके सामने आकर बोली– "अरे बाबा, इस कलियुग में रोज एक नया-नया राज आता जा रहा है। एक जमाना था जब हम लोगों का राज यहाँ हुआ करता था। उस समय देवगुणी लोगों के साथ लड़ाई में हम लोग हार गए। उसके बाद तब से अब तक अपना घरबार छोड़कर हमारे लोग जंगलों में घूमने, रहने लगे। उसके बाद मुसलमानों का राज आया, उन्होंने भी हमें बहुत सताया। वे हमें मुसलमान बनाना चाहते थे। उनकी बात न मानने पर उन्होंने हमें तंग करना शुरू किया। उनसे भी हम जान बचाने के लिए जंगलों में पीढ़ी दर पीढ़ी बने रहे। उनके बाद ये गोरे अंग्रेज आए, इनके आने से बर्बादी और तबाही मच गई। इन्होंने हमारे सारे जंगल ही काट डाले और हमें जबरदस्ती पकड़कर बन्दी बनाकर रेलमार्ग बनाने का काम करने पर बाध्य किया। हमारे अपने हमसे अलग होकर बिखर गए। उन्हें सताया गया मारपीट की गई, इन्होंने ऐसा नया कानून

बनाया जिसने हमारी पूरी जाति पर कलंक लगाया। इन्होंने हम सब लोगों को जन्म से ही गुनहगार होने का कलंक लगाकर किसी को भी, कभी भी पकड़ने की अख्तियारी हासिल कर ली। इन लोगों ने हमारा शान्ति से जीना हराम कर दिया। अब इन गोरों का राज भी गया। लेकिन ये नए यमदूत आकर हमें सता रहे हैं। अब इनका राज शुरू हो गया है। ये लोग भी हमारे पीछे हाथ धोकर पड़े हुए हैं। घोर कलियुग आ गया है बाबा, हम पारधियों का जीना दूभर हो गया है। हमें अब फिर से जंगलों में जाकर, घास-फूस खाकर, पुलिसवालों से बचते-बचाते जिन्दगी बितानी पड़ेगी। तुम भी पुलिसवालों से दूर ही रहो। अपने भाई को ढूँढ़ते हुए उन लोगों की पकड़ में मत आ जाना, जाओ बच्चों, घर लौट जाओ, नहीं तो तुम्हें भी कुत्ते-बिल्ली जैसी मौत मिलेगी। इस कलियुग में पारधियों का रखवाला कोई भी नहीं है। जाओ बेटा, घर वापस जाओ और अपनी जान बचाओ। बैठो अपनी गाय पर और जाओ अपने बीबी-बच्चों के पास उन्हें तुम्हारा इन्तजार है।''

बस्ती की उस बुढ़िया ने, जिसने शायद सौ से भी ज्यादा गर्मी सर्दी के मौसम देखे थे, नसीहत देते हुए बिरडीस और तीरमान्या को घर लौटा दिया था।

दिल पर बोझ लिये हुए दोनों भाई अपनी गायों पर बैठकर घर लौट रहे थे। रास्ते में बातचीत करते हुए वे कहने लगे–''भाई वह बूढ़ी माँ ठीक बोल रही थी। अच्छा ही है कि ढूँढ़ते हुए हम कहीं और आगे नहीं बढ़े। पुलिसवाले हमारा भी 'गुस्सा' बाघआवल्या की तरह ले लेते। यदि हम किसी को बताना भी चाहें तो हो सकता है कि ये गाँववाले ही हमारे पर टूट पड़े। हमें अब यह समझ लेना है कि बाघआवल्या अब इस दुनिया में नहीं रहा। हमारे हाथ-पैर मारने से वह लौटने वाला नहीं है।'' बाकी रास्ते में कोई किसी से बोला नहीं।

31 अगस्त, 1952 के दिन देश को स्वतंत्रता मिले पाँच साल और सोलह दिन हो चुके थे। पारधी आदिवासियों को जिस अहाते में बन्दी बनाकर रखा गया, जो काँटोंवाले तारों से अच्छादित था, जिसमें रात को बिजली का करन्ट छोड़ा जाता था। और जिसे कई बार 'सेटलमेंट' भी कहा जाता था। जहाँ बन्दी बनाते समय उन सब के माथे पर 'जन्म से गुनहगार' होने का ठप्पा लगा दिया जाता था और उन पर अमानुष अत्याचार किए जाते थे–जहाँ पारधियों के साथ रामोशी, टकारी, छप्परबन, वडार आदि जाति के लोग भी बन्दी थे। इन सबको उस दिन आजादी मिलनेवाली थी और उस कैदखाने से उन्हें आजाद करने देश के प्रधानमंत्री पधारने वाले थे। यह सुनकर बच्चे, औरते, बूढ़े और जवान सब लोग इकट्ठे हो गए थे। अंग्रेजों ने लगाया वह तारोंवाला घेरा प्रधानमंत्री ने आकर तोड़ डाला। सब इकट्ठा लोगों को सम्बोधित करते हुए उन्होंने कहना शुरू किया–''देखा जाए तब सबसे पहले अंग्रेजों के विरुद्ध किसी ने आवाज उठाई थी तो वे आप लोग थे। आपने ही उनके विरुद्ध लड़ाई लड़ी थी। समय-समय पर उन पर हमले बोलकर उन्हें परेशान किया था। डराया था।

आपसे वे डरने लगे थे। इसी कारण आपको दबाने के लिए, आप लोगों पर काबू पाने के लिए उन्होंने सन् 1871 में ऐसा कानून बनाया जिसके कारण आप पर बहुत जुल्म किए गए। आपको बेघर कर दिया गया। आप लोगों को 'जन्म से गुनहगार' कहकर तारोंवाले सेटलमेंट में जबरन रखा गया। अब हमारे देश को स्वतंत्रता मिल चुकी है। अब हम सारे मुक्त हो गए हैं। परन्तु आप तारोंवाले सेटलमेंट के बन्दी आदिवासी, तुम लोग हमारे जैसे मुक्त ही नहीं वरन् आप लोग बहादुर स्वतंत्रता के सैनिक भी हैं। इसीलिए आज से 'जन्म से ही गुनहगार' के कानून से भी आप लोगों को मैं मुक्त करता हूँ और इस बात का मैं ऐलान करता हूँ कि आज से आप लोग स्वतंत्र हैं। आज के बाद इस देश में कोई भी आपको चोर गुनहगार जाति का न कहकर आपको 'विमुक्त' जाति का कहकर सम्बोधित करेगा। वैसे मैं अब 'विमुक्तों' के लिए एक नया कानून भी बनाना चाहूँगा। मुझे इस बात से बहुत दुख है कि 'बन्दीगृह' से मुक्ति पाने के लिए आप लोगों को पाँच वर्षों तक रुकना पड़ा।''

प्रधानमंत्री का भाषण सुनने के बाद, जिन्हें रोज चार बार दिन में हाजरी देनी पड़ती थी, उन फाँसे पारधियों को, जिन्हें बन्दी बनाकर सेटलमेंट में रखा गया था, उनको जैसे–गेंडया, मानकाप्या, तलवाप्या, जमया, भाप्या आदि लोगों को बड़ी खुशी हुई थी। उन्हें लगा कि अब वे भी खुलेआम जहाँ चाहे वहाँ आ-जा सकेंगे–घूम-फिर सकेंगे, अब उन्हें किसी का डर न होगा। इस प्रकार के आनेवाले मुक्त जीवन के विचार से ही वे सब खुशी के मारे उछलने-कूदने लगे। झूम उठे। उत्साहित हो आपस में कहने लगे–''यारों अब अपना भागा हुआ तरंग्या भी हमें मिल पाएगा, उससे भी हमारी कभी न कभी भेंट होगी। हम अपने परिवारवालों को देख पाएँगे। देवी के हम शुक्रगुजार हैं कि हमारे मुक्ति का सन्देश हमारी नेता ने हमें दिया। अच्छा दिन था आज का!''

कार्यक्रम के समापन के बाद प्रधानमंत्री ने सबसे विदा ली और वे चलते बने। टकान्या जाति का मुखिया भीमराव जाधव अपने सब जातभाइयों से कह रहा था– ''हमारी सब अलग-अलग जातियों को, जिन्हें 'जाति से गुनहगार' कहा गया था। उन सबको मुक्त कराने के लिए, स्वतंत्रता दिलाने के लिए जो लड़ाई लड़ी थी, उसमें अब हम सफल हो गए हैं। हमारे सब जातभाई औरों के जैसे अपनी जिन्दगी मुक्त होकर जी सकेंगे।'' उसने सब जातियों के प्रमुखों को–रामोशी, कैकाड़ी, टकारी पारधी, वडार इत्यादि को बुलाकर, एकत्रित कर कहा–''अब समय आ गया है कि हम सब जाति के लोग संगठित होकर एक संगठन बनाएँ और हम सबके पुनर्वसन की माँग करें। यही सही उपाय है।''

शोलापुर से मुक्त हुए भीमराव जाधव ने 'भूतपूर्व गुनहगार विमुक्त संगठन' की स्थापना की। शोलापुर में आनेवाले प्रत्येक राजकीय नेता के समक्ष उसका निवेदन होता था–''साहेब, हम भूतपूर्व गुनहगारों को, हमारी पूरी जाति को उन्होंने विमुक्त

कर दिया और वे चले गए। उस जमाने में अंग्रेजों ने हम आदिवासियों के लिए कुछ योजनाएँ, शिक्षा सम्बन्धी, सामाजिक और आरोग्य सम्बन्धित, बनाकर रखी थीं। वे योजनाएँ लागू थीं पर अब जबसे हम लोग मुक्त हो गए हैं तबसे वे योजनाएँ बन्द कर दी गई हैं। अंग्रेजों के समय भूतपूर्व गुनहगार जातियों के लिए नौकरियों में कारखानों में कुछ आरक्षित जगह रखी जाती थी। बच्चों के लिए पाठशाला, बड़ों-बूढ़ों को पेन्शन, दवाखाना जहाँ दवाइयाँ मुफ्त मिलती थीं। सबको आजादी मिलने के पाँच वर्ष और सोलह दिनों बाद सरकार ने हम लोगों को मुक्त किया पर हम लोगों को 'अनुसूचित जाति-जमती' में शामिल न करते हुए हमें 'विमुक्त' कर, खुला छोड़ दिया। जिसके कारण अंग्रेजों के समय में हमें जो सुविधाएँ मिलती थीं वे भी अब बन्द हो गईं। आज इस वजह से हम लोगों की बड़ी बुरी अवस्था हो गई है। उस धोबी के कुत्ते जैसी जो न है घर का न घाट का! मेरी विनती है कि हम लोगों की यह स्थिति आप यहाँ के मुख्यमंत्री के कानों तक पहुँचा दीजिए। हम लोगों का पुनर्वास करके हमें खेती-बाड़ी करने के लिए जमीन दिलवाइए। हमारे माथे पर लगा 'गुनहगारी' का कलंक पोंछकर, हमें औरों जैसी जिन्दगी बिताने का मौका दिलवाइए।''

जो भी कोई कांग्रेसी नेता उधर आता–भीमराव जाधव अपना निवेदन लेकर उसके पास पहुँच जाता। उत्तर मिलता–''इस पर हम विचार करेंगे। आपका प्रकरण गंभीर है। इस बात पर मैं अवश्य ध्यान दूँगा।'' जेब में निवेदन डाकर नेता चला जाता।

परन्तु भूतपूर्व गुनहगार जाति के 'विमुक्त' गुनहगार जाति को न्याय मिलना असम्भव-सा लगने लगा। इस कारण वे अपने बन्धु-बांधवों से कहने लगा–''अपने पूर्वजों ने–भाइयों ने देश की स्वतंत्रता के लिए लड़ाई लड़ी, बलिदान दिए परन्तु यह नई सरकार और ये नेता लोग हमें न्याय नहीं दे रहे हैं। जैसे महात्मा गाँधी ने अंग्रेजी सरकार के विरोध में सत्याग्रह किया था, वैसा सत्याग्रह अब हमें इस नई सरकार के विरोध में करना पड़ेगा।'' तब पारधियों के रानपाल्या ने कहा–''भूतपूर्व गुनहगार जाति के लोगों में सबसे अधिक परेशानी और क्लेश यदि किसी को हुए हैं तो वह है हमारी पारधी जाति। अब भी यदि किसी को पता चले कि हम पारधी हैं, तब अब भी गाँववाले हमें मारने दौड़ते हैं। तेल, नमक, मिरच, दालें, गेहूँ, ज्वार भी यदि मोल लेने जाएँ तब भी वे हमें चोर-डाकू कहकर पुलिसवालों के सुपुर्द कर देते हैं। मार-मारकर हमारी हड्डी-पसली एक कर देते हैं। भीमराव जाधव! अब आप ही हमारे नेता हैं। अब आप ही हमें उबार सकते हैं–कृपया सरकार में निवेदक दें कि हम लोग भी स्वतंत्रता संग्राम में शामिल थे। हम भी सत्याग्रही थे। ऐसा कुछ करें कि हम लोग भी गाँव के बाजार में जाकर आराम से रोज की जरूरतों की वस्तुएँ खरीदने जा सकें।''

ढोकी के पहाड़ों में रहनेवाले बिरडीस के कानों तक हवा से उड़कर आती हुई

यह खबर पहुँच गई थी कि नई सरकार ने हमें स्वतंत्रता से घूमने फिरने की आजादी दे दी है। शोलापुर जेल से भागे हुए मानकाप्या को ढूँढ़ते समय हम पारधियों से अब मारपीट नहीं होगी। पुलिसवाले अब हमें मार-पीटकर यह बताने को नहीं कहेंगे कि 'बोलो मानकाप्या कहाँ है' बिरडीस अब भी अपने बन्धु बाघआवल्या की मौत का दुख भुला न पाया था। उसकी मृत्यु के बाद पूरे परिवार की देख-भाल का जिम्मा पारधी बस्ती के सारे लोगों ने उठा रखा था। शिकार मिलने के बाद बाघआवल्या का हिस्सा उसके परिवार तक पहुँच जाता था। उसमें कभी कोई चूक नहीं। बिरडीस, लगमण्या, तीरमान्या अपने जानवरों को लेकर अपनी पुरानी जगह पर, ढोकी के पासवाली जंगलोंभरी जमीन पर आकर बस गए थे। बिरडीस का बेटा रानपाल्या और बन्दुक्या अपनी दस-पाँच भेड़-बकरियों को चराने शिन्द वन में जाने लगे थे। बिरडीस अपने भाईबन्दों से अलग कुछ और ही सपने देखने लगा था। गोरे अंग्रेजों के कारण उसकी बिरादरी का मालियामेट हो गया था। उनकी इस हालत में सुधार लाना जरूरी था। वह समझ गया था कि यदि उनमें सुधार लाना है और यदि अच्छे तरीके से जिन्दगी बितानी है तब उन्हें गाँव के करीब जाकर रहना होगा। वैसे उसने किया भी। परन्तु उससे कुछ खास फर्क हुआ नजर नहीं आ रहा था। जबसे उन्होंने भेड़-बकरियाँ पालनी शुरू की थीं तबसे उन्हें फाँसे पारधी और गाय पारधी न कहकर लोमग उन्हें धननगर पारधी अर्थात् गड़रिये पारधी कहने लगे थे। उनकी बस्ती 'धनगर पारधियों की बस्ती' कहलाने लगी थी। थोड़े बहुत बचे हुए कीकर वन और शिन्द वन में रानपाल्या और तीरमान्या नियमित रूप से अपनी भेड़-बकरियाँ चराने ले जाते और कभी-कभी तीतर, खरगोश, कबूतर और पटागोह का शिकार भी करके ले आते। ढोकी स्थित बस्ती में आने के बाद बिरडीस के मन में सदैव पुलिस का डर होता था। बस्ती पर निगाह रखने के लिए कई बार वह रात में तीन-चार बार उठकर बस्ती का चक्कर लगाता, देखता कोई रोशनी लेकर बस्ती की तरफ तो नहीं बढ़ रहा। ऐसी हालत में साल बीत गया। बाघआवल्या को पकड़ने के बाद दोबारा पुलिस उसे ढूँढ़ते हुए इसकी बस्ती की ओर नहीं आई थी। इसी बात की खुशी बिरडीस को थी।

पारधियों की अनेक बस्तियों के चक्कर मानकाप्या ने काटे पर उसे अपनी पत्नी और बच्चों का कोई पता नहीं लगा। इससे उसे बड़ी निराशा हुई। बिरडीस के साथ उसकी बस्ती पर आने के बाद मानकाप्या वहाँ रम गया था। धीरे-धीरे गाँववालों के साथ भी जान-पहचान हो गई। साप्ताहिक बाजार में भी वह जाने-आने लग गया था। ढोकी गाँव के पास दुबारा बसी पारधी बस्ती के लोग अब आराम से गुजर-बसर कर रहे थे। पुलिस से वे अब परेशान नहीं थे। महीना-दो महीनों में हिरन का शिकार जमींदार बाजीराव देशमुख को दे देने पर जमींदार से भी उन्हें अभयदान मिल जाता था। इसी कारण मानकाप्या इसी बस्ती में हमेशा के लिए बस जाना चाहता था। एक

दिन जब पारधी जात पंचायत बैठी तब विचार चल रहा था कि बाघआवल्या की मृत्यु को अब एक वर्ष बीत चुका था। उसकी पत्नी मंगली और पांच वर्ष का बेटा काडतुस्या का क्या किया जाए? वे दोनों अगली जिन्दगी किस प्रकार से बिताएँ–चर्चा इस विषय पर हो रही थी। तीरमान्या ने कहा–"हमारे यहाँ यह रिवाज है कि जब किसी स्त्री का पति जंगल में शिकार करते समय मारा जाए या किसी दगाबाजी के कारणवश उसकी मृत्यु हो जाए, ऐसे समय उसकी विधवा अपने मृत पति के बड़े भाई से बिना दहेज के शादी कर सकती है। वैसे ही यदि औरत मर जाए तब मरी हुई औरत की छोटी बहन या उसकी रिश्तेदार से बिना दहेज आदमी शादी करे। इस हिसाब से रिश्ते में बिरडीस मंगली का जेठ लगता है, वह उससे शादी कर ले। यदि वह नहीं शादी करना चाहेगा तब फिर मानकाप्या उससे शादी कर ले क्योंकि वह भी उनका ही जात भाई है और उनका मेहमान है, वह यहीं रहता है। अतः मंगली को जो दहेज उसके पिता ने शादी में दिया था, मंगली वह दहेज बिरडीस को लौटा दे और अपनी पहली शादी से मुक्त हो जाए और उसके बाद वह चाहे तो मानकाप्या से शादी करने के लिए स्वतंत्र है।"

मानकाप्या वहाँ बैठे यह चर्चा सुन रहा था। मंगली का दहेज वापस लौटाने के लिए वह फौरन तैयार हो गया। उसकी अपनी पत्नी और बच्चों का अब तक उसे कोई अतपता मिला न था–अकेला जीवन बिताते हुए उसे अच्छा न लगता था। आते-जाते जब मंगली को देखता तब उसे वह अच्छी लगती थी। ऐसे होते जब उससे मंगली से शादी करने का प्रस्ताव रखा गया तब उसने बिना झिझकते हुए हामी भर दी। बिरडीस ने मानकाप्या से कहा–"हमारी जात पंचायत इस बात पर विचार कर रही है। अब वह मंगली से उसकी मर्जी क्या है, इस बारे में उससे पूछेगी। यदि वह इस बात के लिए सहमत होती है तब बात आगे बढ़ेगी।"

पुनः जात पंचायत बैठी और मंगली को पंचायत के समक्ष लाकर बिठाया गया। वह चुपचाप बैठकर पैरों तले की जमीन एक तिल्ली से कुदरेती जा रही थी। और सोच रही थी कि क्या वह अपने जेठ से शादी कर ले। जिसके पहले ही एक बीबी और दो बच्चे हैं या फिर मानकाप्या से कर ले जो अब अकेला है। अपनी ही बस्ती में रहने लगा है, ठीक लगता है, इसी से शादी करनी ठीक होगी। इस प्रकार से सोचते हुए उसने मानकाप्या से शादी करने की स्वीकृति दे दी।

बस्ती के लोग इस विवाह प्रस्ताव से प्रसन्न हुए थे। रीति के अनुसार मानकाप्या ने अपनी जेब से ग्यारह रुपए निकालकर दहेज लौटाने की रस्म अदा की–"मुझे आप लोगों का आदेश मंजूर है। मैं जीवन-भर मंगली और उसके बेटे का खयाल रखूँगा, उन्हें अपने से या उन्हें एक-दूसरे से जुदा न होने दूँगा। यह मेरा वायदा है। मैं बड़े आनन्दपूर्वक उनको स्वीकार करता हूँ।" बिरडीस ने दहेज के रुपए ले लिये। मानकाप्या ने आगे कुछ और शब्द कहे–"अपनी जाति के रिवाज के मुताबिक मंगली

को शपथपूर्वक बताना पड़ेगा। अपने पति के सिवाय उसके सम्बन्ध किसी अन्य व्यक्ति से नहीं थे। और मेरे साथ शादी के बाद वह किसी अन्य से सम्बन्ध नहीं रखेगी। वह अपनी पवित्रता सिद्ध करने के लिए रिवाज के अनुसार उबलते तेल से रानीछाप बन्दा रुपैया निकाले और उसके बाद ही यह गंधर्व विवाह हो सकता है।''

बिरडीस ने कहा–''ठीक है, दोनों का ही पहले विवाह हो चुका है। अतः 'नागवेल' के पत्तों को माथे पर बाँधकर विवाह रचा दो।'' जात पंचायत के चालू रहते ही मंगली की 'पवित्रता' की परीक्षा के लिए लोहे की कढ़ाई में जलन ने जंगली सूअर की चर्बी डालकर कढ़ाई को तीन पत्थरों से बने चूल्हे पर रख दिया। तब तक–तेल के उबलने तक–मंगली के बदन को पूरी तरह से जंगली वनस्पति नीबू के पत्तों से बाँधकर ढक दिया गया। हाँ, पहले उसे नहलाया-धुलाया गया था। हाथ पर जो गरम तेल में जानेवाला था, उस पर, एक मोम जैसी मुलायम चिकनी पिसी वनस्पति का लेप लगाया गया। अब मंगली को उबलते तेल वाली कढ़ाई के सामने लाया गया। उपस्थित सब स्त्री-पुरुषों को प्रणाम कर, कोडियारा देवी का नाम लेकर मंगली ने आँख के झपकते ही अपना हाथ उबलते तेल में डाला और रानी छाप का 'बन्दा रुपैया' बाहर निकाला।

रुपैया निकालने तक उसने अपने मुख से चूँ भी नहीं किया और न ही दुख-दर्द का उसने अहसास ही जताया! चेहरे पर न कोई शिकवा था, न ही कोई शिकन।

यह सब देखकर जात पंचायत ने मंगली की 'पतिव्रता' का ऐलान किया और मानकाप्या के विवाह को मंजूरी दे दी। अब गंधर्व विवाह की तैयारियाँ आरम्भ हो गईं। मंगली के झुलसे हुआ हाथ पर जलन और हरिणी ने हल्दी और अरंडी के बीज पत्थर पर घिसकर लेप बनाया और उस महीन लेप को झुलसे हुए हाथ पर धीरे से लगा दिया। वर-वधू के सिरों पर नागवेल के पत्ते बाँध दिए गए और उनके रिवाज के अनुसार मानकाप्या और मंगली विवाहबद्ध हो गए। अब तक अपने अलग पाल में रहनेवाली मंगली अब अपना सारा सामान और बेटे समेत अपने पति के पाल में आकर बस गई।

मानकाप्या, बिरडीस और तीरमान्या दूर-दूर के जंगलों में जाकर, अपनी वनगायों की सहायता से, साप्ताहिक बाजार में बेचने के लिए हिरन, खरगोश लोमड़ियों का शिकार करते, उसके उन्हें अच्छे दाम मिलते। बिक्री से मिला पैसा पारधी अपनी जमीनों में गाड़कर रख देते थे। बिरडीस ने भी भेड़-बकरियों को बेचकर एकत्रित किया हुआ धन ऐसे ही मटकों में भरकर जमीन में गाड़कर रख दिया था। बिरडीस चाहता था कि अपनी भेड़-बकरियों को आसपास चराने के लिए अपनी जमीन का पट्टा होना बहुत आवश्यक है। तभी उन लोगों की बस्ती इस जगह पर टिक सकती थी। अब तक उसके बच्चों के भेड़-बकरियाँ चराने बहुत दूर जाना पड़ता था। उसके पास अब भेड़ और बकरियों की संख्या काफी बढ़ गई थी। उन सबको एक जगह–

अहाता बनाकर—बाँधकर रखने की जरूरत आ पड़ी थी पर बिरडीस के दिमाग में एक ही धुन सवार थी। जानवरों के चारे के लिए जगह का उसके पास होना! वह इसी उधेड़बुन में था उन दिनों।

एक दिन हिरन और खरगोशों का शिकार करने बिरडीस और तीरमान्या अपनी वनगायों पर बैठकर, अपने फाँस और तीरकमानों को साथ ले, दूर के जंगलों की ओर निकल पड़े। लगमण्या व मानकाप्या उनके पीछे थे। वे अपनी वनगायों पर बैठे हिरन का शिकार ढूँढ़ते हुए इधर-उधर देखते जा रहे थे। हिरन को पकड़ने का जाल उन्होंने पहले ही बिछाकर रखा हुआ था। इतने में वनरक्षक पुलिस की मोटरगाड़ी फर्रर्र...आवाज करती हुई आगे निकल गई और हिरन के शिकार के लिए लगाए जाल के पास जाकर रुक गई। पुलिसवालों की गाड़ी देखकर बिरडीस और उसके साथी डर गए और डरकर वहाँ से भाग निकलने की सोच ही रहे थे कि पुलिसवालों ने उन्हें घेर लिया और उन चारों पारधी शिकारियों को पकड़ लिया।

बिरडीस ने पुलिसवालों से कहा—''साहेब! गोरे लोगों के जाने के बाद और हमें स्वतंत्रता मिलने के बाद, नई सरकार ने यह कानून बनाया है कि अब फाँस पारधियों को चोर गुनहगार समझकर पकड़ा न जाएगा। ऐसा होते हुए भी आप लोगों ने हमें क्यों पकड़ लिया है?'' इस पर पुलिसवालों का उत्तर था—''हमने आप पारधियों को चोर गुनहगार समझकर नहीं पकड़ा है, चोर गुनहगारी कानून सरकार ने बन्द कर दिया है, यह आपकी बात बिलकुल ठीक है। परन्तु हम जंगल के संरक्षक पुलिसवाले हैं। हमारी सरकार ने अब एक नया कानून बनाया है। जहाँ भी जंगल बचे हुए हैं और जहाँ भी जंगली जानवर, पशु-पक्षी हैं, उनके संरक्षण के लिए यह कानून लागू किया गया है। इस कानून के अन्तर्गत अब किसी को भी यह अधिकार नहीं कि वे पेड़ों को काटे या किसी भी जंगली जानवर या पशु-पक्षी को मारे या हानि पहुँचाए। जंगलों के बाघ, हिरन, सूअर, बिल्लियाँ, लोमड़ी, गीदड़, मोर आदि को मारना मना है। किसी भी पक्षी का शिकार नहीं किया जा सकता। पेड़ों को तोड़ना—घास काटना, गोंद एकत्रित करना या जंगल में कुछ भी इकट्ठा करने के लिए आना, आप लोगों को, आदिवासियों को मना है। खासकर भील पारधी, फाँस पारधी, गाय पारधी जैसी जातियों को यहाँ शिकार करने की मनाही है। शिकार करते हुए जो भी पकड़ा जाएगा उसे दो सौ रु. का जुर्माना देना होगा। यदि शिकारी अपने शिकार समेत पकड़ा गया तब उसे छह महीने की जेल भी काटनी पड़ेगी।''

यह सुनकर बिरडीस पुलिसवालों के पैर पकड़ने लगा और उसने कहा—''सरकार का यह कानून कब बना? इस कानून के बारे में हम आदिवासियों को कोई भी जानकारी नहीं है। आज पहली बार हम यह बात आपसे सुन रहे हैं। क्या मैं आप से एक बात पूछ सकता हूँ। महाशय, इस जंगल में हमारे कितने ही पूर्वजों की हड्डियाँ दबी हुई होंगी! हम जन्मे, पले, बड़े हुए इन्हीं जंगलों में। इस जंगल की

प्रत्येक वस्तु से, प्राणियों से हमारा जीवन और पीढ़ियाँ जुड़ी हुई हैं। शिकार करना, कन्दमूल, फल इन्हीं पर हमारा जीवन निर्भर है। हमारी गुजर-बसर है! आप पुलिसवाले तो क्या, यहाँ के गाँववाले भी कभी इन घने जंगलों के आसपास भी फटकते नहीं थे। हम आदिवासियों के सिवाय यहाँ कोई नहीं विचरता था। इन जंगलों के आसपास बारह कोसों तक कोई आदमी दिखाई न देता था। आप लोग जब तक यहाँ नहीं पहुँचे थे तब तक हम आदिवासी बड़े आनन्द मंगल से यहाँ रहते थे। जंगल के प्राणियों के संग रहते हुए हमारा जीवन आनन्दमय था। अंग्रेजों ने आकर हमारे जंगलों को तोड़ना, बर्बाद करना शुरू किया। उन्हें इस बात से रोकने के लिए हम लोगों ने उनसे झगड़ा किया। आवाज उठाई। इसी कारण अंग्रेजों ने हमें पकड़कर सताना, मारपीट करना, हमारी जानें लेना शुरू कर दिया। वे गए, नई सरकार बनी। गोरों का हमारे विरुद्ध बनाया कानून सरकार ने रद्द किया जिसके कारण हम लोग बहुत खुश हुए थे। लगा कि अब हम फिर से अपने परिवारों समेत भली प्रकार जंगलों में रहकर, शिकार कर अपना जीवन बिता सकेंगे। अब आप कह रहे हैं कि सरकार ने नया कानून बनाकर हम आदिवासियों के जंगलों में जाने पर रोक लगा दी है? अब आप ही बताइए कि हम लोग क्या करें? कहाँ जाए? कैसे जिए? क्या खाएँ?

वनरक्षक ने उत्तर दिया–"अरे पारधियों तुम हमसे ऐसे सवाल न करो। हमें अकल न सिखाओ। तुम लोगों को जो भी कुछ कहना हो वह तुम सरकार से कहो। हमें अपना काम करने दो। कानून के अनुसार तुम्हें हमने जंगल में पकड़ा है। तुम वहाँ शिकार करने गए थे। तुम लोग हमारे साथ चुपचाप पुलिस चौकी पर चलो।"

पुलिस के साथ जाने के सिवाय बिरडीस और उसके साथियों के पास और कोई दूसरा रास्ता नहीं था। अपनी वनगायों को साथ लेकर वे चौकी पर पहुँचे। वहाँ बैठा वनरक्षक अधिकारी पारधियों से बोला–"इस नए कानून के बनने के बाद पहली बार तुम लोग जंगल में शिकार करने गए हो। तुम्हें इस कानून के बारे में जानकारी नहीं थी, इसलिए तुम्हारा 'केस' बड़े साहब के पास न भेजकर मैं उसे यहीं पर रफा-दफा कर देता हूँ। परन्तु तुम्हारे पास फाँस और जाल पाया गया है और तुम्हें जंगल से पकड़ा गया है इसलिए तुम लोग दो-दो सौ रुपया लाकर यहाँ जमा करा दो, फिर तुम्हें मैं छोड़ दूँगा।"

बिरडीस ने कहा–"साहेब पहले हम लोग अपने परिवार के लिए हिरन और खरगोशों का शिकार करते थे और अपना पेट पालते थे। पर अब गाँव के लोगों को भी हिरन और खरगोशों का शिकार खाना पसन्द है इसलिए हम लोग साप्ताहिक बाजार में एक हिरन पाँच रुपए में और खरगोश दो रुपए में बेचने लगे थे। अब हिरन नब्बे-पच्चानवे रुपयों में बिकने लगा है कभी-कभी! आप हमसे दो सौ रुपए जुर्माना माँग रहे हैं। कहाँ से लाए हम इतने रुपए? यदि हम अपने बाल-बच्चों को

भी बेचना चाहेंगे तब भी इतना रुपया हमें नहीं मिलेगा। साहेब दो सौ रुपए कितने होते हैं इसका भी हमें पता नहीं है। पर हमने दो-चार रुपए जो भी जोड़कर रखे हुए हैं वे हम आपको लाकर दे देंगे। पर आप अभी हमें छोड़ दो।''

बिरडीस को वनरक्षक अधिकारी ने कहा–''ठीक है, तुम इन तीनों को इधर ही बैठने को कहो और तुम अकेले घर जाकर जमा किया हुआ पैसा ले आओ। तब हम तुम्हें छोड़ने की बात सोचेंगे।''

बिरडीस अपनी वनगाय पर बैठकर काँटो-भरी पगडंडियों पर से पहाड़ी और दर्रों को पार करता हुआ, भागता हुआ अपनी बस्ती में पहुँचा। भागते हुए वनगाय के मुख से झाग निकलने लग गया था। बिरडीस को अकेले ही लौटते देख हरिणी जलन से बोली–''कुछ विपरीत हुआ लगता है! बाकी के तीन लोग और उनकी गायें क्यों नहीं दिख रही हैं? हम पारधियों पर और कोई नया संकट तो नहीं आन पड़ा?'' बिरडीस को अपनी वनगाय से नीचे उतरते देख जलन ने हरिणी से कहा–''आज शिकार नहीं मिला? और अपने भाई भी नहीं आए हैं? अकेले ही आए हो। बाकी कहाँ हैं।''

थके हुए और परेशान बिरडीस ने जलन से कहा–''क्या बताऊँ तुम्हें, हमारे दिन ही खराब चल रहे हैं। इस नई सरकार ने भी हम आदिवासियों के विरुद्ध एक बहुत भयानक और काला कानून बनाया है। गोरों के बनाए हुए कानून से भी बदतर है यह कानून। हमारे लिए नया कानून हम पारधियों को जीने नहीं देगा। यह हमें मार डालेगा। हमारा जीना दूभर हो जाएगा। जंगल में हम जाल फैलाकर शिकार की बाट जोह रहे थे कि वहाँ जंगलरक्षक पुलिसवाले आ धमके और हम लोगों को 'जाल' समेत पकड़ लिया। वे कहने लगे कि नए बने कानून के तहत हम आदिवासी अब जंगल में जा नहीं सकेंगे। वहाँ शिकार नहीं कर सकेंगे। क्योंकि वहाँ के किसी भी पशु-पक्षियों को मारना, शिकार करना गुनाह माना जाएगा। इस कानून द्वारा अब शिकार तो क्या अब हम लोग सूखी लकड़ियाँ चुनने, घास काटने के लिए भी न जा सकेंगे। अगर ऐसा किया तब हमें पकड़ लिया जाएगा और हम पर जुर्माना लगाया जाएगा। आज इसी नए कानून के कारण हमें पकड़ लिया गया। बाकी तीनों को चौकी पर पकड़ रखा है। जुर्माने के रुपए मुझे ले जाने हैं, इसीलिए मैं अकेला ही लौटा हूँ। यदि हम लोगों को जान बचानी है तब मुझे रुपए इकट्ठे कर उन्हें देने होंगे। अब मेहरबानी करके तुम लोगों के पास जो भी रुपए हैं, जिन्हें जमीन में गाड़कर रखा गया है, उन्हें निकालकर मुझे दे दो।'' बिरडीस के ऐसे बोलते ही सबने घरों में जो भी रानीछाप 'बन्द रुपए' थे वे लाकर बिरडीस के हाथों में थमा दिए। बिरडीस ने एक कपड़े की पोटली में वे रुपए बाँध लिए और उस पोटली को अपनी कमर पर बाँधकर, वह अपनी वनगाय पर सवार होकर उलटे पाँव आए रास्ते से पुलिस थाने की ओर रवाना हो गया।

हरिणी, मंगली और जलन दुख और गुस्से से बौखला उठी थीं। अपने दोनों हाथों को जमीन पर पटककर पुलिसवालों को गालियाँ देने लगीं। श्राप देने लगीं– ''पुलिसवालों का सत्यानाश हो जाए। उन मुओं को जल्दी मौत आए। उनका कभी भला न हो...क्यों ये लोग हम आदिवासियों की जान के पीछे पड़े हुए हैं? हम लोगों को परेशान देखकर कैसी खुशी इन्हें मिलती होगी। भगवान ही जाने।'' जलन कह रही थी–''कल से रानपाल्या और बन्दुक्या को भेड़-बकरियों समेत जंगलों की ओर न जाने को कहना होगा, नहीं तो हमारे जवान बच्चों को भी वे मुए पकड़कर अपने संग ले जाएँगे।'' पूरे पारधी बस्ती के लोग डरे हुए खरगोशों की तरह लग रहे थे।

बिरडीस रुपयों को लेकर पुलिस चौकी पर जा पहुँचा। पुलिसवाला उसे फॉरेस्ट ऑफिसर के पास ले गया। बिरडीस को रुपया गिनना नहीं आता था। इस कारण उसने लाए हुए रुपयों की गठरी अधिकारी के सामने रख दी। रुपयों को देखकर अधिकारी बोला–''तुम चारों के जुर्माने के इतने ही पैसे?'' उस पर बिरडीस बोला– ''सरकार जितने भी रुपए हम लोगों ने जमा कर रखे थे, वे सबके सब आपके सामने मैंने रख दिए हैं, हमारे पास अब इस बदन पर पहने हुए कपड़ों के सिवाय कुछ भी नहीं बचा है। अब हम कभी भी शिकार करने आपके जंगलों में नहीं जाएँगे। इस बार हमें छोड़ दीजिए और हमारी गलती माफ कर दीजिए।'' गिड़गिड़ाकर बार-बार वह माफी माँग रहा था।

फॉरेस्ट अधिकारी के सामने अपनी अज्ञानतावश बिरडीस ने बहुतेरे रुपए गिने बगैर लाकर रख दिए थे।

''इस बार तुम्हें माफ किया जाता है पर आगे तुम लोग कभी भी जंगलों में शिकार करने न जा पाओ, इसके लिए हम तुम्हारे सारे जाल जब्त कर रहे हैं। तुम्हारे तीरकमान, फाँस वगैरा सब चीजें तुम्हें यही छोड़नी होंगी। अब आप सब खाली हाथों अपने घर लौट जाओ।''

चारों सिर झुकाए, मुँह लटकाए लौटने लगे। बिरडीस ने मन-ही-मन कहा– ''जाल तीरकमान, फाँस गया तो गया, पुलिसवालों के चंगुल से बच के निकल पाए यही बहुत है।'' जान बची तो लाखों पाए। शायद यही भाव बिरडीस के मन में उभरे होंगे। उसने देवी कोडियारा को धन्यवाद दे डाला कि उन लोगों का हाल बाघआवल्या जैसे नहीं हुआ और वे सही सलामत अपने बाल-बच्चों के पास लौट रहे हैं।

तीरमान्या अब तक चुप था। अब एकाएक वह बोल पड़ा–''भाई, चौकी पर बैठे जब मैं पुलिसवालों की बातें सुन रहा था तब मुझे बहुत बुरा लग रहा था, पर जब अफसर ने हमारे जाल, फाँस, तीरकमान रखने को कहा तब मेरा माथा ठनक गया। मेरा गुस्सा आपे से बाहर होने लगा। पर मैंने अपने गुस्से को दबा लिया। फाँस जो हमने हिरनों की नसों से बनाए थे और हमारे बाप-दादा के जमाने से वे हमारे पास थे जो हमें उनकी याद दिलाते थे। उन यादगार वस्तुओं को हमें वहीं

छोड़कर आना पड़ा। उस समय मुझे बड़ा दुख हुआ तब मुझे लगा कि मैं उस अधिकारी का गला दबोच लूँ और उसका हिरन जैसे शिकार कर लूँ।''

बिरडीस ने उसे समझाते हुए कहा–''मेरे भाई, यह मत भूलो कि हमारी जान बड़ी कीमती है। वे छोड़ी हुई चीजें अब हमारे किस काम की!...नए कानून के लागू होने से अब हम कभी शिकार नहीं कर पाएँगे। उन वस्तुओं को हम लोगों ने उठाकर, यादगार के तौर पर ही रख देना था। चलो–यहाँ से जल्दी दूर चले चलो। हमें दुबारा उन लोगों की पकड़ में नहीं आना है। सारे जनें अपनी गायों पर बैठकर, शिकार न करते हुए, स्वयं ही शिकार बनकर भी सही सलामत घर लौट रहे थे। क्या यह कम था?"

दोपहरी हो रही थी। जंगलों के, पहाड़ों के पत्थर तपकर गर्मी बढ़ा रहे थे। उमस कुछ ज्यादा ही हो रही थी। गर्मी के मारे चारों को प्यास लगने से उनका बुरा हाल हो रहा था। बिरडीस ने कहा–''चलो, चलकर थोड़ी देर पेड़ की छाँव में बैठकर पानी पीया जाए। थोड़ा-सा सुस्ताकर फिर आगे बढ़ेंगे।'' 'तावरजा' नदी का पानी गर्मी में भाप बनकर उड़ गया था और बचा-खुचा पानी डबरों में जमा हुआ था। पानी और कीचड़ भरे डबरों में गौ-भैंसें पानी पीकर गई थीं, वहीं वे हग-मूत गई थीं, जिससे उस जमा पानी से बदबू आ रही थी। तीरमान्या अपनी गायें वहीं ले गया। प्यासी गऊओं ने उसी पानी पर झपट्टा मारा और जी भरकर पानी पिया। दूसरी तरफ वहीं से कुछ दूर जाकर नदी के पात्र में उसने एक गड्ढा खोदा, हाथों से वहाँ की बालू हटाकर देखा तब वहाँ स्वच्छ बहता पानी ऊपर आता दिखा। अपने दोनों घुटने टेककर उसने अपने हाथों से प्यास बुझने तक पानी पिया। एक के बाद दूसरे ने इस प्रकार अपनी प्यास बुझाई। उन्हें जोर की भूख भी लग रही थी। 'तावरजा' नदी के पात्र के पास, उसी के पानी से एक तालाब बन गया था। वहाँ जाकर उन्होंने तालाब में डुबकी लगाकर कोनों में से ढूँढ़कर कुछ कैकड़े और मछलियाँ पकड़ीं। दूसरी ओर नदी किनारे से कुछ घासफूस और सूखी लकड़ियाँ तीरमान्या ने इकट्ठी कर आँच जलाई ('चकमक' पत्थर वे हमेशा अपने पास रखते थे) उस आँच पर पकड़ी हुई 'वाम मछलियाँ'और केकड़ों को भूनकर उन्होंने अपनी भूख मिटाई। भूख प्यास के मिटने पर उन्हें शान्ति मिली। बची हुई मछली चबाते हुए मानकाप्या ने बिरडीस से कहा–''अभी हम जंगलरक्षकों को जबरदस्त जुर्माना देकर आए हैं। अब हमने उनके जंगल से बहने वाली नदी की मछलियाँ खाई हैं, इस कारण वे हमें फिर से तो नहीं पकड़ेंगे?'' इस पर तीरमान्या बोला–''जाने दो, छोड़ो हमें इतना डरने की जरूरत नहीं है। सरकार का वह कायदा जंगलों के लिए है–पानी के लिए नहीं। यदि जंगलों जैसे पानी के लिए भी उन्होंने कानून बना दिया तब समझ लो कि हम आदिवासियों की खैर नहीं!''

बिरडीस बोला–''मानकाप्या मेरी समझ में एक बात नहीं आ रही है कि हम

आदिवासियों का इन जंगलों, पहाड़ों, नदियों पर सदियों से हक चलता आ रहा है, इस बात को सरकार भली प्रकार जानती है, फिर भी इस नई सरकार ने यह नहीं सोचा होगा कि ऐसे कानून के लागू होने पर हम आदिवासी पारधियों का क्या होगा? हम क्या खाएँगे। कहाँ रहेंगे। कैसे गुजर-बसर करेंगे?''

तब मानकाप्या ने कहा–''अरे बिरडीस, इस देश के सारे कायदे-कानून देवगुणी लोगों ने अपने ही लोगों के लिए बनाए हैं। उन लोगों के हित में जो होगा वैसा ही कानून वे बनाएँगे। हम राक्षस गुणियों के बारे में वे क्योंकर सोचेंगे? अब तक इस देश पर जिसने भी राज किया उन सबने हमें परेशान किया। हमारा चैन से जीना हराम कर दिया। किसी समय हमारे पूर्वजों को कहा गया कि अपना राक्षसगुणी धर्म छोड़कर हमारा देवगुणी धर्म अपनाओ। उनका कहना न मानने पर हमें हर तरीके से सताया गया। मुसलमानों ने वही किया। गोरे अंग्रेजों ने हमारे जंगल हमसे छुड़वाए और हमें गुलाम बनाकर रखा। इस नई सरकार ने हमारे जंगलों में जाने पर पाबन्दी लगा दी। इन्होंने हमारा पूरा सत्यानाश ही कर दिया है। अब हम आदिवासी पारधी किस तरह जियेंगे? समझ में नहीं आ रहा है।''

बिरडीस ने अपने हाथ पोंछते हुए कहा–''चलो देखा जाएगा, जो होगा सो होगा! याद नहीं, हमें हमारी कोडियारा देवी का आशीर्वाद मिला है कि जब तक इस धरती पर इनसान रहेंगे तब तक आदिवासी पारधी जाति बनी रहेगी। फिर से अपना राज होगा। हम अच्छे दिन देखेंगे। हमारी देवी हमारा साथ देगी। उसने यदि हमें चोंच दी है तब वह हमें दाना भी देगी। उठो, भाइयो उठो! दिन ढलने वाला है, बदरी-सी छा रही है। गर्मी भी कम हुई लगती है। यदि हम अब चलना शुरू कर दें तब अँधेरा होते-होते हम अपनी बस्ती पर पहुँच जाएँगे। अपने बीबी-बच्चे हमारी राह बेताबी से देख रहे होंगे।''

नए कानून से बिरडीस बहुत चिन्तित रहने लगा था। उसके समक्ष बहुत बड़ा प्रश्न खड़ा था। अब कैसे जिया जाए? अब तक पारधी लोग साप्ताहिक बाजार में अपने किए हुए शिकार बेचकर कुछ पैसा कमा लेते थे, परन्तु अब ऐसा करना सम्भव नहीं था। बिरडीस के सुनने में आ रहा था कि वार्शी के कुछ पारधियों ने तीतरों और मैनाओं को पिंजरों में बन्द कर बेचना चाहा था। तब उन पारधी शिकारियों को, उनके पिंजरों और पक्षियों के साथ पुलिस पकड़कर ले गई थी। उनको तीन महीनों की जेल की सजा भुगतनी पड़ी थी। ऐसी खबर सुनने के बाद बिरडीस ने अपनी बिरादरी के लोगों से कह दिया कि अब उनमें से कोई भी शिकार करने नहीं जाएगा। इस बात को पन्द्रह-बीस दिन बीत गए थे। बस्ती की भेड़-बकरियाँ भी चारा न मिलने पर एक-एक करके मरने लग गई थीं। उन्हीं को खाकर बस्ती के लोग अपना पेट पाल रहे थे। धीरे-धीरे बिरडीस और मानकाप्या की भेड़-बकरियाँ मर गई थीं। उन सबके सामने अब एक बार फिर बड़ा-सा प्रश्न चिन्ह सामने आकर खड़ा था।

क्या खाया जाए? कैसे गुजर-बसर हो?

समय बीता और बरखा का मौसम आ गया। बारिश की झड़ी लग गई। बारिश के रुकने का नाम नहीं था। लगातार पन्द्रह दिन पानी बरसता रहा। पारधी बस्ती में चूल्हा न जल पाया था। कुछ पका न था, न ही कोई कुछ भी भूनकर खा पाया था! बिरडीस, तीरमान्या, लगमण्या, मानकाप्या एक शाम को इकट्ठा बैठकर सोचने लगे कि अब क्या किया जाए, क्या खाया जाए, कैसे जिया जाए? किसी को कुछ समझ नहीं आ रहा था। पानी बरसता जा रहा था। जमीन पर से कचरा, मिट्टी पानी अपने साथ बहाकर नदी नालों में ले जा रहा था। नदी नालों में पानी उफन रहा था। बस्ती के लोग इस अवस्था से चिन्तित हो रहे थे। पालों में पानी आ रहा था। बच्चे भूखे थे। अपने स्वजनों और बस्ती का होता ह्रास किसी से भी देखा न जा रहा था। भूख की आग से तीरमान्या और रानपाल्या तिलमिला गए थे। भूख को थामने के लिए दोनों ने पानी पी लिया और बाद में दुखते पेट पर कसकर अँगोछा बाँध दिया। बस्ती के आदिवासियों के दिन इसी तरह बीत रहे थे।

बिरडीस ने कहा–''बंधुओ! हमने क्या पाप किया है? क्या गुनाह है हमारा कि हम आदिवासी पारधियों में जन्मे हैं? हमारे पारधी होने की वजह से गाँव में हमारी 'पत' नहीं है, वहाँ कोई हमें पूछता नहीं। शिकार पर जाकर खरगोश, बिल्ली मारकर नहीं खा सकते क्योंकि ऐसा कानून बनाया गया है। तब अब क्या करें हम? गाँव में हमें कोई उधार देनेवाला है नहीं। भगवान ने हमें इनसान का जन्म क्यों दिया? अच्छा ही होता अगर हम भेड़-बकरी होते तो? तब कम से कम घासफूस खाकर ही अपना पेट भर सकते थे! पर हम इनसान हैं ना? जानवरों जैसे तो नहीं जी सकते?''

अपना सिर दोनों घुटनों में छिपाए बिरडीस बैठे-बैठे सोच रहा था कि इस 'गीले दुर्भिक्ष' में सावन भादों में पड़े हुए इस गीले अकाल में कैसे जिया जाए? कोडियारा देवी हमारी यह कैसी परीक्षा ले रही है? मेरी बस्ती की औरतों, बूढ़ों, बच्चों का बुरा हाल अब मुझसे देखा नहीं जाता है। उन्हें भूखों मरते मैं नहीं देख सकता। हे कोडियारा देवी! मुझे कुछ रास्ता दिखा। इससे बाहर निकलने का उपाय सुझा दे। अन्त में हारकर उसने लगमण्या और तीरमान्या से कहा–''दोस्तो! मुझे लगता है कि हमारे जीने के सब दरवाजे अब बन्द हो चुके हैं। मुझे आगे सब अन्धेरा ही दिखता है। पर हाथ पर हाथ धरकर नहीं बैठ सकते। हमें कुछ तो जीवित रहने के लिए करना ही होगा। तुम भी सोचो और एक रास्ता ढूँढ़ों और मुझे बताओ।''

तीरमान्या ने कहा–''पिछले आठ-दस दिनों से हम केवल पानी पीकर अपनी भूख मिटा रहे हैं। बारिश के कारण जंगल में भी कुछ खास नहीं उगा है जिसे तोड़कर या खोरकर हम खा सकें। अब हमें केवल एक ही उपाय दिखता है, कहीं से हमें भेड़ बकरी उठाकर लानी होगी तभी हमारे घरों में चूल्हा जलेगा। भूख मिटेगी...।''

तीरमान्या कहता गया–''गाँव से थोड़ी ही दूर गड़रियों ने अपनी भेड़-बकरियों

को एक बाड़े में बन्द करके रखा हुआ है। रात के अँधेरे में वहाँ से हम एक को उठाकर यहाँ ले आएँगे...।''

इस पर बिरडीस बोला–''यह जुगत है तो ठीक पर अगर हमारी यह चोरी पकड़ी गई तब हमारा क्या हाल होगा? सोचा इसके बारे में? वे लोग हमें यहाँ रहने देंगे? हमारी जान के पीछे पड़ जाएँगे ये गाँववाले...।''

तीरमान्या ने इस पर कह डाला–''भाई वैसे भी इन गाँववालों ने हमें हमेशा ही अपने से थोड़ी दूरी पर ही रखा है...।''

लगमण्या से अब न रहा गया और उसने कह डाला–''तो भाई फिर देर किस बात की? पहले शिकार पर जाते समय हम लोग फाँस, जाल और तीरकमान ले जाया करते थे। उसके बदले अब हम अपने हाथों में लाठी और कुल्हाड़ी लेकर जाएँगे, चलो चलें?''

और कोई दूसरा उपाय न सूझने के कारण अन्त में वे तीनों लगमण्या, तीरमान्या और बिरडीस अपनी बस्ती से दूर गाँव की ओर तेजी से बढ़ने लगे। चलते समय हरिणी और जलन ने अपने आदमियों से कहा–''सँभलकर जाना, किसी की नजरों में न पड़ जाना और चुपके से भेड़ या बकरी कुछ भी उठाकर ले आना। किसी के हाथों न लगना, वरना आप लोगों की गत बाघआवल्या जैसी हो जाएगी।''

उनकी आँखों से ओझल होते समय वे बोले–''फिक्र न करो, हम लोग बस्ती पर कुछ न कुछ खाने के लिए ले ही आएँगे।''

तीनों की पीठ दिखते ही औरतें अपने पालों में चली गईं। बस्ती से चलते समय तीनों पारधियों के पेट में भूख की आग धधक रही थी। तीनों ने आधे से अधिक रास्ता पार किया, बाद में नदी नाले के किनारों से झांड़ियों में छिपते हुए वे ढोकी गाँव की तरफ बढ़ने लगे। चौकन्ने होकर वे कदम बढ़ाते गए। सूरज ढले काफी देर हो चुकी थी, अँधेरा छा गया था। गाँव के घरों के दीये दूर से टिमटिमाते दिख रहे थे। गाँव के लोग अभी सोए नहीं थे। वे गाँव के अन्दर नहीं जा सकते थे जब तक सब कुछ शान्त न हो जाता था। थोड़े से खटके या कुत्तों के उन पर भौंकने से गाँववाले जाग सकते थे या उन्हें कुछ शक हो सकता था कि इतनी रात गए ये पारधी हमारे गाँव के अन्दर क्यों पहुँचे हैं। बारिश फिर चालू हो गई थी और धीरे-धीरे जोर पकड़ती जा रही थी। अँधेरा घना था। कुछ देर रुकने के बाद जब उन्हें लगा कि लोग सो गए हैं। वे धीरे-धीरे गाँव की ओर बढ़ने लगे। चहुँओर नजर डालकर अन्दाजा लगा रहे थे कि भेड़ बकरी उठाने के बाद उन्हें किस रास्ते से भाग निकलना होगा। अँधेरी रात होते हुए भी सबने अपने चेहरे इस प्रकार अपने रूमालों से ढक लिए कि केवल उनकी आँखें ही खुली रहीं। वे नहीं चाहते थे कि उन्हें कोई पहचान पाए। बिरडीस देख रहा था कि कहीं किसी घर के आसपास कोई भेड़ या बकरी तो नहीं है...। धीरे-सँभलते हुए वे भेड़-बकरियों के लिए बने बाड़े के पास आ पहुँचे

थे। अन्दर बँधी हुई भेड़-बकरियाँ अब भी ब्यँ-ब्यँ कर रही थीं। परन्तु वहाँ किसी चौकीदार की आवाज नहीं थी। बिरडीस ने अपने साथियों को इशारा देने के लिए एक कंकर फेंककर मारा। अब तक पूरा गाँव शान्ति से सो चुका था। धीरे-धीरे दबे पाँव तीनों बाड़े के अन्दर आ पहुँचे। आवाज न करते हुए लकड़ी के फाटक को खोला। चुपचाप खड़ी बकरियाँ और भेड़ें, उनके सामने पड़ा चारा आराम से खा रही थीं। चौकीदार शायद किसी एक कोने में या कहीं आसपास सो रहा था। बिरडीस चिन्ता में था कि यदि पकड़ते समय किसी भी जानवर ने आवाज की तब चौकीदार ने उठ जाना था। अब वह एक बकरी के पास पहुँच चुका था। उसने बकरी का मुख अपने दोनों हाथों से पकड़ा और तीरमान्या और लगमण्या ने बकरी की चारों टाँगे कसकर बाँध ली। तीनों बकरी को साथ लेकर कोई भी आवाज किए बगैर धीरे से बाड़े से बाहर निकल आए। बाहर निकलते ही बाड़े का फाटक पुनः बन्द कर दिया। जानवर को थोड़ी दूर एक कोने में ले जाकर उसकी आवाज बन्द करने के लिए अपनी जेब से एक 'हिंगण काँटा' निकाला। उसका मुख जो बिरडीस ने दबा कर रखा था, हाथ थोड़े खोल दिए और अपने एक हाथ की दो अँगुलियाँ उसने बकरी की नाक में घुसेड़ दीं। बकरी की जीभ बाहर निकल आई, तभी पास रखा हुआ 'हिंगण काँटा' उसकी जीभ में खोंप दिया। जीभ पर लगे काँटे के कारण बकरी की आवाज नहीं आ रही थी। अधमरी-सी बकरी को लगमण्या ने अपनी पीठ पर लाद लिया। रात के अँधेरे में तीनों अपना काम पूरा कर अपने घरों में लौट गए।

बस्ती की ओर लौटते समय कभी-कभी कुत्तों के भौंकने की आवाज सुनाई दी थी। जंगलों के पास आते ही जुगनुओं की चमक उन्हें लुभा रही थी। गड़रियों की बकरी चुराकर ले जाते समय एक अपराध की भावना बिरडीस के मन में थी पर पेट की भूख उन्हें ऐसा करने पर मजबूर कर रही थी। बस्ती के निकट वे पहुँच ही रहे थे कि उनके आने की खबर बस्तीवालों को हो गई। उन सबको बड़ी बेसब्री से उनके आने का इन्तजार था। वे जानते थे कि वे तीनों उन सबके लिए कुछ खाने को अवश्य लाएँगे। वे खाली पेट और भूखे होते हुए भी उनके चेहरे खुशी से खिले हुए थे क्योंकि बहुत दिनों के बाद उन्हें कुछ खाने को मिलनेवाला था। तीनों को देखकर वे सब उनकी ओर भागे। लगमण्या ने अपनी पीठ पर लादी हुई बकरी, धप्प की आवाज करते हुए जमीन पर डाल दी और तब बिरडीस ने सबसे कहा—''दोस्तो इस बकरी का कोई भी हिस्सा, इसकी कोई भी निशानी कल हमारी बस्ती में दिखनी नहीं चाहिए। नहीं तो हम मुश्किल में पड़ पाएँगे। समझे आप लोग?''

भैंसे और हिरन की गर्दन पर चलने वाली छुरी आज बकरी की गर्दन पर रात के अँधेरे में चली। मांस सबको बाँट दिया गया। उस रात बस्ती के प्रत्येक पाल में पकते हुए मांस की ''रररररर'' आवाज आ रही थी। ऐसी पकते मांस की आवाज और खुशबू बहुत दिनों बाद बस्ती के लोग सूँघ रहे थे। रानपाल्या और बन्दुक्या ने

आधा कच्चा मांस ही खाना शुरू कर दिया था!

बिरडीस ने कहा–"कल गड़रिये अवश्य हल्ला मचा देंगे जब उन्हें पता चलेगा कि उनकी एक बकरी गायब हो गई है! अगर बकरी को ढूँढ़ते हुए वे हमारी बस्ती तक पहुँच गए तब बड़ा हंगामा हो जाएगा। इसलिए बकरी की खाल को घर में न रखकर, मैं उसे बस्ती से कहीं दूर ले जाकर जमीन में गाड़ दूँगा।" कहकर बिरडीस अपनी वनगाय पर बैठकर बस्ती से दूर निकल गया। खाल को गड्ढे में दबाकर, उसने गड्ढे पर बड़ा-सा पत्थर रख दिया और वह लौट आया। बहुत दिनों बाद पारधी बस्ती के लोगों ने बकरी का मांस खाकर अपनी भूख की आग बुझाई थी।

बिरडीस ने कहा–"अब दो-तीन दिनों के लिए ही क्यों न हो लेकिन बकरी का मांस हमारे लोगों की भूख मिटाएगा। उसके बाद हमें क्या करना होगा, इसका विचार हमें अब करना होगा। हम दो-तीन भाई मिलकर बैठें और सोचें कि बार-बार हम लोग ऐसे गड़रियों की भेड़-बकरियाँ उठाकर नहीं ला सकते। चोरी अगर पकड़ी जाती है तब गाँववाले हमें अपने आसपास टिकने नहीं देंगे। हमें कुछ और ही सोचना पड़ेगा।"

दूसरे दिन सुबह उनके कानों तक खबर पहुँची कि गड़रियों को गिनते समय उनकी एक बकरी कम होने का पता लगा था। आपस में बात करते हुए वे कह रहे थे कि शायद बकरी किसी ने चुरा ली है या फिर लोमड़ी उसे उठाकर ले गई है।

नदी-नालों में बाढ़ आ जाने के कारण बन्दुक्या और रानपाल्या को अब खूब सारे केंकड़े, मछलियाँ और खासकर 'वाम मछलियाँ' मिलती थीं। झिमझिम बरसते पानी में वे बड़े मजे से काँटेवाली कँटिया को पानी में डालकर नदी किनारे बैठकर मछलियाँ पकड़ते थे। यह उनको रोज का काम और खेल था।

एक दिन की बात है। हमेशा की तरह अपनी लाठी से फाँस लगाकर उस 'कँटिया' को पानी में लटकाकर, मछली पकड़ में आने का इन्तजार कर रहे थे। बड़ी देर तक इन्तजार किया पर एक भी मछली कँटिये के पास नहीं फटकी। इतने में, जब बन्दुक्या उकता कर जानेवाला था कि उसके कँटिये में कुछ अटका खिचतें समय ढोरी कुछ भारी सी लगी। देखता क्या है कँटिये में एक मोटा ताजा साँप अटका हुआ था। वह छटपटा रहा था। इतने लम्बे साँप को देखकर उसने कहा–"लगता है आज हमें कुछ शिकर नहीं मिलेगा! मुझे लगा कि शायद एक आध बड़ी मछली हाथ लगी है पर यह तो बड़ा-सा साँप है। क्या करूँ इसका मैं? इसे मैं अपने काँटे समेत ही फिर से पानी में छोड़ देता हूँ। पानी का यह साँप विषैला हो सकता है। बाहर निकालने पर यदि इसने हमें काट खाया तब हमें अपनी जान गँवानी पड़ेगी...।" कहते हुए शिकारी ने शिकार को वैसे ही पानी में जाने दिया। उस दिन वे खाली हाथ लौट रहे थे। नदी से थोड़ी ही दूर निकले पर आगे उन्हें नाले के पास से गुजरते समय ऊबड़-खाबड़ बंजर जमीन जिस पर काफी सारे बड़े-बड़े पत्थर बिखरे पड़े थे, दिखाई दिए। दोनों लड़कों के मन में आया कि क्यों न इस जगह पर वे पटागोह

को ही ढूँढ़े। ऐसी पथरीली जगहों पर बड़ी-बड़ी छिपकलियाँ पाई जाती हैं इसका उन्हें पता था। पटागोह अकसर बड़े-छोटे पत्थरों के नीचे छिपी रहती थीं। बारिशों के दिनों में इन छिपकलियों-पटागोहों के बिलों में पानी भर जाता था। इस कारण वे अपने बिलों से बाहर निकलकर पत्थरों के बीच छिपी रहती थीं।

आसपास के पत्थरों को दोनों उठा-उठाकर देखते जा रहे थे। इतने में उन्होंने दो पटागोहों को पत्थर की आड़ से बाहर सरकते हुए देख लिया। दोनों ही गीली मिट्टी के ऊपर से चली जा रही थीं। झट से दोनों लड़कों ने दोनों पटागोहों को उनकी पूँछ की ओर से पकड़ा। पटागोह उनके हाथों से छूटने का प्रयास करने लगीं। झटके देने लगीं। पर उनकी पूँछ को कसकर पकड़ने की वजह से वे भाग न पा रही थीं। उन्होंने पलटकर अपना मुँह लड़कों को काटने के लिए खोलते ही उन्हीं की पूँछ को उनके मुँह में घुसेड़ दिया गया। और अपनी मछली पकड़ने वाली डोरी से उन दोनों पटागोहों का मूँह बाँध दिया। उन दोनों पटागोहों को लड़कों ने अपनी पीठ पर डाल दिया। बन्दुक्या ने रानपाल्या से कहा–''आज सवेरे ही मैंने नेवले को देखा था। जो अच्छा शगुन था। केंकड़े और वाम मछलियाँ ना सही, आज हमने जमीन पर शिकार किया है और अब हमारे पास ये दो तगड़ी पटागोहें हैं।'' दोनों शिकार लेकर घर लौट रहे थे। तब बन्दुक्या ने कहा–''दोस्त जंगलरक्षक सिपाही तो इस तरफ नहीं आएँगे? उन्होंने हमें इन पटागोहों के साथ पकड़ लिया तो हम फोकट में मारे जाएँगे?'' रानपाल्या ने अपना सिर झटककर कहा–''देखो मेरे भाई, हम पारधियों को कुछ भी करना मना है पर हमें जिन्दा रहने के लिए जो भी कीड़ा-मकौड़ा या कुछ भी मिले, वही खाकर हमें जीना पड़ेगा। ठीक कह रहा हूँ ना मैं?''

''तुम सही कह रहे हो। तब चलो इन पटागोहों को हम अपने उस कपड़े में लपेट लें जिसमें हम मछलियाँ बाँधकर ले जानेवाले थे।''

दोनों शाम तक घर पहुँच गए। वहाँ उन्होंने मोटी-सी खूँटी जमीन में गाड़ दी। बँधे लपेटे हुए पटागोहों को बाहर निकाला। उनके मुँह से उनकी ठूँसी हुई पूँछें बाहर निकालीं और उनके पेट पर से रस्सी बाँधकर, उन्हें खूँटे से बाँधकर रख दिया। बिरडीस ने कहा था–''इन्हें अभी नहीं मारना है। जिस दिन खाने के लिए कुछ न बचे उस दिन के लिए इन्हें रखना है।''

5

बिरडीस अपनी पारधी बस्ती का अग्रज, सरदार, समझदार था। अपने लोगों की भलाई सोचता था। वह सोचने लगा–''कितने दिनों तक चलेगा ऐसा? इस तरह का जीना कोई जीना नहीं है। जंगलों में हमारा आना-जाना जबसे बन्द हुआ है तब से हम और हमारे बाल-बच्चे भूखों मर रहे हैं। ढंग का जीवन बिताने के लिए कुछ उपाय

ढूँढ़ना जरूरी हो गया है...।''

कीकरवन की परली ओर बहुत बड़ी पीकाऊ जमीन खाली पड़ी थी, जहाँ गाँव के जानवर चरने जाया करते थे। जमीन पेड़-पौधों, काँटों से भरी पड़ी थी। यह जमीन ढोकी गाँव से करीब आठ-दस किलोमीटर की दूरी पर थी। बिरडीस के मन में विचार आया कि क्यों न वे सब अपनी बस्ती वहीं जाकर बसा लें? वे भी और लोगों की तरह खेती कर सकते हैं। गाय बैल रख सकते हैं...। उसका निश्चय पक्का होने पर एक दिन वह अपनी बस्ती के सब परिवारों को लेकर उस पीकाऊ जमीन पर आ धमका। बस्ती के लोगों ने अपने-अपने पालों को समतल जमीन देखकर; वहीं ठोक दिए। परिवारवालों को नई जगह पसन्द आ गई। सबने मिलकर, एकजुट होकर आसपास की जमीन साफ-सुथरी कर दी। बारिश का मौसम था ही, नई जमीन पर सबने मिलकर खेती करनी आरम्भ कर दी। गाँव से यह नई बस्ती बहुत दूर होने से बस्ती के इन रहिवासियों को यहाँ सुरक्षित महसूस हुआ। कुदाल फावड़ों की सहायता से उन्होंने अब दो-चार एकड़ तक जमीन खेती करने लायक बना डाली। जमीन गीली होने के कारण उन्हें खोदने के लिए अधिक मेहनत नहीं करनी पड़ी थी।

जमीन के तैयार होते ही रानपाल्या, तीरमान्या, मानआवल्या आदि पारधियों ने ज्वार, तूअर आदि के बीज बोने की सोची। सोचा तो सही पर कहाँ से लाएँगे वे उन बीजों को? वे कहने लगे–''यहाँ तक तो ठीक हुआ पर हमारी जेब में एक भी दमड़ी नहीं है, कैसे खरीदेंगे बीज? क्या करें हम अब?''

तब हाथ उठाकर तीरमान्या बोला–''भाइयो, सुनो मुझे एक जुगत सूझी है। गाँव के आसपास के खेतों में किसान बुआई कर रहे हैं। उनका काम जोरों-शोरों से चल रहा है। हम उन लोगों के पास जा-जाकर, हाथ जोड़कर मुट्ठी भर बीज माँगते फिरेंगे तो वे जरूर दे देंगे हमें बीज।'' बिरडीस सुनता रहा और कह दिया–''ठीक है, ऐसा करके देख लो।''

बीज माँगने पारधी दर-दर भटकते फिर रहे थे। हर जगह, हर बार गाँव के किसान उनसे यही बात कहते–''तुम पारधी लोग अब खेती करने चले हो? बोने के लिए बीज माँगते फिर रहे हो? पगला गए हो क्या? अरे तुम्हारा काम है शिकार करना, करो बाघ, हिरन, खरगोशों का शिकार। तुम्हारी मत मारी गई है जो तुम खेती करना चाहते हो? खेती करना पारधियों के बस की बात नहीं है। काम आसान नहीं है ये। बैल, हल, उनका दाना-पानी, खाद ये सब कहाँ से लाओगे तुम लोग? खेती को पानी कहाँ से दोगे? ये सब चीजें पारधियों को देने कौन सा गाँववाला राजी होगा? और हाँ जिस जमीन पर तुम खेती करना चाहते हो क्या वह जमीन तुम्हें सरकार ने दी है? तुम्हें लगता है वह जमीन तुम्हें मिलेगी?'' कुत्सित नजरों से देखकर वे सारी बात कह डालते।

गाँववालों द्वारा उनके साथ किया यह अपमानजनक व्यवहार पारधियों को

बिलकुल अच्छा नहीं लगा था। खेद और विषाद से भरे हुए बिरडीस ने अपने परिजनों से कहा–"भगवान जाने क्या गुनाह किया है हम पारधियों ने, हम अच्छे तरीके से जीना चाहते हैं पर ये हमें जीने नहीं देते। खेती भी करना चाहते हैं तब भी सरकार हमें बन्दी बना लेना चाहती है। क्या करें हम? कुछ सूझता है तुम्हें?"

तीरमान्या और बिरडीस ने सोचा कि अगर वे बोया हुआ धान्य, बीज-मिट्टी समेत रोज रात को थोड़ा-थोड़ा करके गठरियाँ भरकर ले आएँ और अपने खेतों में उसे बो दें, तब भी वे कुछ तो खाने के लिए उगाने में सफल होंगे? इस योजना को चलित करने के लिए एक रात को पारधियों ने बस्ती के बच्चे, बूढ़े, औरतें सबको आदेश दिया कि गाँव के सब बोए हुए खेतों में वे फैल जाएँ और हर एक व्यक्ति एक पौधे को मिट्टी के साथ अपनी गठरी में रखकर, अपनी खेती में लाकर, उस पौध को रोपित कर दें, लगा दें। थोड़ी सी मिट्टी ऊपर नीचे करते हुए सबने अपने साथ लाई हुई पौध अपने खेत में लगा ली थी। कुछ ही समय में पारधियों के खेत हरे दिखने लग गए। कहीं ज्वार, तो कहीं भिंडी, कहीं उड़द तो कहीं मक्का उगती हुई दिखने लगी। इस तरह का, एक अलग ही किस्म का खेत लहलहाने लगा। पारधी जनता अपने पहले-पहले लगाए खेत को लहलहाते देख खुशी से झूम उठी। उनका यह पहला अनोखा अुनभव था। उनकी यह पहली फसल उन्हें जीने का आनन्द दे रही थी। उन्होंने अपने पेट भरने का साधन देख लिया था। फसल के पकने का उन्हें अब इन्तजार था। हरिणी, जलन और अन्य स्त्रियाँ अपनी नई फसल की रक्षा करने दिन-रात उसकी चौकीदारी करती रहती थीं। किसी भी जानवर को आसपास फटकने न देती थी। कीकरवन के आसपास के गाँवों में पारधियों की खेती एक चर्चित विषय बन गया था। वे भी कहने लगे थे कि क्या हर्जा हो जाता है यदि ये आदिवासी पारधी किसी दूर-दराज जमीन पर खेती करके अपनी गुजर-बसर करते हैं, तो उन्हें वैसा करने दो। उन्हें परेशान न करो।

ढोकी गाँव के पासवाली पारधियों की बस्ती में अचानक एक दिन कुत्तों के जोरों से भौंकने की आवाज आने लगी। पारधी सकपका गए। चौकन्ने हो देखने लगे। उन्हें लगा कि शायद एक बार फिर पुलिसवाले उन पर धावा बोलने पहुँच रहे हैं। बिरडीस ने अपने पाल के एक झरोखे से झाँककर देखा, दूर से कोई सफेद कपड़े पहने हुए एक आदमी बस्ती की ओर लम्बे डग भरता हुआ आ रहा था। उसने सोचा कि ढोकी गाँव का कोई पाटिल या देशमुख बस्ती दिखाने पुलिसवालों के साथ आ रहा होगा। बिरडीस ने अपने मुख से 'चुक चुक चुक' ऐसी आवाज निकालकर बस्तीवालों को बाहरवाला आने की सूचना दे डाली। वह इशारा सुनते ही सब लोग अपने पालों से बाहर निकलकर एकत्रित हो गए। यह उनकी नई बस्ती ढोकी गाँव के साथ लगे हुए नीलगिरि के पहाड़ के पास स्थित थी। बस्ती थोड़ी ऊँचाई पर होने से उन्हें दूर तक दिखाई देता था। दो किलोमीटर की दूरी पर यदि कोई भी आदमी

पहुँच जाता तो यहाँ बस्ती में लोगों को पता लग जाता था कि कोई आ रहा है। यदि कभी वे मोटरसाइकिल या मोटरगाड़ी को देख लेते तब वे सब परिवारवालों को पीछे छोड़ लम्बी छलाँगें लगाते हुए, हिरनों की तरह घबराए हुए, जंगलों में जाकर छिप जाते थे। बिरडीस भी अपनी भूरी तीखी आँखों से–जो दूरबीन जैसे दूर तक देख सकती थीं–एकटकी बाँधे देख रहा था कि आगंतुक अकेला है या उसके साथ कोई और भी है। तीरमान्या, रानपाल्या अपनी तीरकमान अपने कन्धों पर रखकर बिरडीस के आदेश का इन्तजार कर रहे थे। आदेश पाते ही वे और साथियों के साथ जंगलों में जाने के लिए तैयार बैठे थे।

अपनी नजर घुमाकर देखने के बाद बिरडीस ने अपने साथियों से कहा–"मुझे लगता है कि हमें डरने की कोई बात नहीं। कोई अकेला आदमी बस्ती की तरफ आ रहा है। उससे हमें कोई खतरा है, ऐसा नहीं लगता है। यहीं रहकर हमें उसका इन्तजार करना होगा।" कुत्तों के भौंकने की आवाज बढ़ने के साथ उसने देखा कि गाँव का जमींदार बाजीराव देशमुख पान का बीड़ा चबाते हुए, अपने नौकर के साथ सीधे पारधियों की बस्ती की ओर बढ़ता आ रहा है। बिरडीस ने कहा–"इस देशमुख का हम गरीबों के पास अब क्या काम हो सकता है? हमारा उसे कहीं शक तो नहीं हुआ। हमने गड़रिये की बकरी जो चुराई है! क्या हमें यहाँ से भगाने को आया है?" डर के मारे उसका बुरा हाल हो रहा था।

देशमुख खाँसते-खँकारते हुए बिरडीस की ओर आया और कहने लगा–"अरे पारधियों की बस्ती में कोई बन्दा है कि नहीं?" अपनी लाठी के पास मंडराते हुए कुत्तों को भगाते हुए और मुँह से 'हाड-हट हट' की आवाज करते हुए उसने कुत्तों को दूर भगा दिया। बिरडीस सामने आकर बोला–"गाँवधनी, हमारे मालिक, पारधियों के इस गरीबखाने की तरफ कैसे आना हुआ? आपने मुझे बुलवा लिया होता। मैं हाजिर हो जाता।"

"अरे खास कुछ काम नहीं बिरडीस, सोचा कि जंगलवाले मैदान की खेती पर चक्कर मारकर देख आऊँ कि वहाँ क्या हो रहा है, तब सोचा कि यहाँ तुम्हारे पास भी झाँककर देखूँ यहाँ क्या हो रहा है। आजकल नदी किनारेवाले हमारे गन्ने के खेतों में सियार आकर हमें परेशान कर रहे हैं। खेतों में घुसकर, गन्नों को खाकर खेती खराब कर रहे हैं। पके-पकाए खेतों को बर्बाद करते जा रहे हैं। बर्बादी रोकने के लिए उन्हें खदेड़कर भगाना होगा। उन्हें मार भगाना होगा। यह काम तुम पारधियों के सिवाय भला कौन कर सकता है? तुम लोग बाघ हिरन का शिकार करनेवाले हो, तुम्हारे लिए सियारों का शिकार करना कोई कठिन काम नहीं है। तुम उन्हें आसानी से पकड़ सकते हो।"

बिरडीस ने हाथ जोड़ते हुए देशमुख से कहा–"मालिक अच्छा किया कि आप यहाँ पधारे हो। भगवान बनकर आप हमारी सहायता करने चले आए हो–पिछले

दस-पन्द्रह दिनों से हम लोग झाड़ के पत्ते-घासफूस खाकर अपनी गुजर-बसर कर रहे हैं। औरतें, बच्चे भूखे हैं। पहले हम लोग जंगलों में जाकर जो भी कुछ छोटा-मोटा शिकार मिलता उसे मिल-बाँटकर खा लेते थे। गुजारा हो जाता था। परन्तु जबसे सरकार ने हमारे जंगलों में जाने पर पाबन्दी डाल दी है, तबसे हम भूखों मर रहे हैं। नए कानून ने हमारे हाथ पैर बाँध दिए हैं। हमारा मुँह सी दिया है। अच्छा हुआ आपने आकर हमें सियारों का शिकार करने को कहा। आपके गन्नों के खेत बर्बादी से बच जाएँगे और शिकार करने से हम लोगों का पेट भर जाएगा।''

दूसरे ही दिन तड़के, बिरडीस अपने शिकार करने के साधन–जानवर को पकड़ने के लिए जाल-फाँस जिन्हें उसने गठरी में बाँधकर रख छोड़ा था–निकाल लिए। इस्तेमाल न होने की वजह से गठरी पर धूल जमा हो गई थी। जाल और फाँस की गुत्थी होकर फाँस जाल में अटके हुए थे। उन्हें, बैठकर बिरडीस ने छुड़ाया। बिरडीस सोच रहा था कि इन धूलभरे, उलझे हुए जाल और फाँस से उसने कितने ही शिकार किए और कराए होंगे। बाघ, हिरन, खरगोश, बिल्लियाँ न जाने क्या-क्या पकड़कर उसने अपने परिवार का पालन पोषण किया होगा। नए कानून के आने से ये बेचारे एक कोने में धूल में पड़े हुए हैं। हमारा जीवन भी इन फाँसों और जालों की तरह बेकार होकर, उलझकर, धूल में सना, एक कोने में चुपचाप असहाय सा पड़ा हुआ है हमारा समाज! जो भी हो, कम से कम आज गाँव के मुखिया अपने पैरों से चलकर हमारी सहायता माँगने आया है। अच्छा ही है, जाल और फाँसों का हम पर बड़ा उपकार है जो एक बार फिर आज वे हमारे काम आएँगे। आज शिकार के बाद फिर एक बार हम कुछ अच्छा ढंग का खा-पी सकेंगे। बिरडीस की खुशी उसके मुख पर झलक रही थी। जाल और फाँस ठीक करने के बाद, उठकर उसने मटके में भरे हुए पानी से अपना चेहरा धो लिया, बाद में चूल्हे से उपलों की राख निकालकर अपने दाँत माँजने शुरू किए। गड़वे में पानी लेकर कुल्ला किया। धोती के छोर से अपना चेहरा पोंछा। उसकी पत्नी जलन ने गुड़ की बनी चाय उसके सामने रख दी। चाय को उसने एक तश्तरी में उड़ेल दिया। फुर्र-फुर्र की आवाज करते हुए उसने चाय की चुस्कियाँ लेते हुए, तीरमान्या और पिस्तुल्या को आवाज दी और कहा– ''चलो जल्दी तैयार हो जाओ, हमें जल्दी ही यहाँ से चलना होगा। सुबह की ठंड में ही हमें वहाँ जाकर खेतों में अपने जाल बिछाने होंगे। कुछ गन्नों में फाँस डालकर रखने होंगे। जिससे हमें आज ही शिकार मिल जाएगा।''

कन्धों पर अपना सामान रखकर साथ में दो शिकारी कुत्ते लेकर तीरमान्या चल पड़ा। उसके पीछे बन्दुक्या भी हो लिया। मैदानी इलाके से गुजरते हुए जब वे खेतों के पास पहुँच रहे थे तब कुत्तों के भौंकने की आवाज से और पारधियों को उनकी तरफ आते देख, खेतों के आसपास के लोग सहम गए थे।

बिरडीस ने खेतों में पहुँचने के बाद खेतों की निगरानी करते हुए यह पता

लगाया कि सियार गन्ने खाने के लिए किस ओर से आते हैं। कहाँ घुसकर बैठते हैं। इसकी जानकारी होने के बाद उसने तय किया कि जाल कहाँ और कैसे बिछाए जाए और फाँसों को कहाँ-कहाँ लगाकर रखा जाए। यह काम करते हुए उसकी नजरों में आया कि गन्ने के खेतों में लगे हुए आसपास के पेड़ों पर और गेहूँ के खेतों के पास के पेड़ों पर तीतर, बटेर और गिलहरियों का आना-जाना लगा हुआ था। तीरमान्या ने उन्हें पकड़ने के लिए अपनी जेब से फाँस निकालकर पेड़ों पर और गेहूँ की खेती में लगा दिए। दूसरी ओर बिरडीस भी जाँच-पड़ताल कर रहा था। उसे समझते देर न लगी कि सियार उस दिन गन्ने के खेतों में न घुसकर आसपास के खेतों में घूम रहे थे। पारधियों के यहाँ आने की भनक उन्हें लग गई थी। बिरडीस ने थोड़ी निराशा से अपने साथियों से कहा–"मुझे नहीं लगता कि आज सियार का शिकार हमारे हाथों लगेगा। अभी वे आसपास चक्कर काट रहे हैं। हमें यहाँ से थोड़ी दूर जाकर बैठना होगा और उनके यहाँ घुसने का इंतजार करना होगा। इन खेतों में काफी जगहों पर सियारों ने मुँह मारकर गन्ने काटे हुए हैं। वे वहीं टूटकर गिरे पड़े हैं। क्यों न हम उन्हें चख लें।" सबको यह बात पसन्द आ गई और वे गन्ने उठाने चल पड़े। सियारों के काटकर गिराए हुए सात-आठ गन्ने उठाकर बिरडीस बाहर आ गया।

इतने में देशमुख का नौकर नामदेव कोली भागते हुए बिरडीस के पास आकर बोला–"अरे पारधियों के बच्चो, तुम्हारी ऐसी की तैसी। तुम लोगों को यहाँ सियारों को पकड़ने के लिए बुलाया गया था पर तुम लोग गन्ने तोड़कर खाने लग गए हो। अगर इस बात का देशमुख को पता लग गया तो वह मेरी खाल उधेड़ देगा। क्या कर रहे हो तुम लोग...?"

बिरडीस इस पर बोला–"हे जमींदार के बाशिंदे, ये गन्ने जो हमारे हाथों में हैं, सियारों ने उन पर अपना मुँह लगाया था। उन्हें काटकर तोड़ डाला था। वे गन्ने जमीन पर गिरे पड़े थे। ऐसे और भी गन्ने अब भी खेतों में बिखरे पड़े हैं। ऐसे पड़े हुए गन्ने ही हमने उठाए हैं। अगर इस पर भी तुम्हें कोई एतराज है तो दुबारा हम गन्नों को हाथ नहीं लगाएँगे। हाँ, पर कल तक जरूर हम उन परेशान करनेवाले सियारों को पकड़ने में कामयाब होंगे। चिन्ता मत करना।"

दूसरी ओर तीरमान्या के लगाए हुए फाँसों में तीन-चार तीतर अटके हुए थे और चार-पाँच गिलहरियाँ पकड़ी गई थीं। झट से उन्हें तीरमान्या ने अपने थैले में डालना चाहा। गिलहरियाँ चिक-चिक-चिक की आवाज करती हुई कुछ शोर मचा रही थीं। एक-एक को उसने दूर जाकर बाहर निकाला। उस पर अपनी टोपी डाल दी जिससे वह गिलहरी उसका हाथ न काट सके। उसमें अटका हुआ फाँस निकाला और उसकी गर्दन को झटके से मरोड़ दिया। उसकी आवाज बन्द होते ही दूसरी गिलहरी का वही हाल हुआ। दोपहर तक अब उनके पास कम से कम इतना शिकार तो था ही।

दोपहर ढल रही थी, गन्नों के खेतों के पास पारधी बैठे सियारों का इन्तजार कर

रहे थे। बारीक नजर थी और उनके जाल या फाँस में अटकने का इन्तजार उन्हें था। कहीं से कोई भी आवाज न आ रही थी। थोड़े से गन्ने खाकर उनकी भूख न मिटी थी। अन्त में उनकी लगी भूख उन्हें चुपचाप बैठे रहने न दे रही थी। पिस्तुल्या ने उठकर कुछ सरकन्डे, सूखी लकड़ियाँ और घासफूस इकट्ठा कर, उसकी आग जलाई और आँच पर दो गिलहरियों और दो तीतरों को साफ कर, भूनकर खा गए। कीकर के पेड़ तले बैठकर हाथ-मुँह पोंछकर सुस्ता गए। बिरडीस ने कहा–"अब सियारों को पकड़े बगैर हम यहाँ से नहीं हिलेंगे। हमें यहीं रुकना होगा। शिकार लेकर ही हम अपने घरों को लौटेंगे।"

बिरडीस और तीरमान्या 'आँखों में तेल डालकर' उस गन्ने के खेत में रात भर जागते रहे। देर रात गए कुछ सियारों की टोली 'कुई कुई कुई' की आवाजें करती हुई गन्ने के खेतों की तरफ दौड़ती आ रही थी। उनकी आवाजें सुनते ही पारधी चौकन्ने होकर बैठ गए। जिस दिशा से सियार आ रहे थे उसी दिशा में पारधियों ने जाल बिछाकर रखे हुए थे। दूसरी ओर कहीं-कहीं फाँस भी लगाए हुए थे। गन्ना खाने के इरादे से जैसे ही सियार खेतों में घुसे वैसे ही दो सियारों के पैरों में फाँस अटक गए और वे जख्मी होकर जमीन पर लोटते हुए चीखने लगे। दर्द से बिलबिलाने लगे। फाँस से छूटने की कोशिश करने लगे। पकड़े गए सियार खासे मोटे-ताजे, भेड़ों जैसे बड़े थे। पारधियों ने पास आकर सियारों के मुँह अपनी रस्सियों से बाँध दिए और बाद में उनकी टाँगों को बाँध दिया। उन्होंने उन्हें उठाकर पटक-पटककर मार दिया। दूसरी ओर 'चंची' कुतिया और साथ के दूसरे शिकारी कुत्तों ने भौंकते हुए दूसरे सियारों को पकड़कर काटना शुरू किया, जो जालों में अटक गए थे। कुत्ते इस प्रकार भौंक रहे थे मानो कि वह शिकार उन्होंने ही किया हो! भौंकते, दौड़ते हुए कुत्तों ने पूरा खेत अपने सिर पर उठा रखा था। इस शोरगुल से बाकी बचे हुए सियार अपनी जान बचाकर जंगल में भाग गए थे।

बिरडीस, तीरमान्या और बन्दुक्या ने अपने शिकार उठाकर घरों का रस्सा पकड़ लिया। शिकार घर ले जाते समय एक विशेष आनन्द उनके चेहरों पर उभर आया था। बहुत दिनों के बाद उन्होंने शिकार किया था। उनके पालों पर पहुँचने तक सवेरा हो चला था। ढोकी गाँव से गुजरते समय गाँववाले उनको देखकर कह रहे थे–"इन मुओं को देखो तो सही, क्या बड़े-बड़े सियार पकड़े हैं इन पारधियों ने! हाँ...देशमुख के गन्नों के खेत ये मुए सियार खराब कर रहे थे। अच्छा ही हुआ कि इन पारधियों ने इनका शिकार किया, फसल बच गई!"

ये बातें सुनकर पारधियों के सिर अभिमान से ऊँचे उठ गए और खुशी से लम्बे डग भरते हुए वे अपनी बस्ती पर जा पहुँचे।

बस्ती के लोगों को उनके शिकारियों के लौटने का बेसब्री से इन्तजार था। वे जानते थे कि आज उन्हें अच्छा खासा सियारों का ताजा मांस खाने को मिलेगा। इस

विचार से ही उन सबके मुँह में पानी आता जा रहा था। औरतें इन्तजार में थीं कि कब मांस उनके हाथों लगे और कब वे उसे पकाकर सबको परोसें। कोई मांस को भूनकर खाना चाहता था, तो कोई उसका शोरबा बनाकर रोटी के साथ खाना चाहता था। शिकारियों ने आते ही शिकार को भूनकर उसके बराबर हिस्से कर सबको बाँट दिए। चैन से सबने बैठकर स्वादिष्ट मांस खाया। बिरडीस और उसके भाई बन्धुओं ने डकार लेते हुए और अपनी मूँछों पर हाथ फेरते हुए कहा–"जानवर खासे मोटे तगड़े थे, उन्हें काटकर हमें खूब-सा मांस मिला है। हमें चाहिए कि इनसे निकाली हुई चरबी को सँभालकर रख दिया जाए। इसे उबाल देकर रखना होगा। इससे बना तेल औषधोपयोगी है। बाल-बच्चों को कभी पेट दर्द हो, या कभी उन्हें सर्दी खाँसी लग जाए तब इसे दवा के रूप में दिया जा सकता है।"

बिरडीस ने सियारों की टाँगों और मुँडियों को छोटे टुकड़ों में काटकर सब पालों में भेज दिया। बस्ती का प्रमुख होने के नाते एक ज्यादा हिस्सा उसने अपने लिए निकाल लिया और उसे भगौने में डालकर अपनी पत्नी जलन के हवाले कर दिया। पके हुए मटन की खुशबू काफी देर तक चारों ओर फैलती रही थी। वह गन्ध सूँघते हुए शिकारी कुत्ते भी अपनी पूँछ जोर से हिलाते हुए पालों के चारों ओर चक्कर काट रहे थे। बिरडीस ने उन्हें उनका हिस्सा दे दिया था। वे भी बड़े मजे से मिली हड्डियाँ चबाते जा रहे थे। थोड़ी देर बाद कुत्ते भी आपस में खिलवाई करते हुए, भागादौड़ी कर रहे थे। वह समय उन सबके लिए बहुत दिनों बाद खुशियाँ लाया था।

एक दिन बिरडीस को जमींदार देशमुख ने बुलावा भेजा। बुलावा मिलते ही वह भाई तीरमान्या, मानआवल्या को साथ लेकर देशमुख के बाड़े पर पहुँचा। रास्ते में गाँववालों ने पारधियों को आते देखकर फुसफुसाना शुरू किया–"हे भगवान अब क्यों आएँ हैं ये आदिवासी पारधी यहाँ! न जाने क्या हंगामा होगा अब!" अकसर गाँव के लोगों में पारधियों के बारे में यही धारणा होती थी कि ये आदिवासी बड़े खतरनाक लोग होते हैं–जब चाहें, जिसे चाहें वे मार देते हैं, लूटपाट, चोरियाँ व मारपीट करते हैं। इसी कारण से जब लोग उन्हें देखते तब डरकर वे घरों में घुस जाते थे। इन्हें देखकर वे हमेशा एक-दूसरे से पूछने लगते हैं कि ये आदिवासी कहाँ से चले आए हैं–कहाँ जा रहे हैं–किस काम से वहाँ पहुँचे हैं...। पारधियों की सूरत वैसे भी काफी डरावनी लगती थी–लम्बी घनी दाढ़ी, बाल बढ़े हुए, लम्बे गठीले शरीरवाले। शरीर से उग्र प्रकार का आता दर्द। पारधी कई बार आठ-पन्द्रह दिनों बाद ही नहा पाते थे। पसीने की बदबू लोगों से सही न जाती थी। इन सब कारणों से गाँववाले इन लोगों से दूरी रखना ही पन्सद करते थे। बिरडीस की शक्ल-सूरत, चाल-ढाल एक जंगली मानव जैसी थी। लम्बा-चौड़ा काला बदन, हिरन जैसी बड़ी-बड़ी लाल भूरी आँखें, नंगे पाँव। वह देशमुख से मिलने चला जा रहा था। गाँव के कुत्ते जोर-जोर से भौंकते हुए उनके पीछे जा रहे थे। अपने हाथ की लाठी से वह

उनका पीछा करते हुए कुत्तों को भगा देता था। थोड़ी देर बाद वे कुत्ते फिर उनका पीछा करने लगते। यह सिलसिला तब तक चलता रहा जब तक वे तीनों देशमुख के बाड़े पर न पहुँच गए घर के सामने रुका देखकर कुत्तों ने पीछा करना छोड़ दिया था।

देशमुख का बाड़ा बहुत बड़ा था। बाड़े के प्रवेश द्वार पर लकड़ी का बड़ा-सा दरवाजा था, जिसके ऊपर लोहे की लम्बी सी कुंडी लगी हुई थी। दो सीढ़ियाँ चढ़कर बिरडीस ने कुण्डी से दरवाजा खटखटाया। कुछ ही क्षणों में देशमुख के नौकर ने आकर दरवाजा खोला। पारधियों को सामने खड़ा देख नौकर कुछ चौंक-सा गया, और उसने बिरडीस से पूछा–"तुम लोग यहाँ क्यों आए हो? क्या काम है तुम्हारा यहाँ?" तब बिरडीस ने उत्तर दिया–"हमें यहाँ इस गाँव के मालिक देशमुख साहब ने बुलाया है, तभी हम यहाँ आए हैं।"

आवाज सुनकर लुढ़कते हुए बाजीराव देशमुख कमरे से बाहर आए। बिरडीस को देखकर अपनी मूँछों पर ताव देते हुए बोले–"अरे पारधियो! सालो!...तुम लोगों ने हमारे गन्ने के खेतों से सियारों को भगा दिया, बहुत बढ़िया काम किया। उन सियारों का शिकार क्या किया कि बचे हुए सारे सियार डरकर ऐसे भागे कि वे फिर पलटकर नहीं आए, वाह! बहुत बढ़िया काम किया तुमने हमारा। रात को उनकी आवाजें भी आनी बन्द हो गई हैं। सालों ने हमें बहुत परेशान किया था, आगे भी कभी-कभार मैं तुम्हें बुलवा भेजूँगा, तुम आते रहना। तुमसे हमें हमेशा काम पड़ता ही रहेगा। तुम लोग बहुत ईमानदार और वफादार हो। खाए हुए नमक को नहीं भूलते हो, तुम्हारी यही बात हमें बहुत अच्छी लगती है। हम तुमसे खुश हैं। अरे सुनो, जाओ और अन्दर से इन लोगों को चार 'पायली' नाप के (सोलह सेर) ज्वार के दाने लाकर दे दो।" नौकर ने ज्वार लाकर बिरडीस के हवाले कर दी। देशमुख ने फिर बिरडीस से कहा–"सुनो, तुम पारिधीयों के मुखिया हो ना? तुम मुझे हर आठ-दस दिन बाद मिलते रहा करो।"

इतना कहकर वे घर से बाहर निकल गए और अपने घोड़े पर सवार होकर वे बिरडीस की आँखों से ओझल हो गए। वे अपने खेतों की तरफ निकल गए थे।

तीरमान्या और मानआल्या झोले में पड़ी हुई ज्वार को देखकर बहुत खुश हुए थे। गरम-गरम रोटियों की सौंधी-सौंधी खुशबू के बारे में सोचकर ही उनके मुँह में पानी भर आया। मांस के शोरबे के साथ गरम रोटियाँ खाना उनके लिए कुछ और ही बात थी। ज्वार के दानों से भरे थैले का भार उठाने में उन्हें बड़ा ही अच्छा लग रहा था। पारधियों के चेहरे खुशी से छलक रहे थे।

बिरडीस की पारधी बस्ती पर अब गाँव के लोगों का आना-जाना शुरू हो गया था। एक जमाना था जब पारधी बस्ती गाँव से बड़ी दूर, जहाँ से गाँव का जलता दीया न दिखाई देता था, बारह कोसों की दूरी पर बसाई जाती थी। पारधियों के पालों में (घरों में) बत्ती नहीं जलाई जाती थी। पर अब बदलाव आ गया था। पारधियों के घरों

में भी अब तेल का दीया जलाया जाता था। रात के अँधेरे में वहाँ बड़ी धीमी रोशनी दिखाई देने लगी थी। महुआ के फूलों से बनी दारू पीने के बहाने कुछ लोगों का बस्ती में आना-जाना शुरू हो गया था। बस्ती में गुड़ की दारू बनाने के लिए जब खमीरा उठाया जाता था तब उससे उठता उग्र दर्प नाक में जलन पैदा कर देता था। पारधी बस्ती के पास आते ही उस दर्प से लोगों को पता लग जाता था कि यहाँ पारधी बसते हैं। ढोकी के गाँववाले अब उनके गाँव के करीब रहनेवाले पारधियों की बस्ती के लोगों को पहचानने लगे थे। देखते ही देखते इस बस्ती में पन्द्रह-बीस घर बसे दिखने लगे, वहाँ के लोग बड़े प्यार-मुहब्बत से रहने लगे थे। वहाँ के लोगों ने भेड़-बकरियाँ और मुर्गी पालन का व्यवसाय आरम्भ कर दिया था। दारू बनाने और बेचने के धन्धे में भी उन्हें कमाई हो जाती थी। थोड़ा पैसा इकट्ठा होते ही बिरडीस गाँव के साप्ताहिक बाजार से गाभिन बकरियों और मुर्गियों को खरीद लाता। अब तक उसकी बकरियों और मुर्गियों का अच्छा विस्तार हो गया था। रानपाल्या अब बकरियों की देखभाल करता और जलन मुर्गियों को देखती। दोनों का रोज का अब यही काम था। बिरडीस अब ढोकी गाँव से हिल गया था। उसे चाह थी कि औरों की तरह वह भी अपने कुनबे के साथ खेती करे और अच्छी तरह से गुजर-बसर करे। लोगों से मेल-मिलाप करता रहे, यह सब करते हुए वह अपनी पीढ़ी को और संगी-साथियों को सँभालते हुए आगे बढ़ना चाहता था।

एक दिन अचानक उस्मानाबाद शहर के निकट 'मुरूड' नाम की जगह पर, तात्या साहेब पाटिल के घर बड़ा डाका पड़ गया। घर की तिजोरी तोड़कर उसमें रखे हुए सारे जेवर-जेवरात और रोकड़ पैसा लुटेरे लूटकर ले गए। पाटिल के बाड़े की पिछली दीवार को तोड़कर लुटेरे घर में घुसे थे। डाका बहुत बड़ा था। चोरी की तहकीकात करने और चोरों का पता लगाने उस्मानाबाद के पुलिस अधिकारी घाडगे पाटिल ने अपनी कमर कस ली थी। घाडगे पाटिल ने प्रशिक्षण लेते समय अंग्रेजों द्वारा लिखी हुई पुस्तक पढ़ी थी। उस पुस्तक को उन्होंने पुनः खोलकर देखा। बाड़े की दीवार तोड़कर अन्दर प्रवेश पाकर डाका डालनेवाले कौन हो सकते हैं? उन डाकुओं के तौर-तरीके कैसे होते हैं आदि की जानकारी सब उस पुस्तक में लिखी थी। कई वर्षों से पुलिस में कार्यरत एक हवलदार जिसका नाम सखाराम था, घाडगे पाटिल के पास आया और उससे कहने लगा—"साहब इस पुलिस की वर्दी में मेरी सारी उम्र बीत गई है, मेरे बाल यहीं सफेद हुए हैं, मैं आपको दावे के साथ कह सकता हूँ कि यह डाका पारधी लोगों का काम है। ये बड़े भयानक और खतरनाक होते हैं। चोरी करते समय यदि कोई बीच में आ जाए तब वे उसे अपने रूमाल में बँधे गोल पत्थर से सिर पर ऐसे जोर से फटका मारते हैं कि वह बन्दा वहीं ढेर हो जाता है। बन्दूक की गोली भी ऐसा काम नहीं करती...!"

"तुम जो कह रहे हो वह बात समझ में आ रही है। मैंने भी यह बात पढ़ी हुई

है। अंग्रेजों द्वारा लिखी हुई किताब में यही बताया गया है कि हरिण पारधी, फाँसे पारधी, बाघरी और भील लोग चोरी और डाके डालने में माहिर होते हैं। पता करो कि हमारे इलाकों में कहाँ-कहाँ पारधियों की बस्ती है—वहाँ जाकर औरतों, बच्चों से पूछताछ करो। इस डाके का पता हमें लगाना ही होगा।''

जब से घाडगे पाटिल ने छानबीन करने का बीड़ा उठाया था तबसे वह अपनी जीप गाड़ी लेकर आसपास की सब पारधी बस्तियों में जाने लगा। वहाँ जाकर हर बस्ती से पाँच-दस पारधियों को पकड़कर अपनी जीप में डालकर थाने ले आता और पूछताछ के समय उनसे बुरी तरह मारपीट करता। कई लोगों की चमड़ी उधेड़ी गई थी। बाद में उन्हें कोठरी में बन्द कर देता था। ढोकी गाँव के पास की पारधी बस्ती का पता उसे लग गया था। वहाँ के पन्द्रह-बीस घरों में जाकर पता करने की उसने ठान ली।

एक दिन बहुत सवेरे ही—जब उजाला होने में अभी कुछ देर थी—घाडगे पाटिल अपनी जीप लेकर बिरडीस की बस्ती की ओर चल पड़ा। वह चाहता था कि उस समय जाकर वह गुनहगारों को चोरी के माल के साथ पकड़ पाएगा। इसी विचार से उस बस्ती पर छापा मारने वह निकल पड़ा था। जीप गाड़ियाँ ऊँचाई के रास्ते पर चढ़ी जा रही थीं कि गाड़ियों की आवाज पारधियों के तीखे कानों पर पड़ गईं। वे जान गए कि गाड़ियाँ उन्हीं की तरफ बढ़ रही हैं और गाड़ियाँ पुलिसवालों की ही हो सकती हैं। आते हुए संकट का आभास उन्हें हो गया था। बिरडीस के दिमाग में क्षण भर में, पुरानी यादें ताजा हो गईं। झूठा आरोप लगाकर वे उन्हें पकड़कर ले जाएँगे, इस बात का डर था। बाघआवल्या की पूरी कहानी उसकी नजरों के सामने से घूम गई। हाथी जैसे बलशाली पारधी पर झूठा इल्जाम लगाकर पुलिसवालों ने उसे मार डाला था। डर के मारे वे अब तक कई बार अपने रहने की जगह बदल चुके थे। कोडियारा देवी की कृपा से अब वे एक अच्छी जगह पर गुजर-बसर करने लगे थे। गुड़ के काले पानी का खमीरा कर देशी दारू बनाने लगे थे। जिससे कमाई अच्छी हो जाती थी। क्या पुलिसवाले उनका देशी दारू बनाने का काम बन्द करवाने आए थे? क्या इसी काम को बन्द कराने के लिए वे उन्हें पकड़ने आए थे? ध्यान से कान लगाकर गाड़ियों की आवाज कितनी दूर है इसका अन्दाजा बिरडीस लगा रहा था। बिरडीस का शक सही था, वे पुलिसवालों की ही गाड़ियाँ थीं। उसने इशारे से बस्तीवालों को सावधान कर दिया। वह चिल्लाया—''साथियो! उठो, जाग जाओ, पुलिसवाले हम पर धावा बोलनेवाले हैं। घर में जो दारू भरकर रखी हुई है उसे उड़ेल दो। घर में जो कुछ पैसा जेवर है, उन्हें जमीन में गाड़ दो और जवान बच्चों को पुलिसवालों के हाथ न लगने दो। वे उनकी पकड़ में आ गए तो वे लोग उनकी हड्डी पसली एक कर देंगे।''

हिरन जैसे पारधी के जाल और फाँस से डरता होगा वैसे ही पारधी भी

पुलिसवालों की गाडियाँ देखकर डर गए थे। जवान लड़के आधी नींद में पुलिस का नाम सुनते ही जंगल की ओर तेजी से चौकड़ी मारते हुए भाग गए। पुलिसवालों ने बस्ती के पास पहुँचते ही, उसे चारों ओर से घेर लिया। औरतें, बच्चे जो भी कोई हाथ लगा, उन्हें पकड़कर हंटरों से पीटना शुरू कर दिया। बन्दूक के दस्ते से बच्चों को ऐसा पीटा जैसे वे कोई कुत्ते-बिल्ली हों। सुबह के प्रथम पहर की लाल किरणें आकाश में फैलती जा रही थीं और साथ में अँधेरे को निगलती हुई प्रकाश को फैला रही थीं। साथ के जंगल में पशु-पक्षी जाग गए थे और उधर पारधी बस्ती में हाहाकार मचा हुआ था। पुलिसवालों की मार से घायल औरतें और बच्चे रो रहे थे। दर्द के मारे कराह रहे थे। बिलख रहे थे। औरतें अपमानित हो दुखी होकर बार-बार कहती जा रही थीं–"कोई तो हमें बचाओ, हमारा गुनाह क्या है। ये तो हमें कोई बताओ।" पारधी बस्ती का शोर और चीखें गाँववालों तक पहुँच रही थीं पर उनकी सहायता करने कोई भी आगे न बढ़ा था। सारे पारधियों को पुलिस ने एक कतार में खड़े रहने को कहा। सबके हाथ एक-दूसरे से बाँध दिए गए थे।

बिरडीस ने बड़ी हिम्मत जुटाकर पुलिसवालों से पूछा–"साहब हमारा गुनाह क्या है? हमें क्यों पकड़ा गया है, क्या बता सकते हैं? हमारी औरतों और बच्चों को आपने बेरहमी से क्यों पीटा है?"

घाडगे पाटिल गुस्साए हुए थे। बोले–"हरामखोर पारधी आदमी! अरे तू हमसे पूछने की हिम्मत करता है? हमसे सवाल पूछता है कि तुमने क्या किया? अरे तुम पारधी जाति के हो यही तुम्हारा पहला गुनाह है। तुम्हारा दूसरा गुनाह तुम मेरे इलाके में आकर बस गए हो। इस बात की सूचना तुमने हमारे थाने में नहीं दी है। क्या यह तुम्हारे बाप का गाँव है जो तुम यहाँ बस गए? मुझे तुम पहले यह बताओ कि मुरुड गाँव में तात्या साहेब पाटिल के घर में जो डाका पड़ा है, उस काम में तुम में से कौन-कौन शामिल था?"

बिरडीस ने हाथ जोड़कर अनुनय-विनय करते हुए कहा–"मायबाप, सरकार हमारे बदन पर गूं मत फेंकिए। झूठे इलजाम मत लगाइए। बिना बात के आरोप लगाकर हमें मत फँसाइए। हमने कोई भी डाका नहीं डाला है। अगर हमने कोई गुनाह किया है तो आपकी आज्ञा न लेकर हम गुड़ और महुए के फूलों से देशी शराब बनाते हैं। जिसे हम 'काले पानी को सफेद पानी बनाना' कहते हैं। इसी पानी को बेचकर हमारा मुश्किल से गुजर-बसर होता है।"

गुस्से से भरे घाडगे पाटिल ने कहा–"ए–चलो उन सब वस्तुओं को जब्त करो जिससे ये लोग देशी शराब बनाते हैं।" अब तक दिन निकल आया था। पारधियों के घर-घर में जाकर पुलिसवाले सब वस्तुओं को उठाकर ले जा रहे थे। बिरडीस के पाल से उन्होंने दो जर्मन सिलवर के भगोने, दो थालियाँ, एक पीतल का गडवा जब्त किया। पुलिस ने फिर बिरडीस से पूछा, "क्या तुम्हारे पास इन भगोनों की, थाली

और गडवे की रसीदें हैं? ये चीजें तुमने कहाँ से खरीदी हैं? बताओ इस पीतल के गड़वे का तुम्हारे घर में क्या काम है? इन चीजों को खरीदने के लिए तुम्हारे पास रुपए कहाँ से आए? तुम्हारे आँगन में बँधी भेड़-बकरियों की खरीददारी की रसीद कहाँ है? सही-सही बताओ कहाँ से आया यह सब कुछ...?''

बिरडीस बोला–''मायबाप सरकार, भगोने और थालियाँ बहुत सालों से घर में हैं, इनकी रसीद मैं कहाँ से लाऊँ? रही बकरियों की बात–इनमें से कई बकरियाँ, यहीं पर जनमी हैं। कुछ मुर्गियाँ और कुछ बकरियाँ, दारू से मिले पैसों से साप्ताहिक बाजार से खरीदी हुई हैं। उनके खरीद के कागज़ात भी होते हैं यह हमें पता नहीं है। कायदे कानून की बात कैसे लिखनी होती हैं, यह हम अनपढ़ गँवार क्या जानें? आप ही बताएँ तारीख, वार का हमें पता नहीं, साप्ताहिक बाजार का दिन हमें पता होता है बस और हम क्या बताएँ सरकार!''

बिरडीस की बात सुनने के बाद अपनी आँखें तरेरते हुए घाडगे पाटिल ने कहा–''मुरुड में पड़ा डाका तुम पारधियों के सिवाय और कोई नहीं डाल सकता, यह बात मैं पक्की तरह से जानता हूँ। तुम चाहे कितने भी ढोंगी क्यों न बनो, मैं तुम्हें चैन से जीने नहीं दूँगा। मार-मार के तुम लोगों की खाल छील डालूँगा। सही-सही बात बोलो।''

पारधियों के पालों से सब वस्तुओं को जब्त कर लिया गया। एक कतार में आदमियों को खड़ा कर बाँध दिया गया। औरतों को एक कतार में बिठाया गया। जलन के बालों को पकड़कर, उसके चेहरे को जमीन पर पटककर उससे पूछा जा रहा था, ''बोल तू क्या जानती है? तुम्हारे मर्द कहाँ-कहाँ जाकर चोरी-चकारी करते है?''

जलन ने जवाब दिया, ''साहब कोडियारा देवी की कसम खाकर मैं सच कह रही हूँ। हम लोग चोरी-चकारी नहीं करते। देशी दारू जरूर बनाते हैं। कभी मिला तो छोटा-मोटा शिकार करके खाते हैं और जीते हैं। आप हमारी जान भी ले लें पर हम सच बोलेंगे। झूठ नहीं बोलेंगे। पर ऐसी मरणप्राय यातनाएँ मत दीजिए। हम पारधियों को मत मारिए। हमने कोई गुनाह नहीं किया है।''

घाडगे पाटिल बोला–''साली, हरामखोर, चोट्टी कहती है कि मैंने कुछ नहीं किया? फिर तेरे बदन पर इतनी अच्छी साड़ी कैसे आई है? कहाँ से खरीदी है? क्या इसकी रसीद तेरे पास है?''

जलन ने उत्तर दिया, ''छह मास पहले ढोकी के बाजार में एक गाभिन बकरी बेचकर यह साड़ी खरीदी थी चाहे तो आप जाकर ढोकी बाजार के चुन्नीलाल मारवाड़ी से पूछ लें, उसी की दुकान से यह साड़ी खरीदी थी।''

''पर क्या उसकी रसीद तेरे पास है?''

''अब सरकार इस छेदों से भरे हमारे पाल में हम कहाँ कागज सँभालकर रखें?

ना रहने को ढंग की जगह ना कुछ रखने को सन्दूक। हवा बारिशों में हमारे पालों के छत कई बार उड़ जाते हैं—हम इनसान होते हुए भी इनसानों की तरह रह नहीं पाते—आप रसीद सँभालकर रखने की बातें करते है? मेरा विश्वास करिए साहेब। इस घर की कोई भी चीज चोरी की नहीं है।''

इस पर घाडगे पाटिल ने कहा—''इस साली हरामखोर औरत के बदन की यह साड़ी सब सामान के साथ अभी जब्त करो। जिन-जिन वस्तुओं की रसीदें इनके पास नहीं हैं उन सब वस्तुओं को जब्त करो, जल्दी काम करो।''

भारी मारपीट के बाद काले नीले पड़े बदन से सारे पारधी चुपचाप बैठे अपना सारा सामान जब्त होता देख रहे थे। उनके मुख से एक शब्द भी नहीं निकल रहा था। पुलिसवालों के डंडे पारधियों की पीठ पर, टाँगों पर, पेट पर, सिर पर पड़कर सब लहुलूहान हो रहे थे। कुछ कराह रहे थे। प्यास के मारे छटपटा रहे थे, पर उन्हें वैसे ही प्यासे बैठना पड़ा था। उन्हें जरा-सा भी हिलने न दे रहे थे। औरतों को मारपीट के बाद छोड़ दिया गया। जलन की पहनी हुई साड़ी सखाराम हवलदार ने खींच कर उतार ली। जलन के बदन पर केवल चोली ही रह गई थी। शर्म के मारे लज्जा रक्षण करने जलन अपने पाल में घुस गई। फटा पुराना एक कपड़ा उसने अपने पर ओढ़ लिया। बेशर्मी से पुलिसवाले जलन की हालत पर हँस रहे थे। असहाय हो, हताश होकर यह नजारा पारधीजन देख रहे थे। असहाय वेदना और शर्म से उनकी गर्दनें झुकी हुई थीं।

पारधियों के एक-एक आदमी का नाम लेकर उन्हें पुलिस बैनों में ठूँसा जा रहा था। वे ऐसे धकेलकर उन्हें बैन में भर रहे थे मानो वे कटने के लिए ले जानेवाली मुर्गियाँ हो! बिरडीस, तीरमान्या, मानकाप्या, ढरग्या और जमादाप्या उनमें से कुछ लोग थे। पारधियों को पकड़कर पुलिस उन्हें अपने साथ ले गई। उधर उनके पालों में उनकी औरतें एक-दूजे के गले पड़कर, माथा पीटते हुए, बेसुध-सी आक्रोश करने लगीं। बदनसीबी उनका पीछा हाथ धोकर कर रही थी। उन्हें चिन्ता खाए जा रही थी कि कहीं उनके आदमियों को पुलिस मार न डाले। उन्हें लग रहा था कि उनमें से कोई भी सही-सलामत, जिन्दा घर न लौट पाएगा। जंगलों में भागे हुए बेटों का अब उन्हें इन्तजार था।

पुलिसवालों की नजरों से बचने के लिए रानपाल्या, बन्दुक्या, अन्य लड़कों के साथ कीकर वन में जाकर छिप गए थे। वे डरे-सहमे हुए काफी देर तक चुपचाप बैठे रहे। बड़ी देर बाद उनकी चुप्पी टूटी। रानपाल्या ने बन्दुक्या से कहा—''यार किस तरह का है यह जीवन हमारा! कुत्ते-बिल्ली और अन्य जानवरों की भी जिन्दगी हमारी जिन्दगी से बेहतर है।

"जानवरों के साथ भी अच्छा बर्ताव किया जाता है। पर हम पारधियों से यह सरकार, पुलिसवाले और सारा समाज ऐसा बुरा बर्ताव क्यों करता है? हम लोगों ने

कोई गुनाह न करते हुए भी हमें क्यों मारपीट कर पकड़ा जाता है? हम पर गुनाहों के गलत आरोप लगाए जाते हैं? रात-बेरात आकर हमारी माँ-बहनों पर, बच्चों पर अत्याचार किए जाते हैं। मारपीट कर हम लोगों की हड्डी-पसली एक कर देते हैं? जो गुनाह हम लोगों ने किए ही नहीं उन्हें जबरदस्ती हम पर थोपकर हमें बन्द कर दिया जाता है। जानवरों जैसे उन्हें जेल में बन्द करके रखा जाता है! हम तगड़े जवान होते हुए भी चुपचाप देखते रहने के सिवाय कुछ नहीं कर पाते। बिरडीस ने हमें चौकन्ना करके जंगल में भाग जाने को कहा तब हम भाग निकले। पर पता नहीं हमारे पीछे बस्ती में क्या कुछ हुआ होगा। उन्हें बहुत मारा-पीटा होगा। शायद हमारे बुजुर्गों को वे उठाकर भी ले गए होंगे। और हम माँ-बाप के कहने पर पुलिस से बचने के लिए हिजड़ों की तरह भाग आए? अपने पर मुझे शर्म आती है। कब तक हम ऐसे जंगल में छिपते फिरेंगे? हमारे माँ-बाप अवश्य हमारी चिन्ता कर रहे होंगे...इस पर हमें कुछ उपाय ढूँढ़ना होगा। तुम भी सोचो कि हमें क्या करना चाहिए।'' बन्दुक्या झुरमुट के पास बड़े से पत्थर पर बैठा रानपाल्या की बात सुन रहा था। सूखे पत्ते को चबाते हुए उसने रानपाल्या से कहा–''सच कहते हो तुम, कुछ करना ही पड़ेगा। मेरे विचार से अब हमें बाजीराव देशमुख का सहारा लेकर हमारे घरवालों को पुलिस के पंजों से छुड़ाना होगा। पर अब हम वहाँ गए तब पुलिस हमें भी घर दबोचेगी।'' बच्चों ने अपना यह विचार बदला और फिर सोच में पड़ गए।

काफी रात गए जब बच्चे नहीं लौटे तब उनकी माताएँ चिन्तित हो गईं। बस्ती में गहरी उदासी छाई हुई थी। जलन और हरिणी एक-दूसरे को ढाढ़स बँधा रही थीं। उनके बछड़े कहाँ घूम रहे होंगे या पुलिसवालों ने उन्हें भी धर-दबोचा होगा, इस चिन्ता से उनकी आँखों में आँसुओं की धार बह चली थी। बेबस माताएँ अँधेरों में बैठे आँसू बहाने के सिवाय कर भी क्या सकती थीं? अगर कर सकती थीं तो सिर्फ इन्तजार पति और पुत्रों के लौटने का!

तीसरा दिन निकल आया पर कोई भी लौटकर नहीं आया था। औरतें कह रही थीं–कोडियारा देवी क्यों इतनी निष्ठुर हो गई? इस संकट से हमें वह क्यों उबार नहीं रही है? हमें रास्ता क्यों नहीं दिखा रही है। हम औरते क्या कर सकती हैं। उनकी वह रात भी बेचैनी से गुजरी। बहुत सवेरे ही एक बार फिर कहीं दूर से कुत्तों के भौंकने की आवाज आने लगी। उस आवाज से पारधी बस्ती जाग गई और बेहद डर गई। अब कौन आ रहा होगा? क्या फिर हम पर संकट आ गया है? जलन और हरिणी चिन्तातुर होकर घरों से बाहर निकल आईं। उन्होंने पैरों की आहट सुन ली।

बन्दुक्या ने अपने मुख से तीतर की आवाज निकालनी शुरू की। इशारा था कि घर के ही लोग हैं। जलन और हरिणी जान गईं कि उनके ही बेटे वापस लौट आए हैं। माताओं के उनके बच्चों के इन्तजार की घड़ियाँ खतम हो गई थीं। काडतुस्या, रानपाल्या और बन्दुक्या अपनी माताओं के गले लगकर आँसू बहाते हुए पूछ रहे थे

कि हम लोगों के भाग जाने के बाद यहाँ क्या हुआ बताओ हमें...।

हरिणी ने एक गहरी ठंडी साँस लेकर पूरे विस्तार से जो कुछ घटा था वह बता दिया...।

रानपाल्या ने जब सुना कि उसके पिता बिरडीस को पुलिस ने बुरी तरह से पीटा है, वह बड़े जोर-जोर से रोने लगा। उसे सँभालते हुए और समझाते हुए उसकी माँ जलन ने कहा–''बेटा तुम अब बड़े हो गए हो। अपने आपको सँभालो। इस प्रकार रात के अँधेरे में तुम्हारा जोरों से रोना ठीक नहीं है। सबको सुनाई देगा।''

रानपाल्या ने सुबकते हुए अपनी माँ से कहा–''माँ यह कैसा दुखद जनम है हम पारधियों का! दुखी होने पर जोरों से खुलकर रोने का भी अधिकार नहीं है हमें? कैसा कड़वा कठोर कानून बनाया गया है हम पारधियों के लिए! सरकार का क्या बिगाड़ा था हम लोगों ने। चोरी-चकारी न करने पर भी केवल हम जात से पारधी होने के कारण, केवल उनके शक के कारण हम पर जुल्म ढाए जाते हैं? मार-पीट कर हमें बन्द किया जाता है? अगर उनका व्यवहार हम लोगों के साथ ऐसा ही होना है तो माँ फिर क्यों न हम वास्तव में चोरी करना, डाके डालना शुरू कर दें! मैं बताए देता हूँ कि यदि मेरे बाबा को पुलिस ने आठ-दस दिन में नहीं छोड़ा तो मैं चुप नहीं बैठूँगा...हाँ...। मैं आसपास की बस्तियों से हम उम्र के लड़कों को एकत्रित करके अपनी एक टोली बना लूँगा। पुलिसवालों की जैसी टोली होती है। वैसी ही मेरी टोली होगी। पुलिस जैसे हमारी बस्तियों में रात को आकर मार-पीट करती है, हमारी चीजें उठाकर ले जाते हैं, उसी प्रकार हमारी टोली भी गाँव के साहूकार और अमीर आदमियों के घरों पर डाका डालकर उनकी मूल्यवान चीजें लूटेंगे। ऐसा करते हुए यदि हमें कुछ हो भी गया तब उसकी हम परवाह नहीं करेंगे, डरेंगे नहीं उनसे हम। हमारे ऐसा करने से कम से कम आप लोग तो भूखे नहीं मरोगे। डर के मारे जंगलों में आपको नहीं भागना पड़ेगा। अमीरों के घरों से अनाज लूटकर ले आएँगे। जिससे कभी खाने के लाले नहीं पड़ेंगे। पिछले तीन दिनों से हम लोग जंगल में भटकते फिर रहे थे। कीकर वन में हमें भूखा रहना पड़ा। हिरन, खरगोश का शिकार करना चाहा था पर अब शिकार करना हम पारधियों के नसीब में नहीं है। हम कैसे जिएँ। कैसे पेट भरें? गाँव में ना हमारा घरबार, ना खेती, हमारी कोई पता नहीं कि कोई हमें उधार भी दे सके। माँ कहो, कुछ तो कहो, क्या करें हम?''

जलन ने उदास होकर कहा–''क्या कहूँ बेटा, मेरे पास कहने को कुछ बचा नहीं है। मैं भी तुम्हारे जैसे ही परेशान हूँ। जबसे तुम्हारे बाप को पकड़कर ले गए हैं तबसे घर में चूल्हा नहीं जला है। घर में फूटी कौड़ी नहीं है और ना ही अनाज है। पिछले तीन दिनों से हम भूखे हैं। पानी पी लेते हैं भूख लगने पर! गाँववालों से हमें कुछ मिलने की आशा नहीं है। हमारे वहाँ पहुँचते ही हमारे मुँह पर वे दरवाजे बन्द कर लेते हैं।''

रानपाल्या ने माँ की आँखों से आँखें मिलाते हुए कहा–''माँ हम लड़कों को रात के अँधेरों में ही बस्ती छोड़कर भागना पड़ेगा। यदि पुलिस को हमारे यहाँ आने की भनक भी पड़ गई तो हमारी खैर नहीं, वे हमें भी पकड़कर ले जाएँगे।''

उदास जलन ने अपने बेटे से कहा–''बेटा पुलिस की नजरों से बचाकर मैंने कुछ रख छोड़ा था। बकरी की पीठ से निकाला हुआ कुछ मांस रखा हुआ है। उसे बारीक काटकर मुझे दो, तुम्हारे लिए मैं उसे पका देती हूँ। वही खाकर जाओ खाली पेट लेकर मत जा बेटा।'' वह आग जलाने चली गई।

भूखे रानपाल्या और बन्दुक्या उस बकरी की पीठ के टुकड़े पर ऐसे झपट पड़े मानो वे कोई शिकारी कुत्ते हों जो बड़े दिनों के भूखे हों। बची हुई पीठ के बारीक टुकड़े कर, भगोने में डालकर माँ के सामने रख दिए। तीन दिनों की भूख उस 'मटन' के खाते ही मिट गई। अपना मुँह पोंछते हुए रानपाल्या अपनी माँ से बोला–''माँ अब सुबह होने को है। अभी हम सामने वाली पहाड़ी पर जाकर छिपे रहेंगे–तुम्हें मिलने हम लोग ऐसे ही रात के अँधेरे में आते रहेंगे। मेहरबानी करके आप एक काम करो, हरिणी चाची को साथ लेकर तुम बाजीराव देशमुख से मिलने चली जाओ, उसे जाकर; हम लोगों पर जो कुछ बीता; उसे बता दो। उससे कहो कि इस बार वह हमारी मदद करे और बापू और लगमण्या चाचा को पुलिस के पंजे से छुड़वा ले।''

''अच्छा बाबा, तुम जैसे कहते हो वैसा ही मैं करूँगी।'' यह कहते हुए अपने बेटे को ढाढ़स देकर, उसने सवेरा होने से पहले उसे, बन्दुक्या के साथ विदा किया।

दिन के चढ़ते ही जलन हरिणी को साथ लेकर अपनी बस्ती से ढोकी गाँव की तरफ चल पड़ी। झुरमुटों और पेड़ों से भरा मैदानी इलाका तेजी से पार करते हुए वे दोनों ढोकी गाँव की सरहद में पहुँच गईं। दो पारधी औरतों के गाँव में आते ही वहाँ के कुत्तों ने जोरों से भौंकना शुरू कर दिया और वे दोनों को परेशान करने लगे। हाथ में पकड़ी हुई सोटियों से दोनों औरतें कुत्तों को मारकर भगाती रहीं। गाँव के सुलझे हुए और जान-पहचान के लोग उनसे पूछ रहे थे, ''तीन दिन पहले यहाँ हम लोगों ने आपकी बस्ती में बहुत शोरगुल सुना था। क्या हुआ था वहाँ? बहुत रोना धोना हुआ था। क्या तुम्हारी दारू की लगी भट्ठियों पर पुलिस ने धावा बोलकर तोड़-फोड़, मारपीट की थी? नुकसान किया था?''

इन सवालों का जलन जवाब देती रही, ''हाँ मायबाप, किसी ने पुलिसवालों को खबर दी होगी। उन्होंने बहुत मारपीट की, बहुत नुकसान किया हम लोगों का और हमारे मर्दों को पकड़कर अपने साथ ले गए हैं। अभी तक कोई भी लौटा नहीं है। यही सबकुछ बताने और मदद माँगने के लिए हम देशमुख साहब के बाड़े पर उनसे मिलने जा रहे हैं।''

बड़ी देर तक दोनों औरतें बाजीराव देशमुख के दरवाजे के समक्ष खड़ी रहीं। वे ऐसी लग रही थीं मानो वे कोई खेत में चिड़ियों को भगाने के लिए रखा 'डरावा' हों,

वे दिखने में उस समय वैसी ही लग रहीं थीं, बेचारी औरतें? बाजीराव के नौकर ने उन्हें जाकर बता दिया था कि दो पारधी औरतें उनसे मिलना चाहती हैं।

थोड़ी देर बाद बाजीराव देशमुख सफेद उजली धोती कमीज पहनकर अपनी मूँछों पर ताव देते हुए, बैठक में गावतकिए से टिककर विराजमान हुए और पारधी औरतों को अन्दर भेजने को नौकर से कहा।

जलन और हरिणी अन्दर आ गईं और अपना पल्लू पसारकर, उकड़ूँ बैठकर पाटिल के सामने सिर झुकाकर, विनीत स्वर में जलन ने कहा–''मायबाप, अब आप के सिवाय हमें कौन बचा सकता है? आपका ही हमें आसरा है। तीन दिन पहले हमारी बस्ती में अचानक पुलिसवालों ने धावा बोलकर बस्ती के सब पुरुषों को बड़ी बेरहमी से पीटा। ऐसे पीट रहे थे जैसे वे कुत्तों को पीट रहे हों। वे बेकसूर होते हुए भी पुलिस ने उनका यह हाल किया। वे कह रहे थे कि किसी मुरूड गाँव में बड़ा डाका पड़ा है। जिसके जिम्मेदार हमारे मरद हैं। जो बात बिलकुल सही नहीं है। उनका यह आरोप बिलकुल झूठा है। आप भी जानते हैं कि हम लोग इस गाँव को छोड़कर कहीं भी नहीं जाते हैं। बाहर जाकर कोई भी काम नहीं करते हैं। और कुछ नहीं पर हमने दारू की भट्ठी लगाकर दारू बनाना शुरू कर दिया है। जिससे हमारी रोजी-रोटी चलती है। अगर यह करना गुनाह है तब हमसे वह गुनाह हुआ है। और कोई अन्य गुनाह हमने नहीं किया है। आज तीन दिन से अधिक समय बीत गया है। अभी तक उनमें से कोई भी घर नहीं लौटा है। भगवान जाने उन पर क्या बीत रही है। पुलिसवालों ने उन्हें मार डाला है या वे अभी जिन्दा हैं। इस बात का हमें कुछ पता नहीं है। हम औरतें बहुत घबराई हुई हैं। मायबाप सरकार, हम आपसे हाथ जोड़कर यही कहना चाहते हैं कि मेहरबानी करके आप हमारे मरदों को पुलिस के हाथों से छुड़वा दीजिए। साहब हमारी इतनी सहायता कर दीजिए, आपका यह उपकार हम जनम भर नहीं भूलेंगे।''

शान्ति से बाजीराव देशमुख ने जलन की पूरी बात सुन ली और कहा–'' ठीक है, मैं पूछताछ करता हूँ। जिले में जाकर पता लगाता हूँ, पुलिसवालों की चौकी में जाकर देखता हूँ। यदि उन लोगों ने कोई अपराध न किया होगा तब मैं उन्हें अवश्य छुड़वा कर ले आऊँगा। नहीं तो ऐसा करो। मैं तुम्हें एक चिट्ठी लिखकर देता हूँ। उसे अपने साथ ले जाओ और चिट्ठी थाने के थानेदार को जाकर दे दो। वह क्या कहता है, करता है, देखता हूँ।''

चिट्ठी लिखकर उसने जलन को पकड़ा दी और जलन ने उस चिट्ठी को अपनी धोती की अंटी में बाँधकर रख दिया। हरिणी को अपने साथ लेकर वह उस्मानाबाद की तरफ चल दी।

उस्मानाबाद के पुलिस थाने के सामने जलन और हरिणी को कई घंटे खड़े होना पड़ा। आने जानेवाले पुलिसवाले से वे बार-बार विनती करती जा रही थीं–''हमें अपने

आदमियों से मिलने दो। हमें अन्दर थानेदार से मिलना है पर उन लोगों के कानों पर जूँ भी नहीं रेंग रही थी। वे उन्हें अनदेखा, अनसुना कर आगे निकल जाते थे। अब तक वे बहुत थक चुकी थीं, रूँआसी हो गई थीं। इतने में उन्होंने देखा कि हथकड़ी लगे और कमर में रस्सी से बँधे हुए, जंगली जानवरों को जैसे कोई पकड़कर लाता है; वैसे ही बिरडीस, तीरमान्या, जमादान्या को पुलिसवाले पकड़कर कोर्ट से वापस ला रहे थे। उनका 'रिमांड' बढ़ाया गया था। बिरडीस को पुलिसवालों ने बहुत पीटा था। जिससे उसकी हालत बहुत खस्ता हुई दिखती थी। वह सिकुड़ा-सा लग रहा था। चेहरे पर की रौनक गायब हो चुकी थी। चलने में भी उसे कठिनाई हो रही थी। अपने पति की यह दुर्दशा देखकर जलन की आँखों में आँसू आ गए। सुबकते हुए उसने हरिणी से कहा—इन कलमुँहों ने बड़ी बेरहमी से हमारे मर्दों को पीटा है। क्या हालत बना दी है हमारे लोगों की...इन पुलिसवालों को बुरी मौत मिले!''

किसी बैल का अंडकोष जोर से दबोचने पर जैसा व्याकुल कोई बैल हो जाता होगा, वैसी ही व्याकुलता बिरडीस के चेहरे पर दिख रही थी। उन तीनों को गाड़ी से नीचे उतरते देख, वे दोनों गाड़ी की तरफ भागती हुई चिल्ला रही थीं—''साहेब जरा रुकिए, हमारे आदमियों को हमें एक नजर देख लेने दीजिए, हमें उनसे बात कर लेने दीजिए...।'' औरतों को पास आते देख हवलदार अपनी सोटी लेकर आगे बढ़ा, चिल्ला कर, बुरी गाली निकालकर बोला—"मादर...तुम पारधियों की जात ही ऐसी है, कभी नहीं सुधरोगे? हमारे काम में अडंगा डालने से बाज नहीं आओगे। हाँ...।'' उसने दो-चार डंडे जलन और हरिणी के कूल्हों पर जड़ दिए।

लाठियों से पिटते हुए, रोते हुए जलन गिड़गिड़ाती हुई बोलती जा रही थी, ''मायबाप सरकार हम, गरीब पारधियों पर क्यों अत्याचार कर रहे हो? हमारे घरों में कोई भी चोरी की चीजें मिले तो हमारे पर गूं डाल दो। हम सजा भुगत लेंगे। पर बिना कारण बेकसूर होते हुए हमें मत मारिए। हम पर दया कीजिए सरकार मायबाप...।''

अपनी औरतों को बेमतलब पिटते देखकर बिरडीस, तीरमान्या की मुट्ठियाँ गुस्से से भिंच गई थीं। वे चाह रहे थे कि हिरनों जैसे इन पुलिसवालों के गले को पकड़कर उनके रक्त का घूँट पीया जाए। एक झटके में उन्हें जमीन पर पटककर उनकी जान ले लें...पर बदन में दम और मन गुस्से से भरा होते हुए भी, हाथ में पड़ी बेड़ियों के कारण वे हाथ मलते रह गए थे...। पारधियों को कोठरी में बन्द कर दिया गया।

बहुत समय बीतने के बाद एक जमादार को इन पारधियों पर दया आई। उन दोनों औरतों की दशा उस हुसैन जमादार से देखी न गई और चुपके से उसने उन दोनों औरतों को बिरडीस से एक कोने में जाकर मिलने की इजाजत दे दी। बड़ी अधीरता से जलन बिरडीस के पास पहुँची। बिरडीस बता रहा था कि किस तरह

से उन्हें पीटा गया था। उसने कहना शुरू किया, ''पिछले तीन-चार दिनों से अन्न का एक भी दाना हमारे मुख में नहीं गया है। दिन में तीन-चार बार हमारे हाथों को सांकल में बाँधकर बड़ी बेरहमी से पीटा जाता है जब तक हम होश न खो बैठें। हमें होश में लाने के लिए बदन पर मिरची का गरम पानी, नमक का पानी डालकर फिर दुबारा पतले चाबुक से मारना चालू कर देते हैं। मुश्किल गुह्य जगहों पर बिजली के झटके देते हैं। जीभ बाहर निकलने तक मारते हैं। और उन गुनाहों की कबूली माँगते हैं जिन गुनाहों को हमने किया ही नहीं है! हमारी जान लेने पर तुले हुए हैं। कहते हैं जब तक तुम यह नहीं कहते कि तुमने गुनाह किया है तब तक हम तुम्हें नहीं छोड़ेंगे। कुछ भी करो। हमें इन पुलिसवालों के पंजों से छुड़ाओ...।''

जलन ने कहा–''एक इन्स्पेक्टर के नाम से बाजीराव देशमुख ने हमें एक चिट्ठी लिखकर दी है पर अभी वह इन्स्पेक्टर यहाँ पहुँचा ही नहीं है। उसे मिले बगैर हम यहाँ से नहीं जाएँगे...।''

बातें करते हुए पति-पत्नी के गले भर आए थे। बिरडीस ने जलन से कहा– ''इन पुलिसवालों से तो गोरे साहब भले थे! यह कहते हुए मुझे कोई संकोच नहीं है। कहते हैं गोरों के चले जाने के बाद हमें स्वतंत्रता मिली है पर ऐसा लगता तो नहीं है। यह स्वतंत्रता पारधियों के लिए मौत का सन्देश लाई है! जानवरों से भी बदतर हमारी हालत हो गई है आज! इतना पीटा है कि पूरा बदन दुख रहा है। हड्डी मनका ढीला करके रख दिया है इन दुर्जनों ने। दोनों पैरों के बीच में बड़ा-सा डंडा रखकर पीटा है हमें, जिसकी वजह से हम ठीक तरह से चल नहीं सकते हैं।''

सारी दर्दनाक बातें सुनकर जलन को लगा जैसे किसी ने उसके कलेजे में गर्म तपती छुरी भोंक दी हो। इस प्रकार रोती हुई जलन को जमादार हुसैन ने चुपके से जल्दी से बाहर जाने को कहा। जाते-जाते जलन ने पल्ले में बँधी हुई रोटी और मिरची की चटनी बिरडीस के हाथ में थमा दी और झट से बाहर निकल आई।

जलन बाहर निकली ही थी कि घाडगे पाटिल की जीप 'घर्रघर्राती हुई थाने के अहाते में आकर रुकी। सारे पुलिसवाले भागकर बाहर आए और कतार में खड़े होकर सलामी देने लगे। जलन जो कोने में दुबककर खड़ी थी, धीरे से बाहर निकल आई और घाडगे पाटिल से विनीत स्वर में बोली–''साब हमारे ढोकी गाँव के बाजीराव पाटिल ने आपके लिए यह कागज दिया है। उसे देख लीजिए।'' कहकर वह चिट्ठी उसके हाथ थमा दी। चिट्ठी लेते हुए इन्स्पेक्टर ने कहा–''मायला...तुम पारधी लोग भी अब सिफारिश की चिट्ठियाँ लाने लग गए हो? क्या पारधी की कभी कोई सिफारिश करेगा? देखूँ तो क्या है इस चिट्ठी में?'' वह चिट्ठी लेकर वह अपने कमरे में चला गया।

थोड़ी देर में घाडगे पाटिल ने अपने हवलदार के हाथों बाजीराव के पास सन्देश भेजा–''परसों इन लोगों की ''कस्टडी'' खत्म हो रही है। किसी को भेजकर इन लोगों

की जमानत करवा दें। ये अपना गुनाह कबूल नहीं कर रहे हैं। पुलिस ने जो चोरी का माल समझकर इनका सामान उठवाया है उसका कोई उपयोग हमने नहीं किया है। वह सामान जहाँ डाका पड़ा था, वहाँ का नहीं है। अतः इन ढोकी के पारधियों से हमें कोई मतलब नहीं रहा है।''

हरिणी और जलन ढोकी गाँव वापस लौट गई थीं। उन्होंने जाकर पूरा हाल बयान किया। बाजीराव को भी इस बात की सूचना मिल गई थी। बाजीराव ने अपने नौकर को भेज दिया और उसे जमानत देने को कहा। किसी भी पारधी के नाम जमीन या जायदाद न होने के कारण वे लोग जमानत के हकदार नहीं थे। परन्तु बाजीराव जानता था कि आनेवाले दिनों में ये ही पारधी लोग उसके काम आनेवाले थे। उसे अपने बीते दिन याद थे। इन्ही पारधियों की सहायता के कारण उसने अपने खानदान का नाम रोशन किया था। यही तो वे लोग थे जिन्होंने अंग्रेजों का इतना बारूद और हथियार रेल के डिब्बों से लूटे थे और उन्हें लाकर उसके हवाले किया था। इसी के कारण ही वह स्वतंत्रवीर कहलाया था। सरकारी दरबार में उसका मान बढ़ा था। उसे सम्मानित किया गया था! उस्मानाबाद के नाना पाटिल आज की तारीख में बाजीराव देशमुख से राजनीति में आगे निकल गए थे। ऊँचे ओहदे पर थे। बाजी मार गए थे। इस हिसाब से बाजीराव देशमुख पिछड़ रहे थे। आगे बढ़ने के लिए एक बार फिर बाजीराव देशमुख इन पारधियों की मदद चाहते थे। आनेवाले दिनों में बिरडीस और उसके साथी बहुत उपयोगी सिद्ध हो सकते थे। यही कुछ सोचकर बाजीराव देशमुख ने अपने गुमाश्ते को जमानत देने के लिए थाने भेजा था।

रानपाल्या, बन्दुक्या, काडतुस्या और साथी अब भी जंगलों में छिपे फिर रहे थे। बिरडीस और साथियों के छूटने की खबर उन्हें मिलते ही वे सब घर दौड़े चले आए। सब पुरुषों की वापसी बड़ी खुशी का मौका था। सब एक-दूसरे से गले मिले, सबकी आँखों में खुशी के आँसू थे। एक-दूसरे को जीवित देखकर वे आते आँसू थमने का नाम ही न लेते थे। सबके दिलों में बार-बार एक ही बात उठती थी। हमारी कोडियारा देवी ने हमें क्यों जनम दिया। अगर जनम दिया तब इतनी दुख और कठिनाइयों से? भरी जिन्दगी क्यों दी? हमारा यह वनवास कब तक चलेगा? क्या यही हमारा भविष्य होगा?...

बिरडीस, तीरमान्या और मानकाप्या का पूरा शरीर मारपीट से नीला पड़ा हुआ था। पूरा बदन दर्द से टूटा जा रहा था। जलन और हरिणी पहाड़ों पर से जड़ी-बूटी उखाड़कर ले आईं और कूट-पीसकर लेप बनाकर, उसमें थोड़ी हल्दी मिलाकर, उसे पूरे बदन पर मल दिया। धीरे-धीरे पूरे बदन की सिकाई करती रहीं। पुनः पूरे बदन पर कुछ और लेप मल दिया। अपने पिता और चाचाओं का इतना बुरा हाल देखकर तीनों लड़कों के दाँत और मुट्ठियाँ क्रोध से भिंच गईं। वे कहने लगे, ''इन पुसिलवालों का और घाडगे पाटिल से एक ना एक दिन हम जरूर बदला लेकर रहेंगे।

किसी दिन हमने अंग्रेज के कूल्हे पर बाण मारकर उसे जख्मी किया था, पर अब मेरे बाप को बिना बात के मारपीट करनेवाले को मैं अपने तीर का निशाना बनाकर दर्द पहुँचाऊँगा।''

शरीर में कुछ आराम पड़ते ही, एक दिन सबेरे ही बिरडीस अपने साथियों को लेकर, धन्यवाद देने के लिए बाजीराव देशमुख के बाड़े की ओर चल पड़ा। बाड़े पर पहुँचने पर नौकर ने उनकी अगवाई की और बैठने को कहा। बाजीराव को खबर करने वह अन्दर चला गया। बाजीराव देशमुख के बाहर आते ही तीनों खड़े हो गए और सबने हाथ जोड़ दिए। बिरडीस बोल उठा, ''मालिक आपके हम पर बहुत बड़े उपकार हैं। हम आपके बन्दे हैं। आपके गुलाम हो गए हैं हम। आप हमें जो भी काम दें हम उस काम को बड़ी खुशी से करेंगे। आपके लिए हमारी जान भी हाजिर है।''

बाजीराव देशमुख ने कहा–''अरे बिरडीस मैं तुम्हें कई अरसे से जानता हूँ। तुम मेरे लिए नए नहीं हो। तुम हमारे अपने हो। तुम जबसे मेरी जमीन पर अपने लोगों को साथ लेकर रहने लगे, तबसे तुम और तुम्हारे साथी मेरे साथ बड़ी ईमानदारी से मेरा कोई भी काम करते आए हो। स्वतंत्रता मिलने से पहले भी तुमने मेरा साथ दिया था। उसे मैं भूला नहीं हूँ। आनेवाले दिनों में भी तुम सबका साथ चाहूँगा। तुम सब पर मेरा ध्यान रहेगा। इसलिए बिना झिझक के तुम लोग अपना काम धन्धा करते रहो और चैन से अपनी जिन्दगी जियो।''

बाजीराव की यह बात सुनकर बिरडीस और साथियों के चेहरों पर प्रसन्नता झलक रही थी। अब वे जान गए थे कि जब तक बाजीराव देशमुख का साथ होगा तब तक वे अपनी जिन्दगी अच्छी प्रकार से बिता सकेंगे। बातें करते हुए वे अपने घरों को लौट गए।

कुछ ही दिनों बाद 'दूध संघ' का चुनाव पास आ रहा था। एक तरफ बाजीराव देशमुख खड़े थे और दूसरी ओर, विरोध में नाना साहेब पाटिल का नाम था। बाजीराव देशमुख के लिए यह चुनाव कोई आम चुनाव नहीं था, वरन् एक पैनी प्रतिस्पर्धा थी। नाना पाटिल और बाजीराव का पारस्परिक वैमनस्य बढ़ रहा था जो शेष अब तक चल रहा था वह अब अपनी सीमा तक पहुँच गया था। अपनी प्रतिष्ठा का सवाल समझकर दोनों ही अपना-अपना प्रचार पूरा जोर लगाकर, कर रहे थे। प्रचार ऊँचे शिखर पर था, जहाँ-तहाँ उन्होंने अपने-अपने रंग-बिरंगे झंडे और बैनर्स लगाए हुए थे। दूध में पानी मिलाने जैसा नाना पाटिल ने चुनाव में पैसा उड़ेला था। 'चारों मुंडी चित' करते हुए नाना पाटिल ने बाजीराव देशमुख को; भारी बहुमत लेकर; हरा दिया था। बाजीराव देशमुख हाथ मलते रह गया था। गुस्से से लाल-पीले होते वह सोच रहा था कि इतना महान स्वतंत्रता सैनिक कहलाते हुए भी वह बुरी तरह से हार गया था। राजनीति में उसे बहुत बड़ा शह मिली थी। उसे राजनीति में यह मात मिली

थी। इस पर उसे कुछ उपाय ढूँढ़ना आवश्यक हो गया था। इसी सोच में काफी देर तक बाजीराव देशमुख बैठा रहा। 'नाना पाटिल ने इतना सारा पैसा इस चुनाव पर खर्च किया, अवश्य ही मुझे नीचा दिखाने के लिए उसने ऐसा किया होगा। उसका यह घमंड मुझे चकनाचूर करना ही होगा। मैं अगर ऐसा कर न पाया तो मैं अपना नाम बदल डालूँगा!' इस सोच विचार से बाजीराव देशमुख के बदले की आग धधक उठी।

बिरडीस और साथी वापस लौटने के बाद एक बार पुनः उन्होंने अपनी देशी दारू की भट्ठी चालू कर दी। बाजार से दुबारा भेड़, बकरियाँ और मुर्गियाँ खरीद कर उनको पालना शुरू कर दिया। खेत को ठीक-ठाक कर खेती करना चालू कर दिया। ऐसे समय में सरकारी कानून वही थे, उनमें कोई बदलाव न आया था। चोरी छुपे अब भी रानपाल्या, बन्दुक्या, काडतुस्या और साथी जो अपनी पूरी जवानी में थे, जंगलों में चले जाया करते थे और वहाँ से कुछ ले आते थे। बाजीराव देशमुख की छत्रछाया मिलने के कारण पारधियों में नवचैतन्य का संचार होता दिख रहा था। पारधियों को अब लग रहा था कि शायद उनके अच्छे दिन आ गए थे।

एक दिन भरी दोपहर में बाजीराव देशमुख अपने घोड़े पर सवार होकर पारधी बस्ती की ओर चल पड़ा। पारधी बस्ती घोड़े की टापों की आवाज से सकपका गई। बस्ती पर पहुँचते ही घोड़े को रोकने के लिए बाजीराव ने लगाम खींची जिससे घोड़ा जोर से हिनहिनाया। हिनहिनाने की आवाज सुनते ही बिरडीस अपने पाल से बाहर निकल आया। बाजीराव को देखकर वह बड़ी खुशी से चिल्लाया "आइए मालिक पधारिए, हमारे अहो भाग आप हमारे घर आए।" वह देशमुख के पास जाकर खड़ा हो गया। घोड़े पर बैठे ही देशमुख ने कहा—"बिरडीस कल सवेरे ही तुम मानकाप्या को साथ लेकर बाड़े पर पहुँच जाना, मैं तुम्हें एक काम करने को दूँगा।"

"हाँ मालिक, आप सिर्फ आदेश करें, आपका काम हो जाएगा।" बिरडीस ने कहा।

बस्ती से लौटते हुए बाजीराव अपने खेतों की तरफ निकल पड़े। खेतों में शान से, ज्वार, गेहूँ और करडा पककर लहलहा रहे थे। इस वर्ष खेती अच्छी हो रही थी। खेतों से गुजरते समय सूखे हुए काँटोंवाले करडी के गोखरू या गेहूँ के खेत से काँटेदार गोल रोमकूप घोड़े की पूँछ में अटकने लगे थे। जिससे घोड़ा परेशान हुआ लगता था। खेतों से बाहर निकलने के बाद, उसने अपनी पूँछ पटक-पटककर उन काँटेदार गोल रोमकूपों को बाहर निकाल फेंका। तब कहीं वह अपनी खासी चाल से घर वापस लौटा। चुनाव में हुई हार अब भी बाजीराव को सता रही थी। वही विचार चक्र उनके दिमाग में घूम रहा था। इसी अवस्था में घोड़े पर सवार वे अपने घर कब पहुँचे इसका उन्हें पता न चला। घोड़ा अब भी हिनहिनाता हुआ अपनी पूँछ को इधर-उधर फटकता हुआ कभी एक टाँग पर बाद में दूसरी टाँग पर खड़ा होकर बाजीराव के नीचे उतरने

का इन्तजार कर रहा था। बाजीराव अपनी ही धुन में सवार थे। वह धुन थी कि नाना पाटिल से किस प्रकार से बदला लिया जाए। जिला परिषद में अपनी कटी नाक को कैसे पुनः ऊँचा किया जाए। गई शान कैसे वापस लाई जाए।

6

बिरडीस मन-ही-मन कह रहा था, "बाजीराव देशमुख आज खुद चलकर यहाँ मेरे पास आया था। मुझे मानकाप्या को साथ लेकर बाड़े पर बुलाया है—ऐसे बड़े अमीर आदमी को मेरी क्या जरूरत पड़ सकती है?" वह कुछ चिन्तित हुआ—और इसी मनःस्थिति में वह, सवेरा होते ही मानकाप्या के साथ बाजीराव के वाड़े पर जाने को तैयार हुआ। गाँव के पास पहुँचते ही, पानी भरने कुएँ पर जमा औरतों की पानी ले जाने के लिए होड़ सी लगी हुई थी। धीरे-धीरे गाँव जग रहा था। कुएँ के पानी में डाली गई कलसी की आवाज कानों तक बार-बार पहुँचकर भली लगती थी। कुछ औरतें पानी की गागरें सिर और कमर पर धरकर एक कतार में लौट रही थी। ग्वाले दूध के मटके सिर पर रखकर बाजार की तरफ जा रही थीं। यह सब देखते हुए दोनों बाड़े की ओर बढ़ रहे थे। बिरडीस ने मानकाप्या से कहा—"भाई हम घर से बिना मुँह धोए और चाय न पीते हुए ही निकल पड़े। इस डर से कि कहीं देर न हो जाए। हम कुछ जल्दी ही यहाँ पहुँच गए हैं। मेरे खयाल से हमें यहाँ से पानी लेकर कुल्ला तो कर ही लेना चाहिए। थोड़ा पानी पीकर किसी होटल से चाय भी पी सकते हैं, चलो चलते हैं।" कहते हुए दोनों उस कुएँ के पास आकर खड़े हो गए।

शायद गाँव की औरतों को पानी भरने की जल्दी दिख रही थी...वे हर आने जानेवाली औरत से पानी माँगते रहे पर उनमें से किसी ने भी उनकी ओर ध्यान नहीं दिया। कोई कलसी भर रही थी, कोई हंडा और कोई मटका। दोनों पारधियों के साथ और भी कुछ लोग—जिसमें से कोई चूड़ा था, कोई चमार तो कोई डोम था—आकर पानी माँगने खड़े हो गए। वे सब अपने-अपने गागर मटके वगैरा पानी ले जाने के लिए साथ ले आए थे। अपनी रस्सियों से बँधी बाल्टियाँ, गागर औरतें कुएँ के अन्दर डालकर पानी बाहर खींचकर निकाल लेती। बाल्टी हिचकोले खाते हुए, आधा पानी गिराते हुए ऊपर पर आ जाती। कुछ सहृदय औरतें दो-चार बाल्टी पानी इन्तजार में खड़े लोगों के बर्तनों में डालकर, झटपट अपने गागर मटकों को सिर पर रखकर चली जाती। थोड़ा बहुत पानी मिला देख वे बेचारे लोग खुशी से लौट जाते, यह कहते हुए "चलो आज मुझे कुछ तो पानी मिला।" बाकी खड़े लोग अपने खाली बर्तन लेकर किसी और दयावान स्त्री का इन्तजार करते रहे जो उन्हें उस कुएँ से पानी निकालकर दे सके। उस गाँव का रिवाज था कि कोई भी चूड़ा-चमार, डोम आदि आकर उस कुएँ से पानी न निकाले, पानी को न छुए। उनके छूने से वह कुआँ

अपवित्र हो जाता था। इसी कारण केवल उस गाँव के लोग ही वहाँ से पानी निकाल सकते थे। अपने लिए पानी भरने के पश्चात् ही वे उन खड़े चूड़े-चमार, डोम आदि लोगों को पानी निकालकर दे सकते थे। इस बात को सब अच्छी तरह से जानते थे।

बिरडीस ने कहा–''इस गाँव के नियम बहुत सख्त हैं। गन्दगी में घूमनेवाले कुत्ते, बिल्ली यहाँ से जाते हुए कुएँ को छू सकते हैं। इनसानों को चाट सकते हैं उसी जीभ से, जिसे उन्होंने गन्दगी चाटी हो, इन्हीं जानवरों को लाड़ प्यार से अपनी गोदियों में भी ये लोग उठा लेते हैं! पर हम इनसान होते हुए भी दो घूँट पानी पीने के लिए हाथ-मुँह धोने के लिए तरस जाते हैं। बड़ी देर तक इन्तजार करना पड़ता है कि कोई आकर हमें पानी दे! हम लोग कभी-कभार गाँव में आते हैं–पर यहाँ के चूड़े-चमार, डोम जाति के लोग–इन्हें ऐसे ही रोज पानी के लिए तरसना पड़ता है। गाँववालों की मेहरबानी का इन्तजार करना पड़ता है। क्या जिन्दगी होगी इन बेचारों की? फिर अपनी पारधी बस्ती ही अच्छी है! गाँव से दूर रहकर नदी नालों का पानी तो हम लोगों को मिलता है? पानी के लिए किसी के मोहताज नहीं हैं हम लोग। हम अपना जीवन मुक्त होकर जी सकते हैं?'' बिरडीस ने थोड़ा रुककर फिर मानकाप्या से कहा–''क्या तुम्हें मालूम है कि ये गाँव में रहनेवाले चूड़े-चमार-डोम आदि लोग किसी जमाने में शायद पचास-साठ पीढ़ियों पहले हमारे जैसे वनों में जंगलों में रहा करते थे?

"मेरा बाप मुझे बताया करता था कि ये सारे लोग हमारे भाई बन्धु ही हैं। परन्तु ये लोग जबसे देवगुणी लोगों के साथ रहने लगे तब से ये हम रक्षकगणों से दूर हो गए। कुछ पीढ़ियों पहले शायद हम लोगों की जात पंचायत ने इन लोगों के पूर्वजों को जात से बाहर निकाला होगा, इन्होंने अपनी गलतियों का पछतावा न किया होगा। जिसके कारण वे इन देवगुणियों की संगत में चले गए। उन लोगों ने भी इन्हें दूर ही रखा पर उनसे जरूरी काम करवाए। देवगुणी लोगों ने सब घटिया गन्दे काम करने का जिम्मा इन लोगों पर डालकर उन्हें गाँव से बाहर रहने की इजाजत दे दी थी। गाँव की रक्षा करने की जिम्मेदारी भी इन्हीं लोगों पर डाल दी। चाहे किसी की सरकार का राज हो। पुलिसवाले जिस तरह हम पारधियों को परेशान करते हैं वैसे वे लोग इन चूड़े-चमार-डोमों को भी परेशान करते आए हैं। उनसे समय-समय पर मारपीट करते रहे हैं। इन लोगों ने अलग-अलग काम अपना लिए, उन कामों को करने के कारण वे लोग उसी नाम से जाने जाएँगे। जैसे ढोरा-चमार-कुम्हार, वड़ार, कैकड़ी, पत्थर कटवा इत्यादि। किसी जमाने में ये सारे लोग हमारे जैसे ही जंगलों में रहते थे, शिकार करते थे।"

"देवगुणी लोगों के आसपास जाने के बाद इनका सब कुछ बदल गया। अब भी देवगुणी लोग इन लोगों को चार हाथ दूर ही रखते हैं। इन्हें कुएँ पर पानी नहीं भरने देते। हम जंगल में रहते हैं भला ही है। इन लोगों की हालत हमसे भी बदतर

है! इतने अर्से से यहाँ रहते हुए भी इनके पास अपनी जमीन नहीं है। जमीन और खेतों तो दूर इनका तो पानी पर भी हक नहीं है! इन देवगुणी लोगों की नजरों में, इन लोगों की जगह कुत्ते, बिल्लियों से भी नीचे है। शायद यही कारण रहा होगा कि हमारे पूर्वजों ने भी इन देवगुणी लोगों से दूर रहना ठीक समझा। मेरा बाप ठीक कहता था कि इन देवगुणियों की हड्डी भी जहाँ दिखाई दे, वहाँ से बारा कोस दूर जाकर रहना ही ठीक समझा। वे लोग बहुत कपटी और धूर्त होते हैं, पास बुलाकर धोखा दे देते हैं। पानी के लिए खड़े लोगों के चेहरों पर की परेशानी और त्रासदी क्या यह सब कुछ नहीं जता रही थी?'' फीकी हँसी हँसकर बिरडीस थोड़ी देर चुप रहा।

दोनों अब भी पानी के लिए तरस रहे थे। प्यास लगी हुई थी, पानी माँगने के लिए उसने अपनी खास 'पारधी आवाज' में कहना शुरू किया–''हे भगवान के मालिको! कोई हमें पीने के लिए थोड़ा-सा पानी निकालकर देगा? आप निकालकर नहीं दे सकते तब क्या हम खुद पानी निकाल लें!'' कुएँ पर पानी लेने एक माली की पत्नी रुक्मिणी आई हुई थी, उसने दोनों को पानी माँगते देखकर कहा–''अरे मुओ पारधियो पानी पीने क्या तुम्हें इधर ही आना था? हमारा ही कुआँ दिखा? अच्छा बाबा चलो ले लो यह पानी, गूँगे गरीब लोगों को पानी देना ठीक होता है।'' उसने दो गागर भर के पानी की धार प्यासों की मुड़ी हुई हथेली की अंजली में डाली। गट गट गट की आवाज करते हुए दोनों ने जी भरकर पानी पिया, थोड़ा पानी अपने चेहरों पर भी फेर लिया। छूआछूत की भावना से थोड़ी दूर रहकर ही मालन ने पानी पिलाया। पानी देकर औरत घर लौट गई।

थोड़े तरोताजा होकर दोनों गाँव की ओर चले गए। वहाँ एक चाय की दुकान में बैठकर गरम चाय की चुस्की लेते हुए बिरडीस को मानकाप्या ने कहा–''जाने दो मेरे भाई, इन गाँववालों की बातें न करो, न ही उनसे उलझो। हमें क्या करना है यहाँ के लोगों से, हमें यहाँ रहना तो है नहीं। फिर क्यों हम इनके बारे में माथापच्ची करें?'' बिरडीस इस पर अपना सिर हिलाते हुए बोला–''कहते तो तुम ठीक हो, हम कहाँ आते हैं यहाँ बार-बार, जब कभी बाजीराव देशमुख से काम पड़ता है तब हम यहाँ आते हैं। हमारी अड़चन में वह सहायता करता है और उनकी अड़चन में हम उसकी मदद करते हैं इसलिए तो हम यहाँ आए हैं। ठीक है ना?'' पारधी और ढोर, चूड़े, चमारों के लिए होटल में अलग चाय के प्याले, तश्तरियाँ रखी हुई थीं। चाय पीने के बाद वहाँ के रिवाज के मुताबिक दोनों पारधियों ने अपने चाय के प्याले धोकर उनकी बनी जगह पर रख दिए थे।

यह छुआछूत का मामला था। चाय पीकर दोनों बाजीराव देशमुख के बाड़े की ओर चल दिए। बाड़े पर आने का समाचार देने पर बाजीराव ने उन्हें बुला लिया। बाड़े के चौक के एक तरफ बनी बैठक में एक तख्त पर गावतकिए से टिक बाजीराव बैठा हुआ था। 'राम-राम' कहते हुए दोनों बाजीराव के पैरों के पास जाकर बैठ गए।

बिरडीस को अपने पास बुलाते हुए बाजीराव ने बड़ी धीमी आवाज में कहा– ''देखो भाई, मैंने तुम्हें रहने के लिए गाँव के पास जगह दी। पुलिस के पकड़ने पर मैंने ही तुम्हें छुड़वाया जिसके लिए तुम मेरे अहसानमन्द हो। ठीक कह रहा हूँ मैं? अब मैं तुम्हें जो काम बताने जा रहा हूँ उस काम को तुमने बिना शोर मचाए कर देना है। इससे तुम्हारा भला होगा और मेरा भी फायदा होगा। देखो बिरडीस, तुम पारधियों के मुखिया हो, टोली के प्रमुख हो। अब मेरी बात ध्यान से सुनो, उस्मानाबाद के नानासाहेब पाटिल से हमारी खानदानी दुश्मनी है। मराठवाड़ा मुक्ति आन्दोलन के समय, उस समय की राजनीतिक परिस्थितियों में निजामशाही के मुसलमानों ने अनेक हिन्दू जमींदारों और किसानों को परेशान किया था। पठान, शेख लोग जो जमींदार थे, वे राजनीति में घुस पड़े थे और हम पर हावी हो रहे थे। बदले की भावना से हमने भी कई पठान और शेख जमींदारों को, उनके परिवारों सहित मार डाला था। उनके घर-बार, सारे के सारे परिवार को खत्म कर दिया था। उसी समय हमारे बाप ने घोड़े पर सवार होकर, उन्मत हुए पठानों और रोहिलों का पीछा कर, उनकी गर्दनें अपनी तलवार से अलग कर दी थीं। नाना पाटिल भी जमींदार होने के कारण इस मारकाट में शामिल थे। नाना पाटिल ने इन मरे हुए पठानों और रोहिलों की जमीन-जायदाद हड़प ली थी। उस समय उनके पास उनकी अपनी सेना थी। उनके पास बन्दूकें थीं, उसी के दम पर हमारे बापदादा की जमीनें भी जो उन मरे हुए पठानों और रोहिलों की जमीन और खेतों से सटी हुई थीं और कुछ अन्य जमीनें उससे कुछ परे थीं, जबरदस्ती से हमसे ले लीं। हमारी जमीन हड़प ली और उस पर कब्जा कर अपने नाम करवा ली।

"पिछले कई वर्षों से जमीन-जायदाद का झगड़ा चल रहा है। कुछ कर कराके मैंने स्वतंत्रता सैनिक होने का सम्मान प्राप्त कर लिया, जिले में मेरा मान-सम्मान बढ़ा, दबदबा बढ़ा। परसों हुए चुनाव में मेरी हुई हार के कारण नाना पाटिल की नाक ऊँची होकर मेरा दबदबा और घट गया है। मेरे मन में बदले की भावना तेज हो रही है। इस नाना पाटिल की मस्ती मुझे कम करनी है। मैं उसे नीचा दिखाना चाहता हूँ। मैंने उसका नुकसान होते देखना है। यह काम मैं केवल तुम्हारी मदद से ही कर सकता हूँ। हमारे खेत पककर तैयार हैं। गेहूँ, चने, ज्वार की खेती लहलहा रही है। खेतों की कटाई के बाद, सारा अनाज हम अपने खास बने अहाते में रखनेवाले हैं। नाना पाटिल के खेतों में भी अनाज पककर तैयार है। तुम्हारा काम होगा कि नाना पाटिल के खेतों का सारा अनाज हमारे गोदामों में लाकर रखना होगा, रातों-रात यह काम तुम लोगों को करना पड़ेगा। उसकी खेती का एक भी दाना उसे न मिल पाए, इसका ध्यान तुम्हें रखना होगा। एक बार वह अनाज हमारे कब्जे में आने पर वह हमारा कुछ बिगाड़ नहीं सकेगा और हमारे खेतों के पके अनाज को हाथ भी लगाने की हिम्मत वह नहीं करेगा। हम अपना अनाज उसके अनाज से मिला देंगे। अनाज

की सफाई होने के बाद तुम्हारा जो हिस्सा बनता है उसे तुम उठाते रहना, ठीक है? मेरी बात समझ में आई तुम्हारे?''

बिरडीस बाजीराव के उपकारों तले दबा हुआ था। उसकी बात मानने में ही उसे अपनी भलाई नजर आती थी। उसकी बस्ती बाजीराव की जमीन पर थी। यदि बस्ती को वहीं बने रहना था तब अकलमंदी इसी में थी कि पारधी बाजीराव द्वारा बताया हुआ काम करें। बाजीराव की सहायता कर उसकी इच्छापूर्ति करे। 'ना' कहने का सवाल ही नहीं था। अतः बिरडीस ने बाजीराव से कहा–''ठीक है गाँव-मालिक, मैं आपकी बात समझ गया हूँ। आप जैसा चाहते हैं वैसा ही होगा, आप फिक्र न करें।''

मानकाप्या को लेकर सीधे वह अपनी बस्ती पर लौट गया। पुलिसवालों के हुड़दंग ने पहले ही उनकी देशी दारू की चलती हुई भट्टियाँ बन्द करवा दी थीं। उनकी आजीविका का साधन उनसे छीन लिया था। परिस्थिति विकट होती जा रही थी। खाने पीने के लाले पड़ने लगे थे। बाजीराव देशमुख का सहारा मिलने पर, खेतों से अनाज की चोरी करने में उन्हें कोई परेशानी दिखाई न दे रही थी। इस धन्धे में उन्हें कोई दिक्कत नहीं लगी। वह काम वे बाजीराव देशमुख के कहने पर ही कर रहे थे। अब मानकाप्या, तीरमान्या, बन्दुक्या, रानपाल्या, काडतुस्या ने अपनी एक मजबूत टोली बना ली थी।

कुछ एक रातों में, देशमुख के बताए हुए काम को–खेतों से अनाज की पकी हुई बालियाँ काट-काटकर, पारधियों ने बोरियों, चद्दरों में भरनी शुरू कर दीं। बड़े-बड़े गट्ठर बाँधकर रातोंरात सारा का सारा अनाज उन्होंने बाजीराव के खलिहानों में पहुँचा दिया। अब सिर्फ पकी हुई बालियों को छोड़, पूरे खेत वैसे ही खड़े दिखते थे! नाना पाटिल अपने खेतों को देखकर हक्के-बक्के रह गए। उन्हें समझ नहीं आया कि चोरी कब हुई, कैसे हुई और यह चोरी किसने की।

पहली चोरी करने के बाद बिरडीस की टोली को ऐसी चोरी करने की आदत पड़ गई थी। यह नया काम उन लोगों के लिए बहुत आसान था, सुखकर था। पारधी बस्ती में कोई अड़चन आई दिखी या किसी वस्तु की जरूरत पड़ने पर बिरडीस बाजीराव के पास चला जाता और अपनी जरूरत पूरी करवा लेता था। बाजीराव के बाड़े पर जाने में अब उसे कोई हिचकिचाहट महसूस न होती थी। बिरडीस अपनी टोली द्वारा उठाकर लाया हुआ माल कभी बाजीराव तक पहुँचा देता था, कभी कुछ घरों में रख छोड़ता था या कभी बाजार में बेच आता था।

खेतों में अनाज के पकने पर कटाई के बाद पारधियों के घरों में दालें, ज्वार, गेहूँ दिखने लग गए थे। यह देखकर आसपास के किसानों के मन शक से भर जाते थे। वे लोग जान गए थे कि इन पारधियों के सिवाय उनके खेतों में चोरी करने और अन्य कोई नहीं आ सकता। उनका पारधियों के प्रति रोष बढ़ने लगा। वे जानते थे कि बाजीराव देशमुख की छत्र-छाया में ये पारधी लोग थे। अतः उनमें से किसी की

भी हिम्मत न थी कि पारधियों पर वे हाथ उठाते। पारधियों की मदद से अब तक बाजीराव देशमुख का खलिहान अनाज के बोरों से भरा हुआ था। अनाज के इतने कट्टे इकट्ठे हो गए थे कि उन्हें रखने की जगह कम पड़ती नजर आती थी। अनाज के भाव बढ़ने पर बाजीराव अनाज बेचता था, जिससे उसका आर्थिक लाभ होने लगा। नाना पाटिल से ज्यादा बड़ा और अमीर बनने की उसकी इच्छा पूरी होती दिखती थी। वह नाना पाटिल को कंगाल होते देखना चाहता था। इसके और उपाय ढूँढ़ने के चक्कर में बाजीराव जुटा हुआ था। पारधियों की टोली बड़ी हिम्मतवाली जाँबाज और ईमानदार थी। पारधियों पर बाजीराव देशमुख को पूरा भरोसा था। वह जानता था कि उसके एक इशारे पर पारधी सबकुछ करने को तैयार थे। अब तक वह समझ गया था कि पाटिल के खेतों में चोरी करवाने से उसे कंगाल नहीं बनाया जा सकता था। ऐसा करने के लिए उस पर डाका डालना जरूरी था। उसकी माल–लत्ता, पैसा, जेवरात आदि सबको लूटना जरूरी लगता था। वह सोचने लगा–डाका डालनेवाले होंगे पारधी, उसका अपना कोई नुकसान या हानि होगी नहीं। जो नुकसान होगा तो वह होगा पारधियों का! तो होता रहे! मैं तो सही-सलामत रहूँगा और क्या? तो फिर यह काम भी क्यों न कर लिया जाए? बाजीराव को अपना यह विचार अच्छा लगा। उसके मन के घोड़े बड़ी तेज़ी से दौड़ रहे थे।

''कोडियारा देवी की पूजा अर्चना करनी है, पूरी बिरादरी को न्योता देकर बुलाना है। इस कार्यक्रम के लिए हमें एक बोरी गेहूँ, एक तेल का बड़ा डिब्बा वगैरा चीजों की जरूरत है–बड़ा खाना दिया जाना है। इसलिए कृपया आप हमारे लिए सारा सामान भेजने का बन्दोबस्त करें।'' ऐसा सन्देशा बिरडीस ने बाजीराव देशमुख को भेज दिया। इस पर बाजीराव ने बिरडीस को कहला भेजा कि वह बिरडीस से बेहद खुश है, उसे जो चाहे मिलेगा, किसी चीज की कमी उसे महसूस न होने देगा। आगे चलकर उसके सारे महत्त्वपूर्ण काम उसी ने ही करवाने हैं। अपनी बात की पुष्टि करने के लिए बाजीराव ने अपने नौकर को बैलगाड़ी लेकर पारधी बस्ती पर भेजा, बैलगाड़ी में सारा सामान भरा था जिसकी माँग बिरडीस ने बाजीराव से की थी।

बिरडीस को अपने पास बुलाकर उसने कहा–''देखो बिरडीस, एक बात समझ लो कि गाँव के आसपास के बड़े खेतों से अनाज उठाकर हमें खास कुछ कमाई होनेवाली नहीं है। बड़ी कमाई के लिए हमें कुछ और सोचना होगा, हमें कुछ और करना होगा, कुछ बड़ा काम करना होगा जिससे तुम्हें और मुझे दोनों ही को बड़ा फायदा हो। नाना साहेब पाटिल के बाप ने निजाम के राज में भाड़े के सैनिकों और बन्दूकों के सहारे से अमीर मुसलमानों को, रोहिलों को, पठानों को लूटा था। उनके घरों से सारा सोना, हीरे-जवाहरात लूटकर उसे अपने घरों में बड़े-बड़े पीतल के हांडों में भरकर रख छोड़ा था। उन सबका वजन कई किलो तक हो सकता है। वह सब कुछ यदि हमारे हाथों में आ जाए तब हमारा कई पीढ़ियों तक कल्याण हो जाएगा।

हमारी आनेवाली कुछ पीढ़ियाँ वह सम्पत्ति पाकर चैन से जी सकेंगी। तुम पारधियों की हिम्मत और मेरी सहायता और पहुँच से, तुम लोग यह काम बड़ी आसानी से कर सकते हो। तुम साहसी और बहादुर हो, तुम्हारे लिए यह काम एक उलटे हाथ का खेल होगा। इस काम के लिए मैं तुम्हारे पीछे एक अडिग पत्थर की तरह खड़े रह कर तुम्हारी मदद करूँगा। तुम शान्ति से मेरी कही बात पर विचार करो।''

बिरडीस अपना सिर दोनों घुटनों में रखे बड़ी सोच में पड़ गया था। काफी उधेड़-बुन में पड़ गया था। कुछ अशान्त था, मन-ही-मन वह कह रहा था, 'गाँव के एक बाड़े पर डाका डालने जाना इतना आसान नहीं, जंगल में जाकर बाघ का शिकार करने से भी कहीं अधिक कठिन और खतरनाक काम होगा यह हमारे लिए! पर क्या किया जाए? सरकार ने हम लोगों का जीना दूभर कर रखा है। शिकार हम कर नहीं सकते, जंगलों में हम जा नहीं सकते। हमारे सही तरीके से जीने के रास्ते सब बन्द कर दिए गए हैं! क्या करें फिर हम, कैसे जिया जाए? बाजीराव देशमुख की बात माननी ही पड़ेगी और कोई रास्ता नहीं सूझता। उसकी बात न मानने पर हमें यहाँ से वह खदेड़ देगा फिर हम कहाँ जाएँगे। ना-ना ऐसा नहीं होना चाहिए...! वैसे देखा जाए तब नाना पाटिल ने भी इतनी सारी सम्पत्ति मुसलमानों से लूटी ही तो थी। यह पाटिल की मेहनत की कमाई नहीं है, यह हराम की कमाई है जो उसने अपने बाड़े में रखी हुई है। अगर यह बात सच है तो फिर उसे एक बार फिर लूटने में हर्ज ही क्या है? किसी जमाने में हमारे मूलवासी राक्षसगुणियों का जब यहाँ राज था तब इन देवगुणी लोगों ने हमारा राज भी तो लूटा था। हम लोगों को लूटकर हमसे सबकुछ छीनकर हमें देश निकाला दे दिया था। हमें आदिवासी बनाकर रख दिया। वे इन्हीं लोगों के ही पूर्वज थे। अब इन लोगों ने हमसे हमारे जंगल भी छीन लिए हैं। अगली आनेवाली जिन्दगी यदि हमें ठीक से जीनी तब हमें बाजीराव के कहे पर चलना ही पड़ेगा और कोई चारा दिखता नहीं हैं...।' वह सोचता रहा।

झुकी हुई गर्दन को झटके से सीधी करते हुए, हाथ जोड़कर बिरडीस ने देशमुख से कहा–''आप जो कहते हैं–वैसा ही होगा। हमारी कोडियारा देवी का मेला नजदीक आ रहा है। उस समय हमारी जात बिरादरी के मुखिया लोग इकट्ठा होंगे। उस समय यह काम कैसे किया जाए उस पर विमर्श लेकर हम आपका काम कर देंगे। आपका बताया हुआ काम बहुत जोखिम से भरा हुआ होने की वजह से शायद वह काम हम अकेले न कर पाएँगे, इस काम के लिए हमें अन्य पारधियों की मदद लेनी पड़ेगी। यह बात पक्की है कि आपका बताया हुआ यह काम अवश्य करेंगे। देवी के मेले के बाद मैं आपसे आकर मिलूँगा।''

बिरडीस अपनी बस्ती पर लौटा, देशमुख तो भेजी हुई गेहूँ चने की दाल की बोरियाँ, तेल और अन्य और वस्तुएँ जिसे बैलगाड़ी में लादकर भेजा गया था, देखकर बिरडीस और बस्तीवाले बड़े खुश हुए। सात वर्षों के बाद एक बार फिर कोडियारा

देवी की पूजा और उसका मेला लगनेवाला था। इस मेले का वहाँ के लोगों को बड़ी देर से इन्तजार था। पूजा के दिन बलि चढ़ाने के लिए, चार साल पहले बस्तीवालों ने जंगल के मैदानी इलाके से छोटे बछड़े समेत एक भैंस चुरा ली थी और उन दोनों को देवी के नाम पर खुला छोड़ रखा था। वह बछड़ा, चार साल के बाद एक जवान गठीला भैंसा बन गया था। मस्ती से झूमता वह भैंसा कोडियारा देवी के समक्ष बलि देने हेतु बिलकुल योग्य हो गया था। तैंतीस करोड़ देवों को हरानेवाला यह भैंसे का अवतार बिरडीस को अच्छा लग रहा था। हर छह-सात वर्षों बाद पारधी लोग कोडियारा देवी की पूजा और मेले के समय इस प्रकार तगड़े मस्त भैंसे की बलि चढ़ा कर देवी को प्रसन्न कर लेते थे। अपनी भक्ति का प्रदर्शन करते थे।

कोडियारा देवी की पूजा और मेले का दिन आ गया था। घरों में, कपड़ों में बाँधकर रखे हुए पूर्वजों के दिये हुए, गोल पत्थरों को–जिन्हें बड़ी श्रद्धा से सँभालकर रखा हुआ था–वे बाहर निकाल लिए गए। उन्हें धो-पौंछकर कोडियारा देवी के मन्दिर में रख दिया गया। हरे पीले रंग-बिरंगे झंडे देवी के मन्दिर के ऊपर फड़क रहे थे। पूजा का निमंत्रण सब पारधी बस्तियों में जा चुका था। गेंडया, टरंग्या, झबझब्या, तलवान्या, जमया, भाल्या जैसे पारधी बस्ती के मुखिया लोग–जो जात पंचायत में बैठते थे–अपने जात भाइयों को लेकर 'एडशी' की पहाड़ी पर पहुँच गए थे। यहाँ पारधियों के सिवाय और कोई भी पहुँच नहीं पाता था। या आने की हिम्मत नहीं करता था। यह जगह गाँव से बहुत दूर थी। यहाँ एकांत था। मेला लगना शुरू हो गया। रीति-रिवाज के मुताबिक पारधियों के भोसले, चव्हाण, काले, पवार–इन लोगों ने कोडियारा देवी के मान-सम्मान को रखते हुए देवी की पूजा-अर्चना की और बलि के भैंसे की गर्दन की नस काटकर, सबको रक्तपान करने को आमंत्रित किया गया। बाद में बलि को छोटे-छोटे टुकड़ों में काटकर एक बहुत बड़े बर्तन में पकने रख दिया गया। महुआ के फूलों से बनी दारू पीकर सब मदहोश होकर कोडियारा देवी का गुणगान करने लगे। गीतों में अपने पूर्वजों और रीति-रिवाजों का बखान करते रहे, उनकी जिन्दगी पहले कितनी अच्छी थी। देवगुणी लोगों ने उन्हें हराने के बाद उनका क्या हाल किया, अब आनेवाली जिन्दगी के लिए वे कैसे उसकी कृपादृष्टि चाहते हैं, ऐसे देवी का बखान करते हुए उन्होंने राजी खुशी देवी का प्रसाद ग्रहण किया। बाद में सारे लोग अपने घरों की तरफ चले गए। लोगों के चले जाने के बाद बिरडीस ने धीरे से गेंडया, तलवान्या, टरंग्या, भाल्या, जमया आदि जाति प्रमुखों को पंचायत के पंचों को अपने पास बुला लिया। सबके बैठ जाने पर उसने जमींदार बाजीराव देशमुख से हुई अपनी बातचीत और उसके बताए हुए काम के बारे में उन सबको बता डाला। बताने के बाद बिरडीस अपनी आँखों में प्रश्नचिन्ह लेकर उन सबके उत्तर और प्रतिक्रिया का इन्तजार करने लगा...।

बिरडीस की बात समाप्त होने पर कुछ देर बाद सोचकर गेंडया ने कहा–"फिक्र

न करो। हमारे गाँव में पारधी बस्ती में जवान, तगड़े लड़के हैं। हमारे जवान जांबाज हैं। काम जोखिम से भरा हुआ है। इतनी बड़ी सम्पत्ति अगर उस बाड़े में होगी तब यह मुश्किल काम करने में कोई हर्ज नहीं है। हमारे खून में इतनी हिम्मत है कि बाघ को पीछे से पकड़कर उसका मुँह खोलकर उसके दाँतों को गिनकर बाद में उसे छोड़ दिया जाए। यह काम हमारे पूर्वजों ने किया हुआ है। जानते हो ना? हम पारधियों को किसका डर है? गाँव के बड़े जमींदार थे देवगुणी लोग, क्या हमसे ठीक व्यवहार करते हैं? पीढ़ी दर पीढ़ी हम देखते आए हैं कि ये लोग मुसलमानों और गोरे लोगों को साथ ले लेते हैं। उनसे ठीक बर्ताव करते हैं। मुसलमानों और गोरों के राज में भी हम लोगों से दुर्व्यवहार किया गया तब भी हम जंगलों में भटकते रहे और अब स्वतंत्रता प्राप्ति के बाद भी हमारी हालत वैसी ही रही है। देवगुणी जमींदारों के इस राज में हमारा जीना कठिन हो गया है। इन लोगों ने जो पैसा कमाया है वह हम गरीबों को लूटकर ही तो कमाया है। मेरे दादा-परदादा ने गोरों के राज में एक बड़े जमींदार के घर डाका डालकर बहुत बड़ी सम्पत्ति सोना लूटा था। उस समय तुम्हारे बाजीराव जैसे ही एक जमींदार ने मेरे दादा की सहायता की थी।

"देखो बिरडीस तुम्हारे बाजीराव देशमुख की बात और जानकारी ठीक होगी। कई बार ये देशमुख और पाटिल लोग अपने दुश्मन से बदला लेने के लिए हम पारधियों का इस्तेमाल करते हैं, हमारा उपयोग करके अपनी भड़ास निकालते हैं। इस काम में पारधियों की जान पर खतरा बना रहता है। कभी-कभी पारधियों से बदला लेने के लिए चोरी के बारे में ये पहले ही पुलिस को खबर कर देते हैं, जिससे उन्हें पकड़ लिया जाता है। ऐसी खबर देने से उनका काम भी बन जाता है और पारधियों को भी पकड़वाकर दूर कर देते हैं। चालाक जमींदार एक पत्थर मारकर दो पंछी मार गिरा देते हैं। इस बात को हमें नजरअन्दाज नहीं करना चाहिए। हम एक काम करेंगे। हम डाका कब डालनेवाले हैं इस बात की भनक भी तुम्हारे उस बाजीराव देशमुख को भी पड़नी नहीं चाहिए। उस डाके के समय को गुप्त ही रखना होगा, इसकी जानकारी हमारे सिवाय किसी को भी न हो। इसका खयाल हमें रखना होगा।" सबको यह सोच विचार सही लगा। वे सब इस बात पर राजी हो गए।

बिरडीस ने जल्दी ही 'पांधरी' पहाड़ के 'झबझब्या' गाँव की बस्ती से दूर, अनेक पारधी प्रमुखों को भेजकर वहाँ मिलने के लिए कहा। कुछ ही समय में टरंग्या, झेंडया, तलवाप्या, मानकाप्या और झबझब्या, बिरडीस के समक्ष आकर बैठ गए। उस्मानाबाद के नाना साहब पाटिल के बाड़े पर यदि डाका डालना है तब उसकी पूर्व तैयारी किस प्रकार की जानी चाहिए, इस पर चर्चा हुई। प्रथम वह गाँव की जाँच कर, बाड़े पर आने-जाने का रास्ता कैसा है, वहाँ जाने के समय क्या मुश्किलें आ सकती हैं, वहाँ जल्दी कैसे पहुँचा जाए, निकलने के कौन से रास्ते होंगे। यदि चोरी की भनक किसी को पड़ जाती है तब अपना बचाव किस प्रकार से करना होगा इत्यादि का बहुत

बारीकी से विचार किया गया। तलवाप्या ने कहा–''मेरे पास बहुत उमदा वनगाय है। मैंने उसे अच्छी प्रकार से प्रशिक्षित किया हुआ है। गाय के पेट को पकड़कर, पेट से चिपकपर मैं कितनी भी दूर जा सकता हूँ। ऐसे हमारे काम में नजर बचाकर जाना आवश्यक होता है।''

बिरडीस ने कहा–''तुम ठीक कहते हो, मेरा बेटा रानपाल्या आज भी गाय के पेट से सटकर शिकार करता है। वह भी एक बहादुर लड़का है। एक से दो भले! ऐसा करते हैं कि गाँव की गायें जब शाम को घास चर कर लौटती हैं तब उनके साथ हम भी अपनी गायों पर सटकर घुस जाएँगे। शाम को अँधेरा होते ही गाँव का चक्कर लगाकर देखेंगे। कहाँ क्या है। रास्ते कैसे हैं, गाँव में कुश्ती के अखाड़े हैं तो कितने और कहाँ हैं–आसपास कितने पहलवान रहते हैं, कोई बन्दूकधारी मिलिटरी वाला आदमी है या नहीं। यदि कोई होगा तब वह हमारे लिए खतरनाक साबित हो सकता है। डाका डालना है तब हमें यह सब कुछ देखना पड़ेगा।''

बिरडीस के अपनी बात कहकर चुप होते ही गेंडया ने कहना शुरू किया, ''फिक्र न करो। हमारे गाँव की पारधी बस्ती में भी तगड़े जवान लोग हैं। वे भी लाठी चलाने में, गुलेल मारने में काफी तेज हैं। अपने रूमाल में छोटा पत्थर बाँधकर एक फटका लगाकर वे आदमी की जान झटके में ले सकते हैं। इसका प्रशिक्षण मैंने उन्हें दिया है। देवगुणी लोगों को पुलिस और देश को मिलिटरी का संरक्षण मिलता है। परन्तु आदिवासी को किसी से संरक्षण नहीं मिलता। कोडियारा देवी का हमें वरदान है। अपना खुद का रक्षण हमें स्वयं ही करना है।''

इस मीटिंग में काफी कुछ चर्चा की गई। कौन से हथियार लेने हैं, पत्थर साथ रखने हैं; डाके में मिली सम्पत्ति, रुपया, पैसा कैसे साथ ले जाना है। कौन ले जाएगा वगैरा। बिरडीस ने सोचकर कहा–''पन्द्रह दिनों के बाद अमावस्या है। इन पन्द्रह दिनों के भीतर ही हमें गाँव और बाड़े को ध्यान से देखना है। भिखारी का भेष काम आएगा। बाड़े के अन्दर के हाल का पता लगाना होगा, घर में कौन लोग हैं। नौकर-चाकर कौन है। कब, कहाँ आते-जाते हैं। और अन्य आवश्यक जानकारी प्राप्त करनी होगी। इस काम के लिए आनेवाले दिन महत्त्वपूर्ण हैं।''

सूर्यास्त का सूरज, आग का लाल गोला पश्चिम की ओर पृथ्वी की गोद में सिमटता जा रहा था। मौसम सुहावना होता जा रहा था। जैसे तय हुआ था उस हिसाब से तलवान्या, तीरमान्या, बिरडीस का बेटा रानपाल्या अपनी वनगायों पर बैठकर उस्मानाबाद के गाँव की सरहद तक आ पहुँचे थे। अपनी गायों को वनों में चरने के लिए खुला छोड़कर, वे तीनों टीलों और झाड़ियों के पीछे जा छिपे। अब उन्हें शाम ढलने का इन्तजार था। अँधेरा होने को था कि दूर से उन्होंने धूल उड़ती देखी। गाँव की गाय-भैंसे और उनके बछड़े गाँव की तरफ बढ़े चले आ रहे थे। घर पहुँचने की उन्हें जल्दी थी। बछड़े रम्भा रहे थे, शायद अपनी माताओं को बुला रहे थे। उन

सबके पीछे-पीछे कई औरतें और बच्चे जानवरों का गिराया हुआ गोबर इकट्ठा करने की होड़ लगा रहे थे। इसी समय पारधी अपनी कमर में रूमाल बाँधे, हाथों में गुलेल और छोटे पत्थरों से भरे थैले लेकर अपनी गायों की पीठ से चिपककर जल्दी से गाँव की ओर बढ़नेवाले जानवरों में घुस गए। किसी को पता भी न चला। तीरमान्या ने एक भिखारी का भेष धर लिया था। एक हाथ में लाठी और दूसरे में जर्मन सिलवर का भगोना लिए वह गाँव की ओर बढ़ा।

अपने घरों तक पहुँचने पर, वहाँ की गायें और भैंसें अपने बछड़ों को दूध पिलाने की जल्दी में बिना चूके ठीक जगहों पर पहुँच गई थीं। रम्भाती हुई अपने बछड़ों को शान्त कर रही थीं। मानकाप्या और रानपाल्या की गायें आगे बढ़ती जा रही थीं। रास्ते पर उनके साथ और जानवर भी चले जा रहे थे, जिसके कारण उन दो वनगायों की तरफ किसी का ध्यान भी न गया। गाँव में पहुँचने पर अँधेरे के कारण किसी के भी चेहरे ठीक तरह से न दिखाई देते थे। इसी का फायदा रानपाल्या और तलवान्या ने उठाया। गाँव की हर एक गली-कूचे की उन्होंने छान-बीन की। गाँव काफी कुछ बड़ा था परन्तु नाना पाटिल के बाड़े पर पहुँचने के लिए एक ही रास्ता था जिस पर से केवल एक ही बैलगाड़ी आ जा सकती थी। रास्ता संकरा-सा था। बाड़े की ऊँचाई थोड़ी अधिक थी। कहिए कि उसे थोड़ी जमीन ऊँची करके बनाया गया था। दो-तीन पीढ़ियों पहले बना वह बाड़ा, काफी मजबूत बनाया गया था। अन्दर बड़ा आँगन था जहाँ काफी ढोर बाँधकर रखने की व्यवस्था की गई थी। अपनी गायों को बाड़े के अन्दर ले जाकर उन्हें एक कोने में खड़ा कर दिया और उनकी नजर चहुँ ओर घूमने लगी। वे सोच रहे थे कि उनका काम पूरा होने पर बाड़े के पिछवाड़े से उन्हें भागना था क्योंकि वहाँ पहुँचने का एक ही रास्ता, आगे से था। किसी का रास्ता रोकने के लिए, गुलेल और कपड़े में बँधे पत्थर की मार काफी थी। उन्हें यह पता लगाना बहुत जरूरी था कि वहाँ खजाना कहाँ रखा हुआ है। वहाँ कैसे प्रवेश पाया जाए। जब तक इस बात की पूरी और सही जानकारी नहीं मिल जाती थी तब तक आगे बढ़ना मुमकिन नहीं था। अब तक उन्हें पता लग चुका था कि गाँव में कोई अखाड़ा नहीं था। अर्थात् आसपास किसी कुश्ती खेलनेवाले होने की सम्भावना कम ही थी। उन्हें ललकारने वाला शायद कोई नहीं था। इस बात से उन्हें कुछ शान्ति मिली। रानपाल्या और तलवान्या को लगा कि आज वह जो सोचकर आए थे वह काम उन्होंने कर लिया था अतः लौटते समय वे दोनों अपनी वनगायों की पीठ पर सवार होकर लौट चले। अँधेरे में गाँव से बाहर निकलते समय वे अपने मुँह से सियारों जैसी आवाज निकालते हुए जा रहे थे। वे उस आवाज से गाँव के बाहर इन्तजार में खड़े तीरमान्या को बता रहे थे कि हम सही सलामत वापस आ रहे हैं। तीरमान्या ने भी वैसी ही आवाज निकालकर उन्हें उत्तर दिया कि वह उनका इन्तजार कर रहा है।

जिस रास्ते दोनों आए थे उसी रास्ते से लौट गए। तीरमान्या रास्ते में उनका

इन्तजार कर रहा था। वह भी अपनी वनगाय पर बैठा हुआ था। तीनों सवारों ने अपनी गायों पर एड़ी लगाकर तेजी से दौड़ने का इशारा किया। हवा से बातें करते हुए तीनों अपनी बस्ती पर पहुँच गए और बिरडीस को उस्मानाबाद के गाँव की पूरी जानकारी दी।

बिरडीस ने कहा—"बाड़े के अन्दर जाना और बाहर निकलना कोई कठिन बात नहीं है परन्तु किसी भी तरीके से बाड़े के अन्दर जाकर यह पता लगाना जरूरी है कि नौकर-चाकर कितने हैं और वे कहाँ सोते हैं, घर में औरतें, बच्चे वगैरा कितने हैं और वे कहाँ रहते हैं। कहाँ कौन सोता है, इसकी जानकारी हमें चाहिए। यह बहुत जरूरी है।"

बिरडीस सोचने लगा—मानकाप्या को साँप पकड़ने की कला अवगत है। वह उसे हाथ में भी पकड़कर उसके साथ खिलवाड़ कर सकता है। साँप के दाँत निकाल सकता है। यदि बड़ा साँप उसके हाथों लगता है तब वह उसकी खाल से छोटी 'टिमकी' (छोटा डफ) बना सकता है। साँप पकड़ने में वह माहिर है। क्यों न मैं उससे कहूँ कि वह कोई बिना जहर वाला साँप पकड़कर ले आए और उस साँप को बाड़े के अन्दर ऐसे समय छोड़ दे जब नौकर चाकर घर से बाहर जाते हैं। दोपहर के समय व अकसर खेतों में काम करने चले जाते हैं। साँप को देखकर घर के बच्चे व औरतें डरकर घर से ही बाहर निकल आएँगे। ऐसे समय मानकाप्या को ही बैदू संपेरे का भेष बनाकर जड़ी-बूटी बेचनेवाला बनाकर बाड़े के आसपास घूमने को कहा जाए कि बच्चों औरतों का शोरगुल सुनकर वहाँ पहुँचे और उसी बहाने वह घर के अन्दर जाकर सारी जरूरी जानकारी हासिल कर ले। बिरडीस ने अपना यह विचार यह कल्पना मानकाप्या को बता दी। मानकाप्या को भी यह विचार ठीक लगा।

बिरडीस ने कहा—" तुम्हारी सहायता के लिए मैं कहीं आसपास ही खड़ा रहूँगा। तुम भी जड़ी-बूटी बेचनेवाले का स्वांग भरकर गाँव में जड़ी-बूटी बेचने निकल पड़ो। दो पहर तक गाँव का चक्कर लगाओ और दोपहर को जाकर बाड़े में बड़ा-सा साँप छोड़ दो...।" मानकाप्या भी अब पूरी तरह से यह काम करने को सहमत हो गया।

ढोकी गाँव के नजदीक 'तेरणा' नदी बहती थी। उसके किनारे से जाते हुए उसने पैर के अंगूठे जितना मोटा और लम्बा साँप तेजी से सरसराता हुआ निकलते देखा। उस साँप को देखकर आसपास की चिड़ियाँ हल्ला मचाने लग गईं। उस आवाज को पहचानकर मानकाप्या ने कहा—" साँप के आसपास दिखते ही पंछी ऐसा शोर मचाते हैं।" और यह कहते हुए वह साँप के पीछे भागा। इससे पहले कि वह कहीं छिप जाए मानकाप्या ने साँप की पूँछ पकड़ ली और उसे गोलगोल घुमाकर नीचे पटक दिया—पूँछ वैसे ही पकड़ी हुई थी। साँप घबरा गया था पर पूँछ मानकाप्या के हाथ में होने के कारण वह भाग न सका और न ही उसे काट सका। साँप को परखते हुए मानकाप्या ने कहा—"यह असली साँप है। यदि यह किसी को काट खाएगा तब वह पानी भी नहीं माँग पाएगा। जहरीला है। इसका जहरीला दाँत निकाल देना

पड़ेगा।'' रानपाल्या से उसने कहा—''जाओ और झटपट 'कुपाटी' के पेड़ की लकड़ी तोड़कर ले आओ।'' लकड़ी लेकर एक हाथ से साँप का मुँह पकड़कर, उसके मुख में उसने वह सोटी का एक छोर रखा दिया। सुपारी काटने के सरौते से बहुत धीरे से साँप के वे जहर से भरे दो दाँत पकड़कर काट दिए। दाँत निकालने के पश्चात् धीरे से उस साँप को अपनी झोली में डाल लिया। लौटते समय साँप को खिलाने के लिए नदी से छोटी-छोटी मछलियाँ और झींगे ले लिए। साँप को दो-तीन दिन अपने पास रखकर मानकाप्या उसे पकड़ने, उसके पीछे भागने की और पकड़ने के बाद झट से उठा लेने की आदत डाल रहा था। एक दिन भरी दोपहरी को सिर पर रूमाल बाँध धोती टेढ़ी-मेढ़ी लपेटकर हाथ और कन्धे पर जड़ी-बूटियों से भरा थैला लटकाकर, बिरडीस के साथ मानकाप्या उस्मानाबाद की तरफ चल पड़ा।

दोपहर के समय उस्मानाबाद गाँव के रास्ते सुनसान थे। कुत्तों के भौंकने के सिवाय और कोई आवाज नहीं थी। गाँव के बाहर एक बड़े से बड़ के नीचे, घनी छाँव में बिरडीस जाकर शान्ति से बैठ गया। मानकाप्या को ठीक तरह से समझाकर उसने उसे नाना पाटिल के बाड़े की तरफ भेज दिया।

''जड़ी-बूटी की औषधियाँ ले लो।'' मानकाप्या धीरे-धीरे बाड़े की ओर बढ़ रहा था। रास्ते में कोई रोक-टोक नहीं हुई। वह बाड़े के बाहर आसानी से पहुँच गया। बाड़े का बाहरी दरवाजा मोटा-सा लकड़ी का दरवाजा था। नीचे की ओर काफी खुली जगह थी। यह देखते हुए कि वहाँ उसे कोई नहीं देख रहा उसने धीरे से अपने झोले से साँप निकाला और उसका मुँह पकड़कर दरवाजे के नीचे की खुली जगह में घुसेड़ दिया। जैसे ही साँप थोड़ा अन्दर गया उसने बाकी साँप के शरीर को अन्दर की तरफ सरका दिया। दो, तीन दिन से बन्दी बना साँप दरवाजे की खुली जगह मिलते ही सरसराता हुआ बड़ी तेजी से नाना पाटिल के घर के अन्दर चला गया। जैसे ही साँप अन्दर गया, वैसे ही बड़ी तेजी से मानकाप्या बाड़े के साथ वाली गली से बाहर निकल आया और एक बार फिर अपने झोले से जड़ी-बूटी एक हाथ में लिए वह चिल्लाते हुए आगे बढ़ने लगा—''जड़ी-बूटी ले लो। जंगल से आई अच्छी दवा ले लो...।''

मानकाप्या का छोड़ा हुआ साँप पहले बैठक से अन्दर की ओर गया। औरतें और बच्चे खाना खाकर सुस्ता रहे थे कि अचानक उन्हें गाय, भैसें और बछड़ों की रम्भाने की आवाजें आने लगीं। बछड़े छलाँग लगाने लगे। यह हंगामा सुनकर नाना पाटिल की पत्नी बाहर यह देखने आई कि बँधे हुए जानवरों में अचानक यह खलबली कैसे मची है। उसकी नजर उस साँप पर पड़ी जो सरसराता हुआ गुसलखाने की तरफ जा रहा था। लाल से बड़े लम्बे साँप को देखकर वह बुरी तरह से डर गई और वह जोरों से चिल्लाने लगी—''अरे देखो, वहाँ देखो एक साँप है। भागो-भागो वह किसी को काट खाएगा।'' डरे हुए, घर के सारे के सारे लोग रास्ते पर आकर खड़े हो गए। ''अरे कोई है?...जाओ जल्दी से किसी को बुला भेजो, बाड़े में घना बड़ा साँप घुस गया

है...। शोरगुल सुनकर बाड़े के आसपास रहनेवाली बनियों की, मालियों की औरतें अपने घरों से बाहर निकल आईं। दोपहर होने के कारण आसपास कोई भी मर्द लोग नहीं थे, सब अपने-अपने खेतों में चले गए थे। जमावड़ा दिख रहा था तो सिर्फ बच्चों व औरतों का। इतने में, धीरे से जड़ी-बूटी बेचनेवाला बैदू जमावड़े की ओर बढ़ा और उसे देखकर नाना पाटिल की पत्नी ने उससे कहा–'' बाबा अच्छा हुआ तुम यहाँ आ गए, अरे भाई हमारे बाड़े में साँप घुस आया है। इससे पहले वह किसी को काट ले उसे पकड़ना होगा। इस समय आसपास कोई भी नौकर-चाकर या कोई मर्द यहाँ नहीं है। मेहरबानी करके कुछ तुम ही हमारी मदद करो। भैया तुम ही कुछ कर सकते हो। तुम वनों में घूमने-फिरने वाले लोग हो...।''

मानकाप्या ने बड़े अदब से कहा–''मालकिन आप फिक्र न करें। मुझे बड़े-बड़े साँप पकड़ने की आदत है। अभी जाकर मैं वह साँप पकड़ लेता हूँ, हाँ पर मेरे इस काम के लिए आपको मुझे कुछ देना होगा।''

इस पर पाटिल की पत्नी ने कहा–''हाँ भाई अवश्य दूँगी, देखो साँप उस तरफ गया है।''

मानकाप्या इसी ताक में था, पाटिल की पत्नी के इस कहने पर वह तुरन्त राजी हो गया और झट से बाड़े के अन्दर घुस गया। सारा बाड़ा घूम-घूमकर देख लिया। रसोई घर, कोठी, कमरा जहाँ अनाज भरकर रखा जाता था। एक कमरा था जहाँ बड़ी-बड़ी पेटियाँ सन्दूक वगैरा रखे हुए थे। मानकाप्या समझ गया कि उनकी चाहत का सारा माल इसी कमरे में हो सकता था। साँप के डर से घर की एक दूसरी औरत भी वहाँ आ पहुँची, यह देखने कि साँप कहाँ से पकड़ा जाता है।

मानकाप्या को जो जानकारी चाहिए थी वह मिल गई थी। अतः वह अब गुसलखाने की ओर बढ़ा, साँप पानी के पास से मिला था। उसका अन्दाज था कि वह साँप उस गुसलखाने में ही पानी के आसपास मिलेगा। उसका अन्दाजा ठीक निकला। साँप एक बड़े पानी के पीपे के पीछे कुडंली मारकर गोलाकार बनकर बैठा हुआ था। मानकाप्या को साँप से डर इसलिए नहीं लगा क्योंकि तीन दिन पहले उसने ही इसके विषैले दाँत निकाल दिए थे। वह सीधा साँप की तरफ बढ़ गया और जाकर उसकी पूँछ पकड़कर उसे उठा लिया। हाथ में पकड़ी सोटी पर उसका एक लपेटा लगा दिया। इसी दशा में वह लाचार साँप बाहर लाया गया। बाड़े के बाहर खड़ी सब औरतें, बच्चे और अन्य, पकड़े हुए साँप को अचम्भे से देख रहे थे। घरवालों ने चैन की साँस ली। उनके ऊपर आई बला टल गई थी। मानकाप्या ने जमावड़े के समक्ष उस साँप को सोटी से पीट-पीटकर मार दिया और उसे एक तरफ फेंक दिया। पाटिल की पत्नी ने अन्दर जाकर पाँच सेर ज्वारी के दाने और एक रुपया मानकाप्या की झोली में डाल दिया। धन्यवाद देते हुए मानकाप्या गाँव से बाहर निकल आया। बिरडीस को इशारा कर उसे पास बुला लिया और दोनों मिलकर

उस्मानाबाद से बाहर निकल आए। रास्ते में बाड़े की पूरी स्थिति का अन्दाजा उसने बिरडीस को बता दिया। डाका कब और कैसे डाला जाए इस बात की चर्चा और योजना बनाते हुए दोनों घर लौटे।

डाका डालने का दिन तय करने के लिए एकबार फिर सब 'पांधरी की पहाड़ी' पर एकत्रित हुए। एक बड़े आम के पेड़ तले सब पारधी प्रमुखों की सभा बैठी। मानकाप्या ने पूरा हाल और बाड़े के अन्दर कितने कमरे कहाँ और उनकी स्थिति का वर्णन किया। आने-जाने के रास्ते और घर में रहनेवालों और नौकर-चाकरों का अनुमान बताया। बड़ी शान्ति से सब प्रमुखों ने पूरी बात सुनी। प्रमुख गेंडया बोल उठा–''ऐसे बाड़े में डाका डालना जोखिम से भरा हुआ काम होता है। गाँव के घर भी बिलकुल आसपास हैं। अगर गाँव के लोग इकट्ठा हो गए और अगर हम बाड़े के अन्दर ही रह गए तो ऐसे समय हमारा वहाँ से बाहर निकलना मुश्किल हो जाएगा। हमारी जान को खतरा हो सकता है। ऐसे समय हमें पूरे सोच-विचार से सब कुछ करना होगा। बाहर से भी यदि उन्होंने कुंडे लगाकर हमें अन्दर बन्द कर दिया तब हम बाहर निकल न पाएँगे। हमें अन्दर ही बन्द रहना होगा। इस बात के लिए हमें तैयार रहना पड़ेगा। दूसरी बात मानो यदि कोई बन्दा उस समय बाड़े की तरफ आता नजर आए तब उसे गुलेल से पत्थर मारना ही पड़ेगा। ऐसी मार से लोग डरकर आगे नहीं बढ़ेंगे। वे समझ जाएँगे कि या तो 'रामोशी' या 'पारधियों' का डाका पड़ा है। अपना काम निपटाने का मौका हमें मिल जाएगा और काम हो जाने पर हमें सामान लेकर भागने में आसानी होगी। ऐसी सारी बातों का हमें बड़ी गौर से विचार करना होगा।''

बिरडीस ने हामी भरकर अपनी गर्दन हिलाते हुए कहा–''यह डाका डालने के लिए हमें कम से कम पन्द्रह-बीस लोगों की टोली बनानी पड़ेगी। ये सारे बन्दे तगड़े जवान हो, जिनका दिल कच्चा या कमजोर न हो। हमें याद रखना है कि हम राणा प्रताप के वंशज हैं और हम पारधियों को कोडियारा देवी का आशीर्वाद प्राप्त है। इसी आशीर्वाद के कारण हम निर्भय हैं। अपने शिकार के गले से रक्त का घूँट जो भी पी सकता है उसे डर कभी नहीं छू सकता। फिर भी, इस टोली के लोग ऐसे हों, जो अपनी जान पर खेलकर भी अपना काम पूरा करने की हिम्मत रखते हों।''

गेंडया, तरंग्या, मानकाप्या, बिरडीस, झबझब्या आदि, ये सब अपनी–अपनी बस्तियों के अनुभवी प्रमुख थे। इन्होंने अपनी बस्ती से वेगवान, अच्छे निशानेबाज और चतुर नौजवानों को चुनने का निश्चय किया।

इसी बैठक में तरंग्या ने कहा–'' देखो भाइयो अब तक पारधी बस्ती में चली आ रही परम्पराओं को न भूलना, उनका पालन करना। इस डाके की खबर 'इस कान की उस कान को भी नहीं' अर्थात् इसकी भनक भी किसी और को नहीं पड़नी चाहिए। बस्ती के बच्चों को या किसी को भी यह मालूम नहीं हो कि हम कहाँ

जानेवाले हैं या क्या करनेवाले हैं। औरतों, बच्चों के दिल कमजोर होते हैं। डाका पड़ने के बाद पुलिसवाले पहले हमारी बस्तियों पर पहुँचकर, उन्हीं से पूछताछ करेंगे। उन्हें मारपीट कर उनका मुँह खुलवाएँगे। बदन पर मिर्च नमक का पानी डालकर सच बुलवाने की कोशिश करेंगे। यदि उन्हें कुछ पता हो तब वे सब सच उगल देंगे। इसी के कारण कई पारधी लोगों की पूरी जिन्दगी कारावासों में ही कट जाती है। यही कारण है कि हमें डाके की बात सबसे छुपाकर रखनी होगी। डाके में जो कोई भी शामिल होगा उसी को इस बारे में जानकारी होगी। अन्य किसी को भी नहीं। हम पारधी ऐसे हैं कि यदि हमने किसी को भी वचन दिया तब हमारी जान भी चली जाती है तब भी हम अपना वचन याद रखते हैं। प्राण जाए पर वचन न जाए। किसी का विश्वासघात हम नहीं करते हैं। मैं जानता हूँ कि ये सारी बातें आपको अवगत हैं; परन्तु फिर भी मैं आपको ये सारी बातें एक बार फिर कर रहा हूँ। अपनी जाति का रिवाज आपको बता रहा हूँ।''

बिरडीस ने कहा—''सही बात कही तुमने। चलो अब आगे बढ़ें? आज यहीं हम सब मिलकर बीस लोगों के नाम ले लेते हैं जो यह काम पूरा करेंगे। मेरी बस्ती से मानकाप्या, बन्दुक्या, रानपाल्या इस काम में शामिल होंगे। आप सब अपनी बस्तियों से लोगों को चुनो। हमें इस अमावस्या की रात को यह काम पूरा करना है।''

झबझब्या ने कहा—''पन्द्रह लोग बाड़े में डाका डालने का काम करेंगे और पाँच लोग उस्मानाबाद गाँव के बाहर निगरानी करने और गाँव के लोगों पर नजर रखने का काम करेंगे। जरूरत पड़ने पर गुलेल और पत्थरों की मार से लोगों को थाम लेंगे। इस काम के लिए खासे निशानेबाज बहादुर लोगों को चुनना होगा। यह काम अब हमें करना होगा।''

अब तक बैठक में पूरी बातों पर चर्चा होकर सारे निर्णय ले लिए गए, काम की कार्रवाई पूरी हो गई थी। काफी समय बीत गया था तब सबको होश आया कि उन्हें बड़ी जोर की भूख लगी हुई थी। आसपास के वन में कोई अच्छा शिकार मिले इस बात की चाह सबके मन में जाग उठी। पहाड़ी के ऊपर से कहीं दूर उन्हें एक घाटी से भेड़-बकरियाँ जाती हुई नजर आ गईं। डाका डालने से पहले एक प्रयोग एक पूर्वाभ्यास कराने के विचार से बन्दुक्या और रानपाल्या से कहा गया, ''जाओ तुम जवान हो गर्म खूनवाले हो। जाकर उन भेड़-बकरियों में से एक तगड़े जानवर को ऐसे उठा लाओ कि उस गड़रिये को उसकी खबर न लगे।'' यह बात सुनते ही, तीनों, बन्दूक से छूटी हुई गोलियों की तेजी से पहाड़ी से उतरते हुए उस घाटी की तरफ भागे जहाँ से वे भेड़-बकरियाँ गुजरने वाली थीं। वे ऐसी जगह पर जा बैठे जहाँ उन्हें कोई देख न पाता। एक बड़े पत्थर के पीछे, झुरमुट में उन्हें बैठने की जगह मिल गई। जैसे ही भेड़-बकरियाँ वहाँ से गुजरने लगीं, उनमें से एक तगड़े बकरे की टाँग पकड़कर उसका मुँह हाथ से दबा दिया और झटके से उसे उठाकर निचली घाटी की

ओर भाग खड़े हुए। गड़रिया, जो एक कतार में चलनेवाली बकरी, भेड़ों के पीछे चल रहा था (घाटी की वह जगह संकरी थी) उसे पता ही न चला कि कब पारधियों ने बकरे को उठा लिया था। उधर दूसरी तरफ दोनों पारधियों ने उनकी आदत के मुताबिक बकरे की गर्दन की नली को तोड़-मरोड़कर उसे शान्त किया। काडतुस्या ने बकरे को अपने कन्धे पर लाद लिया और तीनों घाटी और पहाड़ी पर से छिपते हुए वहाँ जा पहुँचे जहाँ बिरडीस के संग और साथी उनका इन्तजार कर रहे थे।

गेंडया ने तीनों की पीठ थपथपाते हुए कहा–''शाबाश बहादुरो! तुम इस लायक हो कि तुम्हें डाका डालने के समय साथ लिया जाए। तुम वास्तव में असली आदिवासी पारधी जात के हो, यह तुमने अभी सिद्ध कर दिखाया है!''

आसपास पड़ी सूखी टहनियों को एकत्रित कर आँच जलाने का काम तीनों ने आरम्भ कर दिया। झबझब्या ने अपनी जेब से चमड़े की म्यान में रखी हुई तेज धारदार छुरी निकाली और एक तरफ जाकर बकरे की खाल छीलकर अलग रख दी। अब तक अच्छी आँच जल चुकी थी। उस आँच पर पूरा का पूरा बकरा भुनने लगा। इसके लिए उस बकरे को एक लम्बी टहनी से लटका दिया गया। भुनते हुए बकरे की खुशबू से सबकी भूख और तेज हो रही थी। सब अपने पास रखी हुई महुआ के फूलों से बनी दारू निकालकर पीने लगे, गपशप होने लगी। अपने जात भाइयों की बहादुरी का वर्णन करते वे थकते न थे। भुनकर बकरा खाने के लिए तैयार हो गया था। उसे आम और पलाश के पत्तों से बनाई गए पत्तलों पर डाल दिया गया। भूखे पारधी उस भुने हुए बकरे पर टूट पड़े। सारे जने खाने में मग्न थे। कोई बात न कर रहा था। देखते ही देखते सारी पत्तलें साफ हो गईं। डकार देते हुए तृप्त हो सब अपने घरों की ओर चल दिए। अमावस्या के एक दिन पहले डाका डालने का दिन निश्चित किया गया था।

रात के ठीक बारह बजे सारे जने, गाँव से पाँच कोस की दूरी पर, चोरी और शिकार के काम आनेवाली अपनी-अपनी वनगायों के साथ एक बड़े आम के पेड़ के नीचे एकत्रित्त हुए जैसा कि पहले तय किया जा चुका था।

7

चारों ओर घना अँधेरा छाया हुआ था। बीच-बीच में रात के कीड़े और झींगुर कर्कश आवाज में किर-किर-किर की आवाज करते जा रहे थे। बीच-बीच में जुगनू चलते थे। इस घोर अँधेरे में वनगायों की आँखें हीरों की तरह चमक रही थीं। रानपाल्या, बन्दुक्या, काडतुस्या के चेहरों पर थोड़ी मूँछें दिखने लगी थीं। वे अपनी पूरी जवानी और जोश में थे। यह तय हुआ कि ये तीनों पहले जाकर नाना पाटिल के बाड़े के पिछवाड़े से जाकर वहाँ की दीवार में एक बड़ा छेद बना देंगे जिसके अन्दर से वे

गुजरकर बाड़े के अन्दर घुस सकें। बिरडीस ने अपने साथ अरंडी के तेल से भरे हुए बीजों को कूटकर एक बड़ी बोतल तेल अपनी चमड़े की थैली में रखा था, उसे बाहर निकालकर रानपाल्या के हाथों में देते हुए उसने कहा—"तुम तीनों पूरे बदन पर यह तेल मल लो। सिर्फ अपनी लँगोटी छोड़कर, उस पर मत लगाओ। डाका डालते समय यदि कोई पकड़ने आए तब वह तुम्हें पकड़ न पाएगा। तुम उसके हाथों से एक मछली की तरह सरक जाओगे। हाँ और उस समय तुम्हारे लँगोटी में रखे हुए रूमाल से, उसमें पत्थर बाँधकर, आदमी की कनपटी में मार देना। वह आदमी वहीं ढेर हो जाएगा। पानी भी न माँग पाएगा, समझे?" बात सुनते हुए तीनों लड़कों ने अपने पूरे शरीर पर अरंडी का तेल चुपड़ लिया और वे अपनी वनगायों पर सवार होकर उस्मानाबाद की तरफ चले गए। गाँव के नजदीक पहुँचते ही गेंडया ने लोमड़ी की आवाज निकालना शुरू किया। उस आवाज से सोए हुए गाँव के कुत्ते जाग गए और उन्होंने भौंकना शुरू कर दिया। गाँववाले भी कुत्तों की आवाज से परेशान होकर—यह सोचकर कि कुत्ते अपनी आदत से मजबूर होकर भौंक रहे होंगे—करवट बदलकर सो गए। गेंडया को इसी बात का अन्दाजा था। उसकी अटकल सही साबित हुई। कुत्ते थोड़ी देर भौंककर चुप हो गए।

गेंडया और झबझब्या ने अपने हथियार; जिससे वे दीवार में छेद बनानेवाले थे, अपनी बोरी में से निकाल लिए। उनके साथ आए पाँच लोग पाँचों दिशाओं में अपने हथियार, पत्थर, गोफनी, गुलेल लेकर निकल गए। यदि किसी व्यक्ति के बाड़े की तरफ जाने का अंदेशा होता दिखता तब वे उस व्यक्ति को मार गिराने की ताक में थे। गेंडया ने दीवार में छेद बनाने की उस पत्थर की मोटी दीवार पर चढ़ने की आज्ञा दी। बन्दरों की तरह दोनों झटपट दीवार पर चढ़ गए और अन्दर नजर दौड़ाई। थोड़ी ही देर में दीवार में छेद करने का आधे से ज्यादा काम पूरा हुआ। इधर-उधर की आहट लेकर एक बार फिर गेंडया ने छेद बनाने का काम आरम्भ कर दिया। एक आदमी के अन्दर जाने लायक छेद के बनते ही उसने अपना काम रोक दिया। इशारा मिलने की देर थी। बन्दुक्या और रानपाल्या अन्दर घुसने को तैयार थे।

छेद बना ही था कि, आहट सुनकर नाना पाटिल की आँख खुल गई और उसने खाँसना शुरू कर दिया। उसने सोचा कि शायद बँधे हुए ढोर उछल-कूद कर रहे थे करवट बदलकर वह फिर से सो गया। जहाँ से पाटिल के खाँसने की आवाज आई थी उसी कोने से रानपाल्या और बन्दुक्या दीवार से नीचे उतर आए।

नाना पाटिल के कमरे में वे जा घुसे और अपने पास का चाकू उन्होंने नाना पाटिल के गले पर रख दिया। इशारा पाते ही दीवार में बनाए हुए छेद से गेंडया, टरंग्या, बिरडीस एकदम अन्दर आ धमके। चारों ओर फैल गए और अन्दर से सारे दरवाजों के कुंडे लगा दिए। औरतों व बच्चों को पकड़कर पाटिल के कमरे में बन्द कर दिया और सख्त आवाज में उन्हें कहा—"सब लोग चुपचाप एक कमरे में बैठ

जाओ, किसी ने कोई भी आवाज की तब उसे हम जान से मार डालेंगे।''

इस प्रकार की धमकी सुनते ही सारे डर के मारे काँपने लगे। किसी के भी मुँह से कोई आवाज न निकल पाई। नाना पाटिल और उसकी पत्नी को कसकर पकड़े हुए, उन्हें घसीटते हुए, धमकाकर कहा गया ''चुपचाप अपनी तिजोरी की चाबियाँ हमारे हवाले कर दो। मुसलमानों, पठानों को मारकर तुम्हारे बापदादा की कमाई हुई दौलत चुपचाप हमारे हवाले कर दो, ऐसा न किया तो तुम सब अपनी जान से हाथ धो बैठोगे? बेवजह मारे जाओगे।''

नाना पाटिल ने कहा–''हमारे पास कुछ भी नहीं है। यहाँ हमारे पास केवल खेत से आया हुआ माल और पैसा है।''

यह सुनते ही बिरडीस ने अपनी कोहनी से एक जोर का धक्का पाटिल के पेट में दे मारा। दर्द से कराहता हुआ पाटिल जमीन पर लोटने लगा।

यह देखकर पाटिल की पत्नी ने कहा–''जो कुछ लेना है वह ले जाओ। मैं चाबियाँ देती हूँ तुम्हें। मैं दिखाती हूँ तुम्हें सोना-जवाहरात, धन कहाँ रखा हुआ है। सब ले जाओ पर मेरे सुहाग को हाथ ना लगाओ, उसे बख्श दो।'' वह कमरे में गई और अपने तकिये के नीचे रखी हुई चाबियों को देते हुए वह बोली–''उस परले कमरे में तिजोरी है...।'' गेंडया वह कमरा खोलकर अन्दर घुस गया। बैटरी के उजाले में उसे तिजोरी दिखाई दी। चाबी से तिजोरी खोली, वहाँ का सारा माल, पैसा, जेवरात वगैरा जो कुछ भी था, उसे उठा लिया। पुनः वह पाटिल के समक्ष जा खड़ा हुआ और गुस्से से भरकर बोला–''अरे बाकी का सारा खजाना कहाँ है बोलो...नहीं तो...।'' उसका इतना कहना काफी था कि पाटिल ने मारे डर से कह डाला, ''उस तिजोरी से थोड़ा आगे की ओर जाओ, वहाँ सोने-चाँदी के हांडे गाड़कर रखे हुए हैं...।''

इतना कहना काफी था, गेंडया के साथियों ने कुदाली से वहाँ की जमीन खोदनी आरम्भ कर दी। एक फुट खुदाई करने पर उन्होंने खण-खण की आवाज सुनी, कुदाली की चोट हांडे पर लगी थी। वे खोदते गए, अन्त में उन्हें एक के साथ एक रखे हुए तीस-चालीस किलो वजन वाले सोने-चाँदी से भरे हुए हांडे बाहर निकाले। अपने साथ लाई हुई बोरियों में उन्होंने पूरा खजाना भर लिया। एक के बाद एक बोरी उठाकर, दीवार में बनाए गए छेद द्वारा बाहर निकाली गईं। बाहर मानकाप्या और टरंग्या ने उन बोरियों को अपनी वनगायों पर लाद दिया।

काफी सारा माल बाहर आ चुका था। कुत्तों ने भौंकना शुरू कर दिया था। यह समय था उनके भागने का। डर था कि गाँव कहीं जाग न जाए। अतः मानकाप्या दीवार के छेद से अन्दर आ गया और बिरडीस और टरंग्या से बोला–''भाइयो, जल्दी करो, अब बस करो, जितना लिया उतना काफी है।'' इतने में, जहाँ सब घरवालों को एक कतार में धमकाकर बिठाया था, वहाँ रानपाल्या, बन्दुक्या और काडतुस्या चौकीदारी कर रहे थे। काम खत्म होते देख वे भी एक के बाद एक करके बाहर

निकलने लगे कि इतने में वहाँ की दो औरतों ने उन्हें पकड़ना चाहा परन्तु उनके बदन पर अरंडी के तेल की चुपड़न के कारण तीनों में से कोई भी उनके हाथ न लगा। उलटे रानपाल्या ने उन्हें अपने उलटे हाथ से चन्द झापड़ लगा दिए जिसके कारण उन औरतों ने रोना शुरू कर दिया। औरतों के रोने की आवाज सुनकर गोशाला में सोए हुए दो नौकर जाग गए और 'क्या-क्या हुआ' कहते हुए बौखला कर वे उठ बैठे। नौकरों की अचानक आवाज सुनते ही टरंग्या, गेंडया और झबझब्या बाहर की ओर भागे। उनके पीछे-पीछे रानपाल्या, बदुंक्या और काडतुस्या भी भाग आए। अन्दर अब केवल मानकाप्या रह गया था। तब तक बाड़े के अन्दर शोर मच गया था कि चार-पाँच पारधियों खजाना अपनी गायों पर लादकर उसे लूट कर ले गए थे। बाहर निकले लोगों ने तीतर की आवाज निकालकर बिरडीस को सन्देशा दे दिया था कि वे काम पूरा करके बाहर निकल आए हैं। मानकाप्या कहाँ था? उसे पाटिल के नौकर ने पकड़ने की कोशिश की थी। मानकाप्या भागता हुआ उस छेद के पास पहुँच गया था। पहले अपने दोनों हाथ और सिर बाहर निकाल लिए थे कि उसकी टाँगों को नौकरों ने पकड़ लिया। मानकाप्या ने बिरडीस से चीखकर कहा—"अन्दर मेरे पैरों को पकड़कर रखा हुआ है, तुम मुझे बाहर खींच लो।" बिरडीस की सहायता के लिए गेंडया भी वहाँ आ पहुँचा और दोनों मिलकर उसे खींचकर बाहर निकालने की कोशिश करने लगे। हाथों में अरंडी का तेल लगे हुए होने के कारण हाथ बार-बार फिसल रहे थे।

गेंडया ने हताश होकर कहा—"बिरडीस मुझे लगता है कि यह बाहर निकल नहीं पाएगा, ये लोग इसे मार ही डालेंगे। यदि यह ऐसे ही अटका रहा तब वे लोग इससे हमारा अता-पता उगलवा ही लेंगे। इसके बताने पर हमारी सबकी जान पर खतरा बना रहेगा। हाथ लगा खजाना निकल जाएगा और हमें कुत्ते की मौत से मरना पड़ेगा। बिरडीस अब सोचने का वक्त नहीं है। मानकाप्या की बीबी बच्चे को हम एक हिस्सा ज्यादा दे देंगे पर अपनी पारधियों की यह निशानी हमें यहाँ छोड़नी नहीं है। यह लो हिरन को मारनेवाली छुरी और चला दो उसकी गर्दन पर। इस धारदार छुरी से हम मानकाप्या का सिर काटकर अपने साथ ले जाएँगे। उसका शरीर गाँववालों के हाथों लगने पर वे जान नहीं पाएँगे कि वह धड़ किसका हैं...।"

गेंडया की बात में तथ्य था। संकट के समय अपना बचाव करने के लिए पीढ़ी दर पीढ़ी पारधी अपने ही लोगों का बलिदान करते आए थे। ऐसा करने से वे कभी भी हिचकिचाए नहीं थे। यह बात अपने पुरखों से उन्होंने सीखी थी। मानकाप्या के बलिदान से अन्य पारधियों की जान बचनेवाली थी। एक क्षण भी न खोते हुए, अत्यन्त तीक्ष्ण धारदार लम्बी छुरी के एक ही वार से, बिरडीस ने झटके से मानकाप्या की गर्दन धड़ से अलग कर दी और सिर को अपने हाथों में पकड़कर इन्तजार में खड़े सब साथियों को चलने का इशारा किया। देखते ही देखते सारे के सारे; बचे

हुए पारधी; अँधेरे में गायब हो गए। अपनी आज्ञाकारी गायों पर सवार हो वे हवा से बातें करते हुए पर निशब्द अपने गंतव्य की ओर चल पड़े थे।

गाँव में अब तक हल्ला मच चुका था–डाका पड़ा है। डाका...उठो देखो....। पाटिल के घर में हाहाकार मचा हुआ था।

मानकाप्या का घड़ से अलग किया हुआ सिर, दुख व कष्ट भरे मन से बिरडीस अपने हाथों में लिए चला जा रहा था। असहाय होकर वह बोल पड़ा, "हे देवी क्या हुआ यह? क्यों हुआ ऐसा? क्यों मानकाप्या बाहर निकल न पाया? यदि उसकी जगह मैं पीछे रह जाता तो अच्छा होता! अब मैं उसकी बीबी बच्चे को क्या जवाब दूँगा? उनसे क्या कहूँगा मैं...?"

बिरडीस की मनः स्थिति को देखकर गेंडया उसे समझाते हुए बोला–"मेरी बात सुनो बिरडीस, मानकाप्या बाहर निकले में असमर्थ था। हम उसे वैसे ही छोड़कर भाग निकल आते तब क्या गाँववाले उसे जिन्दा छोड़ते? और बाद में उसकी हड्डी- पसली एक कर देते और उससे सारी असलियत उगलवा लेते तब हम सबका क्या-क्या हाल होना था तुम अच्छी तरह जानते हो और समझते हो। पुलिसवालों की पकड़ में आने पर उसका बड़ा बुरा हाल होना था। और उससे हम सबकी जान भी खतरे में पड़नेवाली थी। ज्यादा मत सोचो, मानकाप्या का बलिदान हुआ। उसके सिर को हम कहीं गहरे गड्ढे में गाड़ देंगे। जिससे किसी को कुछ भी पता न लगेगा। मानकाप्या की गर्दन काटते समय उसके रक्त के छींटे तुम्हारे बदन और तुम्हारे लँगोट पर पड़ गए हैं। उसे हम अभी धो डालेंगे जिससे इस मौत की कोई भी निशानी पीछे नहीं छूटेगी। हमें देखना होगा कि मानकाप्या की कोई भी निशानी पीछे ना रहे। अब हमें वहाँ चलना होगा जहाँ अन्य जातभाई हमारा इन्तजार कर रहे हैं। वहाँ चलकर सबका हिस्सा उन्हें दे देना होगा। मानकाप्या के नाम एक और अधिक हिस्सा उसके बीबी बच्चे को सौंप देंगे। लूट का माल हर एक व्यक्ति को जमीन में गाड़ कर छुपा देना होगा। घर में कोई भी लूटी गई चीज दिखाई नहीं देनी चाहिए। पुलिस ढूँढ़ती हुई हमारी बस्ती में जरूर आएगी। हमें चाहिए कि ऐसी कोई भी वस्तु उनके हाथ न लगे जिसके कारण वे हम लोगों को पकड़कर अपने साथ ले जा सकें...।"

अमावास्या की अन्धेरी रात में, आम के पेड़ के नीचे, एक खेत के कोने में जमीन में गहरा गड्ढा खोदकर मानकाप्या का सिर, उनके रिवाज के मुताबिक, कोडियारा देवी का नाम लेकर पूर्ण सम्मान के साथ, गाड़ दिया गया। काडतुस्या मन-ही-मन सोच रहा था...मेरा असली बाप मेरे बचपन में ही मर गया, यह दूसरा माना हुआ बाप जिसने मुझे बाप का प्यार दिया वह भी इस डाके में मर गया। हमेशा के लिए कहीं दूर चला गया, अब मेरे सिर पर बाप का साया नहीं होगा। पारधियों के रिवाज के मुताबिक काडतुस्या जोर-जोर से दहाड़ने लगा। रोने लगा, आँखों में आँसू आ गए फिर सुबकते हुए उसने धीरे अपने बाप के सिर पर

मुट्ठियों से मिट्टी डालनी शुरू कर दी, उसके बाद औरों ने भी मिट्टी डाल दी। सारे के सारे लोग मानकाप्या के चले जाने से दुखी थे और दूसरी तरफ बड़ा खजाना हाथ लगने के कारण खुश भी थे।

जिसने खजाने की जानकारी दी थी, उसके नाम का बड़ा हिस्सा अलग रख दिया गया। अपने दोनों हाथों को अंजली में सोना तराजू जैसे तोलकर गेंडया प्रत्येक को उसका हिस्सा देता रहा। घने अँधेरे में बैटरी के उजाले में यह काम हो रहा था। सबको जब अपना-अपना हिस्सा मिल गया तब वे सब दबे पाँव से अपनी-अपनी बस्तियों की तरफ चले गए। सुनसान जगह होने के कारण उनका सब काम सुचारू रूप से हो गया था। बिरडीस ने अपने वचन के मुताबिक देशमुख का हिस्सा एक गठरी में बाँध उसी के एक गन्ने के खेत में गाड़ दिया। गड्ढा गहरा खोदा था और गड्ढे को निशाली के तौर पर पेड़ के नीचे खोदा था। अपना काम समाप्त कर बिरडीस ने एक गहरी साँस ली। मानकाप्या के चले जाने से बिरडीस का मन गहरी उदासी से भरा हुआ था। बोझिल मन से, धीरे-धीरे अपनी वनगाय पर सवार बिरडीस अपने घर लौटा।

नाना पाटिल का बाड़ा आक्रोश और शोरगुल से भरा हुआ था। बच्चों व औरतों के रोने-धोने से सारा गाँव जाग गया और लोग बाड़े में इकट्ठे हो गए थे। पाटिल अपना सारा खजाना लुटा देखकर बदहवास होकर, दीवार पर बार-बार अपना सिर पटक रहा था। देखने आए हुए लोंगो में से एक आदमी नामदेव मछुआरे ने छदमी हास्य करते हुए कहा—''पाटिल की यह कमाई कौन सी इसकी अपनी थी? इसकी कौन सी मेहनत की थी? सारा पैसा, जेवरात, खजाना लूट की कमाई थी। मुसलमानों की मुँडियों को मरोड़कर, उनके घरों को लूटकर यह धन कमाया था और अपना घर भरा था। वह लूट की कमाई कोई और लूट ले गया तो कौन सी बड़ी बात हो गई? समझो, सेर को सवा सेर मिल ही गया?''

गड़रिया दगडया जो पास में खड़ा था, बोलने लगा, ''नामदेव दादा, तू बिलकुल ठीक बोलता है। पाप का घड़ा कभी न कभी भर ही जाता है। यह कहावत एकदम सही साबित हुई। हमारे बचपन में हमने देखा-सुना था कि नाना पाटिल के बाप के जमाने में खेतों में उल्लू बोलते थे। गाँव की ऐसी खाली पड़ी हुई जमीनों को उसके बाप ने जरूरतमंदों और गरीब किसानों से, सस्ते दामों में खरीद लिया था। वहाँ उसने अच्छी खेती की, हाँ गन्ने की खेती में अच्छी कमाई की, उस पैसे से गाय-भैसें, बैल खरीदे। पर सोचने वाली बात है, उसको यह सारी अमीरी शान-शौकत क्या उसे खेतों से मिली थी? जाने दो...नाना को अगर किसी ने लूटा है तब क्या बुरा किया है? जैसे खजाना आया था वैसे ही वह निकल भी गया! आठ साल पहले जब बहुत बड़ा अकाल पड़ा था तब अपने गाँव के लोग झाड़ के पत्ते और घास-फूस खाकर जी रहे थे। उस बुरे समय में नाना पाटिल के गोदाम अनाज के कट्टों से भरे हुए थे। उसने

कभी भी किसी को अनाज नहीं दिया। भूखों को रोटी नहीं दी, उलटे उसने यह अनाज चोरी-छिपे शहरों में अधिक दामों पर, काले बाजार में बेचकर धन कमाया! ठीक है हमारे गाँव में डाका पड़ा है, पर इससे गाँववालों का क्या बिगड़ा है? उनका तो कोई नुकसान नहीं हुआ है? जो कुछ गया वह नाना पाटिल का गया... ।''

नामदेव मछुआरे ने कहा–''...देखो दगडया तुम कुछ भी कहो, इतना बड़ा डाका डालने के लिए हिम्मत चाहिए। शेर दिलवाला ही यह काम कर सकता है। पता नहीं कौन लोग थे वे जिन्होंने यह काम किया। अरे उनमें से ही एक आदमी जो पीछे छूटकर दीवार में फँस गया था, उसका सिर काटकर वे अपने साथ ले गए और उसका धड़ दीवार में फँसा रह गया, गजब की बात हुई है यह! उससे यह हुआ कि वे कौन लोग थे इसका पता लगना मुश्किल हो गया है। धड़ की पहचान न हो पाएगी, पुलिस आने पर ही आगे कुछ बात पता चलेगी तब तक कुछ नहीं होगा।''

मानकाप्या के बिना सिरवाले धड़ से बहुत खून बह गया था। उस धड़ को पाटिल का एक नौकर खींचते हुए आँगन के एक कोने में ले आया। धड़ को वह इस तुच्छता से खींच रहा था मानो कि वह कोई मरे हुए कुत्ते, बिल्ली को खींच रहा हो। उसकी एक टाँग को घसीटता हुआ ले जा रहा था और अन्त में धड़ को एक कोने में पटक दिया।

डाके में पाटिल की सारी की सारी सम्पत्ति को डाकू उठाकर ले गए थे। उसके पास कुछ भी नहीं छोड़ा था अतः नाना पाटिल सोच रहा था कि जब पुलिस यहाँ आएगी तब उन्हें क्या कहना होगा! यदि सरकार को पता लग गया कि उसके घर में इतना सारा सोना, चाँदी और पैसा रखा हुआ था तब सरकारी बाशिंदे उसके पीछे लगकर उसे परेशान करेंगे। अनचाहे सवाल खड़े हो जाएँगे जिसका जवाब देना कठिन हो जाएगा। अच्छा यही होगा कि किलो दो किलो सोना-चाँदी की चोरी हुई यही बताया जाए और आनेवाली परेशानी से बचा जाए। अपना सारा खजाना लुट जाने का गहरा दुख पाटिल को था। पर क्या करता झूठ बोलना ही उसके हित में था। अपने नसीब पर रोता हुआ, अपने सिर पर हाथ धरे गहरी सोच में नाना पाटिल बैठा हुआ था।

डाका पड़ने की वार्ता बार्शी के पुलिस थाने पर पहुँच चुकी थी। वहाँ के थानेदार तिरसिंगराव मोहिते अपने सिपाहियों को लेकर जीप से उस्मानाबाद में आ धमके। जीप को पाटिल के बाड़े के सामने खड़ा कर दिया। पुलिसवाले हाथों में लाठियाँ और बन्दूकें लेकर अपने बूटों की खड़-खड़-खड़ आवाज करते हुए बाड़े में दाखिल हुए। गाँववालों का जमावड़ा, पुलिसवालों को आते देखकर इधर-उधर खिसक गया। बाकी कुछ बचे हुए दर्शकों को अपनी लाठियों से हटाते हुए पुलिस बाड़े में दाखिल हो गई। डाका कैसे और कब पड़ा, कितने लोग थे? क्या कुछ चोरी हुआ इसका पंचनामा पुलिस कर रही थी। थानेदार तिरसिंगराव मोहिते आश्चर्यचकित होकर बोला–

"साला मैंने अपने पूरे जीवन में ऐसा डाका पहले कभी नहीं देखा जिसमें डाकुओं ने अपने ही आदमी का सिर काटा हो और उसे अपने साथ ले गए जिससे उसकी कोई जानकारी किसी को भी न मिल सके। आदमी की गर्दन तो ऐसी कटी हुई है मानो वह कोई मुर्गी हो। ये डाकू बड़े भयानक लगते हैं, कैसे पता लगेगा इनका? सिर बगैर घड़ से कोई भी पहचान नहीं हो सकती! चेहरा हो तो तब उसकी नाक, ठोड़ी या और कोई निशानी से पहचान हो पाती। उसका फोटो हम अखबार में छपवा देते पर अब क्या किया जाए। चेहरे बगैर धड़ हमारे किस काम का?" मुरदे का शरीर देखते हुए थानेदार ने कहा—"लगता है कि ये डाकू शायद भील जाति के होंगे या फिर होंगे फाँस पारधी। जब तक उनमें से कोई सामने आकर यह नहीं कहता कि यह हमारा आदमी है तब तक इसकी पहचान होना कठिन ही नहीं असम्भव ही लगता है।" थानेदार के सामने यह बहुत बड़ी उलझन थी। वह पाटिल से पूछता जा रहा था कि घर से क्या कुछ चोरी हुआ था—क्या किसी की मारमीट हुई थी—कोई जख्मी हुआ था नहीं। अन्त में पूरी छानबीन के बाद गवाहों के बयानों को लिखकर सारा पंचनामा करके बिना सिर के धड़ को अपनी जीप में डालकर थानेदार बार्शी को रवाना हो गए।

चलते-चलते थानेदार कह रहा था, "यह कोई आम डाका नहीं लगता है। यह पाटिल भी पहुँचा हुआ एक राजनीति करनेवाला इनसान दिखता है। इसके घर में बहुत बड़ा डाका पड़ा होगा, इसका माल चोरी हुआ होगा। इसने हमें पूरी बात नहीं बताई लगती है...शायद इसके घर में बहुत बड़ा खजाना होगा इसीलिए इतना जबरदस्त डाका पड़ा है। साले ये हरामखोर लोग कौन हो सकते हैं जो इतनी मोटी दीवार में छेद कर घर में घुसकर डाका डालने की हिम्मत रखते हैं? कौन जाति के होंगे वे लोग? घर पहुँचकर मुझे एक बार फिर अंग्रेजों के समय लिखी हुई गुनहगारी की किताब पढ़नी पड़ेगी। उस समय की कायदे कानून की वही पुस्तक शायद मेरे काम आएगी। पढ़ाई करते समय मेरे पढ़ने में आया था कि छत्रपति शिवाजी महाराज के समय उनके सैनिक जो 'मावले' कहलाते थे उनमें कुछ पेंढारी ठग, टक्कारी, रामोशी, भील आदि जाति के लोग भी शामिल थे, जो गुप्तमार्ग से जाकर दुश्मनों के बड़े किलों की दीवारों में छेद कर वहाँ से गोला-बारूद और खजाने लूटकर शिवाजी महाराज को लाकर देते थे। अंग्रेजों के राज में ये ही सारे लोग उन्हें लूटकर उनके खजाने, शस्त्र-अस्त्र और गोला-बारूद लूटकर उनकी नाक में दम कर देते थे। यही कारण था कि अंग्रेजों ने ऐसी जातियों पर जन्म से ही गुनहगार होने का ठप्पा उन पर लगा दिया था और उनके विरुद्ध कानून बनाकर ऐसे लोगों को बन्दी बनाकर, अलग रखा गया था। परन्तु अब देश स्वतंत्र होने पर भी लोग डाके क्यों डाल रहे हैं? क्या इन्हें अब तक मालूम नहीं हुआ है कि देश स्वतंत्र हो गया है। अंग्रेज यहाँ से चले गए हैं? ऐसे जंगली लोग डाके में भागते समय अपने ही साथी का सिर

काटकर ले जाते हैं? अपने ही आदमी की हत्या कर देते हैं? ये लोग सामान्य लोग नहीं हो सकते हैं। अपनी जान दे देंगे पर वे अपना मुँह नहीं खोलेंगे, किया हुआ गुनाह कबूल नहीं करेंगे। यदि इस मामले की छानबीन जल्दी नहीं की गई तब हमारे वरिष्ठ अधिकारी हमारी जान खा जाएँगे...क्या किया जाए...?''

पुलिस थाने पर पहुँचते ही मुर्दे की फोटो निकाली गई। थाने पर मुर्दे की माँग करने कोई भी नहीं आया, इस कारण मुर्दे को लावारिस घोषित करने के बाद उसका अन्तिम संस्कार कर दिया गया। डाके के हादसे से जुड़े होने के संदेह से तीन-चार भील कैकाड़ी और कुछ पारधी लोगों को पकड़कर पुलिस थाने पर लाया गया और हमेशा की तरह उनसे पूछताछ की गई परन्तु उसका कोई फायदा नहीं हुआ। उनसे किसी भी तरह की जानकारी उन्हें न मिली। यह सब देखकर वरिष्ठ अधिकारियों ने इस डाके की घटना पर कुछ समय के लिए पर्दा डाल दिया। यह लिखकर कि डाका दो-चार लोगों ने ही डाला था...।

ढोकी गाँव के परिसर में स्थित बिरडीस की बस्ती पर, मानकाप्या की मृत्यु के कारण गहरी काली उदासी छाई हुई थी। मंगली—मानकाप्या की पत्नी पुनः एक बार विधवा हो गई थी। उसकी लाल बिन्दी का मालिक उसका पति, आज अचानक उसके माथे की बिन्दी पोंछकर वहाँ गोबर पोत गया था, अपनी अगली जिन्दगी उसे अपने बेटे काडतुस्या के सहारे जीनी पड़नी थी, इसका उसे खेद हो रहा था। मानकाप्या के चले जाने से अगली जिन्दगी का अकेलापन शायद उसे डरा रहा था, दुखी कर रहा था।

अपने झुंड से अलग-थलग पड़े हुए हिरन का अपने झुंड में वापस लौटना जितना कठिन होता है उतना ही कठिन होता है पारधी पुरुष का घर वापस लौटना। यदि वह अपने साथियों से अलग-थलग पड़ जाए तब उसका सही सलामत लौटना कठिन हो जाता है। घर से बाहर निकले पारधी आदमी को; गाँववाले, पुलिसवाले; कब, कहाँ और क्यों धर-दबोचेंगे या मार डालेंगे इसका डर सदैव पारधी औरतों को लगा रहता था। सारे पारधी बस्ती की और लोगों की जान बचाने के हेतु ही पारधियों ने मानकाप्या की गर्दन काट डाली थी। सबको दुख यही था कि उसके मुख का दर्शन वे लोग न कर सकते थे जिसने उनकी जान बचाई थी। इस कटु सत्य को वे निगल नहीं पा रहे थे। पारधियों का क्या यही नसीब था? किस तरह का था उनका यह शापित जीवन! असहाय से वे मन-ही-मन तड़प उठे थे। वे सोच रहे थे कि क्या हाल किया होगा उन्होंने उनके प्रिय मानकाप्या के शरीर का। क्या उसका अन्तिम संस्कार किया होगा या मरे हुए कुत्ते की तरह उसके धड़ को फेंक दिया होगा? मंगली यह सब सोचकर, अपने नसीब को कोसती हुई, अपने बेटे को गले से लगाकर रोती जा रही थी। काडतुस्या से अपनी माँ का दुख देखा न जा रहा था, वह भी चुपचाप आँसू बहाता रहा। बिरडीस मंगली के पास जाकर उसे समझाता रहा। उसको सांत्वना देता

रहा, ''पारधियों की औरतें बड़े से बड़े संकट से नहीं घबराती हैं, उन्हें संकट का सामना हिम्मत से करना पड़ता है। अपने बच्चों की देखभाल करने के लिए हिम्मत से जीना पड़ता है। तुम्हारे मानकाप्या ने सारे पारधियों के हित में बलिदान दिया है। खुद मरकर सारे पारधियों को जीवनदान दिया है। पारधी कभी नहीं मरता है, कोडियारा देवी का उसे दिया यह वरदान है। ठंडी, गर्मी, बारिश में भूखा प्यासा भी वह हो, तब भी वह नहीं मरेगा। तुम्हारा पारधी वंश कभी समाप्त नहीं होगा यह बात हमेशा याद रखो और आनेवाले जीवन का सामना करना सीखो। मत भूलो, हमारी कौम को मिला हुआ यह वरदान है कि हमारा वंश चलता ही रहेगा। पारधियों की औरतें, चाहे कितना भी बड़ा संकट क्यों न आए, वे अपने आँसू औरों को नहीं दिखाती हैं। हिम्मत रखो और सिर ऊँचा करके जियो, हम सब तुम्हारे साथ हैं।''

डाका पड़ने के बाद कई दिनों तक बिरडीस और साथी पुलिस के डर से हर रोज दूर जंगलों में चले जाते थे और देर रात वापस लौटते थे। बूढ़े, बच्चे और औरतें बस्ती में रहते दिखाई देते थे। यह सिलसिला काफी दिनों तक चलता रहा।

डाके की घटना से उधर बाजीराव देशमुख बड़े ही खुश नजर आते थे। उनके पारम्परिक दुश्मन का नुकसान होने की सबसे अधिक प्रसन्नता उन्हें ही थी। उन्हें लगा कि इस नुकसान से नाना पाटिल को वे राजनीति में पछाड़ देंगे परन्तु अब भी उन्हें यह समझ नहीं आ रहा था कि डाके में मिली सम्पत्ति का माल अभी तक उनके पास कैसे नहीं पहुँचा था। वे यह भी समझते थे कि यदि पारधी यहीं पर बसे रहना चाहते हैं तब वे उन्हें दगा नहीं देंगे। उनके साथ धोखा-फरेब नहीं करेंगे, उनसे झूठ नहीं बोलेंगे। शायद डर के मारे वे छिपते फिर रहे थे, यही कुछ सोचकर बाजीराव देशमुख बिरडीस का इन्तजार करते रहे।

कुछ दिनों बाद बहुत तड़के जब उजाला होने में कुछ देर बाकी थी, बिरडीस तीरमान्या को साथ लेकर उस आम के पेड़ के नीचे जा पहुँचा जहाँ उसने बाजीराव पाटिल का, डाके की सम्पत्ति का हिस्सा, बोरी में डालकर जमीन में गाड़कर रखा हुआ था। कुदाली से दोनों ने मिलकर वह बोरी बाहर निकाल ली। उस बोरी को अपनी वनगाय पर डालकर वे गाँव में चले आए। रास्ते में अब भी अँधेरा था। वे दोनों बाजीराव देशमुख के बाड़े के निकट पहुँच गए। आसपास के कुत्तों ने भौंकना शुरू कर दिया था। भौंकने की आवाज से बाजीराव की आँख खुल गई। बिरडीस ने आगे बढ़कर बाड़े का लकड़ी का बड़ा दरवाजा खटखटाया और बाजीराव को आवाज दी। इतने तड़के बाजीराव को जगाने की हिम्मत किसी में नहीं थी यह एक सच था। देशमुख ने कमरे से बाहर निकलकर दरवाजे की कुण्डी खोली दरवाजा खुलते ही वनगाय के साथ बिरडीस अन्दर पहुँचकर बाजीराव के सामने खड़ा हो गया और उसने सोने और जवाहरात से भरी हुई वह बोरी बाजीराव के पैरों के पास डाल दी। बाजीराव को सम्बोधित करते हुए बिरडीस ने कहा—''साहेब डाके से मिली लूट का यह

आपका हिस्सा मैं आपके सुपुर्द करता हूँ। इस खजाने की किसी को भी, कानों-कान खबर न हो इस बात का आप पूरा ध्यान रखें गाँवधनी! आपकी मेहरबानी हम पारधियों पर बनी रहे यही हमारी आस और विनती है। पुलिसवाले हम पारधियों को और हमारी बस्ती के लोगों को परेशान न करे इस बात का कृपया आप ध्यान रखें। आगे आनेवाले संकटों से हमें बचाए रखिए। इस डाके में हमने अपना एक आदमी गँवा दिया है जिसका हम सबको बहुत गहरा दुखः है। पर हमने आपको जो वचन दिया था वह वचन आज हमने पूरा कर दिखाया है। अब हम आपसे इजाजत लेते हैं।'' बिरडीस अपनी वनगाय की पीठ थपथपाकर वायुवेग से तीरमान्या के साथ अपनी बस्ती पर लौट आया।

अनपेक्षित इतनी सारी धन-दौलत देखकर बाजीराव देशमुख का मन प्रसन्नता से खिल उठा। दीये के उजाले में इतना सारा सोना, हीरा, मोती, जवाहरात के जेवर, सोने के सिक्के आदि अँधरे में जलाए हुए दीये के उजाले में आसमान के टिमटिमाते तारों जैसे दमक रहे थे। बाजीराव ने अन्दाजा लगाया शायद लाखों रुपयों का माल– बिना मेहनत किए आज उसके हाथ लगा था। पारधियों ने बड़ी बहादुरी दिखाकर अपना वचन निभाया था। इस खजाने को बहुत सँभालकर रखने की आवश्यकता थी। इससे पहले कि उसके बच्चे, बीबी जाग जाते वह पूरी बोरी उठाकर उसे उस जगह ले गया जहाँ बड़ी लोहे की तिजोरी रखी हुई थी। तिजोरी में उसने वह बोरी वैसी की वैसी ही उठाकर रख दी और उसे बन्द कर चाबी अपनी जगह रख दी। बाजीराव सोच रहा था कि इन पारधियों को इसी प्रकार सहारा देकर रखना होगा। आगे भी ये लोग इसी प्रकार धन-दौलत लाकर देते रहेंगे। धन हाथ लगने से आसपास की सारी जमीन वह खरीद लेगा। एक समय ऐसा भी आएगा कि नाना पाटिल अपनी सारी जमीनें बेचना शुरू कर देगा। उन जमीनों को मैं ही खरीद कर एक दिन मैं बड़ा जमींदार बन जाऊँगा। अमीर आदमी बन जाऊँगा...बैठे-बैठे वह दिवास्वप्न देखने लगा।

डाका डालने के बाद बाजीराव देशमुख की भरपूर सहायता और छत्रछाया मिलने के कारण ढोकी गाँव स्थित बिरडीस की बस्ती में खुशहाली दिखने लगी थी। खा पीकर सारे बस्ती के लोग राजी खुशी से गुजर बसर करने लग गए थे। देशी दारू बनाने की भट्ठियाँ भी अच्छी चलने लगी थीं। उनसे कमाई अच्छी हो रही थी। ढोकी गाँव में आए नए थानेदार बाजीराव देशमुख की रिश्तेदारी से थे इस कारण हर महीने पारधी उनका हफ्ता उन्हें पहुँचा देते थे। कई बार पुलिसवाले भी देशी दारू और देशी मुर्गी का स्वाद लेने वहाँ पहुँच जाते। पुलिसवालों की लालबत्ती वाली गाड़ी अब वहाँ पारथी बस्ती में दिखाई देने लगी थी। चौकसी करने के बहाने वे लोग वहाँ पहुँच जाते और पारधियों की बनाई दारू के घूँट लगाकर लौट जाते। पन्द्रह-बीस दिनों में उनका चक्कर वहाँ अवश्य लगता था। समाज की दृष्टि से बेशक यह बुरा काम था

परन्तु पारधियों के लिए यह धन्धा उनको रोजी-रोटी देनेवाला था। कभी-कभी बाजीराव देशमुख किसी अमीर आदमी का अता-पता दे देता था जहाँ से लूटपाट कर पारधी, बाजीराव का हिस्सा दे देते थे और उसके बाद भी उनके पास काफी कुछ बच जाता था। लूटपाट से उनकी अच्छी कमाई हो जाती थी। बिरडीस को यह धन्धा पसन्द आ गया था। इसमें जोखिम कम होती थी। बाजीराव की छत्रछाया के कारण और शराब, कबाब देने के कारण बिरडीस की दोस्ती थानेदार दिनकर पाटिल और जमादार सहायक तानाजी मोहिते से हो गई थी। इन मित्रतापूर्वक सम्बन्धों के कारण बिरडीस के पालों में वहाँ की बस्ती के लोग अब लाल बत्ती वाली गाड़ी की आवाज सुनकर हिरनों की तरह चौकड़ी भरकर भागते नहीं थे। उनका डर चला गया था। उनके व्यवहार में भारी बदलाव आया दिखता था। पुलिस गाड़ी के आते ही पारधियों के चेहरों पर खुशी छा जाती। बिरडीस, तीरमान्या, लगमण्या आगे जाकर भाग भागकर उनका स्वागत करते। दिनकर पाटिल, मोहिते के आते ही वे उनके सामने ताजी दारू मुर्गी और स्वादिष्ट मटन की बोटियाँ उनके समक्ष लाकर रख देते। उनकी सेवा में कोई कसर न छोड़ी जाती थी। अच्छी तरह से जिन्दगी जीने के लिए उनसे अच्छा तालमेल बिठाना बहुत आवश्यक था। इसी दृष्टिकोण से पुलिसवालों की खातिरदारी करने के लिए पारधी बस्ती के लोग सदैव तैयार रहते थे।

बिरडीस उनसे कहा करता था, ''मायबाप, सरकार जब तक आपका हाथ हमारे सिर पर रहेगा, आपका सहारा हमें मिलता रहेगा तब तक आपको कभी भी कोई कमी महसूस न होने देंगे। अब तक हम पारधियों की जिन्दगी बहुत बदतर रही है। कुत्ते-बिल्लियों को भी लोग शौक से पालते हैं उन्हें पास रखते हैं पर हम पारधियों को वे अपने पास भी फटकने नहीं देते थे। हमें इस लायक नहीं समझा जाता था कि हम कभी दरवाजे में जाकर खड़े रह सके! खेतों में पौधों को भी सूखी कटी लकड़ियों का सहारा मिल जाता है परन्तु पारधियों को कभी भी किसी का सहारा न मिल पाया। बाजीराव देशमुख के रूप में और आप लोगों के कारण, आपके हमारे बस्ती में पधारने के कारण, कोडियारा देवी की कृपा से हमारे जीवन को आधार प्राप्त हुआ है...।''

धीरे-धीरे बाजीराव की खेतीबाड़ी और काम में बढ़ोत्तरी होती गई। पूर्णरूपेण व्यस्त होते हुए भी कभी किसी समय वह थोड़ा सयम निकालकर अपने रिश्तेदारों, मित्रों और थानेदार पाटिल के संग पारधी बस्ती में चला जाया करता था। बिरडीस भी अब निश्चिंत हो रहा था। ढोकी गाँव में जमीन जुमला खरीदने का विचार उसके मन में एक बार फिर सिर उठा रहा था। इसी दिशा में बढ़ने के इरादे से वह अब दारू की कमाई और लूट से हुई कमाई को जमा करने में लग गया था।

अपनी बस्ती उसे अब सुरक्षित लगने लगी थी। बाजीराव देशमुख की छत्रछाया और थानेदार मोहिते से मित्रता के सम्बन्ध होने के कारण अब उसकी पारधी बस्ती

हटाने को कोई नहीं आनेवाला था। उसके और वहाँ के लोगों के मन से भी डर जाता रहा था। उनकी बस्ती के आसपास की खाली बंजर जमीन को जोतकर वहाँ थोड़ी बहुत खेती करने की उसने ठान ली। जो भी वहाँ पैदावार होगी, वह उनके अच्छे काम आएगी। खेत के लिए वह कुआँ भी खोद लेगा। खेती के काम वह पानी आएगा...अच्छा अनाज मिलेगा...धीरे-धीरे इस प्रकार हम लोग भी यहाँ के आदिवासी बन जाएँगे। ऐसे सपने देखते हुए अब वह उसी दिशा में आगे कदम बढ़ाने लगा।

अब तक आसपास के तीन चार गाँवों से हाथभट्ठी की दारू पीने के लिए लोगों की आवाजाही पारधी बस्ती में होने लग गई थी। बस्ती के लोगों की दोस्ती भी उन लोगों से होने लगी थी। बस्ती के हर घर में दारू की भट्ठी लगने लगी थी। भीगने रखा हुआ काला गुड़, उससे उबलती हुई भट्ठियों से निकला हुआ सफेद चिट्टा मोतियों जैसे दानों वाला पानी टपकता और बोतलों में भरा जाता। वह दारू, उसकी महक सारे आनेवाले गाँववालों को लुभा रही थी। दिन-रात बस्ती के लोग दारू बनाने के काम में लगे हुए थे। लगता था जैसे बस्ती कभी सोती नहीं थी। सारे पारधी परिवारों में पैसे की अच्छी आवक हो रही थी। अच्छी कमाई होने के कारण अब प्रत्येक परिवार के पास पट्टा या दो पट्टे खेती की जमीन थी। खेती करने का चस्का सब पारधियों को लग गया था। पारधी लोगों को खेतीबाड़ी करनेवाले किसान बनने में देर न लगी!

पारधी बस्ती के लोगों के मन से अब डर निकल चुका था। बिरडीस के खेत हरे-भरे होकर लहलहा रहे थे। अनेक वर्षों से संजोया हुआ बिरडीस का, किसान बनकर खेती करने का सपना साकार हो गया था। उसके पैर अब अपने पाल में न टिकते थे। वह दिनभर खेत में काम करता, रात को भट्ठी पर दारू बनाता। घर में भट्ठी लगाकर, उसकी पत्नी जलन भी काम में उसका हाथ बटाती थी। खेती-बाड़ी की देख-रेख रानपाल्या के जिम्मे थी। कुछ ही समय में पाई-पाई जोड़कर बिरडीस ने पचास साठ एकड़ जमीन खरीद ली थी। पूरी बस्ती को एक साल भर अनाज की पूर्ति हो पाए इतनी जमीन उसने जोत ली थी। ढोकी गाँव के लोग अब बेखटक पारधियों की बस्ती में आनेजाने लगे थे। गाँव में बिरडीस अब इज्जतदार किसान जाना जाता था। पारधी लोगों को खाने-पीने के अलावा और कोई खर्चा न होने के कारण जैसे ही उनके पास रुपए इकट्ठे हो जाते वे लोग बाजार जाकर बकरियाँ और गायें खरीद लेते। कई बार जरूरतमंद गाँववालों को वे पैसा उधार ब्याज पर भी देने लग गए थे।

बिरडीस ने तीरमान्या से बातों-बातों में एक बार कहा था, ''दारू बेचकर आया पैसा और हमारे खेतों से हुई कमाई हमारे हाथों लगते ही पुलिसवाले हमारे इर्द-गिर्द मंडराने लगते हैं। घरों में आ-आकर पूछताछ, छानबीन कर पैसा ले जाते हैं, 'टिड्डीदल' जैसे आते हैं। जमीन में गाड़ कर रखा हुआ रुपया तक नहीं छोड़ते।

सब जगह खोद-खोदकर धन ढूँढ़ते फिरते हैं। इससे तो अच्छा है कि हमारी कमाई का पैसा हम गाँव के जरूरतमंदों को ब्याज पर दे दें। जिससे हमारा रुपया बचा रहेगा। देशमुख के पास रखा हुआ पैसा वह हमें कभी वापस नहीं देता है। इसलिए हम लोगों के लिए यही अच्छा है कि हम इस गाँव के गरीब मजदूरों और किसानों को उनकी जरूरत के समय उन्हें पैसा उधार देकर उनकी मदद करें। हमारा पैसा भी बचा रहेगा और वे लोग भी जरूरत पड़ने पर हमारे काम आ सकेंगे।" पैसे के इस लेनदेन के कारण बिरडीस की पारधी बस्ती के लोगों के सम्बन्ध, गाँववालों से दोस्ताना हो गए थे। ढोकी गाँव के लोगों की तरफ पारधी लोगों ने दोस्ती और सहारा देने के लिए हाथ आगे बढ़ाया था।

खेती तैयार करने का मौसम आ गया था। किसान अपने खेती के कामों में जुट गए थे। खाली समय किसी के भी पास नहीं था। ऐसे समय महाराष्ट्र में विधान सभा के चुनाव होनेवाले थे। प्रत्येक राजकीय पक्ष की सभाएँ गाँव में होने लग गई थीं। पारधी बस्ती में उन सब पक्षों के लोग आ आकर वहाँ के लोगों को सभा में उपस्थित रहने का निमंत्रण देने लगे थे। इसी कारण रोज रात को बिरडीस अपने साथियों के संग इन सभाओं में जाने लगा था। वह जानना चाहता था कि ये चुनाव क्या होते है। किसान और गरीबों की ओर से लड़नेवाला 'शेतकरी पक्ष' जोर पकड़ रहा था। उस राजनीति दल के अध्यक्ष का नाम था उद्धवराव पाटिल। आदिवासी और किसानों का राज आए, महाराष्ट्र में उनके पक्ष का बोलबाला हो जिससे वे गरीबों का उत्थान कर सकें। आदिवासियों और गरीबों का उत्थान कर सकें। आदिवासियों और गरीबों के उत्थान का महत्त्व वे अपने भाषणों में बहुत अच्छी तरह समझाते थे। इस कारण उनके पक्ष का जोर दिन ब दिन बढ़ता जा रहा था। बिरडीस और उसके साथियों को, सबके भाषण सुनने के बाद समझ आ रहा था कि राजनीति किसे कहते हैं।

विधान सभा के चुनाव के लिए आखिरकार बाजीराव देशमुख को 'शेतकरी पक्ष' का टिकट मिल गया जिससे वे बड़े प्रसन्न थे। बिरडीस के बाजीराव देशमुख के साथ घनिष्ट सम्बन्ध होने के कारण पारधी बस्ती में प्रसन्नता की लहर दौड़ गई। बाजीराव ने भी सोचा कि दूध, डेअरी और सोसायटी के चुनाव लड़ने के बजाय यह चुनाव लड़ना अधिक फायदेमंद साबित होगा। गाँव में राजनीति का खेल खेलने से अधिक अच्छा होगा राज्य स्तर पर राजनीति करना! वहाँ काम करने में अधिक मजा आएगा, अपने गाँव और परिसर में अच्छा काम होने से सबका भला होगा। सुधार होगा...यही कुछ सोचकर बाजीराव चुनावों के दंगल में उतर पड़े। इस अखाड़े में उनका प्रतिस्पर्धी नाना पाटिल था जो 'जनता पक्ष' की ओर से चुनाव लड़ने जा रहा था। इस चुनाव में जीतने के लिए दोनों बन्दे घर-घर में जाकर चुनाव प्रचार करने लग गए थे।

बाजीराव देशमुख ने गरीबों के छोटे-मोटे कार्यकर्त्ताओं को अपने बाड़े पर बुला भेजा। उनके आने पर उन्हें सम्बोधित करते हुए वे बोले—"तुम सबके कल्याण हेतु

मैं कुछ योजनाएँ बनाकर उन्हें कार्यान्वित करना चाहता हूँ। जिससे तुम सबको बहुत फायदा होगा। तुम्हारे भले के लिए मैं बहुत कुछ करना चाहता हूँ पर यह तभी सम्भव हो सकता है जब आप सब मुझे ही चुनाव में जिताएँ।''

एक दिन बाजीराव देशमुख ने बिरडीस को पारधी बस्ती का मुखिया समझकर अपने बाड़े पर बुलाया। समय न गँवाते हुए बिरडीस बाजीराव के पास चला आया। बाजीराव ने बिरडीस से कहा–''तुम्हारी पारधी बस्ती के बहुत से लोगों के नाम मतदाताओं की सूची में शामिल नहीं हैं, अतः उन सबके नाम इस मतादाता की सूची में लिखवा लो। सब पारधियों के मत मुझे मिलने चाहिए। आप लोगों को मुझे जिताना होगा। आई बात समझ में? जैसे बिरडीस से कहा गया था, उसने वैसे ही किया। आश्चर्य की बात हुई कि इस समय आसपास रहनेवाले सब पारधी लोग ढोकी गाँव के नागरिक बन गए थे। बिरडीस और साथियों की बहुत दिनों की इच्छा पूरी हो गई थी।

नाना साहेब पाटिल और बाजीराव देशमुख का चुनाव प्रचार जोर-शोर से चल रहा था। जहाँ देखा वहाँ झंडे, जीप, गाड़ियों पर झंडे फड़कते दिखाई देने लगे। लाउडस्पीकर की आवाजें गूँजने लगीं। पारधी बस्ती में पहली बार 'शेतकरी पक्ष' का झंडा फड़कने लगा था। पास आते हुए चुनाव के कारण पारधी बस्ती में 'हाथभट्‌ठी' की दारू का धन्धा जोरों पर था। जितनी भी दारू बनती थी, खत्म हो जाती थी। कम पड़ती थी। दारू बनाने की कला उसकी रीति केवल पारधियों को ही अवगत थी। इस कारण उन दिनों बिरडीस और उसके साथियों के घरों में दारू बनाने की भट्टियाँ रात-दिन चल रही थीं। लगता था जैसे गाँववाले रात को शायद सोते न ही थे। बाजीराव देशमुख ने एक काम किया, बस्ती में बनती सारी की सारी दारू उसने खरीद ली और बकरे का मांस पकाकर वह अपने गाँववालों को बाँटता फिरता था। उन्हें खिला-पिलाकर उनके मन वह जीतना चाहता था। गाँववाले भी इस बात से बड़े खुश हो गए थे। जहाँ-तहाँ 'बाजीराव देशमुख की विजय हो' के नारे लगने लगे थे। इस चुनाव में दारू की बिक्री से पारधियों को बहुत मुनाफा हुआ। उनकी अच्छी खासी कमाई हो गई थी।

बाजीराव देशमुख के कहने पर अन्य आसपास की पारधी बस्तियों से, वहाँ के प्रमुखों को मीटिंग के लिए बुलाया गया था। भील पारधियों से गेंडया, बारलियों से टरंग्या, राजपारधियों से तलवाप्या, हिरण पारधियों से जमया-से सब मीटिंग के लिए आ पहुँचे थे। बिरडीस ने उनसे कहा–''भाइयो, बाजीराव देशमुख ने हम सबको 'मतदान' करने का अधिकार दिलवाया है, हमें 'नागरिक' होने का मान दिया है, इसलिए उन्ही को हमने अपना मत देकर, उन्हें जिताना है, यही हमारा कर्तव्य होगा।''

मतदान करने का दिन आ गया था। बिरडीस ने सब लोगों को सन्देश भेजा कि कार्यकर्ताओं के साथ वे गाड़ियों में बैठकर बाजीराव को जिताने के लिए अपना

मतदान करें। बाजीराव को भी जीतने की जिद थी। इसीलिए उसने गरीब लोगों की बस्तियों में जाकर कहीं मन्दिर बनवा दिया, दलित बस्ती में भी मन्दिर बनवा दिया तो मुसलमान बस्ती में मस्जिद बनवाने के लिए पैसा दे दिया। अपने इन कामों से बाजीराव ने जनताजनार्दन का दिल जीतकर, चुनाव में जीत हासिल की। चुनाव में जीतने के बाद ढोकी गाँव की गली-कूचों से वह खुली जीपगाड़ी में बैठ कर, लोगों को हाथ जोड़कर धन्यवाद देते हुए गुजर रहा था। गाँववाले भी बड़ी संख्या में उसे देखने अपने घरों से बाहर निकलकर उसे बधाई दे रहे थे। कई लोग जीप के पीछे-पीछे जुलूस में शामिल होकर अपनी खुशी जता रहे थे। इस चुनाव की जीत में बिरडीस और उसके पारधी बाँधवों का बहुत बड़ा हिस्सा था। गाजे-बाजे के साथ जुलूस हनुमान मन्दिर के सामने आकर रुक गया। वहाँ एकत्रित लोगों को बाजीराव देशमुख ने सम्बोधित करते हुए, एक बार फिर उसे चुनाव में विजय मिलने के लिए धन्यवाद दिया। चुनाव की चहल-पहल समाप्त हुई और सब लोग अपने घरों को लौट गए।

बाजीराव देशमुख गाँव की राजनीति को पीछे छोड़कर, राज्य की राजनीति में भाग लेने के लिए अब उनका बार-बार मुम्बई आना-जाना आरम्भ हो गया। दूध, डेअरी और सोसायटी का काम उन्होंने दूसरों पर सौंप दिया और अपने निर्वाचन क्षेत्र के काम करने के लिए पूरा समय देने की तैयारी कर ली। वे चाहते थे कि महाराष्ट्र राज्य के किसानों को उनकी उपज का अच्छा भाव मिले। कपास के सूत कारखाने, गन्ने के लिए चीनी के कारखाने खोलने की इच्छा उन्होंने जाहिर की। वे चाहते थे कि किसानों को को-ओपरेटिव सोयायटी बनाई जाए जो यह कारखाने बनाने का काम करे। जिससे सारे किसानों को अधिक से अधिक फायदा हो सके। सरकार ने भी इसी प्रकार नीति अपनाने का ऐलान किया था अतः बाजीराव देशमुख इस नीति का पूर्णरूप से फायदा उठाना चाहते थे। बाजीराव ने यह घोषित कर दिया था कि उनका निर्वाचन क्षेत्र बहुत पिछड़ा हुआ है। वहाँ बहुत गरीबी है अतः उन्होंने 'चीनी कारखाने' का प्रपोजल दाखिल कराके अपने क्षेत्र से प्राप्त होनेवाले गन्ने से गुड़ और शक्कर बनाने की सुविधा प्राप्त होने पर, कारखाना लगने पर गरीब किसानों को बहुत लाभ मिलेगा, यह कहकर, उन्होंने सरकारी दरबार में और मुख्यमंत्री के साथ अपने पक्ष की ओर से बातचीत आरम्भ कर दी। अपनी माँग पर जोर देते हुए एक आग्रही भूमिका को मंत्री महोदय के समक्ष रखा।

पिछड़े हुए 'मराठवाड़ा' क्षेत्र में शक्कर कारखाने का लगना अत्यावश्यक जान कर सब सम्बन्धित लोगों ने उस विचार को अपनी मंजूरी दे दी। बाजीराव देशमुख नियोजित 'ढोकी में चीनी बनने के कारखाने' को मन्जूरी मिलने पर पूरा ढोकी गाँव अत्यधिक प्रसन्नता से भर गया। देखते ही देखते इस किसान चीनी कारखाने के सैकड़ों की तादाद में; किसान मेंबर बन गए–सभासद बनने के कागजात उन्हें मिल गया। कारखाने के शेयर खरीदने में होड़ लग गई। बाजीराव देशमुख के कारखाने

को सरकारी पैसों की, करोड़ों में, मन्जूरी मिली। कारखाने को जल्दी से जल्दी खड़ा करने का सोच-विचार होने लगा। बाजीराव चाहते थे कि गाँव के परिसर में ही कारखाना लगाया जाए जिसका उनके मतदाताओं को, उनके गाँववालों और आसपास के इलाकों के लोगों को अधिक से अधिक लाभ मिले। गाँव के पास स्थित जंगल के मैदानी इलाके की सौ एकड़ की जमीन जो सरकारी जमीन थी, उसे बाजीराव ने सरकार से माँग लिया जो उसे जल्दी ही मिल गई। कारखाने के सभासदों का पैसा और सरकारी पैसा, कारखाने के नाम पर जमा होने के कारण निर्माण कार्य जोर-शोर से आरम्भ हुआ। पारधी बस्ती के निकट यह कारखाना बन रहा था। जंगली इलाका होने के कारण बाकी की जमीन पर अब तक लोमड़ी और सियार जैसे जानवर ही घूमा करते थे। खेतीबाड़ी वहाँ होती नहीं थी। अतः निर्माण कार्य में कोई अड़चनें नहीं आईं। एक ओर कारखाने का निर्माण हो रहा था और दूसरी ओर चीनी कारखाने के लिए लगने वाली मशीनरी आनी शुरू हो गई। कुछ ही समय में कारखाने के शेड बनकर तैयार हो गए। कई सौ इन्जीनियर और मजदूर कारखाना बनाने में जुटे हुए थे। कारखाना पूरा बनकर तैयार होने में अधिक समय न लगा। सफेद बिजली के उजाले में रातों को पारधी बस्ती जगमगा उठती थी। बस्तीवाले, कारखाना बस्ती के पास होने से बहुत खुश हो गए थे। वे जान गए थे कि कारखाने के शुरू होते ही उन सबका धन्धा चल जाना था। उनकी कमाई में बढ़ोत्तरी होनी थी। बाजीराव देशमुख का कारखाना देखते ही देखते बनकर खड़ा हो गया था।

बाजीराव के चुनाव क्षेत्र में आज आनन्द का वातावरण था। किसान खुश थे कि उनके खेतों के गन्ने को अब अच्छा दाम मिलेगा, सारे किसानों में अब गन्ने की खेती करने की होड़ सी लग गई थी। कई किसानों के गन्ने के खेत थे। पहले वे उससे गुड़ बनाया करते थे। परन्तु अब वे अपने गन्ने कारखाने में बेचकर चीनी बनाना चाहते थे जिससे उनको अधिक पैसा मिल सकता था। किसानों ने अब अपनी परम्परागत पैदावार लेने के बजाय, गन्ने की पैदावार लेनी शुरू कर दी थी। एक वर्ष के अन्दर ही अन्दर चीनी कारखाना बन गया था और दूसरी तरफ किसानों के खेतों में गन्ने की उपज लहलहा रही थी।

बाजीराव देशमुख के बाड़े में अनेक किसान जमा होकर अपने जवान बेटों को कारखाने में नौकरी दिलाने की माँग कर रहे थे। कई लोग सिफारिश पत्र लेकर पहुँच रहे थे। उस परिसर के अनेक नौजवानों को, किसानों को इस कारखाने में कोई न कोई काम मिल गया था। कारखाने में उत्पादन का कार्य शुरू हो गया। किसानों के खेतों से गन्नों से लदी हुई बैलगाड़ियाँ कारखाने के फाटक के सामने कतारों में खड़ी हुई दिखाई देने लगीं। उन सब बैलगाड़ियों को पारधी बस्ती से होकर गुजरना पड़ता था जिसके कारण अब वहाँ बच्चों और औरतों को खूब गन्ने चबाने को मिलने लगे थे, जिससे वे बड़े खुश थे। गाय, बकरियों को गन्नों के बचे-खुचे टुकड़े खाने को

मिलने लगे। दिन रात वहाँ से लोगों का आना-जाना लगा रहता था। कारखाने से सवेरे बजने वाला भोंपू आसपास के गाँवों के लोगों को जगाने लगा।

पारधी बस्ती में वाहनों की आवक बढ़ गई। कारखाने में काम करनेवाले मजदूर और कामगार अपना श्रम परिहार करने, थकावट मिटाने के लिए पारधी बस्ती में हाथभट्ठी की ताजी दारू पीने आने लगे। दारू ब्रिक्री के स्थानों पर सदैव लोगों का जमावड़ा नजर आने लगा था। जहाँ कारखाने में चीनी बनती थी, वहीं कारखाने के नजदीक पारधी बस्ती में हाथभट्ठी की दारू दिन रात बनती थी। दिन ब दिन दारू की माँग बढ़ती जा रही थी, जिसे बिरडीस, लगमण्या, तीरमान्या, तरंग्या, तलवान्या, गेंडया और जमया मिलकर उस माँग को सहर्ष पूरी कर रहे थे। चीनी का कारखाना शुरू होते ही बाजीराव देशमुख 'मराठवाड़ा' क्षेत्र के मान्यवर नेता बन गए थे। हर व्यक्ति की जुबान पर उनका ही नाम था। वे अपने निर्वाचन क्षेत्र के 'कर्ताधर्ता' जाने जाने लगे। सरकार दरबार में उनका दबदबा बढ़ गया। उनके मुख से निकला शब्द कभी बेकार न जाता था। उनकी सिफारिश चाहे पत्र हो या दूर ध्वनि पर की गई बात, कभी खाली नहीं जाती थी। कोई भी अधिकारी हो या विधायक, काम हो जाता था। कारखाने तक पहुँचने का रास्ता पारधी बस्ती से होकर जाता था, जिसके कारण सारे लोग उस बस्ती से अच्छी प्रकार से परिचित हो चुके थे। पारधी बस्ती की औरतें और बच्चे भी अब उन लोगों से डरकर, पहले की तरह भागते नहीं थे। वे अब अपने-अपने कामों में व्यस्त रहने लगे थे। बिरडीस का बेटा रानपाल्या बड़ा हो गया था। भरी जवानी में था। बिरडीस भी सोचने लगा था कि अब उन सबके पैर अच्छे खासे वहाँ जम गए हैं तब वे सुख चैन से अपना गुजर बसर कर सकेंगे। कारखाने के यहाँ आने से उसका हाथभट्ठी का दारू का धन्धा भी अच्छा चल रहा था। गाँठ में चार पैसे भी जमा हो गए थे। समय है कि अब उसे बेटे की शादी के बारे में सोचना चाहिए। अपनी आँखों के सामने बेटे को फलता-फूलता देखना है यही सोचता हुआ वह काफी देर तक बैठा रहा।

दूसरे दिन बिरडीस ने जलन को अपने पास बुलाकर कहा–"जलन, कोडियारा देवी के आशीर्वाद से अब हम सब अच्छी तरह से बस गए हैं। आसपास भी काफी लोग जान पहचान के बन गए हैं। मित्र परिवार हैं। मेरे मन में रानपाल्या के विवाह के विचार आ रहे हैं। बेटा जवान हो चला है। समय है कि हम अब उसके बदन पर हल्दी चढ़ी देख लें। यह सब अपनी आँखों के समक्ष हो जाएगा तो बहुत अच्छा लगेगा, तुम्हारा क्या विचार है? पिछली बार जब मैं शिकार पर गया था तब गेंडया की बस्ती में मैंने कुछ समय बिताया था। गेंडया भी अच्छा खाता-पीता और रहता है। 'कलम्ब' गाँव के बाहर उसके कुछ 'पाल' कई वर्षों से वहीं टिके हुए हैं। अब वे लोग वहाँ हमेशा के लिए बस गए हैं। गेंडया का गणगोत खासा बड़ा है, उसके पास लोगों का आना-जाना लगा रहता है। उसकी बेटी भी अब जवान हो गई है,

लड़की अच्छी है, अपना घर बहुत अच्छी तरह सँभालती है, देखने में भी अच्छी है। आगे चलकर वह एक होशियार औरत बनकर अपना काम-धन्धा सँभाल सकेगी। होनहार लड़की लगती है। गेंडया की बेटी के साथ यदि रिश्ता हो जाता है तब हमारे परिवार को बहुत बड़ा सहारा मिलेगा। जरूरत के समय रानपाल्या को गेंडया का बहुत बड़ा सहारा मिल सकता है, उसके साथी अच्छे आदमी हैं, उन लोगों की मदद हमें किसी भी समय मिल सकती है...क्या मेरी यह सोच तुम्हें ठीक लगती है?''

जलन ने पूरी बात सुनी और बोली—''इस बात पर मेरी भला 'ना' क्योंकर हो सकती है? आपका विचार बिलकुल ठीक है। मैं भी यही चाहती हूँ। अपना प्यारा बेटा मुश्किल से चार बकरियाँ चरा पाता है, उनकी जैसे-तैसे देखभाल कर पाता है। कई बार मुझे उसके पीछे भागना पड़ता है। यदि रानपाल्या की शादी कर दें तब कम से कम बहू चार रोटियाँ तो सेंक सकेगी। मेरे काम में हाथ बँटा सकेगी। घर की देख-रेख कर सकेगी। मेरे ऊपर का भार कम होगा।''

बिरडीस ने मुस्काते हुए जलन से कहा—''चलो अच्छा हुआ, तुम मेरे विचार से सहमत हो। कल ही मैं 'कलम्ब' जाकर गेंडया से मिलता हूँ। यदि वह हाँ कर दे तब उसी समय बात पक्की करके 'सुपारी फोड़कर बात पक्की करने की रस्म भी पूरी करके ही लौटता हूँ।'

दूसरे दिन सवेरे ही बिरडीस जलन को चार रोटियाँ सेंकने को कहकर कलम्ब जाने को तैयार हो गया। रोटियों पर गुड़ का बड़ा-सा टुकड़ा रखकर रानपाल्या का रिश्ता तय करनेवाला रास्ता पकड़ा। थोड़ी दूर चलने के पश्चात् उसे थोड़ी थकावट महसूस होते ही वह एक आम के पेड़ के नीचे बैठ गया। बैठते ही बिरडीस को याद आ गया वह दिन जब वे सब मिलकर 'मुरूड' के पाटिल के घर डाका डालने जा रहे थे अपने जात भाइयों के साथ वह इसी पेड़ के नीचे बैठा था, यहीं पर बैठकर डाके के बारे में सोच-विचार किया था। वे सारी यादें उसकी नजरों के सामने से एक चलचित्र के समान गुजर गई थीं। मानकाप्या का कटा सिर उसकी आँखों के समक्ष तैर गया। वह सिर उन सबने किस प्रकार दिल पर पत्थर रखकर बोझिले मन से जमीन में गाड़ दिया था। उन यादों से बिरडीस की आँखें आँसुओं से नम हो गई थीं। यादें उसे बेचैन कर गईं। यादों को दूर भगाने के लिए उसने अपने सिर को एक जोर का झटका दिया और वह तुनककर खड़ा हो गया। लम्बे डग भरता हुआ वह कलम्ब का रास्ता नापने लगा। उस गाँव के पास आते ही पारधियों के पाल दोपहर की धूप में दूर से ही स्पष्ट दिखाई दे रहे थे। पहाड़ी की तलहटी में पारधियों की बस्ती बसी हुई थी। बस्ती मानो उस पहाड़ी की गोद में चुपचाप रह रही थी। कोई शोरगुल नहीं। शायद लोगों की नजरों से दूर बसी थी वह बस्ती। वीरान सी, श्मशान शान्त सी लग रही थी।

पारधी बस्ती को किसी अनजाने आदमी के आने की आहट मिल चुकी थी।

बस्ती के लोगों में घबराहट फैल गई थी। वहाँ के कुत्ते भी इस अनजाने व्यक्ति की आहट से भौंकने लगे थे। भौंकने की आवाज से औरतें व बच्चे चौकन्ने हो गए। बिरडीस ने अपने पारधी होने का इशारा पक्षी की आवाज निकालकर दिया। बस्ती के पास पहुँचकर वह जोर से बोला—''म्हं बावरिस दुसरं कोई नसं'' अर्थात् मैं हूँ बिरडीस और कोई नहीं। पारधी लोग भी अपनी भाषा सुनते ही 'बावनं आपलंस–बावनं आपलंस'' अर्थात् अपना ही आदमी है, अपना ही आदमी है, कहते हुए उसके इर्द-गिर्द इकट्ठे हो गए।

बिरडीस को पहचानने वाले आदमियों ने पास ही की पहाड़ी पर गए हुए गेंडया को; एक सफेद कपड़ा फड़फड़ाकर इशारा किया कि अपना ही आदमी आया हुआ है इसलिए वापस आ जाओ। इशारा समझकर गिरी कन्दराओं में छिपा हुआ गेंडया और साथी अपनी बस्ती पर लौट आए। बिरडीस को आया देखकर गेंडया ने उसे बड़े प्रेम से गले लगाया, दोनों बहुत दिनों बाद मिले थे। एक-दूसरे से खैरीयत पूछने के बाद बिरडीस बोला—''क्यों भाई, अन्य लोग तुम्हारे संगी साथी दिखाई नहीं दे रहे, कहाँ हैं सब? मुझे लगा कि शायद तुम सब शिकार के लिए चले गए हो।''

गेंडया दुखी होकर बोला—''छोड़ो यार अब शिकार-विकार कहाँ! अपनी पहले की जिन्दगी बहुत अच्छी थी। दूर-दूर तक जाकर शिकार किया करते थे। जंगल के कन्दमूल खाकर पेट की आग बुझाते थे। अब नई सरकार ने पारधियों का जीना मुश्किल कर दिया है। जब भी देखो हर छोटी-छोटी बात पर पुलिस यहाँ पहुँच जाती है। जानवरों की तरह बच्चों व औरतों को वे पीट देते हैं, किसी ने चोरी चकारी न की हो तो भी उस पर शक जाहिर कर उसे बड़ी बुरी तरह से पीटकर रख देते हैं। हड्डियाँ तोड़ देते हैं। झूठे गवाह देकर हवालात में बन्द कर देते हैं। और उनका जीना दूभर हो जाता है। झूठे केस कचहरी में खड़े कर देते हैं। क्या बताऊँ तुम सब जानते, समझते हो। उस डाके के बाद हम फिर कभी चोरी करने नहीं गए हैं। काम कुछ खास मिलता नहीं है।

"जब बाल-बच्चों के फाके पड़ने लगते हैं तब जंगलों में जाकर फलियाँ, कन्दमूल फल जो भी कुछ मिलता है उसे लाकर उन्हें खिला देते हैं। इसके सिवाय और कोई चोरी नहीं की है। और कुछ नहीं पर हाँ महुआ के फूलों से दारू जरूर बनाते हैं। लेकिन पुलिस से वह भी नहीं देखा जाता है, जब जी करता तब अपना हफ्ता माँगने चले आते हैं। वैसे बस्तीवाले हर महीने कलम्ब पुलिस थाने में उनका बँधा हुआ हफ्ता पाँच-सात हजार रुपयों का पहुँचा आते हैं। कई बार उन्हें दारू भी पहुँचानी पड़ती है। इतना करने पर भी कई बार पुलिस छापा डालकर बनी हुई दारू जब्त कर ले जाती है। ऐसा होने पर बार-बार कोर्ट कचहरी के चक्कर लगाने पड़ते हैं। जवान बहू-बेटियों को बुरी नजर से देखते हैं। रात बे रात पचास पुलिसवाले बस्ती पर धावा बोलकर जो भी कोई आदमी मिले उसे पकड़कर थाने ले आते हैं।

'डाका' पड़ने के बाद चार-पाँच बार ऐसा हुआ है। उन पर कुछ न कुछ आरोप डालकर उनसे मारपीट करते हैं, उनकी हड्डी-पसली एक कर देते हैं। पूछताछ करते हैं किसी डाके या चोरी के बारे में या फिर हाथभट्ठी की दारू बनाने के जुर्म में। क्या बताऊँ! अब तक यहाँ के चार-पाँच लोगों को उठाकर ले गए हैं, उनके बच्चों व औरतों का बुरा हाल हो गया है। अभी तक उन्हें कोठरी में बन्द करके रखा हुआ है। कचहरी नहीं ले जाते हैं और ना ही छोड़ते हैं। पारधियों की जमानत कोई नहीं देता, यह एक सच्चाई है। क्या करें? इसीलिए हम भागते फिरते हैं ताकि पुलिस हमें पकड़कर न ले जाए। हमारे पास छिपने के सिवाय और कोई बचे रहने का उपाय नहीं है। इसलिए हम अब रात-दिन पास की गिरी कन्दराओं में छिपे रहते हैं।''

बिरडीस को लगा कि गेंडया की बस्ती से उसकी बस्ती कई गुना अच्छी है। बाजीराव देशमुख का छत्र उनके सिर पर होने के कारण हफ्ता लेने के पश्चात् पुलिसवाले परेशान नहीं करते हैं। कभी-कभी कुछ मुर्गियाँ और ताजा दारू की दो-चार बोतलें दे देने पर पुलिसवाले उन्हें परेशान नहीं करते। हमारी जिन्दगी अच्छी तरह गुजर रही है...।

गेंडया की सारी बात सुनने के बाद बिरडीस ने गेंडया को समझाते हुए कहा—''जाने दो मेरे यार, छोड़ो इन बातों को। इसके बाद जब हम एक-दूसरे के समधी बन जाएँगे तब मैं भी बाजीराव देशमुख को कह दूँगा कि यहाँ के थानेदार को ठीक तरह से समझा दे कि वह और उसके लोग तुम लोगों को परेशान न करें। बाजीराव देशमुख की बात उसे माननी ही पड़ेगी। वह थानेदार को बिलकुल सीधा कर देगा। अब बाजीराव देशमुख जाना-माना महत्त्वपूर्ण विधायक बन गया है। उसके हाथों में बड़ी सत्ता है। उनकी बात कोई नहीं टालता है...।''

गेंडया ने कहा—''देखो भाई बिरडीस, हम तुम्हारी टोली के ही आदमी हैं। कुछ भी हो जातभाई ही जातभाई का साथ देता है।''

बिरडीस बोला—''हाँ भाई जाति के लिए मिट्टी भी खानी पड़ती है। तुम्हारे लिए अब मुझे कुछ करना ही पड़ेगा।''

तब तक गेंडया की पत्नी ने बकरी के दूध से बनी चाय उनके सामने लाकर रख दी। दोनों को दो छोटी परातों में चाय दी गई थी। चाय की चुस्की लेते हुए बिरडीस ने कहा—''मैं सोच रहा हूँ इस साल रानपाल्या की शादी कर दूँ। गेंडया दादा अब तुम्हारी बेटी बड़ी हो गई है। साड़ी पहनने लगी है। मैं चाहता हूँ कि तुम्हारी बेटी मेरी बहू बनकर मेरे बेटे रानपाल्या से शादी करके मेरे घर आए। मैं तुम्हारे साथ रिश्ता जोड़ना चाहता हूँ। रानपाल्या और तुम्हारी बेटी बकरी की जोड़ी अच्छी लगेगी। मुझे तुम्हारी बेटी पसन्द है। यदि तुम्हें भी यह रिश्ता पसन्द हो तब इसी वर्ष यह शादी हो जानी चाहिए। क्या विचार है तुम्हारा इस रिश्ते के बारे में? क्या रानपाल्या को अपना जमाई बनाओगे?''

यह बात सुनकर गेंडया खुश हुआ और बोला–''बहुत अच्छी बात है, यह शादी हो जानी चाहिए तो अब देर किस बात की? यदि तुम मेरे समधी बन पाते हो तो हम एक-दूसरे के और करीब आ जाएँगे, इसमें मेरी भलाई ही है। इससे हम एक-दूसरे की सहायता और अच्छी तरह से कर सकेंगे।''

दोनों दोस्तों की बातें गेंडया की पत्नी गंगू पाल के पीछे खड़ी होकर सुन रही थी। उसे भी दोनों की बातें सुनकर प्रसन्नता हुई और वह दौड़कर पिछवाड़े में बैठी अपनी बेटी बकरी के पास आकर बोली–''मेरी लाड़ली बेटी बकरी अब जल्दी ही तू दुल्हन बनेगी, देखूँ तो सही मेरी दुलारी को...।'' कहते हुए एक माँ ने अपनी जवान बेटी का माथा बड़े प्यार से चूम लिया। शादी की बात सुनते ही बकरी लजाते हुए वहाँ से भागी और अपनी दुलारी पालतू बकरी को कीकर की फलियाँ खिलाने लगी।

चाय पीने के बाद सुपारी और पान चबाते हुए बिरडीस और गेंडया ने दो चपटे पत्थर उठा लिए। एक पत्थर को जमीन पर रखकर उस पर एक सुपारी रख दी। 'शादी की बात पक्की हो गई' कहते हुए दूसरे पत्थर से बिरडीस ने उस सुपारी को एक झटके में तोड़ दिया। शादी की बात पक्की करने की यह रस्म भी उन्होंने पूरी कर दी। दोनों दोस्त खुश थे।

गेंडया ने बिरडीस से कहा–''भाई मेरे बस्ती के चार-पाँच छोकरे कई दिनों से पुलिसथाने में अटके हुए हैं। क्या किया जाए। उन्हें कैसे छुड़ाया जाए, कुछ समझ नहीं आ रहा है। क्या तुम घर पहुँचने पर अपने बाजीराव देशमुख से बात करके उन्हें छुड़वाने में सहायता कर सकते हो? वे छोकरे बिना बात के पुलिस की मारपीट से मर जाएँगे। बाद में वे कहेंगे कि डाका डालते समय लड़कों और पुलिसवालों के साथ हुई झड़प में वे मारे गए। ऐसा करना एक आम बात है। तुम और मैं यह अच्छी प्रकार जानते हैं। अगर वे लड़के मारे गए तब मेरी बस्ती उजड़ जाएगी। अरे भाई बिरडीस क्या बताऊँ तुम्हें। मेरा मौसेरा भाई जो दूर जालन नामक प्रदेश के आंबड़ गाँव में रहता था, उसने अच्छा खासा घर बनाकर चार जानवर भी पाल रखे थे। खाता-पीता घर था उसका। वहाँ के थाने में कल्लरकर नाम का एक पुलिस अफसर तैनात हुआ। उसने औरंगाबाद में पड़े एक डाके के सम्बन्ध में मेरे मौसेरे भाई शेरखान्या और उसके तीन-चार आदमियों को पकड़ लिया। उसके घर से चोरी का सामान मिलने का झूठा इल्जाम लगा उस पर केस चलाया। अनेक डाके डालने वाला खतरनाक डाकू 'शेरखान्या' चोरी के माल के साथ पकड़ा गया है। इस प्रकार सारे पेपरों में उसके फोटो के साथ छाप दिया। उसे पकड़ते समय कितने पुलिसवाले जख्मी हो गए। उसे कितनी मुश्किलों के बाद पकड़ने में सफलता मिली। बहुत कुछ छापा गया था पेपर में।

"यह सब इसलिए हुआ कि आंबड़ गाँव के कुछ अमीर लोगों को पारधियों का फलना-फूलना अच्छा नहीं लगा था। खेतीबाड़ी कर, ढोरों को पालकर, बेचकर और

हाथभट्ठी की दारू बनाकर पारधी बस्ती के लोगों में खुशहाली थी। अपने पास का पैसा जरूरतमंद लोगों को ब्याज देने लग गए थे। शेरखान्या के सम्बन्ध गाँववालों से दोस्ताना थे। शेरखान्या की समृद्धि और उसकी गाँववालों से दोस्ती उन लोगों को कुछ अमीर लोगों को, खटकने लग गई थी। शेरखान्या को अपनी आँखों से दूर हटाने के लिए इन्होंने नए आए हुए पुलिस आफिसर कल्लरकर को पटा लिया और शेरखान्या पर झूठे गवाहों की गवाही पर उसे पुलिस कस्टडी में पन्द्रह दिनों तक रखा गया। वहाँ उसे बुरी तरह से सताया गया। उसके हाथ-पाँव के नाखून निकाले गए। उन पर गरम पानी डालकर नाक और मुँख में मिरची का पाउडर डालकर दिन-रात उसे पीटा गया। उससे गुनाह कबूल करवाना चाहते थे। शेरखान्या और उसके चार साथियों को एक दिन पुलिस की गाड़ी में डालकर औरंगाबाद कोर्ट ले जाते समय हल्ला मचा दिया कि शेरखान्या और उसके साथी जीप से उतरकर भागने की कोशिश कर रहे थे, और उसके दूसरे और साथी आकर पुलिसवालों की जीप रोककर शेरखान्या को उड़ाकर ले जाना चाहते थे।

"ऐसा षडयंत्र रचकर, शेरखान्या और उसके चार अधमरे साथियों को पुलिसवालों ने अपनी बन्दूकों की गोलियों से भून दिया। कल्लरकर के आदेश पर वे पाँचों लोग मारे गए थे। दूसरे दिन अखबारों में शेरखान्या के अपने साथियों के साथ मारे जाने की खबर आ गई थी। अन्त में यह कहकर कि मृतकों को माँगने कोई रिश्तेदार सामने नहीं आया, इसलिए उन्होंने जंगल में ही सूखी लकड़ियाँ एकत्रित कर मुर्दों को जला दिया था। इससे पारधी बस्ती में गहरा शोक छा गया था। पन्द्रह दिनों तक बस्ती के लोगों की आँखों से आँसू बहते रहे थे। कुछ लोग बड़े खुश थे, जिन्हें शेरखान्या ने ब्याज पर पैसा उधार दिया था उन्हें अब कर्जा चुकाने की जरूरत नहीं थी। गाँव के अन्य सब लोगों ने भी सब पारधियों के उधार के पैसे लौटाने से इनकार कर दिया और उलटे सारे पारधियों को ही 'चोर' साबित किया गया।

"इस प्रकार की वार्ता अखबारों में छपने से लोगों की नाराजी और बढ़ गई, और तब उन्होंने पारधियों के घर जलाने शुरू कर दिए, लूटमार आरम्भ कर दी। सारी पारधी बस्ती अपनी जान मुट्ठी में लेकर, जहाँ रास्ता मिला वहाँ से भाग निकली। कुछ लोग जान बचाकर मुम्बई की ओर भाग निकले। कई दिनों बाद उड़ते हुए यह खबर मेरे कानों तक पहुँची। तब मैं उस मुलुक को ढूँढ़ता हुआ वहाँ जा पहुँचा। मुझे वहाँ की बस्ती की जगह केवल राखों के ढेर लगे हुए दिखे। आदमी कोई भी नहीं था वहाँ! आसपास के जिलों में बसे पारधियों ने मुझे बताया कि पुलिस अफसर कल्लरकर को सरकार ने, डाकू शेरखान्या और साथियों को मार गिराने का, बहादुरी का काम करने के कारण; उसके ओहदे में बढ़ोत्तरी कर दी और कुछ ही दिनों बाद उसे 'राष्ट्रपति' द्वारा शौर्य पदक भी प्रदान किया गया। इसके कारण उस अफसर का सरकार दरबार में दबदबा और भी बढ़ गया! इससे एक बात—जो बहुत खतरनाक

है। हमारी नजरों के सामने आईं–वह ये कि अब पुलिसवाले जाने गए थे कि ओहदे में बढ़ोत्तरी पाने और नाम कमाने के लिए डाकुओं को पकड़कर मारना जरूरी है।...अब जो भी कोई पुलिसवाला आता है वह पारधियों की बस्तियाँ ढूँढ़ने लगता है।

"बस्तियों में आकर जवान लड़कों को चोरी के आरोप में पकड़कर ले जाते हैं। उनकी झूठी 'हिस्ट्री' बना डालते हैं। झूठे गवाह पैदा कर देते हैं। ज्यादा से ज्यादा गुनहगारों को उन्होंने कैसे धर-दबोचा है इसका चिट्ठा वे तैयार कर लेते हैं। जिसके ऊपर उन्हें पूरा भरोसा होता है कि उन्हें ओहदे में बढ़ोत्तरी मिलेगी। यह सब कुछ इधर हो रहा है। इसी बात के डर से मैं चाहता हूँ कि मेरे यहाँ के लड़के पुलिस के चंगुल से जल्दी छूटकर बाहर आ जाएँ नहीं तो वे सब शेरखान्या और साथियों जैसे मारे जाएँगे। तुम कुछ भी करो, हो सके तो उनकी जमानत करा दो और मेरी बस्ती को बर्बादी से बचा लो...।" इतना सब कुछ एक ही दम में कहने के बाद गेंडया कुछ थक गया था। वह बिगड़ती जा रही परिस्थितियों से बेहाल हो गया था।

गेंडया की बात सुनकर बिरडीस का दिल दहल गया था। वह सोचने लगा, 'जैसे गेंडया अभी कह रहा था वैसा ही हाल अगर मेरी बस्ती में भी हुआ तो क्या होगा? ना ना ऐसा नहीं होने देना चाहिए। एक बात पक्की ध्यान रखनी है। बाजीराव जैसे कहेगा वैसा ही हम लोगों को करना होगा। वही एक उपाय है हमारे पास बचे रहने का...।'

बिरडीस ने गेंडया से कहा–"रानपाल्या और बकरी की शादी हम इस आनेवाली पूरनमासी को ही कर देंगे। ठीक है ना?"

गेंडया ने कहा–"ठीक है, मैं राजी हूँ, तुम केवल बुलावा भेजो, हम शादी के लिए तुम्हारी बस्ती में आ जाएँगे। यहाँ शादी कराना खतरनाक होगा। पारधी होने के कारण पहले ही हम उन्हें अखर रहे हैं, पुलिस हमारा शिकार करने पर तुली हुई है। अगर उन्हें पता लग गया कि कलम्ब की बस्ती में शादी है और यहाँ दूसरी जगह से बारात आ रही है तब पुलिस अधिकारी अपनी फौज के साथ बारातियों से पहले ही पहुँच जाएँगे। बारातियों की मारपीट तो होगी ही परन्तु वर-वधू को भी वे नहीं छोड़ेंगे। उन्हें भी जेल की हवा खानी पड़ेगी।"

बिरडीस ने कहा–"ना भाई ना, ऐसा नहीं होने दूँगा। शादी हमारी बस्ती में ही होगी और शादी में हम बाजीराव देशमुख को भी बुलावा देंगे।"

आराम से रास्ता चलते हुए, शादी पक्की कराने की खुशी में बिरडीस सांझ ढले अपने घर लौटा! बस्ती के पास आते ही वहाँ के कुत्ते दुम हिलाते प्यार से 'कुई कुई' आवाज करते हुए बिरडीस का स्वागत करने आगे बढ़े। कुछ कुत्ते उसके पैरों में आने लगे। उन्हें 'होड़-हाड़-हाड़' मुँह से करते हुए और हाथ से दूर हटाते हुए वह अपने पाल में घुसा।

जलन ने बिरडीस के मुख पर प्रसन्नता देखी और समझ गई कि बात बन गई है और उसका पति शादी की बात पक्की करके लौटा है। पानी से भरे लोटे को पति के समक्ष रखकर वह उसके बोलने का इन्तजार करने लगी। बिरडीस ने पानी से कुल्ला किया और पानी पिया जिससे उसकी थोड़ी थकावट दूर हुई। फिर वह बोला– "बहुत लम्बा सफर तय करके आया हूँ, थोड़ा थक सा गया हूँ, पैर टूटने लगे हैं, ऐसा लगता है। मेरी सारी मेहनत सार्थक हुई लगती है। गेंडया अपनी बेटी का रिश्ता अपने बेटे रानपाल्या से करने के लिए राजी हो गया है। मैं बात पक्की करके आ गया हूँ। इस आनेवाले पूरनमासी के दिन यह विवाह हो जाएगा। हम अपने बेटे को दूल्हा बनते देखेंगे।"

जलन खुशी से अपने बेटे की शादी की तैयारी में जुट गई। ज्वार, चावल, गुड़ वगैरा जरूरत का सामान उसने इकट्ठा करना आरम्भ कर दिया। मर्तबान भर-भर कर खाद्य सामग्री इकट्ठा होने लगी। गणगोत को शादी में मरण का खाना देना पड़ेगा यह सोचकर ढोकी के साप्ताहिक बाजार से अच्छे तीन बकरे खरीदे गए। महुआ के फूलों से दारू बनाकर उसे टायर और ट्यूबों में भरकर, पुलिसवालों के डर से जमीन में गाड़कर छिपा दिया गया।

बिरडीस ने जलन से कहा–"विवाह के लिए सारा सामान जुट गया है, अब अपने सारे सगे-सम्बन्धियों को बुलावा भेजना होगा। हल्दी और कुमकुम लगे चावल सम्बन्धियों के हाथ में देकर उन्हें बुलावा करना होगा, जो हमारे रिवाज है। वे रंगीन चावल के दाने उनके हाथों में आने पर वे अवश्य विवाह में सहभागी होंगे।" न्योता देने के लिए तीरमान्या और रानपाल्या को ही भेजा गया। तीरमान्या रानपाल्या से बोला–"अब तो तुम्हारे क्या कहने सेहरा, बाँधकर तुम दूल्हा बन रहे हो। ब्याह करा के अपनी दुल्हन तुम घर ले आओगे। तुम्हारी मेरी दोस्ती में अब अन्तर आ जाएगा। तुम हमसे दूर हो जाओगे, तुम उसी के प्यार में बँध जाओगे...।" इस प्रकार की बातें करते हुए ठिठोलियाँ करते-करते हुए उन्होंने निमंत्रण देने का काम पूरा किया।

विवाह की पूरी तैयारी हो चुकी थी। दो दिनों पश्चात् ही शुभ घड़ी आनेवाली थी। पारधी बस्ती आनन्द से भरी हुई थी। वातावरण स्फूर्ति से भरा हुआ था। दो दिन पहले से ही दूल्हे के शरीर को मल-मलकर साफ किया जा रहा था। तेल, हल्दी, उबटन शरीर पर लगाया जा रहा था। पारधियों की सुहागिनें एकत्रित होकर यह काम करती रहीं। रानपाल्या जो कहीं भी सो जाता था, कुछ भी खाकर पेट भर लेता था। पन्द्रह-बीस दिनों तक नहाए बिना भटकता फिरता था। उसके बदन पर कितने ही दिनों से बैठा मैल साफ करने में देर लग रही थी। पर जैसे जैसे मलकर मैल निकाला जा रहा था, वैसे-वैसे काला सांवला दिखनेवाला रानपाल्या का रंग अब साफ-सुथरा होने के बाद गोरा होकर, शरीर दमकने लग गया था। दमकता हुआ रानपाल्या का चेहरा देखते ही बनता था। विवाह पूर्व की सब विधियों में शामिल होने के लिए सारा

पारधी समाज एकत्रित हो गया था। रोज रात को ढोल ताशों की आवाज में नाच-गाना शुरू हो गया। पारधीगण हर्षोल्लास और पूनम की रात के चन्द्रमा की चाँदनी में, एक-दूसरे के हाथों में हाथ डालकर, बड़ा घेरा बनाकर अपने परम्परागत गीतों पर नाचते जा रहे थे। अपने पूर्वजों का बखान गाते वे न थकते थे। वे किसी जमाने में क्या थे, वे क्या काम किया करते थे इन सब बातों को वे गाकर एक-दूसरे को बताते थे।

8

विवाह के एक दिन पहले गेंडया अपने सारे रिश्तेदारों को बस्ती पर बुलाकर दो-तीन बैलगाड़ियों को तैयार करके बिरडीस के गाँव जाने की लिए तैयार हो गया था। बिरडीस ने भी गेंडया के परिवार और उसके गणगोत के रहने का इन्तजाम अपनी बस्ती के पास ही कुछ 'पाल' खड़े कर किया था। उनके खाने-पीने का इन्तजाम भी किया गया था। पारधी समाज में दूल्हे को एक प्रकार की परीक्षा देनी पड़ती थी, उसे यह दिखाना पड़ता था; साबित करना पड़ता था; कि वह अपनी होनेवाली पत्नी की देखभाल अच्छी प्रकार से कर सकता है। एक प्रकार की परीक्षा रानपाल्या भी दे रहा था। सवेरे से तीरकमान लेकर वह अलग-अलग पेड़ों पर चढ़कर बैठ गया था और अलग-अलग पक्षियों को वह निशाना बना रहा था। तीरमान्या रानपाल्या से कहा रहा था, "देखो तुम्हारी होनेवाली पत्नी के समक्ष निशाना चूकना नहीं चाहिए वरना वह सोचेगी कि तुम उसकी देखभाल ठीक तरह से न कर सकोगे। हो सकता है निशाना चूकने पर वह तुमसे शादी करने से इनकार ही कर दे।" अपने दोस्त की बात सुन रानपाल्या कुछ अधिक ही घबरा गया था। उसने सोचा कि बड़े दिनों से उसने शिकार नहीं किया। कहीं वह निशाना बाँधना भूल तो नहीं गया! कुछ भी हो पारधी रिवाज के मुताबिक आज मुझे ठीक निशाना लगाकर पंछियों का शिकार करना ही पड़ेगा। उन पंछियों का मांस अपनी होनेवाली पत्नी को खिलाना ही पड़ेगा। उसे जताना ही पड़ेगा कि मैं उसकी अच्छी देखभाल कर सकता हूँ। इस परम्परा का पालन मुझे करना ही पड़ेगा। रानपाल्या अपने विचारों में खो गया था।

परीक्षा का समय पास था। संध्या छाया फैल रही थी। सूरज का सिंदूरी रंग का गोला अपना रंग फैलाते हुए पश्चिम की ओर लुप्त हो रहा था। पारधी लोग उड़ती चिड़िया को कैसे रानपाल्या बेधता है यह देखने के लिए एकत्रित हो गए थे। एक बड़े इमली के पेड़ तले कुछ लोग आकर बैठ गए। कौवे, मैना, कबूतर, टिटहरियाँ, चिव-चिव-चिव की आवाजें करते हुए पंछी अपने-अपने घरौंदे की ओर लौट रहे थे। बिरडीस ने रानपाल्या से कहा—"देखो बेटा यही है समय तुम्हारी परीक्षा का...मेरे विवाह से पहले मैंने भी तीरकमान से एक पंछी को बेधकर तुम्हारी माँ के कदमों

के पास उसे मार गिराया था। हम पारधी आदमियों के लिए यही एक समय होता है जब हम अपनी काबिलियत को अपनी पत्नी के समक्ष साबित कर सकते हैं। उसे भी अच्छा लगता है कि उसका होनेवाला पति अच्छा निशानेबाज है। काबिल है। उसे वह अच्छी तरह रख सकता है, सँभाल सकता है। उसके शौर्य से वह प्रसन्न हो जाती है। इस प्रकार वह समझ जाती है कि उसे कभी भूखा नहीं रहना पड़ेगा। शिकार लाकर वह खिला सकता है। उसे जब ऐसा महसूस होता है तभी वह स्वयं को पूर्ण रूप से अपने पति को समर्पित कर पाती है। हर वधू चाहती है कि उसका पति शूर हो, साहसी हो। यदि उसे लगे कि वह शिकारी नहीं है, तब वह शादी से इनकार कर सकती है।''

अपने पिता के इस वक्तव्य से रानपाल्या को गुस्सा आ रहा था। जवान खून खौलता नजर आ रहा था। हाथों में तीरकमान लेकर खड़ा रानपाल्या आकाश में उड़ते हुए पंछियों को देखने लगा। टिटहरियों का एक समूह इमली के पेड़ की ओर आता नजर आया। रानपाल्या ने अपनी कमान में तीर चढ़ाया और निशाना लगाने को तैयार हो गया। टिटहरियाँ पास आते ही उसने अपने बाण से एक टिटहरी को निशाना बनाकर, अपना तीर छोड़ दिया। निशाना ठीक लगा था। सूँई...ई...ई...की आवाज करता हुआ तीर एक पंछी को लगते ही शिकार आहिस्ते से जमीन पर आ गिरा। तालियों की गड़गड़ाहट हो गई। सारे पारधी स्त्री-पुरुष इस घटना से प्रसन्न हो गए थे। बिरडीस ने अपने बेटे की पीठ थपथपाकर कहा–''तुम वास्तव में एक पारधी की औलाद हो। एक ही निशाने से तुमने अपना शिकार कर लिया है। बधाई हो!''

गेंडया भी रानपाल्या का शिकार देखकर खुश था। होनेवाला दामाद अच्छा शिकारी है, अब उसे अपनी बेटी की चिन्ता करने की कोई आवश्यकता नहीं है। यह बात वह समझ गया था। वह बिरडीस से बोला–''तुम्हारा बेटा और मेरा दामाद अच्छा शिकारी है, अपनी पारधी जाति का नाम रोशन जरूर करेगा।'' दोनों पिता प्रसन्नता से भरे हुए थे।

बिरडीस मुस्कुराते हुए बोला–''जैसे मछली के बच्चों को तैरना सिखाने की जरूरत नहीं होती वैसे ही पारधी के बच्चे को निशाना लगाना सिखाने की जरूरत नहीं होती है।'' दुल्हन बकरी के हाथों में पारधियों की औरतों ने पीपल और नागबेल के पत्तों से बनी वरमाला थमा दी। उनकी रीति के अनुसार ढोल-ताशों के नाद में विवाह की रस्में चल रही थीं। दूल्हे रानपाल्या के हाथों में भी वैसी ही जयमाला थी। कोडियारा देवी का भक्त झबझब्या विवाह का पौराहित्य कर रहा था। मुँह से कुछ मंत्रोच्चार कर रहा था। उसका वह बुदबुदाना समाप्त होने के पश्चात् उसने कहा–''दूल्हा-दुल्हन एक दूजे के आमने-सामने खड़े हो जाएँ।'' जैसे ही वे उस प्रकार से आकर खड़े हुए तब फिर उसने कहा–''अब दोनों एक-दूसरे के गले में मालाएँ पहनाएँ।'' बकरी ने अपना झुका हुआ सिर ऊपर करके लजाते हुए अपने हाथों की

माला रानपाल्या के गले में डाल दी, रानपाल्या ने भी वैसे ही किया। कोडियारा देवी का जय-जयकार हुआ। बिरडीस ने अपनी कमर में बँधे हुए पान के बटुका से महुआ के फूल निकालकर वर-वधू के मुख में डाल दिए और उन्हें चबा जाने को कहा। इसके बाद पुरोहित झबझब्या ने ऐलान कर दिया कि आज से बकरी और रानपाल्या पति-पत्नी बन गए हैं। इस समय उपस्थित सब अतिथियों ने तालियाँ बजाकर नवदम्पति का स्वागत किया। विवाह सम्पन्न हो गया था।

विवाह के उपलक्ष्य में दिये जानेवाले प्रतिभोज की तैयारियाँ हो चुकी थीं। एक तरफ रोटियों का ढेर लग रहा था और दूसरी ओर बड़े बर्तन में बकरे का मांस पक रहा था, जिसकी सोंधी खुशबू चारों तरफ फैल रही थी। अतिथियों की भूख तेज हो रही थी। इस समय जमीन में गाड़कर छिपाई गई महुआ की दारू को बाहर निकाला गया। हर व्यक्ति के–बच्चा, बूढ़ा, जवान या औरत के–हाथों में कटोरा, प्याला, गिलास या लोटा था। भोजन से पहले प्रत्येक व्यक्ति महुआ की दारू पीने के लिए उत्सुक था। दारू की एक-एक चुस्की लेते हुए सब अतिथि मदहोश हो रहे थे। सब ने छक के खाना खाया।

विवाह के उपलक्ष्य में किए गए शिकार को वर-वधू ने देवी के प्रसाद के रूप में ग्रहण किया। टिटहरी के मांस को सास जलन ने पकाकर दोनों को परोसा, उधर बाहर अतिथियों की पंगत पे पंगत उठ रही थी। भोजन से तृप्त होकर सब हाथ-मुँह धो रहे थे। पारधी बस्ती में आज चारों ओर आनन्द की वर्षा हो रही थी।

पारधी बस्ती के पास चीनी का कारखाना आ जाने से लोगों का आना-जाना बढ़ गया था, जिसके कारण बस्ती के लोगों की बनी दारू का धन्धा अच्छा चल रहा था। रानपाल्या के विवाह के बाद बकरी भी जलन के काम में हाथ बँटाने लगी। दोनों के मिलकर काम करने के कारण दारू के बनाने में तेजी आ गई थी। बढ़ती माँग को वे पूरा कर रही थीं। बिरडीस का घर विवाह के पश्चात् सुख और आनन्द से भरा हुआ था। कारखाने में आनेवाले किसान, मजदूर, गन्ना तोलने आनेवाले लोगों की कतारें दारू पीने के लिए लगी रहतीं। इस हाथभट्‌ठी की दारू की बिक्री से पारधियों ने खूब पैसा कमाया। पहले इनके 'पाल' कपड़े या लकड़ी और सरकडों से बने होते थे पर अब उन पालों की जगह मिट्‌टी-पत्थर गारे से बने पक्के घरों ने ले ली थी। उनकी पोशाक में भी बदलाव आया था। रहन-सहन में बदलाव आया था। अब वे किसी भी गाँववाले की तरह धोती, कुर्ता लाल पगड़ी बाँधने लगे थे। अपनी पगड़ी का छोर भी वे लम्बा निकालकर अपनी कमर तक लटकने देते थे। जैसे कि कोई बड़ा आदमी या पाटिल अपनी पगड़ी बाँधता था। वे अब बड़ी शान और रौब से रहने लगे थे। जरूरतमंद किसान भी जब अपनी जमीन बेचना चाहते थे तब पारधी बस्ती के लोग वे उपजाऊ जमीनें उनसे खरीद लेते थे। ढोकी गाँव में अब पारधी जम गए थे।

चीनी कारखाने के चेयरमैन थे पतंगराव पाटिल, जिन्हें ढोकी के पारधी लोगों

के बारे में पूरी जानकारी थी। वे अपना सारा काम बाजीराव देशमुख के इशारे पर करते थे। रिश्ते में पतंगराव बाजीराव के साले साहब थे। कभी-कभार देशमुख कारखाने के हित की बातें पतंगराव को बता ही दिया करते थे। कारखाना पूरा उनके कब्जे में था। देशमुख के बाद पतंगराव का कहा माना जाता था। बाजीराव अब बड़ी राजनीति का खेल-खेलने लगे थे जिसके कारण कौन सी सोसायटी के लिए किस आदमी को चेयरमैन नियुक्त किया जाए, किसे चुनाव में गिराया जाए, पटका जाए। किस जिले के कौन से अधिकारी को काबू में रखना है इसी बात पर वे अधिक ध्यान देते थे। चीनी कारखाने की पूरी जिम्मेदारी उन्होंने पतंगराव को सौंप दी थी।

पतंगराव का दिमाग बड़ी तेजी से चल रहा था। वे गहरी सोच में थे। अपने जिले के और सम्पूर्ण 'मराठवाड़ा' क्षेत्र में बसे हुए पारधी और 'लामाणी' लोग अपनी बस्तियों में हजारों लिटर हाथभट्ठी में बनी देशी दारू बेचकर लाखों रुपए कमाते हैं। अपने चीनी के कारखाने में इतना गन्ना आता है और चीनी बनाने के लिए उसका रस ले लिया जाता है। चीनी बनने की प्रक्रिया में रस से काफी सारा 'मैल' निकलता है जो जाया चला जाता है। लेकिन इसी 'मैल' का उपयोग देशी दारू बनाने के लिए भी किया जा सकता है, इसकी जानकारी उसे थी। यदि कारखाने में लगाई गई नई औद्योगिक प्रणाली का उपयोग देशी दारू बनाने के लिए किया जाए तब बेकार और जाया जानेवाले 'मैल' से कारखाने को काफी मुनाफा हो सकता है। उससे दारू बन सकती है। अपना यह नया विचार उसे अच्छा लगा। इस बाबत उसने बाजीराव से चर्चा की। इसके बाद उन्होंने इस योजना को मुख्यमंत्री की नजरों के समक्ष रखने का सोचा, विघायकों को इस बारे में बताया और उस योजना द्वारा कारखाने के सभासदों को भी कितना आर्थिक लाभ होगा यह भी उन्हें समझाया।

बाजीराव देशमुख को यह नई योजना बहुत पसन्द आ गई थी। कारखाने के चेयरमैन को उन्होंने तुरन्त बुला भेजा और कारखाने का 'प्रपोजल' बना डालने को कहा। पतंगराव पाटिल ने यह नई योजना कार्यान्वित करने हेतु कारखाने के आसपास की जमीन किसानों से खरीदनी शुरू कर दी। वहाँ नया दारू का कारखाना लगनेवाला था। नियोजन पूरा कर, वह 'प्रपोजल' बाजीराव देशमुख ने मुख्यमंत्री के समक्ष रखा। उनसे मिलकर बाजीराव ने उन्हें यह समझाया कि इस कारखाने से किसानों को कितना फायदा होनेवाला है। चीनी कारखाने का 'पूरक' यह नया कारखाना होगा। चीनी कारखाने से निकले गन्ने के रस का 'मैल' इस दारू के कारखाने में उपयोग में लाया जाएगा जिससे देशी दारू बनेगी। इससे महात्मा गाँधी के सन्देश ''देशी माल का इस्तेमाल करो' पर अमल किया जा सकेगा। उनके उपदेश का पालन होगा। विदेशी दारू पीने के बजाय यदि यहाँ की जनता देशी दारू पीने लगे तब उसकी बिक्री से मिलनेवाला पैसा और फायदा अपने ही कारखाने और देश को होगा। यह मुद्दा, इस प्रकार का विचार मुख्यमंत्री की समझ में आ गया। विचार

से सहमत होने के पश्चात् नए दारू बनाने के कारखाने के लिए उन्होंने अपनी मंजूरी दे दी।

देशी दारू कारखाने की मन्जूरी मिलने से पतंगराव पाटिल के पैर जमीन पर न टिकते थे। वह अतिप्रसन्न थे। खुशी के मारे उनमें दस हाथियों जैसी ताकत और उत्साह आ गया था। उन्होंने अपनी पूरी मेहनत से कारखाना खड़ा करने का काम चालू कर दिया था। पारधी बस्ती में जब उन्हें इस नई बात का पता लगा तब उनके होश उड़ने लग गए थे, उनका जोश ठंडा पड़ने लग गया था। आते हुए संकट को समझ कर मानो उन सबको लकवा मार गया था। उनमें उदासी छाने लग गई थी।

देखते ही देखते पतंगराव पाटिल का देशी दारू बनाने के कारखाने का काम पूरा हो गया। गन्ने के रस के मैल की सफाई करने की मशीन के साथ-साथ दारू बनकर तैयार करने में लगनेवाली सब मशीनरी आ गई थीं।

गाँव के लोगों को यह बात सुनकर बहुत आश्चर्य हो रहा था कि गन्ने के रस के बाकी बचे हुए 'मैल' से यह कारखाना देशी दारू कैसे बना सकता है! चीनी बनाते समय पीछे रह गए 'मैल' की बू कारखाने के आसपास काफी दूर तक आती थी। वहाँ से गुजरते समय कई बार लोग अपना नाक दबाकर जाते थे। तेज महक उन्हें अच्छी न लगती थी। उनका जी घबराने लगता था। कारखाने से वह 'मैल' बह कर पास की नदी में आ जाता था जिससे नदी का पानी गन्दा हो जाता था और लोगों की परेशानी का कारण बनने लग गया था। उस नदी का गन्दला पानी पीने से लोगों में बीमारियाँ फैलने लग गई थीं। जानवर वह पानी पीकर मरने लग गए थे, इतने विषैले पदार्थ से दारू बनाकर कारखाने के चेयरमैन और वहाँ के विधायक क्या गरीब जनता को किसानों और मजदूरों को जान से मार देना चाहते थे? इस प्रकार की बातचीत कभी-कभी बिरडीस और उसके साथी उनके पास उनकी बनी हुई दारू पीने आनेवाले ग्राहकों से किया करते थे। वे उन्हें समझाते थे कि नई दारू उनके लिए कितनी खतरनाक साबित हो सकती है। पारधियों की बनाई हुई अच्छी दारू ही उनके लिए सही है। पारधी लोग जान गए थे कि जल्दी ही नए दारू के कारखाने से दारू बनकर बिक्री के लिए बाहर आ जाएगी। ऐसा होने पर उन लोगों का क्या होगा? उनका गुजरबसर कैसे होगा! एक बार फिर उन्हें यह सवाल सताने लग गया था।

दारू का कारखाना बन गया था। एक दिन उसके अहाते में भव्य मंडप लगाया गया और 'दारूबन्दी' खाते के मंत्री को खास निमंत्रण देकर बुलाया गया। कारखाने के परिसर की सब किसानों की संस्थाओं के सदस्यों को पत्र भेजकर बुलाया गया। निमंत्रण में लिखा था, 'चीनी उत्पादन के समय जाया जानेवाले 'मैल' से इस कारखाने में देशी दारू का उत्पादन किया जाएगा। जिसके कारण हमारे सब किसानों के संघों और संस्थाओं को अधिक फायदा होनेवाला है। कारखाने को अधिक फायदा मिलने पर सब सभासद किसान बाँधवों को दीवाली के समय खास 'बोनस' दिया

जाएगा। अतः सब सभासदों से निवेदन है कि बहुसंख्या में उपस्थित होकर नियोजित कार्यक्रम को यशस्वी करें।''

आसपास के गाँवों के किसान आश्चर्यचकित हो गए थे। कुछ गाँवों के किसान इस बारे में चर्चा करने लग गए थे। बाजीराव देशमुख के कट्टर विरोधी नाना पाटिल ने कहा–''पहले हम गन्नों को मशीन में डालकर, उनका रस निकालकर रस को बड़ी कढ़ाइयों में उबालकर, घोटकर गुड़ बनाया करते थे। निकले बचे हुए 'मैल' को बड़ा गड्ढा खोदकर उसमें उसे दबा दिया करते थे जिससे जानवरों और गाँव के लोगों को उससे हानि न पहुँच सके। कई बार गुड़ बनाने की प्रक्रिया बिगड़ जाने पर उस गुड़ को 'लमाणी' और पारधी लोग खरीदकर ले जाते थे और उसी से वे हाथभट्ठी की दारू बना डालते थे। अब इस पतंगराव पाटिल ने उस 'मैल' से ही देशी दारू बनाने का कारखाना डाल दिया है और उद्घाटन समारोह के लिए 'दारूबन्दी' खाते के मंत्री को ही बुला डाला है! कमाल है...। मेरे गाँव के साथियो! अब अपने परिवार की खैर नहीं दिखती है। ये बाजीराव देशमुख और पतंगराव पाटिल दोनों मिलकर गन्नों की बिक्री के बाद किसानों को रुपए देने के बजाय शायद उन्हें दारू के बड़े 'कैन' ही दे देंगे। फिर...किसानो दारू पियो, शराबी बनो और मरो...। 'दारूबन्दी' खाते का मंत्री इस दारू के कारखाने को मान्यता देकर सबको क्या बताना चाहता है? कि उनकी जेब पैसों से भरती रहे और दारू पीनेवाले शराब पी-पीकर मरें? देखो भाइयो... तुम लोगों को यदि उस उद्घाटन समारोह में जाना है तो जाओ, मैं हूँ एक स्वतंत्रता सेनानी। स्वतंत्रता मिलने पर अब इन नेताओं का सिर फिर गया है... उनकी मति मारी गई लगती है... गांधीजी के इस देश में इस कारखाने से निकलने वाली विषैली दारू को 'देशी दारू' का प्यारा नाम देकर परदेशी लोगों जैसा गलत खेल खेल रहे हैं। भविष्य काल में अँधेर दिखता है...।'' ऐसा कुछ गुस्से से बोलकर तमतमाते हुए वे घर लौट गए।

उद्घाटन का दिन था। बैलगाड़ियाँ भर-भरकर लोग कारखाने के अहाते में पहुँच रहे थे। रास्ता लोगों के झुंडों से भरा हुआ था। लाल-पीली-सफेद पगडियों से, सफेद टोपियों से परिसर भर रहा था। ऐसा लग रहा था मानो बगुलों के झुंड के झुंड आकर मंडप में बैठ रहे थे। उनके दिलों में विश्वास था कि पतंगराव पाटिल दारू बेचकर उन सबका फायदा करनेवाला है। विधायक बाजीराव देशमुख और 'दारूबन्दी' मंत्री महाशय अन्त में मंडप में दाखिल हुआ। घोषणाओं का दौर शुरू हो गया। मंडप में व्यासपीठ के पीछे एक बड़ा-सा चित्र लगा था जिसमें एक पंछी को उड़ान भरते हुए दर्शाया गया था। उस पक्षी के चिह्न के नीचे बड़े अक्षरों में लिखा था, 'किसान सभासदों के कल्याण हित, उड़ान देशी दारू की'। उद्घाटन समारोह शुरू हुआ। छोटे भाषण के बाद मंत्री महोदय ने एक बटन दबाकर 'देशीदारू की उड़ान' कारखाने की शुरुआत होने का ऐलान किया। अपने भाषण में मंत्री महोदय ने कहा–''अब तक

इस प्रदेश के किसानों के खेतों से आए गन्ने से चीनी बनाकर सारे देश के कोने-कोने तक उसे पहुँचाया जाता था। इस कारखाने से बनी चीनी से देशवासियों ने अपना मुँह मीठा किया था। यहाँ के किसानों को भी उनकी फसलों का नकद पैसा मिला। उन्हें काफी फायदा भी हुआ। चीनी बनाते समय निकले 'मैल' से अब देशी शराब का उत्पादन कर यह नया कारखाना किसानों और इसके सभासदों का और फायदा कराएगा–उनकी और अधिक कमाई होगी...खुशहाली बढ़ेगी। महात्मा गांधी के देश में स्वदेशी माल का ही उत्पादन होना चाहिए। उन्होंने भी यही कहा है कि परदेशी माल का इस्तेमाल न कर स्वदेशी माल को ही अपनाएँ। आज हम अनेक क्षेत्रों में देशी माल बना रहे हैं, उसी श्रृंखला में यह एक नया उपक्रम माना जाएगा। आज आपके इस नए कारखाने ने एक ऊँची उड़ान भरी है। अब तक जो लोग विदेशी शराब पीते थे वे अब इस कारखाने से निकली दारू पी सकेंगे। स्वतंत्रता प्राप्ति के पश्चात् यह एक बहुत बड़ा कदम है इसलिए इस कारखाने की प्रगति की शुभेच्छा प्रकट करता हूँ।'' तालियों की कड़कड़ाहट में मंत्री महोदय ने अपना भाषण समाप्त किया।

अन्त में चेयरमन पतंगराव पाटिल ने उठकर कहा–''कारखाने में प्रगति होगी यह निश्चित है। इनका ही नहीं परन्तु हम हमारे किसान सभासदों को एक और खुश खबरी देना चाहते हैं कि 'उड़ान देशी दारू' के बाजार में बिक्री के लिए आते ही हम सब सभासद बंधुओं को, गाँव-गाँव में यह शराब बेचने के परवाने (परमिट) देनेवाले हैं। जिनसे उन्हें बहुत लाभ होगा। जिन भाइयों को ये परवाने लेने हैं वे कृपया इन आनेवाले पन्द्रह दिनों में अपनी एक अर्जी लेकर यहाँ मेरे पास पहुँच जाएँ। कुछ रुपयों की राशि उन्हें जमा करनी होगी। उसके बाद उनके हाथों में परवाना दिया जाएगा।''

बिरडीस इस उद्घाटन समारोह में उपस्थित था। यहाँ के लोगों की बातचीत, वे कैसे शराब बेचेंगे, क्या कुछ होगा यह सब जानने के लिए वह यहाँ आया था। सब कुछ देखने-सुनने के बाद सभा के समाप्त होने पर वह अपनी बस्ती लौटा।

शाम को बिरडीस ने तरंग्या से कहा–''देखो तो सही क्या हो रहा है यहाँ! अब तक हम आदिवासी जंगलों से निकलकर यहाँ गाँव में बसने लगे थे, काले पानी को सफेद बनाकर उसे लोगों को बेचकर चार पैसे कमा रहे थे। अपना और अपने बाल-बच्चों का पेट पाल रहे थे। नए जमाने की यह सरकार हमारे बाल-बच्चों के मुँह से उनका गस्सा छीन रही है। अब तक हमारी हाथ भट्ठियों पर पुलिस समय-समय पर छापा डालती थी–और हमारी दारू को 'बिना परवाने से (परमिट) बनी हुई दारू कहकर उसे जब्त कर लेती थी। हर महीने उन लोगों को हम 'हफ्ता' का पैसा, घूस देते आ रहे हैं। जिसके कारण वे हमारी दारू बिक्री की तरफ से आँखें मूंद लेते थे। जैसे-तैसे हमारी थोड़ी बहुत कमाई हो जाती थी। लेकिन अब सरकार

ने ही देशी दारू बनाने के कारखाने को परवाना देकर हम लोगों की रोजी-रोटी छीन ली है। अब वे बेधड़क बैंड बाजे के साथ इस नई देशी दारू की बिक्री करने लगेंगे। धीरे-धीरे हमारी हाथभट्ठी की दारू पर वे 'बन्दी' लगा देंगे। उसे अवैध कहकर हमारे दारू बनाने पर रोक लगा देंगे–फिर क्या होगा हम सब का...?''

तरंग्या बेचैन था, बोल उठा, ''मायला...बिरडीस क्या सरकार हमारी हाथभट्ठी की दारू पर रोक लगाएगी? उसे अवैध करार देगी? हमारे दारू बनाने पर रोक लगेगी? क्या सरकार नहीं जानती कि हम जंगल के आदिवासी पीढ़ी-दर-पीढ़ी फलों के रस से और महुआ के फूलों से दारू बनाते आ रहे हैं? हमें दारू बनाने का अनुभव है, हमारी बनाई गई दारू इस नई दारू से कितनी ही बेहतर होगी यह तो वे भी जरूर जानते होंगे। वे लोग हमारी बनी दारू ही अब तक पीते आए हैं। फिर ये सरकार दारू बनाने के परवाने हमें भी क्यों नहीं देती? क्या ये सरकार हम आदिवासियों को इस देश के निवासी नहीं समझती है? इस गाँव के लोग, शहर के लोग सारे लोग कुछ माँगने के लिए सरकार के पास चले जाते हैं तब सरकार उन्हें कुछ न कुछ दे देती है। पर हम आदिवासियों के प्रति सरकार का सौतेला व्यवहार क्यों है? क्या हम औरों जैसे लोग नहीं हैं? क्या हम जमीन से उगकर निकले हैं? या फिर आसमान से टपके हैं? हम पारधियों को अंग्रेज लोग चोर-डाकू कहा करते थे। परन्तु अब की यह सरकार, हम लोगों के जीने के साधन–धन्धे क्यों बन्द कराना चाह रही है? क्या वे हमें मार डालना चाहते हैं...?''

कारखाना जोरों-शोरों से चालू हो गया था। चीनी कारखाने में गन्ने की तैयार फसल बैलगाड़ियों में भर-भरकर पहुँचाई जा रही थी। गन्ने के किसानों की खूब कमाई हो रही थी। वहाँ से निकले हुए गन्ने के 'मैल' से नए कारखाने से हजारों लीटर की देशी दारू बन, निकलकर बाहर आ रही थी। इस दारू को पतंगराव ने अलग-अलग नाम दिए थे। जैसे–मौसमी, नारंगी। उसे उत्तम प्रकार की दारू कहा गया। जहाँ भी कहीं पारधी और लामाणी लोग अपनी दारू बेचते थे या 'कंझार भाटों' की बस्तियों में, उन सब जगहों पर पत्रक छापकर लगाए जा रहे थे। इश्तेहारों को हर जगह लगाया जा रहा था–'घूंट-घूंट मौसमी नारंगी' को पीओ और थकी हुई अपनी जान को तरोताजा करो। देखते ही देखते जगह-जगह पर 'उड़ान दारू' की परमिट प्राप्त दुकानें खुलने लगीं। शुरू-शुरू में इन दुकानों पर की दारू, लमाणी पारधियों की दारू से सस्ती बेची जाती थी। नई दारू की रंग-बिरंगी शक्ल और स्वाद लोगों को भा गया ऐसा लगता था। शायद नई दारू को चखने के लिए किसानों, मजदूरों की कतारें लग रही थीं। लोग नई दुकानों के सामने भीड़ करने लग गए थे, वहीं पारधियों की दारू को अब वे भूलने लग गए थे। उनका धन्धा बिलकुल बैठ गया था। ठप्प होता नजर आ रहा था। वे मक्खियाँ मारते बैठते थे। अपना पेट भरने के लिए उन्होंने घर की चीजें बेचनी शुरू कर दी थीं।

पन्द्रह दिन-महीना भर 'उड़ान दारू' खूब चली। थके-मांदे लोगों के 'उड़ान दारू' पीने के बाद, कुछ लोग बीमार पड़ गए। किसी-किसी की तबीयत बहुत खराब हो गई। किसी-किसी को नजरों को कम दिखने लगा या कई लोगों का नशा दो दिनों तक नहीं उतरा। उन्हें चक्कर आने लगे, उल्टियाँ होने लगीं। शराब पीनेवाले लोगों में चर्चा होने लगी...। "साला मेरे उड़ान दारू पीने के बाद मेरी मर्दानगी पर असर पड़ गया है...।" लोगों की आपसी बातचीत से यह बात फैल गई कि 'उड़ान दारू' ठीक नहीं है। उससे लोगों को नुकसान पहुँच रहा है। बस फिर क्या था। 'उड़ान दारू' की दुकानों के नए ग्राहक मुड़कर वापस पारधियों की दारू पीने के लिए चले गए। पारधियों का बन्द पड़ा काम एक बार फिर से शुरू हो गया। रात-दिन उनकी दारू की हाथ भट्ठियाँ पुनः काम करने लग गईं।

'उड़ान दारू' की बिक्री अचानक कम होती हुई देखकर पतंगराव पाटिल और बाजीराव देशमुख बहुत चिन्तित हुए। नई दुकानें बन्द होती देख वे सोच में पड़ गए क्योंकि लाखों रुपयों की लागत से बना कारखाना बन्द होता हुआ दिख रहा था। बैंकों से लिया हुआ कर्जा कैसे चुकाया जाए इसकी फ्रिक पड़ गई। पतंगराव ने देशमुख से कहा—"कारखाने में बन रही दारू में कुछ सुधार तो लाना पड़ेगा। उसका दर्जा बढ़ाकर उसकी गुणवत्ता बढ़ानी पड़ेगी। ये साले पारधी और लमाणी लोग हमारा धन्धा बिठाने के लिए पुलिस को दबाकर घूँस का पैसा देते हैं और अपनी बनाई हाथभट्ठी की दारू बेचते हैं। इन पुलिसवालों का लालच बहुत बढ़ गया है। हमें एक काम करना होगा, अभी जो पुलिसवाले तैनात हैं उन्हें हटाकर अपनी मर्जी का पुलिस अधिकारी तैनात करना पड़ेगा तभी इन पारधी और लमाणी लोगों की बनाई दारू की बिक्री बन्द होगी। इन लोगों की दारू बिक्री बन्द हो जाने पर मजबूरी से लोग हमारे कारखाने में बनी दारू पीने पर बाध्य होंगे।"

बाजीराव बोले—"हाँ ये साले पारधी लोग बहुत सिरचढ़े हो गए है। जबसे इन्होंने खेती करनी शुरू कर दी है तबसे हमारे काबू से बाहर होते जा रहे हैं। इन भड़वों की मस्ती को चूर करना ही पड़ेगा, वरना इन पर अकुंश रखना कठिन हो जाएगा।"

बिरडीस और अन्य सब पारधियों की बस्ती में बनाई जा रही हाथभट्ठी की दारू के बनाने में तेजी आ गई थी। एक बार फिर से उन्हें अच्छी कमाई होने लगी थी और घरों में खुशहाली दिखने लगी थी। वे अब सुख के सपने देखने लग गए थे। अचानक एक दिन पारधियों के सुखी जीवन को किसी की बुरी नजर लग गई...। घाडगे पाटिल नाम के एक नए पुलिस अफसर की नियुक्ति उनके जिले में हो गई। नया अफसर बाजीराव का रिश्तेदार था। एक दिन बड़े सवेरे वह पुलिस अफसर अपने लोगों को लेकर बस्ती पर आ धमका और उसने बस्ती पर घेरा डालकर हाथभट्ठियों ने बनी शराब और उसके कच्चे माल को जब्त करके वहाँ के बाल-बच्चों और औरतों के साथ मारपीट शुरू कर दी। जो कोई भी सामने नजर आया उन्हें

लाठियों से बुरी तरह से मार पड़ने लगी। उन्हें डराने के लिए हवा से बन्दूकें दागना आरम्भ कर दिया। धमाकों की आवाजों से वे सब थर-थर काँप रहे थे। जानवरों की तरह उन्हें पकड़कर पिंजरे जैसी बन्द गाड़ियों में भरकर उन्हें ले जाया गया। बस्ती में रोज सुबह पंछियों के चहकने की और पशुओं के हंबराने की आवाज आया करती थी परन्तु उस दिन पारधियों के आक्रोश से वातावरण गूँज रहा था। बच्चों की चीखें और उनका रुदन वहाँ की शांति को भेद रहा था। दो गाड़ियाँ पारधी लोगों से खचाखच भर दी गई थीं और एक ट्रक बस्ती की भेड़-बकरियाँ और मुर्गियों से भरा हुआ था। बस्ती के लोगों का सारा का सारा सामान उस अधिकारी ने उठवा दिया। पारधी बस्ती अब एक श्मशान भूमि सरीखी बन गई थी। उस समय उस अफसर ने वह बस्ती ही वहाँ से उठवा दी थी। पारधियों के घरों को और जहाँ हाथभट्ठी की दारू बनाई जाती थी, उन जगहों पर मिट्टी का तेल डलवाकर आग लगा दी थी। बस्ती धू-धू करती हुई जलने लगी। पुलिस की गाड़ियों में भरे लोग और ट्रक धूल उड़ाते हुए उस्मानाबाद की तरफ बढ़ने लगे। पारधी बस्ती के साथ पारधियों के दिल भी जल रहे थे...।

और अन्य लोगों के साथ बंदिवान बिरडीस गाड़ी में बैठा हुआ था, गुस्से से तमतमा रहा था। उसके दाँत कटकटा रहे थे। वह सोच रहा था कि यह जुल्म उन पर क्यों हो रहा था। बस्ती में किसी को भी न छोड़ा, बूढ़े लोगों को भी पकड़कर बन्द गाड़ी में भर दिया—क्यों? इतना ही नहीं उन्होंने हमारे घरों को भी आग लगा दी, बस्ती को ही जला डाला, क्यों? हमने हाथभट्ठी की दारू बनाकर क्या गुनाह किया? अपने लोगों का यह बुरा हाल देखकर उसका मन रो उठा।

सब पारधियों को लेकर गाड़ियाँ जिले के पुलिस थाने पर पहुँचीं। उन्हें नीचे उतार दिया गया। थाने से औरतों, बच्चों के रोने-चिल्लाने की आवाजें और भेड़-बकरियों और मुर्गियों की आवाजों से वहाँ से गुजरने वाले राहगीर भौंचक्के होकर, थाने में हो रहा यह तमाशा देखने लगे थे। अफसरों ने सारी भेड़-बकरियों को कतारें में एक लम्बी रस्सी से बाँध दिया था। सब पारधी मर्दों को एक 'लॉक अप' में बन्द कर के, औरतों और बच्चों को खुले मैदान में बैठने को कहा गया। बस्ती से लाई हुई हर वस्तु का 'पंचनामा' किया गया। बिरडीस, रानपाल्या और तीरमान्या को एक तरफ बुलवाकर उनसे पूछताछ करनी आरम्भ हुई। उनसे पूछा गया, ''क्या ये सब भेड़-बकरियों को तुम लोगों ने खरीदा हुआ है?''

उत्तर मिला, ''साहेब जो बड़ी बकरियाँ हैं उन्हें खरीदा गया है, उनकी रसीदें हमने घर में रखी थीं। उन घरों को आप लोगों ने आग लगा दी है। उनमें वे रसीदें जल गई होंगी। उनमें से जो छोटे जानवर हैं वे उन्हीं बकरियों, भेड़ों के दिये हुए बच्चे हैं, जिसके कारण उनकी रसीदें नहीं थीं। हम लोगों ने कहीं भी चोरी नहीं की है। हम लोग खेती करते हैं और हाँ, हम हाथभट्ठी की दारू भी बनाते हैं। कई वर्षों से

हम अच्छी खेती करके अपना गुजर-बसर करते आए हैं। हमारी सारी बातें बाजीराव देशमुख जानते हैं। चाहे तो आप उनसे भी पूछ सकते हैं।'' बिरडीस ने उनसे कहा।

बिरडीस की बातें सुनकर घाडगे पाटिल ने कहा—''मुझे किसी से कुछ भी पूछने की जरूरत नहीं है। पारधी बिरादरी क्या है? तुम कैसे लोग हो? चोरियाँ-डाके कैसे डालते हो? इससे मैं पूरा परिचित हूँ। महाराष्ट्र के अनेक जिलों में मैंने नौकरी की है, मेरे पास काफी अधिक अनुभव है। तुम लोग आसपास के किसानों की भेड़-बकरियाँ-मुर्गियाँ चुराते हो, यह अब तक सब जान चुके हैं। तुम्हें इस बारे में यह बताने की कोई आवश्यकता नहीं है। और तुम लोगों की औरतों ने पहने हुए जेवर वे कहाँ से आए हैं? क्या उनकी रसीदें हैं तुम्हारे पास? बस्ती में तीन-चार रेडियो मिले हैं क्या उनकी रसीदें होंगी? उन्हें कहाँ से चुराया है यहीं बता दो! अगर नहीं बताया तब तुम सबकी हड्डी-पसली; मार-मारकर एक कर दूँगा। तुम्हें माई का दूध याद आ जाएगा।''

पुलिसवाले, पारधी बस्ती में मिली वस्तुओं की सूची बनाते समय, धीरे से कोई छोटा-मोटा जेवर अपनी जेब में डाल लेते थे, वहाँ से मिली प्रत्येक वस्तु चोरी की है यह सिद्ध करने का उनका प्रयास था। अतः प्रत्येक पारधी से वे लिखवाकर ले रहे थे कि वे सब वस्तुएँ चोरी की थीं।

जलन और उसकी बहू बकरी ने अधिकारी से कहा—''साहेब मेरे गले में मैंने पहना हुआ मंगलसूत्र मेरे बाप ने मुझे शादी से पहले दिया था। उसकी रसीद मैं आपको कहाँ से लाकर दूँ?'' ये बात वे रोते हुए चिल्ला-चिल्लाकर कहे जा रही थी। यह बात सुनकर पुलिसवालों को गुस्सा आ गया और अपनी कमर से चमड़े का पट्टा निकालकर जलन और बकरी को मारना शुरू कर दिया। हरिणी को भी पकड़ लिया और तीनों को बड़ी बेरहमी से पीटा। उनके बदन से जैसे चमड़ी ही उखड़ रही थी। बदन पर पहने हुए सारे गहनों को जबरदस्ती उतार लिया गया।

उनका आक्रोश और रुदन दिल दहलानेवाला था। थाने में बन्द पारधी मर्द दुख और गुस्से से भरे हुए होते हुए भी आँसू बहाने के सिवाय कुछ भी न कर पा रहे थे। घाडगे पाटिल और उसके लोगों का दिल बिलकुल भी न पसीजा था। वे अपना काम बड़ी बेरहमी से करते गए।

बकरी, जलन और हरिणी के बदन से गहने खींचते समय वे रो-रोकर चीखती चिल्लाती रहीं। उनके चिल्लाने से गुस्साए हुए पुलिसवालों ने इतना पीटा कि उनके बदन छिल गए। छिले बदन ऐसे लग रहे थे मानो किसी साँप के शरीर से उसकी चमड़ी खरोंची गई हो।

एक भयानक रात बीत गई थी। दूसरे दिन भी पारधी, उनकी औरतें और बच्चे पुलिस थाने में ही पड़े हुए थे। घाडगे पाटिल ने सब पत्रकारों को बुलाया। उनके आने पर उन सबको बताया गया कि ये लोग किस प्रकार चोरियाँ और डाके डालकर

रुपया, जेवरात, भेड़-बकरियाँ, मुर्गियाँ जमा करते आए हैं। उनके पास से मिले हजारों रुपयों के बर्तन, बारह बकरियाँ, पचास मुर्गियाँ, पाँच सोने के मंगलसूत्र, तीन रेडियो, दो साइकिलें जब्त कर ली गई हैं। अपनी बात सही साबित करने के लिए घाडगे पाटिल ने पत्रकारों को एक 'पाप स्वीकारोक्ति' जो पारधियों से जबरन लिखवाई गई थी; दिखाई उसका प्रयत्न था कि वह पत्रकारों को यह दर्शाएँ कि वह कितना कर्तव्य परायण अधिकारी है।

आए हुए उन पत्रकारों में एक चतुर पत्रकार जिसका नाम दिनकर मोकाशी था, घाडगे पाटिल से पूछ बैठा, "पारधियों की स्थिति देखते हुए मैं आपसे कुछ पूछना चाहता हूँ। यह बात ठीक है कि इन लोगों को आपने चोरी के जुर्म में पकड़ा है। पर कृपा करके यह बताएँ क्या कोई इनके विरोध में शिकायत लेकर आपके थाने पर आया था? कौन हैं वे लोग जो यहाँ आए थे?"

पत्रकार का यह प्रश्न सुनकर घाडगे पाटिल सकपका गया और उसका चेहरा नीला पड़ गया। ऐसे सवाल की शायद उसे उम्मीद न थी परन्तु उसी समय वह सँभल गया और फिर बोला–"नहीं, नहीं इससे पहले ही शिकायतें आ चुकी थीं और आनेवाले समय में भी ऐसी शिकायतें आती ही रहेंगी।"

चुप्पी न साधते हुए दिनकर मोकाशी ने पुनः पूछा, "हमारे ऐसा सुनने में आया है कि पतंगराव पाटिल के कारखाने में बनी दारू 'उड़ान दारू' अब कोई नहीं पीता है बल्कि उलटे पारधियों की बनाई हुई उनकी परम्परागत हाथभट्ठी की बनी दारू ही लोगों को अधिक पसन्द है। 'उड़ान दारू' की बिक्री एक बार फिर से चालू कराने के इरादे से तो आप पारधियों को परेशान नहीं कर रहे हैं? उन्हें बेघर करने से, उनकी दारू की हाथभट्ठियाँ बन्द हो जाने पर, कारखाने की दारू अपने आप बिकने लगेगी...।"

इस वक्तव्य पर गुस्साए घाडगे पाटिल ने तपाक से कहा–"पत्रकार होकर आप बहुत गैर जिम्मेदाराना बात कर रहे हैं, आप हमारी तहकीकात में अड़चनें डाल रहे हैं। हमने जो कुछ आपको बताया और दिखाया उसे यदि आप छापना चाहते हैं तो छाप दें, पर दोबारा ऐसी गैर जिम्मेदाराना बात आप हमसे मत करें।"

दूसरे दिन के अखबार में पहले पन्ने पर छपा हुआ मुख्य समाचार था–ढोकी के पारधियों की ढोली को, चोरी के माल समेत पुलिस ने अपनी गिरफ्त में ले लिया है। ढोकीवासियों ने यह खबर पढ़ते ही, पारधियों के जहाँ भी खेत थे उन सब में आग लगाकर सब कुछ भस्म कर दिया। पहले ही सारे पारधियों का जीवन भस्म हो चुका था, अब झूठे आरोप में उनके बचे हुए खेत भी राख की ढेरी बन गए थे।

पतंगराव पाटिल ने कारखाने के अतिथिगृह में घाडगे पाटिल को एक शानदार दावत दी। दावत इस खुशी में थी कि घाडगे पाटिल ने उसका काम पूर्ण रूप से कर दिया था। पारधियों को विस्थापित कर, उसने उनकी दारू बनाने की हाथभट्ठियों

बन्द करवाकर, 'उड़ान दारू' की बिक्री के लिए रास्ता खुला कर दिया था। अतिथि गृह में खास विदेशी दारू व मुर्गियाँ लाई गई थीं। जश्न बड़े जोश से मनाया गया। पतंगराव ने घाडगे पाटिल से कहा—''इसी प्रकार आप हमारी मदद करते रहेंगे तो हम आपकी यहाँ से बदली होने न देंगे। हम आपको इतना पैसा देंगे जो आपकी जिन्दगी भर आपके काम आएगा। यह बात पक्की है...। इसी प्रकार की बातचीत काफी देर तक चलती रही...तब घाडगे पाटिल ने कहा—''महाशय, हम भी पाटिल हैं और आप भी पाटिल हो। लोगों पर राज करने के लिए अपना जन्म हुआ है। आपके कहने पर पारधियों को हमने सीधा कर दिया है, उनकी जगह उन्हें दिखा दी है...उनके 'मुँहगांड' में मिरची भरकर उन्हें उलटा लटकाकर बिजली के झटके देकर, उन्हें इतना पीटा है कि उनकी आनेवाली चार-चार पीढ़ियाँ भी हाथभट्ठी की दारू बनाने का नाम न लेंगी। उन लोगों की बस्ती भी मैंने कारखाने के पास से हटवा दी है। बन्दोबस्त पूरा कर दिया है...।''

जश्न की समाप्ति पर पतंगराव ने चीनी की एक बोरी और रुपयों के नोटों से भरा एक बैग, आदरपूर्वक घाडगे पाटिल की गाड़ी में रखवा दिया और उनसे विदा ली।

बिरडीस और उसके साथियों के बदन, बेहद हुई मारपीट के कारण जख्मों से भरे हुए थे। असहाय होकर, वेदनाओं से वे तिलमिला रहे थे। जमीन पर पड़े वे सोच रहे थे कि उनके समाज पर यह अत्याचार, यह अन्याय क्यों हो रहा है? पुलिसवाले इतने बेरहम होकर क्यों उनके साथ ऐसा बर्ताव कर रहे हैं? ऐसा क्या गुनाह किया है उन लोगों ने कि उनकी स्त्रियों, बच्चों को भी बेरहमी से पीटकर उन्हें बन्दी बनाकर पुलिस थाने में रखा गया है!

बिरडीस दीवार से टिककर बैठने की कोशिश करते हुए कहने लगा, ''और कुछ नहीं तो पारधी होना ही हमारा गुनाह है शायद—और नहीं तो क्या? वरना हम अपनी मेहनत से दारू बनाते हैं, हमारी दारू पीने जो कोई भी आता है वह अपनी मर्जी से आता है, हमने कभी किसी से जबरदस्ती नहीं की हमारी दारू पीने की..., पारधियों की हाथभट्ठी की दारू बन्द करने की असली वजह यही होगी कि हमारी दारू के सामने पतंगराव के कारखाने की दारू नहीं चली। लोगों ने उसे नापसन्द किया। हमारा काम बन्द कराके वह अपनी दारू बेचना चाहता है। पतंगराव की बनाई दारू खराब होने के बावजूद उसने दारू बनाने का हक हमसे छीन लिया है। कैसी है यह सरकार? स्वतंत्रता प्राप्ति के बाद भी हम गरीब पारधी आदिवासियों से ऐसा सौतेला व्यवहार हो रहा है? इस सरकार से तो पहली गोरे अंग्रेजों की सरकार ही अच्छी थी। भले ही उन्होंने हमें गुनहगार कहा, पर हमारे बाल-बच्चों और औरतों को तो उन्होंने इस प्रकार बेरहमी से नहीं पीटा! कई बार एक दो लोगों को ''काले पानी'' की सजा भुगतने भेजा गया था, परन्तु स्वतंत्रता प्राप्ति के बाद की यह काली करतूतों वाली

सरकार हम लोगों को अपने परिवारों समेत 'काले पानी' की सजा दे रही है। इस पर क्या उपाय ढूँढ़ा जाए यह समझ नहीं आ रहा है...।'' बिरडीस थाने की बन्द कोठरी से इस प्रकार की बातें, अपने साथियों से कर रहा था। विवश बिरडीस सोच रहा था कि उसकी बस्ती के बच्चे और औरतें बाहर खुले अहाते में भूखी प्यासी हैं, उनकी जानें सूखती जा रही हैं। बिना जल और अन्न के छटपटा रहे होंगे। क्या इस भरी दुनियाँ में उनको कोई दखल देगा? उनके दर्द की ओर किसी का ध्यान आकर्षित होगा? क्या इस दुखभरे समय में कोई उनकी मदद करने सामने आएगा?

सुबह होते ही खाड़-खाड़-खाड़ की आवाज अपने बूटों से करते हुए घाडगे पाटिल पारधी औरतों और बच्चों के समक्ष आकर खड़े हो गए और बोले—''साले—तुम पारधी लोग मर जाओगे पर अपने गुनाहों को कबूल नहीं करोगे। अब ठीक से याद रखो कि जहाँ से हमने तुम्हें पकड़ा था वहाँ तुम लोग कभी भी लौट कर नहीं जाओगे। अगर यह मन्जूर है तुम्हें तब हम तुम्हें यहाँ से छोड़ देंगे। कारखाने के आसपास कहीं भी तुम नहीं रह सकोगे और तुम्हें यहाँ से दूर चले जाना होगा। मेरे रहते हुए तुम लोग इस जिले में कभी भी हाथभट्ठी की दारू नहीं बना सकोगे। ऐसे किया तो मेरे से बुरा और कोई नहीं होगा। समझ गए मेरी बात तुम लोग?''

जलन ने कहा—''मायबाप सरकार हम अपना गुजर-बसर कैसे करेंगे—यह तो बताइए हमें। आपने हमारे घर-बार हमारी आँखों के सामने जला डाले। सारा सामान जलकर राख हो गया, हमारी भेड़-बकरियाँ-मुर्गियों आपने जब्त कर लीं। बर्तन थाली भी खाना बनाने-खाने के लिए नहीं रहीं है। हमने क्या गुनाह किया था जो हमारे साथ यह सब कुछ हुआ? साहेब ओ साहेब? अकसर आम आदमी पेड़ पर से चिड़ियों के घोंसले को कभी नहीं हाथ लगता। क्योंकि वह समझता है कि ऐसा करने से उसे पाप लगता है। पर हम पारधी लोग तो आप जैसे ही इनसान हैं। ऐसा होते हुए भी आपने हमारे घरोंदे जला डाले। हमें बिना पानी-रोटी के थाने में बन्दी बनाकर रखा। हम दुखियारों की हाय आपको परेशान करेगी, आपका कभी भला न होगा...।'' असहाय, क्रोधित, अपमानित जलन बोलती गई—बकरी जिस प्रकार भूखी होने पर सूखे पत्ते खींचकर तोड़ती है, उसी प्रकार उसके शब्द उसके मुख से निकलते गए...।''

जलन की कड़वी बातों से घाडगे पाटिल को गुस्सा आ गया और उसने आव देखा न ताव, अपने बूट से एक लात जलन की पसलियों में दे मारी! भूखी-प्यासी, थकी-हारी जलन बूट की मार से औंधें मुँह गिरी। उस मार को देखकर आसपास खड़े बच्चे, औरतें सहमकर चुप हो गए। कुछ ही क्षणों में दो दिन दो रातों से भूखे प्यासे बच्चों ने, औरतों ने व्याकुल होकर रोना-चिल्लाना शुरू कर दिया। शोर-शराबे से तंग आकर पुलिसवालों ने उन सबको पुलिस थाने से बाहर कर दिया और सबको डाँट-फटकारकर कहा—''चुपचाप तुम लोग यहाँ से चले जाओ। अपना मुहँ कहीं और

जाकर काला करो। दफा हो जाओ यहाँ से। दो दिनों बाद तुम्हारे घरवालों को छोड़ दिया जाएगा, चलो अब निकल जाओ यहाँ से...।''

भूखे-प्यासे पुलिस थाने से निकाले गए पारधी बच्चे और औरतें उस्मानाबाद की गलियों में भीख माँगते हुए घूमने लगे। औरतें अपने पल्लू पसारकर भीख माँग रही थीं—''माई भूखे-प्यासों को बासी बचा हुआ रोटी का टुकड़ा डाल दो—दो गस्से पेट में डालकर—पेट की आग बुझा देंगे...हम दुखियारों का दुख दूर करने कोई तो आगे आए, कोई तो आगे आकर हमें न्याय दिलाए। हे देवी हमारी सहायता कर...।'' लोगों द्वारा झोली में डाले बासी रोटियों के टुकड़ों को चबाते हुए पारधी दुखियारे अपने पुरुषों के थाने से छूटने का इन्तजार करते हुए, उस्मानाबाद के रास्तों पर घूम रहे थे। जलन, हरिणी और नई नवेली दुल्हन बकरी अपने दुख को सह न पाईं और तीनों एक-दूसरे के गलों में बाँहें डालकर, पहले सुबक रही थीं, बाद में वे आपे से बाहर हो गईं और जोर-जोर से रोने लगीं।

जलन ने कहा—''अब अपने सबके घरवालों का क्या होगा? कहीं उन्हें मापीट के, उनकी हड्डियों का चूरा तो नहीं करेंगे वे मुए? अब हम उन्हें कैसे छुड़वाएँगे उनकी जमानत के लिए हम रुपए कहाँ से लाएँगे? वकील को पैसा देने के लिए हमारे पास पैसा कहाँ है अब?... लोगों ने हमारा सब कुछ छीन लिया। घरबार सब कुछ जला दिया। बदन पर जो थोड़े बहुत गहने हमने पहन कर रखे थे निगोड़ों ने उन्हें भी नहीं छोड़ा। हमें कंगाल कर छोड़ा है, अब क्या होगा...?''

गिरफ्तार होने के तीन दिनों के बाद बिरडीस, तीरमान्या, रानपाल्या और लगमण्या को पुलिस गाड़ी में भरकर उन्हें कोर्ट में हाजिर किया गया। सबके हाथों में बेड़ियाँ पड़ी हुई थीं। उसी हालत में उन्हें जज के सामने खड़ा किया गया। सरकारी वकील ने पुलिसवालों की ओर से जज साहब से कहना शुरू किया, ''ये सारे पारधी अव्वल डाकू-चोर और खतरनाक गुनहगार हैं। इन लोगों के पास से जो सामान जब्त किया गया है उसमें पाँच मंगलसूत्र, चाँदी की चेन, बिछुए, भेड़-बकरियाँ, मुर्गियाँ तीन रेडियो, घड़ियाँ और बहुत सारे कपड़े हैं। इनमें से किसी भी सामान की रसीद उनके पास नहीं है। इससे यह साबित होता है कि यह सारा सामान चोरी का है। जिसे इन लोगों ने चोरी और डाके से चुराकर इकट्ठा किया है। इन लोगों को तब तक 'पुलिस कस्टडी' में रखा जाए जब तक वे यह नहीं बता देते कि चोरी उन्होंने कहाँ की है। आपसे हमारी यही विनती है।''

तब जज ने पूछा, ''क्या पारधियों का कोई वकील है जो उनकी वकालत कर सके?''

कोर्ट की शांति को भंग करते हुए बिरडीस ने अपना गला साफ करते हुए टूटी-फूटी मराठी भाषा में कहा—''साहेब क्या बताऊँ तुम्हें, ये सबके सब पुलिसवाले मुझ पर झूठ आरोप लगा रहे हैं...।''

बिरडीस को बीच में ही टोकते हुए पास खड़े हुए पुलिसवाले ने कहा–"ए–पारधी आदमी क्या बकता है? सामने बैठे हुए साहब 'न्यायदेव' हैं, उनसे अदब से बात करो। उन्हें तुम कहकर मत बुलाओ।"

इस पर बिरडीस बोला–"क्यों रे मैं गलत कहाँ कह रहा हूँ। मैंने उन्हें साहब कहा है!" फिर जज साहब को बोला "साहेब मैं अनपढ़ गवार आदमी हूँ। मेरी बोली भाषा भी आपकी भाषा से अलग है इसलिए शायद... ।" आसपास बैठे हुए लोग और अन्य वकील बिरडीस की बातों पर जी भरकर हँस रहे थे। पर बिरडीस समझ न पाया कि वे किस बात पर हँस रहे हैं, अपना कथन जारी रखते हुए वह कहता गया, "क्या कहू साहेब, इन लागों ने हम सबको जानवरों की तरह बुरी तरह से पीटा है। हमारी हड्डियाँ ढीली कर छोड़ी हैं...अब तू ही बता साहेब तू ही न्याय दे हमें।"

अब तक पुलिसवालों को और वकीलों को बिरडीस की इस तरह अपरिष्कृत भाषा से चिढ़ हो रही थी, अब न्यायाधीश भी कुछ चिढ़ से गए थे। उन्होंने उन सबको पाँच दिन की न्यायायिक हिरासत में रखने का आदेश देते हुए यह भी कहा कि पुलिस को यह सिद्ध करना होगा कि जब्त किया गया माल कहाँ से चुराया गया है। बिना बात की दी गई न्यायायिक हिरासत के कारण बिरडीस, तीरमान्या, लगमण्या और रानपाल्या पुलिसवालों के पीछे-पीछे, उन्हें पड़ी मार-पिटाई से लगी हुई चोटों के कारण लंगड़ाते कराहते हुए जा रहे थे। वे सब ऐसे लग रहे थे मानो जैसे कोई गड़रिया अपनी भेड़ों को हाँकता जा रहा हो!

एक बार फिर पारधियों को पुलिस जीप में डालकर थाने पर लाया गया। घाडगे पाटिल को पता लगा कि कोर्ट में बिरडीस ने बड़ी उद्दंडता से जज से बात की और लोगों से भरे हुए कोर्ट को बताया कि पुलिस ने उन्हें बेरहमी से मारा-पीटा। उसने पुलिसवालों को बदनाम किया है। बस फिर क्या होना था? घाडगे पाटिल को गुस्सा आ गया। उसने दहाड़ते हुए कहा–"निकालो बाहर उस उज्जड़ साले को।" पहले ही बुरी तरह से पिटे हुए बिरडीस को पकड़कर उलटा लटकाकर पीटा गया। इमली के पेड़ की गीली टहनी की छड़ी से बिरडीस को पीटा गया और उसके घावों पर नमक का गर्म पानी डाला गया... । जमीन पर गिरने के बाद बिरडीस–एक उस मछली की तरह; जो बालू आ गिरी हो; तड़प रहा था। दिल दहलाने वाली, दर्दभरी आहें उसके मुँह से निकल रही थीं। वह असहाय होकर कराह रहा था, "साहेब मुझे मत मारो, मैं तुम्हारे पाँव पड़ता हूँ। तू मेरा बैरी मत बन, मैं सच कहता हूँ साहेब, हम पारधियों की बोली बहुत भिन्न है...हम आपकी बोली ठीक तरह से नहीं बोल पाते हैं। टूटी-फूटी कामचलाऊ मराठी भाषा हमें आती है। बड़े साहेब और तुम्हारा मैंने कुछ भी अपमान नहीं किया है, मैंने कुछ बुरा नहीं बोला है साहेब... ।"

"अरे अब भी तुम वैसे ही उद्दंडता से बोल रहे हो...ठहरो, मैं तुम्हें अब और सबक सिखाता हूँ।" कहते हुए उसने बिरडीस के नाक-मुँह और 'गुदाद्वार' में मिरची

ठूँसने का आदेश दिया और वैसा करने के बाद उसे एक अँधेरी कोठरी में डाल दिया गया। बिरडीस के पूरे बदन में मानो एक आग-सी लग गई थी। तड़फड़ाते हुए वह बार-बार 'पानी-पानी' कर रहा था। तड़फते हुए को किसी ने पानी नहीं दिया।

बिरडीस की यह छटपटाहट रानपाल्या से देखी न जा रही थी। कोठरी के एक बाजूवाले एक पानी के नल से पानी की बूंदें टपक रही थीं। अपने बदन पर पहनी हुई फटी कमीज के एक छोर को फाड़कर उस कपड़े के टुकड़े को टपकते हुए पानी से भिगोकर पानी को अपने पिता के मुँह में निचोड़ता गया। बिरडीस का झुलसा हुआ बदन, सूखता हुआ मुँह इस मिलती हुई पानी की बूंदों से राहत पा रहा था। कड़ी गर्मी में अचानक पड़ी कुछ बारिश की बूंदों से जिस प्रकार सूखी तपती धरती, पेड़-पौधे और वन्य जीव आनन्दित होकर शान्त हो जाते हैं वैसे ही कुछ बिरडीस और साथियों का हाल हो रहा था। टपकते नल के पानी से सबने अपनी प्यास बुझाई थी। कई बार पुलिसवाले आकर टपकते हुए नल को बन्द कर जाते थे पर जैसे ही वे वहाँ से दूर चले जाते, रानपाल्या और साथी फिर से नल को झटका देकर खोलते...और टप-टप-टप पानी टपकने लगता। जब तक वह वहाँ रहे इसी प्रकार उन्होंने अपनी प्यास बुझाई। पाँच दिनों के बाद एक बार फिर बिरडीस और उसके साथियों को कोर्ट में पेश किया गया। पुनः युक्तिवाद हुआ। वकील को जैसे कहा गया था वैसे वह बोला। न्यायाधीश ने वही सवाल दोहराया। इस बार बिरडीस और उसके साथियों ने एक शब्द भी अपने मुँह से नहीं निकाला। वे जान गए थे कि वहाँ उनके शब्दों का गलत अर्थ निकाला जाएगा। इसीलिए उन्होंने चुप्पी साध ली थी! पारधियों के सूखे हुए चेहरे, मार पड़ने से हुई उनके शरीर की खस्ता हालत न्यायाधीश की नजरों से छिपी न थी। न्यायाधीश ने टिप्पणी करते हुए कहा—"पुलिस योग्य छानबीन करने में असफल रही है अतः पारधियों की 'न्यायायिक हिरासत' बढ़ाने की विनती को 'नामन्जूर' करते हुए पारधियों को निर्दोष करार देकर उन्हें छोड़ देने का आदेश दिया जाता है।"

सूखे हुए फूलों से भी जैसे सुगन्ध आती है वैसे ही पीड़ित परन्तु मुक्त हुए पारधियों के चेहरों पर आनन्द की छटाएँ दिख रही थीं।

बिरडीस, तीरमान्या, रानपाल्या, लगमण्या और झबझब्या लंगड़ाते, कराहते हुए कोर्ट से बाहर निकल आए। जलन और बकरी ने गाँव से भीख में मिली रोटियों के टुकड़ों को उन सबके सामने रख दिया। चार-पाँच दिनों से भूखे पारधी उन रोटियों पर ऐसे टूट पड़े मानो कोई भूखी भेड़-बकरियाँ सूखे हरे पत्तों को खाने पर टूट पड़ी हों?

पारधी बस्ती के बाल-बच्चे, बूढ़े, जवान और औरतें अपने जले हुए घरों की तरफ न जाते हुए, वे सब अब बिरडीस द्वारा कभी खरीदी हुई जंगलों के पास स्थित खेती की जमीन पर जा बसे। वहाँ रहना उन्होंने पसन्द किया। गाँववालों की नजरों

से दूर...। वह खेती की जमीन अब तक खाली हो चुकी थी। पारधियों के पकड़े जाने के बाद आसपास के किसान उनके पके-पकाये खेत काटकर ले गए थे। वहाँ अब केवल कटे ठूँठ खड़े थे, जिन्हें काटकर पारधियों ने अपने झोंपड़े बनाने के काम में इस्तेमाल किया। इधर-उधर से सूखी लकड़ियाँ, झाड़-पत्तियों से घरों पर छत डाल दीये। धीरे-धीरे पारधियों ने अपनी नई बस्ती बनानी आरम्भ कर दी। सब घरों की पारधी औरतें जंगलों से जड़ी-बूटियों को लाकर पीसकर उसकी औषधि बनाकर उनका लेपन, घर के मर्दों के शरीर पर हुए जख्मों पर करती रहीं। जख्मों को सेंक देकर ठीक करती गईं। उनका प्रयास था कि उन सबके घरवाले जल्दी से ठीक हो जाएँ और वे ठीक होते गए...।

दूसरी ओर अब पतंगराव पाटिल अपने नए पुलिस अफसर घाडगे पाटिल से बहुत खुश थे। घाडगे पाटिल ने पारधियों को और उनकी चलती हुई हाथभट्ठी की दारू को पूरी तरह से उखाड़ कर फेंक दिया था। कारखाने की 'उड़ान दारू' की बिक्री तेजी से बढ़-चढ़कर हो रही थी। क्योंकि अब केवल वही एक दारू लोगों को उपलब्ध थी। पतंगराव को दोहरा फायदा था। एक ओर किसानों का सारा गन्ना चीनी कारखाने में आ रहा था। जिससे चीनी बन रही थी। गन्नों से कमाया पैसा पुनः लौटकर पतंगराव के पास आ रहा था...वे किसान उन पैसों से दारू पीकर पैसा वापस 'दारू कारखाने' को अर्थात् पतंगराव को दे रहे थे। दोहरे नफे से पतंगराव पाटिल और कारखानों की प्रगति की दौड़ आरम्भ हो गई थी। थाने के पुलिसवालों को पारधियों से अब तक जितना पैसा 'हफ्तों' के पैसे की वसूली से होता था उससे कई गुना अधिक पैसा अब घाडगे पाटिल को कारखानों से मिलने लगा था जिसके कारण अफसर और थाने के सब कर्मचारी बड़े खुश दिखते थे।

उधर हाथभट्ठियों से दारू बनाना बन्द हो जाने के कारण पारधी बस्ती दुखी हो गई थी। उनकी कमाई का साधन उनसे छिन गया था। उनके दुखड़े पर रोनेवाला कोई नहीं था, या उनकी सहायता करने कोई आगे नहीं बढ़ा था। उनकी सबकी हालत खस्ता होती जा रही थी।

पारधी बस्ती जलकर खाक हो जाने पर पारधियों के साथ शिकार करनेवाले उनके ईमानदार पालतू कुत्ते अपने मालिकों की और उनकी बस्ती को ढूँढ़ते हुए तकदीर की मार से पिटे हुए अपने पारधी मालिकों के पास एक दिन आ पहुँचे थे। अन्य इनसानों ने जब उन पारधियों को दुत्कार दिया तब वे ईमानदार कुत्ते दोस्त बनकर बिरडीस, रानपाल्या और तीरमान्या को आकर चाटने लग गए थे। उनके आगे-पीछे पैरों में आकर अपनी दुम को जोर-जोर से पंखे की तरह हिल-हिलकर अपना प्यार प्रकट कर रहे थे। अपनी जीभ निकालकर कुई-कुई की आवाजें निकालकर मानो वे उनसे कह रहे थे कि वे उनकी हालत समझ रहे हैं। अपने मुँह से कराहने जैसी आवाजें निकालकर उनके दुख में सहभागी हो रहे थे।

किसी चींटियों की बॉबी पर किसी का पैर पड़ जाने पर जिस प्रकार सारी चींटियों इधर-उधर भागने लगती हैं वैसी ही कुछ हालत उन पारधियों की हो गई थी। पुलिसवालों द्वारा उनके घर जला देने पर सब लोग बिखर गए थे। दाने-दाने के लिए मोहताज हो गए थे। बच्चे भूख के मारे इतने परेशान हो गए थे कि अब उनमें रोने की भी ताकत बची नहीं थी, आँखों से आँसू सूख गए थे। आजू-बाजू के गाँवों में जलन, हरिणी, बच्चे भीख माँगने चले जाते पर पारधियों को आते देख गाँववाले अपने दरवाजे बन्द कर लेते और अपने पालतू कुत्तों को उन पर छोड़ देते। रानपाल्या-बिरडीस-तीरमान्या किसी के खेत पर काम माँगने चले जाते तब–"तुम पारधी चोर जाति के लोग हो। तुमसे हमने काम नहीं करवाना है" कहकर उनके मुँह पर दरवाजा बन्द कर देते। उनका उपहास कर उन्हें लौटा देते। ऐसी परिस्थिति में पारधी बस्ती में भुखमरी का तांडव शुरू हो गया। जंगल से झाड़ पत्ते लाकर उसे वहाँ के लोगों ने खाना शुरू कर दिया। फलियाँ, कन्दमूल जो भी कुछ मिलता उसे आधा कच्चा ही खा जाते।

पारधियों का बुरा समय आ गया था। बिरडीस सोचने लगा, "हमारे बाल-बच्चों और लोगों की इतनी बुरी हालत और यह बनवास अब मुझसे देखा नहीं जाता। यह दिन दिखाने के बजाय हे कोडियारा देवी तू मुझे मौत दे दे तो अच्छा होगा। या फिर कहीं चोरी-डाका डालने का रास्ता दिखा, हे देवी...।"

पुलिस की मार से बिरडीस का सारा बदन काला नीला पड़ा हुआ था। थोड़े से हिलने-डुलने से ही बदन से टीस उठती थी और दर्द असहय हो जाता था। अपने बापू की यह हालत रानपाल्या से देखी न जाती थी। तीरमान्या से रानपाल्या बोला–"देख भाई हमें अब हाथ-पाँव मारने ही पड़ेंगे, कुछ करना ही होगा। नहीं तो यहाँ एक के बाद एक 'भूख की बली' चढ़ते दिखने लगेंगे। अब हमें हिम्मत करके, कहीं चोरी करके कुछ खाने के लिए लाना होगा। वैसे भी भूख के मारे पैर रगड़-रगड़ कर मरने से तो अच्छा है काम करके मरना। कहीं से भी चोरी कर, हम अपनी बस्ती के लोगों के मुँह में खाने को कुछ डालने में कामयाब होंगे। खाने का कुछ बन्दोबस्त करने हमें अब चलना ही होगा।"

भूख की आग दोनों को झुलसा रही थी। उसकी परवाह न करते हुए दोनों अँधेरा होने से पहले छिपते हुए रास्ता नापने लगे। बहुत दूर जाने के बाद उन्हें एक खेत के अन्दर कुछ सामान–शायद बेचने के लिए–रखा हुआ नजर आया। अँधेरा हो जाने के कारण किसान भी थककर शायद रात गुजारने झोंपड़े में चले गए थे। सब शांत लग रहा था। झोंपड़ी के बाहर एक बकरी बँधी हुई थी। उसी के पास उसका बच्चा भी बँधा था। उसे रानपाल्या ने बड़ी सहजता से उठा लिया और उसका मुँह अपने पंजे से बन्द कर लिया। तीरमान्या ने उसकी टाँगें पकड़कर उसे अपनी ओर खींच लिया। किसानों के जागने से पहले वे दोनों वहाँ से दूर चले जाना चाहते थे। बकरी

रास्ते में आवाज न कर सके इसलिए रानपाल्या ने अपनी जेब से 'हिंगण' के काँटे निकालकर बकरी की जीभ में खोंप दिए। बकरी की आवाज बन्द हो गई। सवेरा होते-होते दोनों अपनी नई बस्ती पर पहुँच गए। जलन, बिरडीस और हरिणी चिन्तित थे। वे डर रहे थे कि कहीं गाँववाले उन्हें दबोचकर मार न डाले...। दोनों के पास आने की आवाज से भूख से अधमरी बस्ती चौकन्नी होकर उठ बैठी। भूख के मारे किसी को भी नींद नहीं आई थी। बकरी को काटा गया, मांस के टुकड़ों को एक पुराने जर्मन सिल्वर के भगोने में डालकर पकने रख दिया गया। चूल्हा था तीन पत्थरों को रखकर बनाया हुआ! पारधी परिवारों के पास अब कुछ भी न बचा था। थोड़ी बहुत मिर्च मसाला डालकर मांस को उबाला गया। चार-पाँच दिनों की उन सब लोगों की भूख एक बकरी के मांस ने मिटा दी थी। किसान जिसकी बकरी चुराई गई थी यदि वह उसे ढूँढ़ता हुआ बस्ती तक पहुँच गया तब उसे उसकी बकरी की कोई भी निशानी नजर न आ जाए इस सोच से सबने खाने-पीने के बाद बची हुई हड्डियाँ एक गहरा गड्ढा खोदकर उसमें दबा दी। निकाले गए चमड़े को बस्ती से दूर जाकर झाड़ियों में सुखाने डाल दिया। कुछ बचाए गए मांस के टुकड़ों को धूप में सूखने डाल दिया और चील-कौवों के झपट्टे से उठाकर ले जाने पर रोक लगाने के लिए, उन टुकड़ों को कीकर के काँटों से भरी टहनियों से ढक दिया गया। जलन उन सूखते टुकड़ों पर नजर रखे हुए थी। पारधियों के पेट में मांस के टुकड़े जाने के बाद उनके चेहरों पर कुछ रौनक आ गई थी। उनकी जान में जान आ गई दिखती थी। पारधी बस्ती नया शिकार करने के सपने देखती हुई चुपचाप पड़ी सुस्ता रही थी।

रानपाल्या और तीरमान्या की नसों में जवान खून दौड़ रहा था। बिना वजह उन पर किए गए पुलिसवालों के अत्याचारों से उनका खून खौलना स्वाभाविक था। दोनों की आँखों के सामने उनके उजड़े—जले हुए घर और बस्ती घूम रही थी। बिरडीस की बुरी हालत उनसे छिपी न थी। पुलिस की मारपीट से उसके हाथ-पाँव, टाँगों और घुटनों में जबरदस्त दर्द उठता था जिसके कारण अब वह घर से बाहर न निकल पाया था। घर में ही पड़ा हुआ हर समय दर्द से कराह उठता था। जलन जड़ी-बूटी की दवा देकर उसे जल्दी ठीक करने का प्रयास करती रहती थी। दोनों लड़कों के मन में बार-बार बदले की भावना जाग उठती थी। वे पतंगराव और घाडगे पाटिल से ऐसा बदला लेना चाहते थे कि जिसे वे दोनों जिन्दगी भर भूल न सके।

एक दिन रानपाल्या तीरमान्या को अपने साथ लेकर, अपनी ससुराल कलम्बी गाँव की ओर चल पड़ा। वह ऐसे समय वहाँ गया कि कोई उसे देख न पाए। रात गए वह बस्ती पर पहुँच गया। गेंडया के कानों पर तब तक खबर पहुँच चुकी थी कि उसकी बेटी का घर-बार पुलिसवालों ने उजाड़कर रख दिया था और अब वे सब सड़क पर आ गए थे। पूरी बात उसे रानपाल्या ने ही बताई थी। कलम्बी के उस विस्तीर्ण अँधेरे वन में ससुर-जमाई बड़ी देर तक बात करते रहे। फलती-फूलती पारधी

बस्ती को पतंगराव ने अपने लाभ में घाडगे पाटिल की सहायता से कैसे उजाड़ डाला। उसका आँखों देखा हाल रानपाल्या ने गेंडया को सुनाया। 'उड़ान दारू' की बिक्री कराने के लिए उसने कैसे पारधियों की दारू बनाने की हाथभट्ठियों को नष्ट कर दिया और कैसे उन्हें झूठे आरोपों पर गिरफ्तार कर थाने में बेरहमी से मारा गया। कैसे औरतों को अपमानित कर उन्हें भी पीटा गया, इसका पूरा ब्यौरा रानपाल्या ने दिया। वर्षा की मार और राजा से मार पड़े तब शिकायत किससे की जाए, फरियाद किसके पास ले जाएँ? हमारी हालत भी ऐसी ही है। पारधी होना ही गुनाह है, हमें जन्म से उचक्का और चोर समझा जाता आ रहा है। कहते हैं कि न्याय देवता होता है पर वह भी पुलिस की ही बात सुनता है! जब्त की हुई वस्तुओं को वापस पाने के लिए वकील चाहिए, वकील को देने के लिए रुपए कहाँ से आएँगे? वकील पुलिस और न्याय देवता की 'मिलीभगत' ही होती है। क्या उपाय करना होगा ऐसी परिस्थिति में? हमने अब एक निश्चय कर लिया है कि हम सब जवान एक टोली बनाएँगे और पतंगराव पाटिल के या घाडगे पाटिल के घर पर जाकर डाका डाल देंगे। इस काम के लिए हम लोग तुमसे सहायता चाहते हैं। यदि तुम और तुम्हारा बेटा रहिमान्या हमारे साथ मिलकर काम करेंगे तब वह काम होकर रहेगा। कामयाबी मिलेगी जरूर।"

गेंडया सिर खुजाते हुए बोला—"यह बहुत साहसी काम होगा—यह काम हाथ में लेने से पहले काफी कुछ मेहनत और तैयारी करनी पड़ेगी नहीं तो बेवजह पारधियों की जानें जा सकती हैं। हम लोगों की हालत भी आपकी तरह ही है। हमारा भी हाथभट्ठी की दारू बनाने का धन्धा बन्द हो गया है। गुजर-बसर करने के लिए क्या कुछ नहीं करना पड़ता। क्या करे जीना जो है... बापदादों के समय जब हम सब जंगलों में रहते थे तब वे लोग नरबली लेनेवाले बाघ, गेंडे का शिकार किया करते थे। किसी भी खतरनाक जानवर को फाँस पारधी, फाँस लगाकर बड़ी चतुराई और वीरता से पकड़ते थे। उसका शिकार कर लेते थे। खतरनाक शेर भी फाँस पारधी के सामने गरीब बकरी जैसा बन जाता था। आज के जमाने में ये नरभक्षक पारधियों के खून के प्यासे—गेंडे और बाघ जैसे पतंगराव-घाडगे पाटिल सरीखे इनसानों के रूप में हमारे रक्त के प्यासे, इन लोगों का शिकार हमें करना ही पड़ेगा। यहाँ जो हमारा हाल है वैसा ही हाल 'धुलिया' और 'जालना' के परिसर में रहनेवाले हमारे जात भाइयों का भी है। उन लोगों की सहायता भी हमें लेनी पड़ेगी।"

रानपाल्या चिन्तित स्वर में बोला—"ऐसा हमें कुछ करना ही होगा वरना ये लोग हम लोगों को कुत्ते-बिल्लियों जैसी मौत दे देंगे।"

गेंडया और रानपाल्या अभी बातचीत कर रहे थे कि उस समय गेंडया का बेटा रहिमान्या अपने चचेरे भाई तारक्या के साथ अपने कन्धों पर सोटी लटकाए हुए चला आ रहा था। सोटियों पर दो खरगोश लटक रहे थे, जिनका उन्होंने अभी शिकार

किया था। लम्बे डग भरते हुए वे गेंडया और रानपाल्या के सामने से गुजरते हुए जाने लगे। उन्हें आते देख गेंडया बोला–''देखो तो सही मेरे छैल-छबीले को...कैसा जवान और तगड़ा दिखता है, अब तुम ही उससे अपने मन की बात कह डालो। वही अच्छा लगेगा।''

दोनों शिकारियों के पीछे उनके चहेते कुत्ते भी थे, आसपास के कुत्ते भी आकर भौंकते हुए शिकारियों का स्वागत कर रहे थे। रानपाल्या को देखकर खुशी से हँसकर उसने कहा–''देखो तो अचानक कैसे यह शिकार हमें मिला! चलो अब खरगोश का गोश्त रोटी भाजी के साथ आकर खाओ। तब तक हम बतियाते भी रहेंगे।'' रानपाल्या जो उस समय अपने घर लौटनेवाला था, भोजन का न्योता स्वीकार करके रुक गया। तीनों लड़के हमउम्र थे। अतः वे भोजन तैयार होने का इन्तजार करते हुए पास वाले बड़ के पेड़ तले जा बैठे। बातचीत हुई–सबका एकमत हुआ कि मार खाकर मरने से तो अच्छा होगा मार देकर मरना! डरकर जीना ठीक नहीं, लड़-झगड़कर अब उन्हें जीना पड़ेगा। यह सब करने के लिए उनके पास घोड़े (बन्दूकें) और पटाखे (पिस्तौलें) होना जरूरी है। साहस तभी दिखा सकते हैं जब ये दो वस्तुएँ होंगी। बात ठीक थी उनकी...। कुछ सोचकर रहिमान्या ने कहा–"जालना के पास हमारा एक बहुत बड़ा डाकू बादशाह पारधी है। उसकी टोली में शामिल होनेवालों को खूब खाने-पीने को मिलता है। चोरी-डाके में यदि कोई पकड़ा जाता है तब उसका हिस्सा उसके घर भेज दिया जाता है। उन्हें भूखों मरने नहीं दिया जाता। यदि हम लोग उसकी टोली में चले जाएँ उससे मिल जाएँ तब हम चोरी डाके कैसे डाले जाते हैं यह भी सीख जाएँगे। काम सीख जाने के बाद हम स्वतंत्रत रूप से डाके डालने कामयाब हो सकेंगे...।''

यह सब सुनकर रानपाल्या ने कहा–''तो फिर ठीक है, आनेवाली अमावस्या की रात को इस 'मांजर सूभ्या' की पहाड़ी पर हम डाकू बादशाह से मुलाकात कर लेंगे। हम सांकेतिक भाषा और अलग-अलग पक्षियों की आवाज निकालने की कला में निपुण हैं। हममें साहस है। अंग्रेजों और निजाम के जमाने में भी हम पर जुल्म हुए पर इस नई सरकार के पुलिसवालों ने तो हम पर दुनिया भर के जुल्म ढाए हैं। औरतों और बच्चों तक को उन्होंने नहीं छोड़ा। हमसे हमारा काम-धन्धा छीन लिया, हमें कहीं का न रखा। हर साल सरकारी सूची में हमारे नाम चोर, गुनहगारों में डाल दिए जाते हैं। इनके जुल्मों से हमें छुटकारा नहीं मिलेगा...ऐसे होते हुए हमारे पास और कोई दूसरा उपाय नजर नहीं आता है। हमें अब डाकू की टोली ही बनानी पड़ेगी। मेरी बस्ती में मेरे जैसे तीन-चार लोग हैं। हम पाँच-छह जने मिलकर अपनी ही टोली क्यों न बना लें? बादशाह पारधी को मिलने के बाद हम अपना काम शुरू कर देंगे? अगर अब काम शुरू न किया तब मेरी बस्ती के बाल-बच्चे, औरतें एड़ियाँ रगड़-रगड़कर भूखों मर जाएँगे।''

एक-एक गिलास महुए की दारू के साथ खरगोश का मांस रोटी के साथ खाते हुए रानपाल्या और तीरमान्या ने भोजन समाप्त किया और अँधेरे में जंगल के रास्ते से लोगों की नजरों से बचते हुए वे दोनों देर रात अपने घर पहुँच गए।

जैसे तय किया गया था, अमावस की रात को 'मांजर सुभ्या' की पहाड़ी पर बादशाह पारधी से मिलने रानपाल्या, बन्दुक्या, तीरमान्या, रहिमान्या, तारक्या और काडतुस्या को लेकर निकल पड़ा। अपनी सांकेतिक भाषा इस निबिड़ अरण्य में कौन बोल रहा है यह देखने के लिए बादशाह पारधी के आदमी रानपाल्या के निकट आ पहुँचे और उससे पूछताछ करने लगे। 'हम पारधी छं बादशाह पारधी सं मिलनं आवचं। बहुत जरूरी कमछं' ऐसे अपनी पारधी भाषा में रानपाल्या ने कहा। नवागत अपने ही जात भाई हैं ऐसा ठीक पता करने के बाद उन लोगों ने उनका स्वागत करते हुए उनके पीछे चलने को कहा। रानपाल्या और उसके साथी बादशाह डाकू के भेजे पथप्रदर्शक के पीछे चलते जा रहे थे। रास्ता अब कुछ कठिन होता जा रहा था। पगडंडी पर चलते हुए झाड़ियाँ दूर करते हुए उसने अपनी दाईं ओर देखा। गहरी खाई देखकर वह कुछ डर गया। वह सोच रहा था कि इस संकरी पगडंडी पर चलते हुए अगर उसका पाँव कभी फिसल गया तब वह सीधी बड़ी नीची खाई में जा गिरेगा और उसकी एक भी हड्डी सही सलामत न रहेगी। निबिड़ अरण्य में धना अँधेरा छाने लग गया था कि इतने में उनकी आँखों पर बैटरी का उजाला पड़ने लगा जिससे उनकी आँखें चौंधिया गईं। वे सब ठिठककर खड़े हो गए। टॉर्च का उजाला बन्द कर दिया गया। कुछ ही क्षणों में उन सबकी नजरों को अँधेरे की आदत पड़ गई और तब उन्होंने देखा कि वे अब एक बड़ी सी गुफा के सामने खड़े हैं। उस अँधेरी कोठरी गुफा में पन्द्रह-बीस जनों की टोली शान्तिपूर्वक किसी बात पर चर्चा कर रही थी। फुसफुसाहट उनके कानों तक पहुँच रही थी। बादशाह जान चुका था कि सांकेतिक पारधी भाषा में बोलनेवाले लड़के उसकी टोली में शामिल होने पहुँच रहे हैं। बादशाह ने निकट जलती हुई मशाल अपने हाथ में उठा ली और आंगतुकों को पास बुला लिया। मशाल के उजाले में उन्होंने बादशाह का चेहरा देखा। बड़ी गुच्छेदार घनी मूँछें—काला साँवला रंग, गठीला बदन, लाल आँखें, करारी तीखी डरावनी नजर उसे देखकर किसी के भी मन में डर पैदा हो जाए ऐसा व्यक्तित्व। रानपाल्या और उसके साथी बादशाह को देखकर डर से गए थे।

रानपाल्या धीरे से फुसफुसाया, "क्या भयानक खतरनाक आदमी दिखता है।"

बादशाह ने अपने हाथ से ही उन सबको बैठ जाने का संकेत किया, अपने पास बुलाकर उन सबकी पूछताछ की, बातचीत के दौरान बादशाह समझ गया कि आए हुए लड़के उसके काम के हैं।

रानपाल्या सोच रहा था कि 'ये अपने लोग सब इनसान ही हैं पर परिस्थिति ने इन्हें और हम सबको कहाँ से कहाँ लाकर पटक दिया है। तकदीर के मारे हम

सब इस निबिड़ अरण्य में गिरी कन्दराओं में रहने पर बाध्य हो गए हैं—घर-बार लुट जाने पर—चोरी डाके डालकर जीवन-यापन करने पर मजबूर हो गए हैं। यहाँ तक पहुँचना कितना खतरनाक था। यहाँ से पन्द्रह-बीस कोसों तक कुत्ता भी नहीं फटकता होगा। इतना यहाँ का जंगल घना है। ऐसी जगह से बादशाह अपने साथियों के साथ बैठकर चोरी-डाके की योजना बनाता है।' रानपाल्या को यह सब सोचकर बहुत अचरज हो रहा था।

बादशाह के आदमियों ने एक बड़ा-सा जंगली सूअर पकड़ा था। उसके गोश्त को वे सब बड़े चाव से पका रहे थे। कुछ मांस के टुकड़े भूने जा रहे थे। जिसकी खुशबू चारों ओर फैल रही थी। पहाड़ पर सब्जी रोटी बनानेवाले भी लोग थे। बादशाह पारधी ने नवागत छोकरों को खाना खाने बैठने का इशारा किया और कहा—"तुम लोग आज हमारे मेहमान हो। बड़ी दूर से चलकर तुम सब यहाँ आए हो। इस पहाड़ पर सारे अपने ही लोग रहते हैं। यहाँ कोई और फटकता भी नहीं है। तुम अब बादशाह पारधी के आश्रय में हो। शान्ति से खाना खाओ, डर की कोई बात नहीं। सब अपने ही हैं यहाँ।"

'मांजर सुभ्या' के पहाड़ पर भरपेट खाना खाने के बाद रानपाल्या और साथी डकार देते हुए बादशाह पारधी के पास आ खड़े हुए। बादशाह ने सबको अपने पास बैठने को कहा और उनसे उनकी सारी हकीकत पूछी। पूरा हाल जानने के बाद बादशाह बोल उठा, "पारधी समाज के लोगों को, उनकी औरतों-बच्चों को भी पुलिस नहीं छोड़ती—उन पर बहुत जुल्म करती है। अत्याचार ही उनके नसीब में लिखा गया लगता है। उसमें तुम क्या कर सकते हो? इस का एक ही इलाज है। अगर वे लोग 'एक सेर' हैं तब हम लोगों को 'सवा सेर' बनना पड़ेगा। उनसे ज्यादा ताकतवर बनना पड़ेगा। तब ही लोग तुम्हें सलाम करेंगे। यह याद रखो, तुम लोग मेरी टोली में शामिल हो रहे हो। अब तुम पर अन्याय नहीं होगा। पुलिस की जात कुत्ते की जात होती है। फेंके हुए टुकड़ों पर पलनेवाली। जो कोई ज्यादा टुकड़े फेंकेगा, अच्छा खिलाएगा उसे वे कुत्ते मालिक मानकर उसके आगे—पीछे, दुम हिलाकर फिरने लगेंगे। वैसी ही जात पुलिसवालों की है जो उन्हें ज्यादा पैसा देगा, ज्यादा हफ्ता देगा उसी को सलाम करेंगे, उसकी तरफदारी करेंगे। कमजोर लोगों की बलि दे देंगे। इतने बड़े चीनी-शराब के कारखाने के मालिक से क्या तुम टक्कर ले सकते हो? फिर भी कभी उसी पतंगराव और घाडगे पाटिल की हम खासी खबर लेंगे जरूर, चलो अब तुम लोग हमारी टोली के संग मिलकर काम करो।"

रानपाल्या और उसके साथी इस बात से खुश थे कि बादशाह पारधी ने उन्हें अपनी टोली में शामिल कर लिया है। उनके चेहरों पर खुशी भी छलक रही थी।

एक दिन बादशाह पारधी ने अपने टोली के सब लोगों को मांजर सुभ्या के पहाड़ पर सांकेतिक स्थल पर आने को कहा। सबके इकट्ठा होने पर अपनी उँगली से

मिट्टी की जमीन पर एक नक्शा बनाया। नक्शे पर कुछ जगहों के निशान भी बना डाले। और उसने बोलना शुरू किया–"यहाँ शोलापुर से चलने के बाद यह इधर से सांगली कोल्हापुर जानेवाला रास्ता आता है। उधर से दूसरे राज्य की सीमा शुरू हो जाती है। यह अगली सीमा कर्नाटक राज्य की है। इस रास्ते पर थोड़ा आगे निकल जाने पर निपाणी गाँव आता है। इस गाँव में बहुत मालदार, अमीर लोग रहते हैं। यहाँ के जमींदारों के पास अनगिनत पैसा है। उस गाँव से थोड़ी ही दूर ऐडागोंडा पाटिल की पुरानी गढ़ी जैसा बाड़ा है। यहाँ उनके पुरखों की सम्पत्ति गाड़ कर रखी हुई है। यह पाटिल आसपास के पाँच-पचास के गाँव में साहूकारी का धन्धा करता है। जरूरतमंद और गरीबों का पैसा और जेवरात हड़पता रहता है। अनेकों किसानों के खेत भी इसके पास गिरवी पड़े हुए हैं। ऐडागोंडा पाटिल भी हजारों एकड़ की जमीन आसपास के गाँव में फैली हुई है। इस साहूकार ने लोगों को बहुत तंग किया है। उन्हें तंग करके ही उसने सारा धन कमाया है। मेरे खबरी से मुझे यह सारी जानकारी मिली है। मैंने भी खबर की ठीक से पड़ताल की है।

"अब पाँच-दस लोगों के हाथों में 'खटके' (बन्दूकें) और कुछ घोड़ों को लेकर हमारे आदमी निपाणी गाँव के आसपास के जंगल में जा छुपेंगे। वह जगह तुम लोगों को दिखा दी जाएगी जहाँ तुम लोग जा रुकोगे। इस आनेवाली अमावस की रात को डाका डाला जाएगा। हमारे सामने एक अड़चन है–महाराष्ट्र और कर्नाटक की उस सीमा पर पुलिस कड़ी और सख्ती से पूछताछ करती है। हमें इस सीमा को पार करना है। वह कैसे किया जाए इसी पर अब हमें सोच-विचार करना होगा।"

बादशाह ने सब पारधियों को बहुत बारीकी से डाके की योजना बताई। डाके के बाद क्या और कैसे काम किया जाएगा इसकी भी जानकारी उन्हें दे दी गई। "महाराष्ट्र की सीमा से कर्नाटक की सीमा कैसे पार करनी है उसका ब्यौरा उसी समय तुम्हें दे दूँगा। निपाणी-बेलगाम में डाका डालना होगा, यह काम मामूली और आसान नहीं है। इन सब जगहों पर बादशाह के खबरी फैले हुए हैं। वहाँ की हर बात वे आकर हमें बता देते हैं।" बादशाह कहता जा रहा था।

रहिमान्या बड़ी श्रद्धा से बादशाह को देखता रहा। बाद में वह अपने दोस्तों से बोला–"अपने लोग बादशाह के बारे में जो कुछ कहते हैं वह बिलकुल सही है। वे कहते हैं कि यह बादशाह बाघ का जबड़ा खोलकर उसके दाँत गिन सकता है...हम इस डाके के काम में सबसे आगे रहकर बादशाह का काम कर उसका विश्वास हासिल करेंगे।" इस प्रकार से बातें करते हुए उन सबको नींद ने कब घेर लिया इसका उन्हें पता ही न चला।

अमावस्या का दिन आ गया। टोली के पन्द्रह-बीस पारधी परम्परागत तरीके से कमर में लँगोटी, सिर पर रूमाल, बदन पर तेल और कालिख मलकर कन्धे पर गमछा डालकर, मांजर सुभ्या की घाटियों से गुजरते हुए नियोजित स्थान पर जा रुके और

बादशाह के आदेश का इन्तजार करने लगे। पहाड़ी की चोटी पर बैठा उनका एक आदमी चारों ओर नजर रखे हुए था। बड़ी दूर से उसने देखा कि एक लाल बत्ती की गाड़ी बड़ी तेजी से मांजर सूभ्या की पहाड़ी से शोलापुर की तरफ जा रही थी। उस आदमी का इशारा पाते ही बादशाह पारधी ने पाँच-पचास बड़े-बड़े पत्थर रास्ते के बीच में जमा करके रख दिए पत्थर इस प्रकार से रख दिये कि वहाँ से गाड़ी आगे न जा सके। वे लोग पुनः एक तरफ जाकर छिप गए। थोड़ी ही देर में पुलिस की एक जीप जो गश्त लगाने जा रही थी वहाँ बड़े कर्कश ब्रेक लगाते हुए रुक गई। थानेदार गुस्से से बड़बड़ाता हुआ गाड़ी से नीचे उतर आया, ''अरे देखो तो, ये इतने सारे पत्थर रास्ते पर किसने डाल रखे हैं, पत्थर रखकर उस हरामजादे का लूटने का इरादा तो नहीं है...हटाओ इन्हें...।'' वह इधर-उधर देखने लगा।

इतने में छिपे हुए लोगों ने बड़बड़ाते हुए थानेदार को पकड़कर अपने कब्जे में ले लिया। ऐसे लगा मानो किसी चीते ने बकरी या हिरन को जकड़ लिया हो। अन्य पुलिसकर्मियों भी जकड़कर पकड़ लिया गया। बादशाह पारधी उससे बोला–''सुनो अगर तुम लोगों को अपनी जान प्यारी है तो चुपचाप पीछे चले आओ, हम तुम्हें नहीं मारेंगे।''

पुलिस ड्राइवर को जीप अँधेरे कोने में ले जाकर खड़ा करने को कहा गया। जिससे किसी भी आने-जानेवालों को पता न लगे कि वहाँ क्या हुआ। बादशाह पुलिसवालों को, चार कान्स्टेबल, एक थानेदार और ड्राइवर को लेकर पहाड़ी की एक निचली घाटी की गुफा में चला गया। सबके हाथ पैर और मुँह पर पट्टियाँ बाँधकर उस हालत में उन्हें छोड़ दिया गया। बादशाह ने उन सबको तीखे स्वर में कहा– ''साहब हम आपके दुश्मन नहीं हैं, मैं तुम्हारे इलाके में चोरी डाके नहीं डालता, मैं कहीं दूर जाकर उन लोगों के यहाँ डाके डालता हूँ जो लोग उन्मत होकर गरीबों को निर्दयता से लूटकर अपनी जेबें गरम करते हैं। आज की रात आपको इधर ही गुजारनी पड़ेगी, हाँ मैं आपके ड्राइवर और जीप को ले जा रहा हूँ। मैं अभी गया और अभी आया। आप लोग यहाँ से भागने की कोशिश न करें या चिल्लाने की कोशिश भी न करें। ऐसा करने पर आप अपनी जान खो देंगे। मेरे यहाँ के लोग तुम लोगों पर गोली चलाने से चूकेंगे नहीं।''–इतना कहते हुए निगरानी के लिए पाँच-छह लोगों को पीछे छोड़कर अपने साथ दस-पन्द्रह तगड़े जवान पारधी लड़कों को साथ लेकर पुलिस जीप में बैठ बादशाह चलता बना। ड्राइवर से कहा गया कि वह जीप सोलापुर सांगली मार्ग से जाते हुए निपाणी की ओर दौड़ाए। जीप पर लगी लाल बत्ती अब तक बन्द रखी गई थी परन्तु महाराष्ट्र राज्य की सीमा पर उस लालबत्ती को चालू करने को कहा गया। राज्य सीमा पर पुलिस की लालबत्ती वाली गाड़ी को देखकर बिना रोक-टोक के जीप को सीमा पार जाने दिया गया। थोड़ी ही देर में जीप अँधेरी रात में साढ़े बारह बजे के करीब पूर्व नियोजित स्थान पर ऐडागोंडा पाटिल के गाँव

जा पहुँची। जीप को अँधेरी जगह एक कोने में खड़ा कर दिया गया। जीप ड्राइवर के हाथ-पाँव को स्टीयरिंग व्हील से बहुत जोर से जकड़ कर बाँध दिया गया। मुँह पर कपड़ा बाँधकर मुँह बन्द कर दिया गया। और दो पारधियों का पहरा उस पर बिठा दिया। डाके डालने में निपुण लड़के आँख झपकते ही उस ऊँची गढ़ी जैसे बाड़े की दीवार पर चढ़ते गए। वे ऐसे लग रहे थे मानो कोई छिपकलियाँ दीवार पर चढ़ रही हो। बाड़े पर 'कुई-कुई' की आवाज आते ही उस आवाज को पत्थर मारकर बन्द कर दिया गया।

सोते हुए ऐडागोंडा पाटिल के कमरे में जाकर बादशाह ने पाटिल को झटके से उठाते हुए कहा–"चुपचाप अपनी तिजोरियों की चाबियाँ हमारे हवाले कर दो। वरना एक ही झटके से तुम अपनी जान गँवा दोगे।" रुपयों के दम पर लोगों पर रौब दिखानेवाला पाटिल, बादशाह के कन्धे पर की बन्दूक देखकर थर-थर काँपने लगा–उसकी मूँछें और तीखी लाल-लाल आँखें, बदन पर कालिख और तेल लगे होने के कारण बादशाह और भी डरावना लग रहा था। अपनी जान के डर से पाटिल वैसे करता गया जैसे उसे कहा गया। चाबियों के गुच्छे से तिजोरियों के ताले फटाफट खोल दिए गए और उसमें रखे सारे के सारे जेवरात, रुपए–रुपयों के गट्ठे के गट्ठे, हीरे-मोती, माणिक और बहुत कुछ सारा का सारा माल बादशाह ने अपने साथ लाए हुए थैलों में भर लिया।

यह काम घंटा भर चलता रहा। पाँच पारधियों के सिरों पर खजाने का भार लादा गया। उसका वजन इतना अधिक था कि उन लड़कों के पैर कई बार डगमगा रहे थे। बादशाह हाथ लगे माल से बहुत खुश था। मुस्कुराते हुए वह अपनी मूँछों पर ताव दे रहा था। डाका पूरा करने पर बाड़े के सब बच्चों और स्त्रियों को जिन्हें कमरों में बन्द कर रखा था उन्हें धमकाया गया और उस कमरे को बाहर से बन्द कर दिया। बादशाह का इशारा पाते ही सब लड़के डाके के माल समेत जीप में जाकर बैठ गए। ड्राइवर के बँधे हाथ पैर मुँह खोलकर गाड़ी को चालू करने का उसे आदेश दिया गया। क्षणार्ध में वायुवेग से जीपगाड़ी सांगली शोलापुर के रास्ते पर दौड़ रही थी।

ऐडागोंडा पाटिल के घर में शोर मच गया। औरतों, बच्चों के रोने चिल्लाने की आवाजों से निपाणी गाँव जग गया। देखते ही देखते खबर फैल गई कि ऐडागोंडा पाटिल के घर पर डाका पड़ा है। बहुत बड़ा डाका है...सब कुछ लूटकर ले गए हैं। डाके की खबर आसपास के गाँवों में पहुँचने में देर न लगी। जगह-जगह पर वह एक चर्चा का विषय बन गया।

उधर डाके में मिला अनगिनत खजाना देखकर बादशाह पारधी फूला न समा रहा था। सबके चेहरों पर खुशी झलक रही थी। सवेरा होने से कुछ देर पहले पुलिस जीप में बैठे बादशाह और साथी मांजर सुभ्या की घाटी में पहुँच गए। बँधे हुए बन्दी पुलिसवालों को खोलकर रिहा कर दिया गया। एक गठरी के करीब किलो दो किलो

सोना भरा हुआ था–उस गठरी को थानेदार के हाथों में रखते हुए बादशाह पारधी बोला–''साहब तुम और हम आखिर इनसान ही हैं–आपके भी बाल-बच्चे हैं–जरूरते हैं–अपने माँ-बाप और परिवार को–सँभालने के लिए आप नौकरी करते हो–वह आपकी जिम्मेदारी है। हम भी आपके जैसे ही–उन्हीं कारणों से अपना काम करते हैं–दोनों की काम करने की जगह भी एक ही है। बादशाह कभी किसी से कोई भी काम मुफ्त में नहीं कराता है–न ही वह किसी की मेहरबानी लेता है–उसक वह वापस लौटा देता है अगर उसने किसी से काम लिया हो तो...। तुम लोग हमारे काम आए हो–इसलिए यह धनराशी–आपका हिस्सा है। तुम्हारी गाड़ी मिलने के कारण आज हमारा काम बहुत सहजता से हो गया है–दूसरे प्रान्त में आकर हमने डाका डाला है इसलिए तुम लोगों को कोई भी परेशानी नहीं होगी। आप लोग अपनी ड्यूटी खत्म कर के वापस लौट रहे हो यही सोचकर तुम अपने घरों को लौट जाओ–कल घटी घटना की कहीं भी और किसी से भी बात न करना–उसी में तुम सबकी भलाई है–अगर तुम में से किसी ने कोई भी गड़बड़ की–तब याद रखना–मैं तुम्हें ठिकाने लगा दूँगा–मेरी कही यह बात अपनी गाँठ में बाँध लो।''

पुलिस ड्राइवर के काम से खुश होकर बादशाह ने उसकी चारों जेबें सोने, पैसों से भरकर उससे कहा–''तुमने बहुत अच्छा काम किया हमारे लिए–ऐसी ही मेहरनजर हमारे पर रखना।'' बादशाह ने दिये हुए खजाने से पुलिसवाले मन-ही-मन प्रसन्न थे...। बादशाह और साथियों के निकल जाने के बाद–वे अपनी जीप में बैठ कर अपनी राह चलते बने।

थानेदार ने अपने साथियों से कहा–''इस डाके की तोहमत हम पर नहीं आएगी–यह मुझे मालूम है–यह धन हम आपस में बाँट लेते हैं–इसके बाद–तेरी भी चुप और मेरी भी चुप–बन्द मुट्ठी सवा लाख के बराबर होती है–ऐसी मराठी में कहावत है–जानते हो ना?–चुप्पी साध लेने में ही समझदारी है–समझे तुम लोग''–ऐसे कहते हुए–अपना-अपना हिस्सा लेकर वे सब अपने घरों को लौट गए।

मांजर सुभ्या के जंगल में पहुँचते ही बादशाह ने डाके में मिला सारा माल जमीन पर फैला दिया। सबके लिए बराबर के हिस्से बनाए गए। उनके जो साथी जेल में बन्द थे, उनका हिस्सा भी अलग निकाल कर रख दिया गया। रानपाल्या और उसके साथियों के हिस्से में काफी सारा धन आ गया था–अपनी खोई हुई जमीन, जलता हुआ घर, थके-हारे बूढ़े माँ-बाप, पत्नी–इन सबकी ठीक प्रकार से देखभाल उसे करनी थी। बादशाह पारधी ने बचाकर रखे हुए धन के बड़े हिस्से को पहाड़ी की एक गुफा के अन्दरुनी कोने में, जमीन में गाड़कर छिपा दिया। इस प्रकार से छिपाकर रखा हुआ धन उस समय सबके काम आता था जब उन्हें कोई काम न मिलता था। बुरे दिनों में काम आनेवाली यह पूँजी थी। बादशाह की दूरदर्शिता के कारण उसकी टोली के लोगों पर भूखों मरने की नौबत कभी नहीं आती थी। बहुत बड़ी कमाई होने से

बादशाह बड़ा खुश था। उसने तय कर लिया था कि इस बार जालना गाँव में कोडियारा देवी का उत्सव वह सब पारधियों को एकत्रित करके, बड़े ठाठ से 'आनन्दोत्सव' की तरह मनाएगा। अपने-अपने हिस्से में आया धन लेकर बादशाह और साथी अपने घरों को लौट गए।

रानपाल्या, तीरमान्या, रहिमान्या, काडतुस्या पहली बार बादशाह के साथ काम करने गए थे। इतने बड़े हुए फायदे से वे सब खुश थे। सुबह की लाली फैलने से कुछ पहले ही वे सब घर पहुँच गए थे। जंगल में ठंड, बारिश से बचने के लिए पारधियों ने अस्थायी रूप से कपड़ों के 'पाल' लगा लिए थे। वहाँ बैठे उन लड़कों के माँ-बाप चिन्ता से व्याकुल हो रहे थे और अपने बच्चों को सही-सलामत लौटते देखकर, उन सबके चेहरों पर खुशी झलक गई। पूरी बस्ती जगी हुई थी। उन सब में खुशी की लहर दौड़ गई। बिरडीस, जलन और बकरी की जान में जान आई। जब उन्होंने अपने बेटे को आते देखा...बिरडीस ने अपने बेटे को गले से लगाते हुए कहा—"बेटा कितने दिनों से हमारी नजरें तुम्हें देखने के लिए बेकरार थीं। इतने दिनों से तुमने कोई खबर न भेजी। हमें चिन्ता होने लगी थी।"

रानपाल्या ने कहा—"बाबा अब अपनी पारधी बस्ती में भूखे पेट कोई नहीं सोएगा, हम अब बादशाह पारधी की टोली में शामिल हो गए हैं। जिस पतंगराव ने हमें रास्ते पर लाकर रख दिया उसका हम एक न एक दिन बदला जरूर लेंगे, ऐसा न कर पाया तो मैं अपना नाम बदल दूँगा। अब मैं केवल नाम के लिए ही पारधी नहीं हूँ...! बदला मैं जरूर ले लूँगा।"

अपने हिस्से में आई सोने-चाँदी व रुपयों की ढेरी उसने अपनी माँ के सामने उलटा दी। माँ-बाप उसमें से दिखनेवाले हीरे-माणिक-पन्ने और सोने के गहनों को देखकर आश्चर्यचकित हो गए। पाल की आड़ से यह सब कुछ देख रही बकरी अपने पति के शौर्य और हिम्मत से चकित और मुग्ध हो गई। उसके मने में अपने पति के प्रति प्यार उमड़ पड़ा। बहुत दिनों बाद उसका पति घर लौटा था, उसे नहीं मालूम था कि वह घर में कितने दिन रहेगा, कब पुनः अपने दौरे पर जाएगा इसकी अटकलें वह लगाने लगी। पति के सहवास की आस से उसके बदन पर सिहरन उठ गई थी।

हरिणी का बेटा बन्दुक्या, मंगली का बेटा काडतुस्या ने अपने पालों में जाकर अपनी माताओं के सामने अपना हिस्सा डालते हुए कहा—"पुलिस के छापा डालने पर उन्हें हमारे पालों से कुछ भी नहीं मिलना चाहिए। इस बात का ध्यान रखना होगा इसलिए इसे आप लोगों को ऐसी जगह जाकर जमीन में दबा देना होगा जहाँ पर उन्हें कोई शक ना हो, जरूरत पड़ने पर उस धन को आप थोड़ा-थोड़ा करके निकाल सकेगीं।"

जलन ने अपनी बस्ती से दूर जाकर बेटे के लाए हुए जेवरातों को गहरे गड्ढे में दबाकर निशानी के तौर पर वहाँ दो-तीन बड़े से पत्थर रख दिए। अपनी मुट्ठी

में समा जाएँ इतने ही थोड़े गहने उसने अपनी साड़ी के पल्लू में बाँध दिए। विकट स्थिति से गुजरनेवाले पारधियों के मन अब सुख से भर गए थे। बच्चों की अच्छी कमाई से उन्हें चैन मिला था।

दूसरे दिन तड़के ही जलन सेठ साहूकार बाबू के घर पर पहुँच गई थी। बाड़े के सामने खड़े होकर उसने उसे बाहर आने का इशारा किया। इससे पहले भी खेतीबाड़ी खरीदते समय बिरडीस ने लूट का खजाना इस बाबू सेठ को बेचा था और उससे मिले रुपयों से खरीददारी की थी। बाबूलाल सेठ भी बड़ी सावधानी से चुपचाप यह व्यवहार पूरा किया करता था क्योंकि अकसर जलनबाई ही उसके पास आया करती थी। जलनबाई के बुलाने पर वह बड़ी सावधानी से चारों ओर नजर दौड़ाते हुए बाहर आया। एक ही नजर में वह जान गया था कि जलनबाई के आसपास कोई अजनबी या पुलिसवाला नहीं था। बाबूलाल ने जलन को घर के पिछवाड़े में आ जाने का इशारा किया।

वहाँ पहुँचते ही जलनबाई ने धीरे से कहा "देखो मुझे पहले जल्दी से जवार, दाल और नमक दे दो। ये देने के बाद जो कुछ भी पैसा दे सकते हो उसे दे दो। ये जेवर लो, परखकर मुझे पैसा दे डालो।" जलन ने अपने पल्लू में बँधे हुए पीले चमकते हुए सोने के जेवर को निकालकर बाबूलाल सेठ के सामने रख दिया। जेवर देखकर बाबूलाल ने कहा—"देखो जलन, तुम लोगों का यह चोरी का सामान मेरे सिवाय और कोई नहीं लेता है पर मैं तुमसे बिना लिखा पढ़ी और रसीद के इसे लेता हूँ, मगर तुम इस बात को अपनी जबान पर कभी मत लाना, नहीं तो पुलिसवाले तुम्हारे साथ मुझे भी मिट्टी में मिला देंगे।"

जलन ने कहा—"मालिक हम क्यों किसी से कुछ कहने लगे? तुम ही एक ऐसे इनसान हो जो हमारे से छोटी-मोटी चीज लेकर दो-चार पायली (सेर) जवार, दालें दे देते हो। तुम्हारा बहुत बड़ा सहारा है हमें, वरना हम लोगों से पीतल का भांडा लेकर कोई हमें मिट्टी की हांडी भी नहीं देता। ऐसा होते हुए फिर हमसे हमारा सोना कौन लेगा? तुम्हारे सिवाय हमारा सोना और कौन लेगा भला? हमें सोने के भाव का कुछ पता नहीं होता। तुम जो भी देते हो बदले में उसे हम चुपचाप ले लेते हैं और चले जाते हैं।"

जलन के दिए हुए पीले असली डेढ़-दो छटाँक सोने के जेवर के बदले में बाबू लाल सेठ ने पाँच सेर जवारी, दो सेर मूँग की दाल, एक किलो मिरची और ऊपर पचास रुपए जलन के हाथ में पकड़ा दिए। जलन ने वे सब चीजें अपने थैले में समेट लीं और अपनी बस्ती की ओर चल दी। उस सब अनाज को जलन ने अन्य घरों में भी बाँट दिया। बहुत दिनों बाद उस दिन पारधी बस्ती के हर घर में चूल्हा जला था। दाल-रोटी सारे लोग बड़े चाव से खा रहे थे। दूसरे ही दिन रानपाल्या, तीरमान्या, बन्दुक्या और काडतुस्या जालना में होनेवाले बादशाह पारधी द्वारा

आयोजित कोडियारा देवी के आनन्दोत्सव में हिस्सा लेने जानेवाले थे।

पेटभर भोजन करने के बाद शाम को सब सुस्ता गए थे, जम्हाइयाँ लेने लग गए थे। रानपाल्या के इन्तजार में उसकी पत्नी बकरी अपने पाल में गुदड़ी बिछाकर उस पर लेटी हुई थी। पास रखे हुए पत्थर पर तेल के दीये की बाती हवा के झोंके से फड़फड़ा रही थी। वैसे ही बकरी के अन्तरंग में भी अपने पति के प्रति प्यार की लौ जगकर फड़फड़ाने लग गई थी। पारधी बस्ती में सन्नाटा छा रहा था। सारे निद्राधीन होते जा रहे थे। ऐसे समय जैसे साँप के बिल में नेवला घुस जाता है और अपनी भूख मिटाता है बिलकुल उसी प्रकार रानपाल्या भी अपने पाल में चुपचाप अर्धनिद्रित बकरी के पास आकर लेट गया। पेट की भूख से भी अधिक तीव्र शारीरिक भूख जगी थी रानपाल्या के मन में...। उस रात को नवविवाहित जीव प्यार और उन्माद में एक-दूसरे से लिपटे रहे, प्रेम कूजन करते रहे...।

सवेरा होते ही पारधी बस्ती जग गई। बकरी के चेहरे पर आज कुछ नया तेज था। एक नई चमक थी। उठते ही उसने पति के लिए भगोने में नहाने के लिए पानी गर्म करने रख दिया। रानपाल्या को बादशाह के पास जाने की जल्दी थी। तीन पत्थरों वाले चूल्हे पर बकरी ने झटपट तीन-चार रोटियाँ सेंक दी और साथ में बैगन का भर्ता बना दिया। रानपाल्या नहाकर आने के बाद उसने जर्मन सिलवर की थाली में खाना परोस दिया। खाना खिलाते समय पानी का लोटा देकर बकरी रानपाल्या के सामने बैठ गई। अपने अंगूठे से जमीन कुरेदती हुई, वह बीती हुई रात के मधुर सपनों में खो गई थी। धीरे से कभी वह अपनी कनखियों से अपने पति को निहारती और धीरे से मुस्कुरा देती। रानपाल्या भी अपनी पत्नी को देखकर मुस्कुराता जा रहा था। भोजन समाप्त करते ही रानपाल्या ने आवाज देकर अपने साथियों से कहा कि वे सब प्रस्थान करने के लिए तैयार रहे।

रानपाल्या को चलते देखकर बिरडीस ने उसे पास बुलाकर कहा—"बेटा जाओ अपने काम पर, हाँ और सबको सँभालकर राजी खुशी लौटो। मैं पुलिस की मार खा-खाकर अधमरा हो गया हूँ। पंगु हो गया हूँ। मेरी पसलियाँ टूटने के कारण मैं अब ठीक से चल भी नहीं पाता हूँ। हमारा घर और पारधी बस्ती अब तुम पर निर्भर है। तुम्हें ही अब हम सबकी देखभाल करनी होगी...।"

रानपाल्या ने बहुत प्यार से अपने पिता से कहा—"अब तुम बिलकुल चिन्ता न करो, जब तक बादशाह पारधी का बर्ताव हमारे साथ अच्छा रहेगा तब तक हम उसकी टोली में बने रहेंगे। वरना हम अपनी टोली अलग से बना लेंगे। रहिमान्या और तारक्या भी अब मेरे साथ है। डाका डालने के सब तौर-तरीके हम अब सीख ही रहे हैं। कमी कुछ है तो वह है कुछ दो-चार आवाज करनेवाली लकड़ियों की, (बन्दूकों की) बस वे हमारे हाथ लगते ही हम अपनी स्वतंत्र टोली बना लेंगे।"

9

अपनी बस्ती से निकलते ही मुख्य रास्ते पर उन्हें माल ले जानेवाला ट्रक मिल गया। जिसमें सवार होकर वे बादशाह पारधी से मिलने निकल पड़े थे। जालना गाँव से थोड़ी ही दूर रेलवे की पटरियों के पास, एक खुले मैदान में पारधियों के पाल दिख रहे थे। बादशाह पारधी के लोगों के पन्द्रह-बीस घर पत्थर-गारे से बने हुए थे। बस्ती पर आते हुए ये नवागत लोग ढोकी गाँव से आए हुए बावनं (मेहमान) दिखते हैं। यह बात बादशाह पारधी के लोग समझ गए। बस्ती के पास आते ही वहाँ के कुत्तों ने भौंककर उनका स्वागत किया। जालना से दूर बसी पारधियों की बस्ती में आने का साहस कोई बाहरवाला न करता था। बादशाह पारधी खतरनाक होने की दहशत वहाँ के गाँववालों में थी। वह कब आता-जाता था इसका पता कभी किसी को नहीं होता था। कोडियारा देवी के मेले और आनन्दोत्सव के कारण बादशाह पारधी अपने घर में कदम रख रहा था। पारधी बस्ती के पास की अमराई में हर तीसरे साल कोडियारा देवी का मेला लगकर पूजा होती थी—बादशाह के कहने और आमंत्रण पर बड़ी दूर-दूर से पारधी औरतें, बच्चे, जवान मेले में सहभागी होने आते हैं। लोगों के इकट्ठे होने पर उन सबके खान-पान का जिम्मा—नाच-गाना पारधी समाज करता था—अर्थात् खर्चे का बड़ा हिस्सा बादशाह पारधी उठाता था। उसी समय—घरेलू झगड़े, बाद-विवादों को वहाँ निपटाया जाता था। जात-पंचायत बिठा कर विवादों को छुड़ाया जाता था। यह सब कुछ उस आमराई में कोड़ियारा देवी के मेले में हो जाता था।

इस मेले की तैयारी के में बादशाह पारधी और उसके साथी जुट गए थे। कोड़ियारा देवी के समक्ष बली चढ़ाने के लिए तीन-चार भैंसे, दस-ग्यारह बकरियाँ, पन्द्रह-बीस बोरी चावल और गेहूँ का आटा मंगवाया गया था। कोडियारा देवी के काम से निकालकर रखा गया, डाके की लूट का हिस्सा जो खास इसी समय के लिए रखा गया था—उसी धन को उपयोग में लाया गया। 'सागुनी' (मांस) और रोटी का भर पेट भोजन सारे कोडियारा देवी के भक्तों को दिया जाता था। हातोड़ी—घनसांगवी, परभणी, सिली, मानवत, गेवराई जैसे दूर-दूर के ठिकानों से फाँसे पारधी, भील पारधी, लँगोट पारधी रान पारधी, हरिण पारधी और अन्य जातभाई 'चीलों' जैसे इकट्ठे होकर अपना पर्व मनाते थे। मानव सभ्यता से दूर-दराज में एकत्रित हुए पारधियों की आवाज से पूरी अमराई और आसपास का परिसर गूँज उठता था। बादशाह पारधी स्वयं कोडियारा देवी का भक्त होने के कारण पहला बलि देने का सम्मान उसे ही मिला था। पहला भैंसा बली चढ़ने के पश्चात्—कोडियारा देवी के मेले का शुभारम्भ हो जाता था। अपनी मन्नत पूरी करने के लिए एक के बाद एक बकरों के धड़ उनकी मुँडियों से अलग होकर गिरने लगे। एक के बाद एक बलि चढ़ने लगे।

बादशाह पारधी द्वारा लाया हुआ बलि का भैंसा—एक तगड़ा जानवर था। उसे

खिला-पिलाकर मोटा-तगड़ा किया गया था। उसके चारों पैर पकड़कर उसे चित कर जमीन पर लिटाकर उसकी गर्दन पर तेज धारदार छुरी भोंक दी गई। ऐसा करते ही उसकी गर्दन से खून का फव्वारा फूट पड़ा। उस खून को पीने के लिए–पास खड़े लोगों में एक होड़ लग गई। हर कोई कोडियारा देवी को प्रसन्न करने का गीत गा जा रहा था और गर्म चावल के साथ गर्म रक्त पीने में मग्न था। हर एक का मुँह रक्त से सना हुआ था, ऐसा लग रहा था मानो ये सारे बाघ शिकार मारकर लौटे हों! सबके मुँह लाल-लाल थे। अजीब-सा दृश्य लग रहा था। खाना-पीना नाच-गाना चलता ही रहा।

पहले दिन भैसों और बकरों का मांस बड़ी-बड़ी हांडियों में पकता रहा और लोग जी-भरकर खाते रहे। दूसरे दिन जात पंचायत बैठने का दिन था। पहले दिन के खाए-पिए की मस्ती अब भी सबके चेहरों पर दिख रही थी। परम्परागत चलते आए उनके अपने कायदे और कानूनों के आधार पर जात पंचायत को फैसले सुनाने का अधिकार था। बीबी ने छोड़ दिया, किसी ने मान-सम्मान ठीक तरीके से नहीं किया, बिना कारण पुलिस को बतलाकर पकड़वा दिया, इत्यादि... इस प्रकार के झगड़ों को पहले बादशाह पारधी सुलझाया करता था। पंचायत के सामने लाए गए कई विवाद और झगड़े पंचायत भी सुलझा देती थी परन्तु उस दिन दो खास झगड़े पंचायत के समक्ष आए थे जिन्हें बादशाह पारधी को सुलझाना था। पहली तकरार थी 'घनसंघवी' के सावल पारधी की और दूसरी तकरार थी 'मानवत' के बारक्या पारधी की।

पंचायत बैठ गई। प्रमुख था बादशाह पारधी। सावल्या पारधी ने हाथ जोड़कर बोलना शुरू किया "मैं जब जेल में बन्द था तब मेरी बीबी-बच्चे मुझे छोड़कर चले गए। चोरी-छिपे बीबी ने किसी और पारधी से शादी कर ली। अपनी जाति के रिवाज के अनुसार या तो उसके माँ-बाप अपनी बेटी को मेरे पास लाएँ, यदि वे ऐसा न कर सकें तब शादी के समय मैंने दहेज के रूप में जो पैसा उन्हें दिया था उसकी दुगनी रकम मुझे लाकर दे दें। मेरे पैसे लौटाए बगैर उन्होंने अपनी बेटी की शादी किसी और से कर दी। यह उनकी बहुत बड़ी गलती थी। मैं चाहता हूँ कि उस गलती के लिए वे मेरे सामने अपनी नाक रगड़कर माफी माँगे।"

सावल्या पारधी की बीबी 'केवली' सामने बैठी हुई थी। वह उठ खड़ी हुई और बोली–"इसके जेल चले जाने के बाद इसके माँ-बाप ने मुझे घर में रखने और देखभाल करने से इनकार कर दिया। जेल में इसकी सजा बढ़ा दी गई और मेरे भूखों मरने की नौबत आ गई। दहेज में दिया हुआ पैसा जो मेरे बापू ने इसे दिया था उसका उपयोग मैंने इसके बच्चे पालने और खाने पर किया। ऐसा होने पर मैं क्योंकर इसका दहेजवाला पैसा लौटा दूँ?"

दोनों की बात सुनकर बादशाह बोला–"यह गुत्थी तो सुलझानी पड़ेगी। इस जात-पंचायत को यह भी सोचना पड़ेगा कि किस प्रकार तुम दोनों अलग रहकर

अपना गुजर-बसर कर सकोगे।" जात-पंचायत जानती थी कि बादशाह द्वारा लिया निर्णय अन्तिम निर्णय होगा।

अब सब लोगों का ध्यान बादशाह पर लगा हुआ था। कुछ सोचकर बादशाह ने कहा–"सावल्या का कहना ठीक है और केवली का कहना भी गलत नहीं है। अपनी जगह वह भी ठीक बोल रही है। इस का उपाय एक ही नजर आता है। अपनी जाति के रिवाज के अनुसार दहेज का पैसा लौटाकर ही औरत किसी और से शादी कर सकती है। यदि केवली लौटकर अपने बाप के घर चली जाती तब उसके बाप को रुपया लौटाना जरूरी था। पर यहाँ केवली ने दूसरी शादी करके वह किसी और की बीबी बन गई है अतः उसके नए पति को चाहिए कि वह दहेज का पैसा दुगना कर, सावल्या को दे दे, नहीं तो केवली को अपने पहले पति सावल्या के पास लौटकर आना होगा।"

बादशाह पारधी का आदेश मानकर, केवली के दूसरे पति ने दो सौ इक्यावन रुपए सावल्या को–उसके पहले पति को–देने मन्जूर किए। जात-पंचायत के सामने आया पहला सवाल हल हुआ।

दूसरा सवाल उठाया बारक्या पारधी ने। उसने कहना शुरू किया, "कोर्ट ने मुझे सजा सुनाने के बाद जब मुझे जेल जाना था तब मेरे जाने के बाद मेरी जवान पत्नी की देखभाल करनेवाला कोई न था क्योंकि कुछ समय पहले ही मेरे माँ-बाप पुलिस की मारपीट से मर गए थे। वकील को मुझे पैसे देने थे, इस कारण मानवत के तीरकमठया पारधी के पास मैंने मेरी पत्नी को, उससे दो सौ रुपए लेकर, गिरवी रख दिया था, दो साल के लिए...। मेरी सजा काटने के बाद मैं दो सौ रुपए लेकर, मानवत में तीरकमठया पारधी के पास गया और उससे कहा कि यह लो तुम्हारे दो सौ रुपए और मुझे बीबी लौटा दो। मैं यह कह ही रहा था कि मेरी पत्नी एक साल के बच्चे को कमर पर रखे मेरे सामने आकर खड़ी हो गई। तब मैंने तीरकमठया से कहा–"मैंने तुम्हारे पास छडी बीबी गिरवी रखी थी–तुमने इससे यह बच्चा क्यों पैदा करवाया? इस बच्चे को तुम अपने पास रख लो और मेरी छडी बीबी ही मुझे लौटा दो।" इस पर तीरकमठया बोला–"तूने बीबी मेरे पास एक चीज के रूप में गिरवी रखी थी। अतः मैंने उसका उपयोग एक चीज/वस्तु के समान किया है। मैंने अपने पैसे के ब्याज के रूप में यह वसूली की है। ऐसे ही तुम समझ लो। इसमें मेरा कोई दोष नहीं है। पंचों आप ही बताओ इसमें मेरा क्या दोष है?"

"पंचो, जिस तरह मैंने अपनी पत्नी गिरवी रखी थी वैसी ही पत्नी मुझे लौटाने को कहो इससे...।" बारक्या ने शिकायत करते हुए कहा।

पंचायत के सामने यह पेचीदा सवाल रखा गया था। उसका अपना निर्णय सुनाते हुए बादशाह पारधी बोला–"गिरवी रखना बारक्या की एक जरूरत थी, इसलिए उसने अपनी पत्नी को गिरवी रख दिया। लेकिन गिरवी रखी हुई वस्तु को

उपयोग में लाना ठीक नहीं था। इस पर भी तीरकमठया ने उसका उपयोग किया जिसकी वजह से यह बच्चा पैदा हुआ है। इससे कुछ प्रमाण में दोष तीरकमठया पर आता है। गिरवी रखी हुई वस्तु को जिस तरह से लिया गया था उसी प्रकार से उसी हालत में लौटाना पड़ता है। यह बन्धन होता है जिसका पालन तीरकमठया ने नहीं किया है। अतः यह जात पंचायत अपना फैसला सुनाते हुए तीरकमठया को यह सजा देती है कि वह बारक्या की बीबी उसे लौटा दे और मूल धन लौटाते हुए ब्याज के रूप में उस बच्चे का पालन-पोषण का पैसा वह स्वयं खर्च करे। बच्चा छोटा होने के कारण अपनी माँ के पास ही रहे। परन्तु देखभाल में लगनेवाला खर्च तीरकमठया को देना होगा।'' मेले में बादशाह पारधी ने पेचीदा झगड़ों के फैसले अपनी सूझ-बूझ से निबटा दिए।

कोडियारा देवी का मेला समाप्त होने पर अनेक स्थानों से आए हुए पारधी लोग अपनी टोलियों को लेकर लौटने लगे थे। बादशाह पारधी भी खुश लग रहा था कि देवी का मेला बिना किसी झगड़े-बखेड़े के सम्पन्न हुआ था। पुलिसवालों ने भी बीच में दखल देकर कोई अड़चन पैदा न की थी। बादशाह पारधी ने लूट से मिले असली सोने से पाँच किलो वजन की कोडियारा देवी की मूर्ति बनवाई थी, जिसका पूजन उसने उस मेले में बड़े शौक से किया था। उस मूर्ति को एक सुरक्षित स्थान पर ले जाकर रख दिया गया। मूर्ति रखते समय उसने बहुत भावपूर्ण रीति से प्रार्थना करते हुए कहा–''हे कोडियारा देवी, पुलिस और चोरों से तुम अपनी सुन्दर बनी हुई मूर्ति का रक्षण करो। और हमें यह आशीर्वाद दो कि आनेवाले अगले मेले तक तुम्हारी यह मूर्ति यहाँ सुरक्षित बनी रहे। और हम सबका रक्षण करो माँ। उसने यह मूर्ति पारधी बस्ती से दूर, अपने घर लाकर एक सुरक्षित जगह पर छिपाकर रख दी। उसके घर तक या आसपास फटकने की हिम्मत कोई नहीं करता था। पुलिसवाले भी नहीं! इसी कारण उसके आने-जाने का पता किसी को भी नहीं होता था।

बादशाह पारधी ने जिस प्रकार मेले का आयोजन किया और जात पंचायत के झगड़े निबटाए थे उससे रानपाल्या अत्यधिक प्रभावित हुआ था। उसका रौब और उसका तरीका उसे बहुत भा गया था। अब तक उसकी टोली का, रानपाल्या एक महत्त्वपूर्ण और विश्वासी सदस्य बन चुका था। इस कारण वह सदैव बादशाह के साथ रहने-दिखने लगा। मेले के समाप्त होते ही बादशाह अपने साथियों को साथ लेकर एक बार फिर मांजर सुभ्या की घाटियों में आ पहुँचा था। उसकी टोली का दबदबा आन्ध्र और कर्नाटक के कई सूबों तक पहुँच गया था। उसके अनेक खबरी पुलिस में थे। किसी गाँव का साहूकार जब गरीबों को बिना वजह लूटने लगता, परेशान करने लगता था। तब उसकी खबर कोई भी आम आदमी से उसे मिल जाती थी। बादशाह की खासियत यही थी कि वह कभी किसी गरीब को परेशान नहीं करता था। जालना से मराठावाड़ा तक, बीड गाँव के आसपास के अनेक गरीब और

जरूरतमंद किसानों की शादियों में या मुसीबतों में बादशाह ने पैसों से उनकी सहायता की थी। इसी कारण वहाँ के लोग उसे आदरपूर्वक देखते थे। वह उनकी चर्चा का विषय था। अकसर उनके मुख से सुनने में आ जाता–"भाई डाकू कोई हो तो वह बादशाह पारधी जैसा हो जो अमीरों को, दम्भी साहूकारों को लूटकर गरीबों की मदद करता है।" यदि किसी समय बादशाह पारधी भूखा होता तब वह रास्ते से जानेवाली किसी भी औरत के पास रखी सब्जी रोटी माँगकर खा लेता था। उसे अपनी माँ-बहन समझकर रोटी के बदले उन्हें अपने हाथ में से पहना हुआ सोने का दस पाँच तोले का कड़ा निकालकर हाथ जोड़ उन्हें देकर कहता–"तुम मेरी बहन हो। तुमने अपने इस भाई को रोटी खिलाई है, इसलिए इस भाई की तरफ से इस कड़े को स्वीकार कर लो। इस बात की चर्चा किसी से भी न करना। कह देना मेरा भाई मुझे रास्ते में मिल गया था।" कभी-कभी किसी शादी में यदि दहेज के कारण कोई अड़चन आ जाती थी तब बादशाह पारधी वेशभूषा बदलकर मंडप में पहुँच जाता था और दहेज का पैसा देकर अड़चन दूर कर देता। इसी वजह से वहाँ के आसपास के सौ डेढ़ सौ गाँववाले उसे भला माणस या देवमाणुस कहा करते थे उसकी वाह-वाह करते थे। पुलिस ने उसे पकड़वाने के लिए बहु बड़ा इनाम रखने पर भी वहाँ के लोग बादशाह के बारे में पुलिस को कभी कुछ न बताते थे। वे कहा करते थे– "बादशाह डाकू होकर भी एक ईमानदार आदमी है। गरीबों का वह खयाल रखता है। वह बड़ा सहारा है। डाका डालते समय औरतों को मारता-पीटता नहीं है। औरतों को परेशान करना वह गलत समझता है।" बादशाह के ये गुण देखकर रानपाल्या, तीरमान्या, बन्दुक्या अचम्भे में पड़ जाते। अपने समाज में ऐसा भी आदमी हो सकता है इस बात का उन्हें अचरज होता था। रानपाल्या मन-ही-मन सोचता कि वह भी एक दिन बादशाह के टोली जैसी अपनी खुद की एक टोली बनाएगा, वह भी बड़ा डाकू बनेगा, ऐसा बड़ा डाकू बनने पर ही पारधियों पर होनेवाले अत्याचारों पर वह रोक लगा सकेगा। उसे भी बादशाह की तरह हो व्यवहार करना होगा। जिससे गरीबों पर अन्याय और अत्याचार करनेवाले अमीरों और जमींदारों को सीधा कर उन्हें रास्ते पर लाना होगा, इन अन्यायियों की दुर्दशा कर उन्हें कंगाल बना देना होगा...।

कोडियारा देवी के मेले की समाप्ति पर बादशाह ने अपना डेरा मांजर सुभ्या के जंगलों में डाल देने के बाद उसके आदमियों और खबरियों ने तीच-चार जगहों पर डाके डालने का इशारा दे दिया था। खबरों के बलबूतों पर वहाँ डाके डालना बादशाह के लिए एक सहज बात थी। हाथ का मैल था उसके लिए...। अब तक डाले गए डाकों से प्राप्त खजाने को वह मांजर सुभ्या की घाटियों में कुछ गुप्त जगहों पर गाड़ दिया करता था। वे जगहें मानो सोने की खान ही बन गई थीं। इस बात की भनक शायद कुछ लोगों तक पहुँच जाने से वे लोग आते-जाते समय कोशिश करते कि उन्हें कुछ दिखाई दे या मिल जाए, पर ऐसा कभी नहीं हुआ। ऐसे लोग अकसर

बादशाह के लूटमार की अफवाहें फैला देते परन्तु उसका नाम लेने की या पुलिस को बताने की हिम्मत कोई भी न करता था। इसी कारण बादशाह कभी पुलिसवालों के हाथ न लगा था। पुलिस में भी बादशाह के आदमी तैनात होने के कारण जब कभी उसे पकड़वाने की मुहिम शुरू की जाती तब उसकी खबर उसे उसके लोगों से पहले ही मिल जाती और उसके वे ही लोग उसके भागने का रास्ता खुद छोड़ देते। बादशाह पुलिसवालों को बहुत भारी पड़ रहा था। यही कारण था कि उस पूरे इलाके में बादशाह का वर्चस्व कायम था।

ऐसे समय कुछ बड़े राजनीति से जुड़े नेताओं से पुलिसवालों पर दबाव आने लगा कि वे बादशाह को जल्द गिरफ्त में ले लें। वहाँ की सरकार पर भी जोरदार दबाव आना शुरू हो गया। अमीरों और जमींदारों के हित-रक्षणार्थ तेजी से कार्रवाई करने के लिए पुलिस को मजबूर किया जाने लगा। यह सब कुछ देखते हुए, एक दिन औरंगाबाद में अमरसिंह नामक पुलिस महासंचालक की नियुक्ति की गई। बादशाह को जिन्दा या मुर्दा पकड़वाने का आवाहन किया गया। यह सब जानकर बादशाह चौकन्ना हो गया। अपने ठिकाने वह हर रोज बदलने लगा। अब एक रात में वह कई जगह बदलने लगा। वह एक जगह कभी नहीं सोता था। छरछरे बदनवाला, हमेशा अपनी मूँछों पर ताव देकर बात करनेवाला वह एक अच्छा निशानेबाज था। दोनों हाथों से बन्दूकें चलाकर उड़ते हुए पंछियों में से दो पंछियों को एक साथ मार सकता था। ऐसा गठीला निशानेबाज अब कुछ फिक्र में था। वह सोच रहा था कि यदि वह पकड़ा गया या घिर गया तब वह किस प्रकार से अपना बचाव कर भाग निकलेगा। उसके मन में डर पैदा हो गया था। मन सशंक हो गया था...।

आसपास के गाँववाले उससे डरते थे और उसका आदर भी करते थे क्योंकि उनके बुरे समय में उन्हें बादशाह से ही सहायता मिलती थी। उन्हें मालूम था कि अगर उन्होंने बादशाह का नाम लिया तो उनका वह सर्वनाश कर देगा। नव नियुक्त आयुक्त अमरसिंह पर शासकीय दबदबा बहुत अधिक होने के कारण वह हर तरीके का अवलम्ब बादशाह को पकड़ने का प्रयास कर रहा था। अमरसिंह ने अपने खबरिए चारों ओर फैला दिए थे। जो उसे समय-समय पर खबर देते रहते थे। इन पुलिस के खबरियों का पता बादशाह के खबरियों को नहीं था। एक दिन अमरसिंह के कानों तक बात पहुँची कि बादशाह पारधी अपने भाई शंकर पारधी के साथ सीताफल नाम के गाँव में एक सर्राफ के पास अपने पास रखे सोने-चाँदी के जेवरात बेचने के लिए पहुँच रहा है। बस फिर क्या था, उसने उस सर्राफ पर नजर रखनी शुरू कर दी। अपने कुछ आदमी चौकसी के लिए वहाँ छोड़ दिए। एक निश्चित समय पर रात के अँधेरे में बादशाह अपने भाई के साथ जेवर लेकर सर्राफ के घर पहुँच गया। दोनों के घर के अन्दर घुसते ही पुलिसवालों ने घर को घेर लिया और दोनों भाइयों को अपनी शरण में आने को कहा। अगर वे बाहर न निकले तब उन्हें

अपनी कार्रवाई करनी पड़ेगी यह भी बताया गया। अपने को घिरा हुआ पाकर दोनों भाई सारे जेवरात वहीं छोड़कर सर्राफ के घर की छत पर से छलाँग लगाकर भाग निकले। पुलिस उनकी ताक में बैठी हुई थी। उनको भागते देख पुलिस ने दोनों पर गोलाबारी शुरू कर दी और उनका पीछा किया। बादशाह पारधी लम्बी हिरन जैसी छलाँग लगाते हुए भाग जाने में सफल हुआ। शंकर पारधी भागने में असफल रहा और पुलिस की गोलियों से घायल होकर वहीं गिरा पड़ा। देखते ही देखते पुलिस ने उस पर बन्दूकें दागकर, उसके शरीर को छलनी कर दिया। वह उसी क्षण गतप्राण हो गया। पुलिस को लगा कि बादशाह मारा गया है। वे खुश हो रहे थे कि अब उन्हें इनाम मिलेगा परन्तु पास जाकर मृतदेह की जाँच करने पर उन्हें अपनी गलती का एहसास हुआ। वे तब तक जान गए थे कि उनका शिकार उनके हाथों से निकल भागा है।

कहीं दूर जाकर बादशाह पारधी रुक गया। वह बुरी तरह से हाँफ रहा था। ऐसा प्रतीत हो रहा था मानो एक डरा हुआ खरगोश झाड़ियों के बीच आकर रुक गया हो और उसका दिल जोरों से धड़क रहा है। बादशाह की मनःस्थिति बहुत बुरी हो गई थी। वह सोच रहा था कि उसका बाघ जैसा शूरवीर भाई शंकर मारे जाने से मानो उसका दायाँ हाथ कटकर गिर गया हो। वह हताश हो गया। वह सोचने लगा कि एक दिन उसकी भी हालत भाई जैसी हो जाएगी। उसके सारे साथी भी इसी प्रकार पुलिस की गोलियों से मारे जाएँगे। पुलिसवाले चारों ओर से उन्हें घेरने लगेंगे...इस उभरते नैराश्य से वह बाहर निकलना चाहता था। झुकी हुई गर्दन को उसने ऊपर उठा लिया और तनकर खड़ा हो गया...सिर झटककर वह सोचने लगा कि ऐसा होने से रोकने के लिए उसे कुछ उपाय ढूँढ़ना पड़ेगा। नया तरीका आजमाना पड़ेगा...।

बादशाह और उसकी टोली अब अत्यधिक सजगता से रहने लगे, किसी की नजरों में न आते हुए वे विचरने लगे।

समय आ गया था संसद सदस्यों के चुनाव का। बड़े-बड़े नेता चुनाव लड़ने के लिए तैयार बैठे थे। अपनी राजनीति की पहुँच के बलबूते पर, जिसने बादशाह पारधी और उसके भाई शंकर को मारने का बीड़ा उठाया था और जिसने खतरनाक पुलिस आयुक्त को नियुक्त किया था ऐसा व्यक्ति एक बहुत अमीर राजकीय नेता तिरसिंग राव पाटिल भी इस चुनाव में खड़े होने की तैयारी में था। तिरसिंग राव पाटिल के विरोध में गरीबों की तरफदारी करनेवाली गरीबों के हित में लड़नेवाली एक महिला, सिंधूताई पवार खड़ी होकर चुनाव में जीत हासिल करने का प्रयास कर रही थी। बादशाह पारधी इस बात से फायदा उठाना चाहता था।

कुलगाँव के सरपंच मदन पाटिल की सहायता वह समय-समय पर करता आया था और पाटिल सिंधूताई पवार के निकटवर्ती कार्यकर्ताओं में से था। पाटिल काम से बाहर गया हुआ था अतः बादशाह ने उसे सन्देश भेजकर मांजर सुभ्या की घाटी

में आकर मिलने को कहा। अपना आदमी भेज कर, उसे वह अपने साथ बादशाह के पास ले आया। मदन पाटिल के वहाँ पहुँचने पर बादशाह पारधी ने उससे कहा– "तुम मुझे तुम्हारी सिंधूताई चाची से मिलवा दो और उनसे कहो बादशाह पारधी, उसके शब्द को मानकर चलनेवाले आसपास के पैंतालिस गाँवों में बसनेवाले लोगों को कहकर उनका मत सिधूंताई को दिलवाकर उन्हें भारी मतों से इन आनेवाले चुनावों में जीत दिला सकता है। इसीलिए मेरी उनसे विनती है कि वे मुझे आकर मिलें और मुझे कुछ अन्य महत्त्वपूर्ण बातें भी उनसे करनी हैं।" बादशाह के किए उपकार मदन पाटिल भूला न था अतः वह उसकी बात मान गया।

एक दिन सिंधूताई चाची ने बुलावा भेजकर बादशाह पारधी को अपने फलों के बाग में आकर मिलने को कहा। सिंधूताई चाची बहुत अच्छी तरह से जानती थी कि बादशाह पारधी के एक ही इशारे पर हजारों मत उसे मिलने पर वह यह चुनाव बहुमत से जीत सकती है। परन्तु क्या वास्तव में बादशाह तिरसिंग राव के विरोध में जाकर उसकी सहायता करेगा? इस बात का भरोसा उसे नहीं था। वह भी इसी बारे में उसे परखना चाहती थी। सिधूंताई भी कोई साधारण स्त्री नहीं थी। उसने भी गाँव से लेकर जिले की राजनीति में हिस्सा लिया था। राजनीति खेली थी। और बलशाली कहे जानेवाले, राजनीति खेलनेवाले बिच्छुओं के डंक उसने तोड़ दिए थे। विरोधियों को भी उसने अपने हाथों पानी पिला दिया था। बारह गाँवों का पानी उसने भी पिया था। अच्छे बलशाली लोगों को भुलावा देकर उसने अपने पंजों में फाँस रखा था। उसकी जबान बहुत अधिक मीठी थी, राजनीति का खेल खेलने में वह माहिर थी। राजनीति के सारे गुर उसने अपने पिता से सीखे थे। राजनीति के तबकों में उसने अपनी अच्छी खासी जगह बना ली थी। वह एक जानी-मानी नेता थी।

सिंधूताई घनी अँधेरी रात में अपने फलों के बागवाले बंगले पर बादशाह और मदन पाटिल का इन्तजार कर रही थी। इतने में बाहरी अँधेरे से गडरिये के भेष में सिर के ऊपर से पूरा बदन कम्बल से ढके हुए एक व्यक्ति पास आता नजर आया। चेहरे पर आँखें ही चमकती नजर आ रही थीं। बादशाह पारधी सिंधूताई के सामने हाथ जोड़े खड़ा हो गया और बोला–"चाची, मैंने आज तक बहुत बड़े डाके डाले हैं, अनेकों को लूटा है परन्तु गरीबों को मैंने कभी परेशान नहीं किया है...।"

सिंधूताई ने कहा–"हाँ मैं यह सब जानती हूँ, तुम आगे बोलो...।"

उस पर बादशाह ने कहना शुरू किया, "चाची हम पारधी लोग वचन के पक्के होते हैं, वचन निभाने के लिए हम अपना गला काटकर भी आपके हाथों में धर देंगे। मैं अपनी पूरी ताकत और अपनी जान लड़ाकर कुछ भी करके आपको इस चुनाव में जिता दूँगा। आपसे मुझे केवल एक वचन चाहिए कि आप जब चुनाव जीत जाएँगी तब आप हमें पुलिसवालों से बचाएँगी, जो मेरी जान के पीछे पड़े हुए हैं। आपके विरोध में चुनाव लड़नेवाले तिरसिंग राव ने मेरे भाई को मरवा डाला। वह मुझे

भी मारना चाहता है। चाची हम लोग बिना बात के डाके नहीं डालते, ना ही लूटते हैं। हमारा नाम और हमारी जाति का नाम लेते ही लोग प्यासों को घूँट भर पानी भी नहीं पीने देते, भूखों को रोटी नहीं मिलती, ऐसी हालत में हम लोग क्या कर सकते हैं? काँटों से पेट तो नहीं भर सकते? यदि हम अपना सिर ऊँचा रखकर जी सकते, यदि हम लोगों को काम धन्धा मिलता तब हमें लूटमार करने की क्यों जरुरत पड़ती? अब हम पारधी लूटपाट करने पर मजबूर हैं, वरना हमें भूखों मरना पड़ेगा...अब हम पूरी तरह से फँस चुके हैं, यह एक सत्य है। कभी न कभी हमारे गले में फाँस पड़नेवाला है। यदि आप चुनाव जीत जाती हैं तब हमारे गले का फाँस आप ही हटा सकती हैं, आप ही मुझे बचा सकती हैं। इसलिए मैं आपके पास आया हूँ...।''

सिंधूताई ने कहा–''देशो बादशाह, मैं तुम पारधियों के बारे में सब कुछ जानती हूँ। मेरे बाबा जब स्वतंत्रता प्राप्ति के लिए लड़ रहे थे तब तुम पारधियों ने अपनी जानों पर खेलकर मेरे बाबा की रक्षा की थी, आप लोगों ने उनका साथ दिया था। इसी बूते पर वे एक महान स्वतंत्रता सेनानी कहलाए थे। मेरे पिता चन्द्रकान्त पवार एक महान सेनानी थे। उनके जमाने में पारधियों ने अंग्रेजों के खजाने–गोला-बारूद, हथियार लूटकर स्वतंत्रता संग्राम में उनकी बहुत बड़ी सहायता की थी। उसी दम पर मेरे जैसी एक स्त्री भी यह चुनाव लड़ सकती है। पारधी कितने ईमानदार और सच्चे होते हैं, कैसे वे अपनी दी हुई जबान के पक्के होते हैं, ये सब बातें मैंने अपने बाबा के मुख से कई बार सुनी हैं। मेरे बचपन में मैंने बहुत कहानियाँ सुनी हैं...।''

भावनावश सिंधूताई का गला रुँध-सा गया था। अपना गला साफ करते हुए उन्होंने कहना शुरू किया, ''स्वतंत्रता प्राप्ति के पश्चात् हमारे पूर्वजों के नाम पर और उस बलबूते पर हमने राजनीति में प्रवेश किया। परन्तु तुम लोगों को, जिन्हें हमने लूटमार करने को उकसाया था उन्हीं को ही हम लोग भूल गए। आप लोग भी इनसान हो, इस नजर से लोगों ने तुम्हें कभी नहीं देखा...। हमने अंग्रेजों के विरुद्ध बलवा कर दिया। आवाज उठाई थी इस कारण हमें स्वतंत्रता सेनानी की उपाधि मिली और तुम लोगों को केवल चोर-डाकू समझा गया। समाज ने आप लोगों को सिर्फ वही दर्जा दिया और आप लोगों ने भी वही काम चालू रखा...खैर...परन्तु अब मैं तुम्हें वचन देती हूँ कि यदि मैं यह चुनाव जीत गई तब तुम्हें डाकू के धन्धे से मुक्ति दिला दूँगी, यह मेरा वादा है।''

सिंधूताई के मुख से ये शब्द सुनने के बाद बादशाह की आँखें भर आईं और उसकी आँखों से आँसू टपककर, उसके ओढ़े हुए कम्बल को गीला करने लगे। सहानुभूति भरे शब्द बादशाह के दिल को छू गए। उसका मन भारी हो गया था। कुछ क्षण वह चुपचाप बैठा रहा फिर उसने सिंधूताई से कहा–''सिंधूताई, आज आपकी बातों से मेरी आँखों पर पड़ा पर्दा हट गया है। आपके चुनाव जीतने पर आप जैसा कहेंगी मैं वैसा ही करूँगा। मेरी आपसे एक विनती है, इस चुनाव में आपको

बहुत सारे रुपयों की जरूरत पड़ेगी। बड़े-बड़े अमीरों और जमींदारों के घरों पर डाके डालकर मैंने काफी सारा रुपया इकट्ठा किया है, बहुत सारा सोना-चाँदी और जेवरात मेरे पास पड़ा हुआ है। आपके वजन के बराबर के जेवरात मैं आपको लाकर दे दूँगा, उसका आप इस्तेमाल करें। लेकिन किसी भी प्रकार से आप इस चुनाव में जीत हासिल करें, यही मेरी इच्छा है।''

एक दिन मांजर सुभ्या के घाटियों में छुपाकर रखा हुआ लूट का माल, बोरियों में भरकर बादशाह अपने साथियों के साथ सिंधूताई के सामने आकर खड़ा हुआ। बोरियों को खजाने से इस प्रकार भरा गया था कि उनका भार उठाते हुए उसके लड़कों को मुश्किल लग रही थी। बोरियों को ठसाठस भरा गया था। सामने बिखरे हुए खजाने को देखकर सिंधूताई आश्चर्यचकित रह गई। इतना सोना-चाँदी और मूल्यवान गहने शायद उन्होंने अपनी जिन्दगी में कभी नहीं देखे थे। वो सोच रही थी कि अंग्रेजों के जमाने में पारधियों ने इसी प्रकार लूट कर धन इकट्ठा कर स्वतंत्रता सेनानियों को लाकर दिया था, आज यह बादशाह हमें लाकर दे रहा है। उसी माल के बलबूते पर हम प्रतिष्ठित और आनन्दमय जीवन बिता रहे हैं, क्या विडम्बना है! माल लाकर देनेवाले अब भी जीने के लिए हाथ-पाँव मार रहे हैं। अँधेरों से घिरे हुए हैं। वहाँ से बाहर निकलने का रास्ता ढूँढ़ रहे हैं...स्वतंत्रता प्राप्ति के इतने वर्षों बाद भी उनकी हालत में कोई बदलाव नहीं आया है। आज के समय का यह चित्र भयावह लगता है। चुनाव में जीतने के बाद मैं बादशाह को पुलिस के समक्ष हथियार डालने को कहकर पहले उसकी जान बचाऊँगी और बाद में उसे अपने पास रखकर सम्मानपूर्ण नौकरी दिलवा दूँगी। पारधी समाज का पुनर्वसन और उनकी शिक्षा-दीक्षा की जिम्मेदारी का काम भी मैं करूँगी। यह काम मुझे ही करना होगा। इन बातों को सिंधूताई मन-ही-मन दोहरा रही थी। अपना पूरा निश्चय करते हुए उन्होंने लाए हुए खजाने को स्वीकार करते हुए बादशाह से कहा–''इन सबको बेचकर जो धन मिलेगा उसे मैं चुनाव के लिए खर्च करूँगी और जब तक चुनाव होकर, मैं जीतकर न लौटूँ तब तक तुम लोगों को बच-छिपकर रहना होगा। किसी दूर जगह जाकर तुम यह समय बिताओ।''

पूरी परिस्थिति का जायजा लेने के बाद रानपाल्या मन-ही-मन बचैन हो गया था। बादशाह पारधी अगर मारा गया, या उसने डाके डालने बन्द कर दिए तब उसका क्या होगा? वह क्या यतीम हो जाएगा! घबराए हुए रानपाल्या ने एक दिन तीरमान्या और बन्दुक्या से कहा–''यार ये हालत देखकर मुझे कुछ ठीक नहीं लग रहा। समय आ गया है कि अब हमें अपनी ही एक टोली बनाकर काम शुरू करना होगा। जब तक बादशाह काम करता है तब तक हम उसका साथ जरूर देंगे। बादशाह ने दुनिया देखी हुई है, वह जानकार है, समझदार है, वह जो सोचता है, जो निर्णय लेगा वही सही होगा, यह मैं मानता हूँ।

सिंधूताई के लोगों ने चुनाव प्रचार बड़े जोर-शोर से करना शुरू कर दिया था। सामान्य लोग और गाँववालों के विचार का पलड़ा दिन-ब-दिन सिंधूताई की ओर झुक रहा था। तिरसिंग राव पाटिल का पलड़ा हलका होकर ऊपर उठता नजर आ रहा था। उसकी मगरूरी जमींदारी का गुरूर उसकी जीत के आड़े आ रहा था। लोग उससे मुँह मोड़ने लग गए थे। मांजर सुभ्या की घाटियों में छिपे हुए बादशाह तक सारी चुनावी खबरें उस तक पहुँच रही थीं। उसके खबरिए जगह-जगह जो फैले हुए थे। बादशाह के आदमी भी सिंधूताई को जिताने के लिए गाँवों में प्रचार कर रहे थे। बादशाह बैठे-बैठे इस आए हुए संकट पर और आगे आनेवाले समय पर विचार कर रहा था। चुनाव के दो दिन पहले बादशाह भी स्वयं प्रचार के लिए निकल पड़ा। भेड़ की ऊन से बने काले कम्बल को ओढ़े वह गाँव-गाँव जाकर लोगों से कह रहा था वे लोग सिंधूताई को ही अपना मत देकर जिताएँ। कभी किसी जरूरतमंद को पैसों की सहायता कर अपना मत सिंधूताई को देने को कहता था। मतदान के दिन 'गाय बछड़े' के चिह्न पर ही छाप लगाकर सिंधूताई को बहुमत से जिताना है ऐसा प्रचार उसने जी-जान से किया। चुनाव का परिणाम बादशाह को जो अपेक्षित था, वही हुआ। उसके लोगों ने अपने मतों द्वारा सिंधूताई को भारी मतों से जिता दिया था।

सिंधूताई बहुमत से जीती थीं। राजनीति में वह पहली महिला संसद सदस्या बनी थीं। वह बहुमान उन्होंने प्राप्त किया था। जीतने के बाद उन्होंने जनसेवा का कार्य आरम्भ कर दिया। उनकी जीत में बादशाह का कितना बड़ा हाथ था, उसके अथक प्रयत्न को वह नहीं भूली थी। बादशाह की सहायता उन्होंने प्रथम करनी चाही। सिंधूताई ने बादशाह को अपने पास बुलाकर कहा—"देखो मैं जो कहती हूँ वैसा करो इसी में तुम लोगों की भलाई मुझे दिखती है। तुम अपने साथियों को साथ लेकर एक दिन पुलिस के सामने हथियार डालकर, आत्मसमर्पण कर दो।" सिंधूताई के कहने पर पुलिस के समक्ष बादशाह और साथियों ने आत्मसमर्पण करने का दिन और समय भी निश्चित किया।

निश्चित किए गए समय पर बादशाह ने साथियों के साथ पुलिस और संसद सदस्य सिंधूताई के समक्ष अपने सारे हथियार डालकर आत्मसमर्पण कर दिया। बादशाह को देखने आसपास के गाँवों से हजारों की संख्या में लोग आए थे। शरण आने के बाद सिंधूताई ने सारे लोगों के समक्ष ऐलान किया—"बादशाह और उसके साथियों पर कानूनी कार्रवाई होगी। सजा भुगतने के बाद जब भी कारागृह से बाहर आएँगे तब उन सबको काम-धन्धा देंगे। उनका पुनवर्सन करेंगे। उनका अगला जीवन सुखी और सुरक्षित होगा इसका मैं वचन देती हूँ।"

बादशाह पारधी ने आत्मसमर्पण करने से पूर्व मांजर सुभ्या की घाटियों में छिपाए हुए धन का बड़ा हिस्सा अपने साथियों में बाँट दिया था। अपनी जिम्मेदारियाँ उसने निभा ली थीं।

रानपाल्या और उसके साथियों ने अपना हिस्सा बादशाह से लिया, परन्तु उसके साथ जाकर आत्मसमर्पण करने से इनकार कर दिया। रानपाल्या ने कहा था, ‘‘आत्मसमर्पण करने पर हमें बिना बात के सजा भुगतनी पड़ेगी और उस समय हमारे लोगों पर पुनः अत्याचार होकर उनका कबाड़ा हो जाएगा। बादशाह की बात और है। उसके सिर पर सिंधूताई का हाथ है। वे बादशाह की इज्जत करती हैं। बाहर आने पर उसे वे एक इज्जतदार नौकरी भी दिला देंगी। परन्तु हमारी बात वैसी नहीं है। हमारे परिसर के नेता लोग हमारे निर्दोष होने पर भी हम पर जुल्म करेंगे। घर बार जला देंगे। वे लोग हमारा सर्वनाश करने पर तुले हुए हैं। अतः बादशाह के साथ न जाकर अब हमें अपनी एक स्वतंत्र टोली बनानी होगी।’’ यह सब सोचने के बाद उन सबने एक स्वतंत्र टोली बना लेने का निश्चय कर लिया था।

बादशाह पारधी पर मुकदमा चलाया गया, परन्तु पुलिसवालों ने जो कुछ उस पर आरोप लगाए थे वे सब साक्षी गवाहों के न मिलने पर साबित न हो सके, इसी कारण कैदखाने से एक साल के अन्दर उसकी निर्दोष मुक्तता हो गई। बादशाह के लिए यह बहुत बड़ी बात थी। मानो उसे जीवनदान मिला था। उसका विचार सही साबित हुआ था। उसकी दूरदर्शिता का यह प्रमाण था।

सिंधूताई एक कूट राजनीतिज्ञ थीं। वे जानती थीं कि बादशाह जैसे बहादुर और ईमानदार व्यक्ति का उसके साथ होना कितना मायने रखता था। उसके लिए बादशाह काम का आदमी था जो भविष्य में उसकी सहायता कर सकता था जिसके ऊपर वह निर्भर रह सकती थी। सत्ता हाथ आने पर सिंधूताई ने एक नया चीनी बनाने का कारखाना चालू किया था, जिसमें उसने बादशाह की नियुक्ति की। उसे मुख्य रखवालदार का ओहदा दिया गया। कई अन्य चौकीदारों को उसके ओदशों पर कारखाने की रखवाली करनी थी। उसके ओहदे के कारण बादशाह के हाथ में बन्दूक और गले में बन्दूक की गोलियों का पट्टा नजर आता था। वह भी बड़ी शान से अपना सिर ऊँचा कर, तनकर कारखाने की सुरक्षा पर नजर रखता था। मांजर सुभ्या के जंगलों और घाटियों में घूमनेवाला आज सिंधूताई की मेहरबानी से गाँव के कारखाने में घूमता देखा, आसपास के परिसर में और उनके मतदार संघ में उनका दबदबा और भी अधिक बढ़ गया। विरोधी पक्ष के लोग दबकर रह गए थे। सिंधूताई की राजनीति और काम सुचारू रूप से निर्विघ्नता से होने लगा।

कई दिनों तक रानपाल्या अपने दो घुटनों में सिर छिपाए उदासी में बैठे सोचता रहा कि अब बादशाह न होने के कारण उसके सब संगी साथी बेकार हो गए थे। अब खाली बैठकर सोचने का समय चला गया था। हाथ-पाँव हिलाने का समय आ गया था। जल्दी ही उसे अपनी टोली बनानी थी, किसी गुप्त जगह पर अपना अड्डा बनाना था और किसी जगह पर डाका डालने की योजना बनानी थी। रानपाल्या ने रहिमान्या को अपने पास बुलाकर कहा–‘‘बादशाह की टोली में रहकर हम लोगों ने

बहुत कुछ सीख लिया है। कुछ भी हो। बादशाह और उसके साथियों को काम मिल गया है। उन सबके घर बस गए हैं। अच्छी बात है परन्तु अपने यहाँ 'मराठावाड़ा' प्रान्त में कुछ भी बदलाव नहीं आया है। अब भी पारधी समाज को चोर-उचक्के डाकू ही समझा जाता है, उन्हें काम नहीं मिलता। लोग उन्हें अपने आसपास फटकने भी नहीं देते—न ही उन्हें कहीं बसने देते हैं। जीने के लिए हम लोगों के पास और कोई भी साधन न होने के कारण, चोरी के सिवाय और कोई उपाय नहीं है हमारे सामने। तुम्हारे पास कोई पर्याय है दूसरा? असहाय होकर जीने के लिए हमें फिर से वही एक काम करना होगा और कोई भी चारा नहीं है...। बादशाह की टोली में जाने के बाद अब हमारे पास दो-चार अच्छे हथियार हैं, कारतूस हैं। उसी के बलबूते पर हम कुछ न कुछ कर सकते हैं। कुछ और समय के लिए हमारे पास बादशाह के साथ हुई कमाई से अपने परिवारों की देखभाल हम कर सकते हैं। हमारे पास काफी कुछ सोना और पैसा बचा हुआ है। वह धन समाप्त होने से पहले हमें कुछ करना होगा। डाके डालने से पहले हमें भी कुछ खबरिए रखने होंगे, पुलिसवालों में से कुछ बन्दों को पटाकर रखना होगा। पता करना पड़ेगा कि कहाँ-कहाँ मोटी बड़ी आसामी मौजूद हैं, जहाँ डाका डाला जा सके। ऐसे दो-चार डाके डालने पर हमारी अच्छी खासी कमाई हो सकती है।''

रानपाल्या, रहिमान्या, बन्दुक्या, काडतुस्या, तीरमान्या, तारक्या, तरंग्या इन सब जवानों ने अपनी एक नई टोली बना ली और 'एडशी' के पहाड़ में रानपाल्या ने अपना डेरा डाल दिया। वहीं एक गुप्त जगह पर उन्होंने अपना ठिकाना तय कर लिया। शुरू में उन्होंने छोटी-मोटी चोरियाँ की। कभी-कभार रातों को हिरनों का शिकार किया। वहाँ के वन विभाग की हद में शिकार करने के कारण रानपाल्या का नाम अब पुलिस के रजिस्टरों में दर्ज हो गया था। दिन-रात पुलिसवालों को चकमा देते हुए रानपाल्या और उसके साथी एडशी पहाड़ और जंगलों के परिसर में घूमते काम करते हुए जी रहे थे। उनकी आदतों के अनुसार वे सब कभी-कभार आकर अपने परिवारों को आकर मिलते। वह समय अकसर आधी रात के बाद ही हुआ करता था। खा पीकर कुछ साथ लेकर वे सुबह होने से पहले ही जंगलों में लौट जाते थे।

बिरडीस और लगमण्या ने पुलिसवालों की मार से बिस्तर पकड़ लिया था परन्तु अच्छी देखभाल के बाद वे अब ठीक होते जा रहे थे। हिम्मत जुटाकर वे कुछ खेतीबाड़ी करने लग गए थे। वे यह जानकर खुश थे कि आसपास के गाँवों में उनके बच्चों की धाक जम रही थी। अपना पूरा ध्यान खेतीबाड़ी पर लगाना अब उन्होंने शुरू कर दिया था। बैठे-बैठे वे दोनों अपनी बस्ती की सुरक्षा पर भी ध्यान रखे हुए थे। पुलिसवालों की बुरी नजर से वे सबको बचाना चाहते थे।

एक दिन बड़ी रात गए रानपाल्या अपनी बस्ती पर आ पहुँचा। रानपाल्या की पत्नी का पैर भारी था, जल्दी ही उनके कुलदीपक का आवागमन होनेवाला था। यह

खुशखबरी उन्होंने, बिरडीस और जलन ने अपने बेटे रानपाल्या को दी। इस खबर को देते हुए वे फूले न समा रहे थे। रानपाल्या भी यह खुशखबरी सुनकर फूला न समाया। अपने माँ-बाप व पत्नी के संग बैठते हुए वह कहने लगा, ''देखो तो समय कितना बदल रहा है! अब तक जो छोटे-छोटे गाँव थे वे अब शहरों में तब्दील हो रहे हैं। जहाँ-तहाँ बैंक खुल गए हैं और लोग अपना पैसा वहीं जमा कर रहे हैं। जेवरातों को भी आम लोग अब घरों में दबाकर नहीं रखते, उसे भी बैकों में रख दिया जाता है। हाँ, बड़े जमींदार और अमीरों के घरों में शायद अब भी खजाना दबा कर रखा हुआ होगा। डाका डालने पर उन लोगों के घरों में से, कई बार खोदने पर मिट्टी के ढेर ही निकलते हैं, इससे डाका डालने पर कई बार हाथ कुछ न लगने का अंदेशा बना रहता है। जिन लोगों ने हम लोगों को बर्बाद कर दिया, जिनके कारण हमारी बस्ती जलकर भस्म हो गई थी, उन पर याने पतंगराव पाटिल या फिर बाजीराव देशमुख को पकड़े बिना उनका सर्वनाश किए बिना, मुझे चैन नहीं आएगा। वे लोग अब भी हमारे ही प्रांत में, हमारे परिसर में रह रहे हैं। उन्हें लूटने की अच्छी खासी तैयारी हम लोग कर रहे हैं। यह काम कैसे किया जाए इसका सोच-विचार आजकल हम एडशी के ठिकाने पर बैठकर कर रहे हैं। हमें काँटे से काँटा निकालना है...। किसी जमाने में हमसे फायदा उठाकर बाजीराव देशमुख बड़ा बना। किसी जमाने में एक बड़ी असामी होनेवाला नाना पाटिल छोटा बना दिया गया। इसी कारण अब नाना पाटिल पतंगराव का कट्टर विरोधी बन गया है। हमें चाहिए कि हम अब जाकर नाना पाटिल से बातचीत करें और उसके इशारों पर काम करनेवाला थानेदार जिसका नाम सयाजी पवार है, उसकी नियुक्ति उस थाने में करवाएँ जहाँ बाजीराव पाटिल का आदमी घाडगे पाटिल कई दिनों से बैठा हुआ है। जिसने हमारा और हमारे बस्तीवालों का सर्वनाश किया है। यह काम कराने के लिए हमें एक दो किलो सोना उसके सामने रखना पड़ेगा। पीला असली सोना देखकर किसी का भी जी ललचा जाता है। नाना पाटिल जरूर हमारा काम करेगा। आजकल नाना पाटिल बाजीराव देशमुख के साथ साँप और नेवले का खेल खेल रहा है।''

बिरडीस ने कहा–''तुम जो कह रहे हो और जैसे तुम सोच रहे हो वह बिलकुल सही है। यदि हमें जिन्दा रहना है तो हमारा किसी बड़ी आसामी के साथ जुड़ा रहना बहुत जरूरी है। हम जब यहाँ आए तब बाजीराव देशमुख और पतंगराव पाटिल के पास खास कुछ भी न था। वे राजनीति करके चुनाव जीते। उन्होंने चीनी कारखाने को बनाया और गरीबों की मुँड़ियाँ मरोड़कर, कारखाने की दारू बेचकर उन्मत हो गए। अपनी जान-पहचान का थानेदार वहाँ बिठाकर हम लोगों पर अनगिनत अत्याचार किए। गलत आरोप लगाकर हम लोगों को बेदम मारा और हमारी हड्डी पसली एक कर दी। जीना दूभर कर दिया उन्होंने हम लोगों का। हम अपने पैरों पर ठीक तरह से खड़े भी नहीं हो पा रहे हैं। अब उन उन्मत लोगों को ठीक करने,

उनकी मस्ती और उनकी दादागिरी कम करने के लिए अब हमें नाना पाटिल का ही सहारा लेना पड़ेगा। मेरा उसे जाकर मिलना ही सही होगा। यह काम मैं कल ही जाकर करता हूँ।''

अपने बेटे के कहने पर वह दूसरे ही दिन चुपचाप ढोकी गाँव में पाटिल के खेतवाले बंगले पर जाकर उससे मिला। नाना पाटिल ने बिरडीस को गाँव में घूमते हुए अपने शिकार को बेचते हुए बाजार में कई बार देखा था। पारधी समाज के बिरडीस को अपने घर आते देख नाना पाटिल को बहुत आश्चर्य हुआ। सामने आ कर खड़े हुए बिरडीस से उसने कहा–''क्यों रे बाबा, पारधियों के आदमी हो तुम, आज यहाँ कैसे रास्ता भूले से आए हो? क्या यहाँ डाका-वाका डालने का इरादा तो नहीं है? क्या काम है तुम्हारा मुझसे...?''

बिरडीस ने बड़े अदब से हाथ जोड़ते हुए कहा–''नहीं सरकार, कोडियारा देवी की कसम खाकर करता हूँ–हमारे मन में कोई पाप नहीं है। ऐसी-वैसी बात नहीं है। खास मैं आपसे ही मिलने आया हूँ। आप तो देख ही रहे हैं कि जबसे बाजीराव देशमुख चुनाव जीतकर आया है और पतंगराव पाटिल उस चीनी कारखाने का चेयरमैन बना है तबसे हम गरीब पारधियों के ऊपर वे दोनों कहर ढा रहे हैं। उन्होंने हम लोगों को बर्बाद कर छोड़ा है। हमारा जीना मुश्किल कर दिया है। बताओ क्या करें हम...?''

इस पर तपाक से नाना पाटिल ने कहा–''हाँ-हाँ, और तभी से तुम्हारा बेटा चिढ़कर एडशी के जंगलों में जाकर छिपा बैठा है और अपने साथियों के साथ बड़े डाके डालने की तैयारियाँ कर रहा है, यही कुछ अफवाहें मेरे कानों तक पहुँची हैं। अरे तुम्हारा बेटा यदि असली पारधी है तब उसे जाकर कहो कि वह इस बाजीराव देशमुख और पतंग राव के घर पर डाका डाले। तुम लोगों की आनेवाली दस पीढ़ियाँ उस सम्पत्ति को इस्तेमाल कर सकेंगी। फिर भी वह बची रहेगी। हाँ इतनी सारी सम्पत्ति उसे उन घरों से मिलेगी, अगली कई पीढ़ियों तक तुम आराम से बैठकर जिन्दगी बिता सकोगे।''

बिरडीस ने कहा–''सरकार, आप बिलकुल ठीक बोल रहे हैं। लेकिन जब तक आपका सहारा नहीं मिलता तब तक उन मगरूर लोगों को हम सबक नहीं सिखा सकेंगे। मैं आपको बताता हूँ, उन लोगों ने अपने एक रिश्तेदार थानेदार द्वारा हमारे फलते-फूलते संसार में आग लगा दी। हमारे जीवन को मिट्टी में मिला दिया। एक-एक दिन बहुत अच्छी तरह गुजर रहे थे। हमारी खेती-बाड़ी थी, खेती करके हाथभट्ठी की दारू बेचकर हम अच्छा कमा लेते थे। घरों में सुख-चैन था। परन्तु जैसे ही कारखाने से बनी देशी दारू बिक्री के लिए दुकानों में आई हमारी बनी दारू की बिक्री बन्द करा दी गई। उसे अवैध घोषित कर हमारी हाथभटि्टयाँ और दारू बनाने का कच्चा माल बर्बाद कर दिया। उन्होंने हमें रास्ते पर ला फेंका। हमें मजबूर

कर दिया। मेरे बेटे ने ही मुझे आपसे मिलने के लिए कहा है और आपसे सहायता माँगने के लिए कहा है। इसी कारण आज मैं आपके सामने खड़ा हूँ। मेहरबानी करके उस घाडगे पाटिल का तबादला कराकर, पहले वाले थानेदार को; सयाजीराव पाटिल को वापस बुलवाकर यहाँ के थाने में उसकी नियुक्ति करवा दो। ऐसा होने पर आपकी आज्ञा का हम पूरी तरह से पालन करेंगे। मेरे बेटे ने यह भी कहा है कि यदि नाना पाटिल हमें सहायता करेंगे और हमारा साथ देने का वादा करेंगे तो, हम उन्हें एक-दो किलो सोना दे देंगे।''

सारी बात शान्ति से सुनने के बाद नाना पाटिल ने बिरडीस से कहा–''ठीक है, मैं कोशिश करता हूँ। मैं भी तुम्हारी सहायता से बाजीराव देशमुख और पतंगराव पाटिल से बदला लेना चाहता हूँ। मैं उन्हें सबक सिखाकर सीधा करना चाहता हूँ। जैसे तुम्हें उन्होंने बर्बाद किया वैसे ही मुझे भी उन्होंने बर्बाद कर छोड़ा है। किसी जमाने में इस इलाके में मेरा दबदबा हुआ करता था। मेरी हर बात मानी जाती थी। उन्होंने मेरी दुनिया बर्बाद कर दी। धीरे-धीरे मेरी नदी किनारे वाली जमीन, बाग-बगीचे सब हड़प लिए, अपना पलड़ा भारी करके, अब वो मेरी आँखों में भी अंगुलियाँ डालने लगे हैं! तुम जाकर अपने बेटे को मुझसे मिलने के लिए कहो–हाँ अकेले में आकर वह मुझसे बात करे।''

नाना पाटिल की बात सुनकर बिरडीस अपनी बस्ती में लौट आया। रास्ते में उसने एडशी के पहाड़ी ठिकाने पर रानपाल्या के पास अपनी और नाना पाटिल के बीच हुई बातचीत के बारे में सन्देश भिजवा दिया। सन्देश मिलते ही रानपाल्या ने नाना पाटिल से मिलने का निश्चय किया। एक समय नियुक्त करने के बाद, रानपाल्या रातों के अँधेरों में छिपते हुए नाना पाटिल के खेतोंवाले घर में उससे मिलने गया। बन्दुक्या को भी उसने अपने साथ ले लिया था। अपने साथ अपना खजाना लेना वह न भूला था। सोने की गठरी को नाना पाटिल के हवाले करते हुए वह बोला–''मालिक आज आपने हमें सहारा दिया है। थोड़ी सी आपकी मदद से मैं उन निर्दयी पतंगराव और बाजीराव से जरूर बदला ले लूँगा, और अपना हिसाब ठीक करके रहूँगा। कुछ भी करके आप उस जंगली बिलाव को जो कारखाने से मिलनेवाले पैसों के दम पर हम पर जुल्म ढा रहा है, हमारा नामोनिशान मिटा रहा है, उसको यहाँ से हटवा दीजिए, उसकी बदली करा दीजिए फिर आप चमत्कार देखिए। मैं कैसे सबको ठीक कर देता हूँ।''

रानपाल्या के रखे हुए इतने सारे सोने को देखकर नाना पाटिल की आँखें चौंधिया गईं। मन-ही-मन वह बड़ा खुश हुआ। वह सोचने लगा, 'यदि मैं इन पारधियों की सहायता करता रहा तब ये लोग इसी प्रकार; समय-समय पर मुझे इस तरह सोना और जेवरात लाकर देते रहेंगे। यदि ऐसा हुआ तब मेरा बीता वैभव एक बार फिर लौटकर आ जाएगा। वैभव लौटने पर एक बार फिर से मैं बाजीराव देशमुख

को राजनीति के मैदान में पछाड़ सकूँगा। उसे राजनीति से निवृति देने में कामयाब हो जाऊँगा...।' यह सोचकर उसके चेहरे पर मुस्कान आ गई। उसने वह दमकता हुआ सोना उठाकर, अपने घर के अन्दर खास बनी जगह पर छिपा कर रख दिया। बाहर आकर नाना पाटिल ने रानपाल्या से कहा–"अब तुम यहाँ से जल्दी से चले जाओ वरना कोई तुम्हें मेरे साथ देख लेगा। ऐसा ना हो कि अब तक तुम्हारे किए हुए पापों और दोष का भार मेरे ऊपर आ जाए। आज के बाद मैं तुम्हें थामे रहूँगा। तुम्हारा सहारा बना रहूँगा। उस पुलिस अधिकारी की बदली करवाने की मैं पूरी कोशिश करूँगा। मेरी रिश्तेदारी में मंत्रालय में एक बड़ा अधिकारी नौकरी में है। उसके साथ बात करके तुम्हारा काम मैं करवा दूँगा। तुम निश्चिंत होकर लौट जाओ।"

शान्त मन से रानपाल्या वहाँ से लौट आया। नाना पाटिल मंत्रालय जाकर अपने रिश्तेदार, वरिष्ठ अधिकारी से मिला। उसके पास बैठकर उसने उस पुलिस अफसर पर भ्रष्टाचार का आरोप लगाकर, उसे बताया कि किस हद तक उस पुलिस अफसर ने भ्रष्टाचार फैला रखा है। वहाँ के हालचाल कितने खराब हैं। बस फिर क्या होना था? एक महीने के अन्दर ही अन्दर घाडगे पाटिल की वहाँ से बदली करा दी गई। वहाँ के रिक्त हुए स्थान पर नाना पाटिल के कहने पर सयाजी पवार की नियुक्ति की गई। आते ही सयाजी पवार ने अपना काम सँभाल लिया। इस अपेक्षित बदलाव को देखकर रानपाल्या अतिप्रसन्न हुआ।

रानपाल्या के एक खबरिए ने आकर उसे खबर दी कि कारखाने की बनी 'उड़ान दारू' से भरे हुए दो ट्रकों का माल बिक्री के लिए किसी दूर जगह पर भेजा जा रहा है। बस फिर क्या था, रानपाल्या सोचने लग गया कि किस प्रकार उन दो ट्रकों में भरी दारू को बर्बाद कर दिया जाए जिससे उसके दुश्मन को भारी नुकसान पहुँचे। उसे एक विचार आया कि क्यों न उन ट्रकों को ऐसी जगह रुकवाया जाए जहाँ उनका जोर अधिक हो? जैसे एडशी के पहाड़ी इलाके से वे जब शहर जाने के लिए गुजरने लगेंगे, तब क्यों न वहाँ की किसी घाटी के रास्ते में उन ट्रकों को रोका जाए? यह बात उसे जँच गई और इस बारे में उसने अपने साथी बन्दुक्या और रहिमान्या को समझा दिया। एक दिन जब वे दारू से लदे दो ट्रक कारखाने से बाहर निकलकर शहर की ओर निकलनेवाले थे तब उसकी खबर रानपाल्या के कानों तक पहुँचते ही उसने, ट्रक के पुराने फटे हुए टायरों में लम्बी, मोटी और नुकीली कीलें ठोक, उन टायरों को दो ट्रकों में लगा देने की व्यवस्था कर दी थी जिससे ट्रकों के कारखाने से बाहर निकलते समय वे पुरानी कीलें ट्रकों के टायरों में धँस गईं। थोड़ी दूर जाते ही रानपाल्या ने बन्दूक का डर दिखाकर ट्रक के ड्राइवरों को ट्रक के पहिये बदलने को कहा। टायर बदली करने के बाद उन ट्रकों को एक कच्चे रास्ते से आगे काफी दूर तक चलाने को कहकर, उन 'उड़ान दारू' से भरे दो ट्रकों को एक घाटी में ले जाकर खड़ा कर दिया। एक के बाद एक, सारे बोतलों से भरे बक्सों को बाहर

निकलवाकर उनको फोड़-तोड़ दिया। दारू का सर्वनाश करने के पश्चात् ड्राइवरों और क्लीनरों को वहीं छोड़कर रानपाल्या एडशी के पहाड़ पर जा छिपा।

रानपाल्या तीरमान्या से बोला–''जिन हरामखोरों ने हमारा अच्छा चलता हुआ दारू का धन्धा बन्द करवा दिया और अपनी कारखाने में बनाई शराब बाजार में ले आए, हमारी हाथभटिट्यों की तोड़-फोड़ कर दी। जो कुछ भी उन्होंने हमारे साथ किया, उसका बदला कुछ ही अंशों में उनसे आज हमने ले लिया है। उनके उड़ान दारू से भरे दो ट्रकों को हमने लूट लिया। उनके ट्रकों को छोड़ दिया। ट्रकों से कुछ दारू की बोतलों को मैं उठा लाया हूँ।''

दोनों आराम से बैठकर उड़ान दारू को चखने लगे। एक-दो घूँट पीते ही और स्वाद चखते ही रानपाल्या मुँह बनाकर थू-थू करते हुए बोल उठा, ''अरे यार, क्या यार, कैसी अजीब सी दारू है यह! स्वाद और महक बड़ी गन्दी लगती है। इसके दो घूँट पीते ही मेरा जी खराब होने लगा है। मुझे उलटी सी आ रही है...।'' मुँह से लगाई हुई बोतल को दूर फेंकते हुए उसने बन्दुक्या से कहा–''अरे बन्दुक्या.. .देखो तो किस तरह बनाई है उन लोगों ने यह शराब! हमारी महुआ के फूलों से बनी दारू कितनी स्वादभरी व खुशबूदार होती है। कहाँ हमारी वह दारू और कहाँ यह भद्दी दारू–दोनों में कोई मेल नहीं है। सरकार ने ऐसी भद्दी दारू बनाने का परवाना कारखाने को दिया है। और हमारी हाथों से बनी हाथभट्ठी की दारू जिसे हमारे पुरखे बनाते आए हैं, जो आदिवासियों की खासियत है। उसी को ये पुलिसवाले अवैध बताकर हमारा काम सरकार–उन पुलिसवालों की मदद से बन्द करवा रही है। क्या जमाना आ गया है? यदि यही सरकार दारू बनाने का परवाना (परमिट) हमें भी दे देती तब हमें परिवारों समेत जंगलों में चोरी-छिपे रहने की जरूरत ना पड़ती। हम भी सिर ऊँचा कर अपने मेहनत की कमाई पर जी सकते! ऐसा बुरा समय हमें न देखना पड़ता...।

पर यह स्वतंत्रता मिली तो उन्हीं लोगों को? सरकार बनी तो वह भी उन्हीं की? और यह नई कारखाने में बनी दारू भी उन्हीं की बनाई हुई? अगर हम फरियाद लेकर जाएँ तो जाएँ कहाँ? कौन सुनेगा हमारी बात? पहले हम जंगलों में रहा करते थे, वहीं खाते-पीते थे। पर वहाँ से भी हमें निकाला गया। वहाँ जाकर शिकार करने पर भी हम पर उन्होंने पाबन्दी लगा दी। हिरन, खरगोश का शिकार करने से हमें रोका गया। पहाड़ों, जंगलों से बाहर आकर गाँवों के आसपास बसना चाहा। काम-धन्धे, खेती-बाड़ी करनी चाही तब वहाँ से भी हमें खदेड़कर भगा दिया। अब नाना पाटिल का सहारा मिल गया है। पुरानी दुश्मनी करनेवाले थानेदार घाडगे पाटिल की भी बदली हो गई है। अब मैं चाहता हूँ कि हमें उसी के घर डाका डालकर उससे बदला लेना होगा, ऐसा करने पर ही मुझे शान्ति मिलेगी...।''

समय के साथ-साथ रानपाल्या दृढ़ और सख्त बनता गया और अपनी टोली को

मजबूत करता गया। पतंगराव पाटिल को सबक सिखाने के मनसूबे वह बाँधने लगा। कैसे दाँव-पेच लड़ाए जाएँ इसी सोच में वह रहने लगा। दो ट्रकों के लूटे जाने पर पतंगराव पाटिल का जबरदस्त शक रानपाल्या पर ही था।

एक दिन, कारखाने से चीनी से लदे हुए दो-तीन ट्रक निकलने वाले हैं, इस बात की भनक रानपाल्या के कानों पड़ गई। बस फिर क्या था... उन तीनों ट्रकों के ड्राइवरों को डरा-धमकाकर रानपाल्या ने वे ट्रक एक तालाब के बीचोंबीच लाकर खड़े करवा दिए और उन्हें तालाब में डुबो दिया। उनमें रखे हुए सारे के सारे चीनी के बोरे पानी में आ जाने से चीनी पानी में घुल गई। ट्रकों के ड्राइवर रोते-पीटते, शोर मचाते हुए कारखाने आ पहुँचे और उन्होंने सारी घटना पतंगराव पाटिल को बता दी। इस प्रकार पूरी की पूरी चीनी 'तेरण्या' के तालाब में घुलकर रह गई।

आसपास के गाँवों में इस घटना की खबर फैलने में देर न लगी। गाँववाले आपस में चर्चा करते हुए बोल रहे थे–"रानपाल्या पतंगराव पाटिल से बदला ले रहा है। पहले दारू के दो ट्रकों को लूटा और अब चीनी से भरे तीन ट्रकों की चीनी को बर्बाद करके रख दिया है। तेरण्या का तालाब उसने मीठा कर दिया है।"

इन दो घटनाओं ने पतंगराव पाटिल और बाजीराव देशमुख को बेचैन कर दिया था। अत्यन्त क्रोधित होकर उन्होंने पुलिसवालों को कहा कि वे रानपाल्या को अपनी गिरफ्त में लें, किसी भी कीमत पर! उन्होंने बहुत कोशिश की। पुलिसवालों ने जाकर बिरडीस, जलन और बस्तीवालों से पूछताछ की, सब लोगों को गिरफ्तार कर लिया।

बिरडीस ने पुलिस से कहा–"साहेब मेरे बेटे ने ही इन ट्रकों को लूटा, ये आप कैसे कहते हैं? क्या आपके पास इसका कोई सबूत है? वह कहाँ है। इस बात को हम नहीं जानते हैं। उसका कोई भी अता-पता हमारे पास नहीं है। आप हमें परेशान कर रहे हैं? हो सके तो आप लोग ही उसे पकड़ें। इस पतंगराव पाटिल के कहने पर ही पिछली बार हम लोंगों के घर-बार जलकर राख हो गए थे। हम बेघर होकर खानाबदोश की तरह घूमते रहे थे। हमारे जले हुए घरों का सबूत होते हुए भी आपने इन लोगों को गिरफ्तार नहीं किया। इन्हें सजा नहीं दी। अब जब आपके पास कोई सबूत नहीं है तब भी आपने हमें ही गिरफ्तार कर लिया है? आप हम पर गलत आरोप लगा रहे हैं...।" बड़ी हिम्मत दिखाते हुए इतनी बड़ी बात बिरडीस ने कह दी थी। हाथ जोड़ते हुए उसने उन सबको छोड़ देने की विनती की और कहा–"साहेब बीमारी है भैंस को, पर आप इंजेक्शन दे रहे हैं 'मशक' पर। कहीं और जगह, किसी और को? जिसने गुनाह किया है उस आरोपी को आप पकड़ें।" उसने यह बात सुनाकर पुलिस की हिरासत से स्वयं को बाहर निकलवा लिया।

लेकिन तब तक पुलिसवालों ने पारधी औरतों, बच्चों की बहुत मारपीट कर दी थी। बिरडीस यह सब देखकर मन-ही-मन सोच रहा था–पारधियों के जीवन का यह शायद अविभाज्य अंग बन गया था। पुसिलवालों के हाथों हर बार पिट जाना,

अपमानित होना! ...करनेवाला कर जाता है...और जिसने कुछ न किया वही पिट जाता है...। बहुत देर तक बिरडीस पुलिसवालों को कोसता रहा। वह बड़बड़ा रहा था...इस मारवाड़ा के इलाके में ऐसी एक भी पारधी स्त्री नहीं होगी, बच्चा या पुरुष नहीं होगा जिसने पुलिस के हाथों मार न खाई होगी और जो जेल न गया हो। पारधियों के नसीबों में पता नहीं क्या लिखा हुआ है?''

उधर तेरण्या तालाब का पानी; इतनी सारी चीनी वहाँ घुल जाने के कारण बहुत मीठा हो गया था। मानो वह जैसे चासनी का पानी हो! उस पानी को पीने के लिए और भर-भरकर साथ ले जाने के लिए, आसपास के गाँववाले बड़ी संख्या में तालाब पर पहुँच रहे थे। वह स्थान मानो एक तीर्थ क्षेत्र बन गया था। बड़े चाव से लोग वह मीठा पानी पी रहे थे। साथ लाए हुए हांडे, लोटे, कलसियों दो में भरकर अपने साथ ले जा रहे थे। पानी पीते हुए वे आपस में बातें कर रहे थे–''क्या लोग हैं ये कारखाने वाले, हमारे अपने ही खेतों के गन्ने ले जाकर उन्होंने यह चीनी बनाई थी। अच्छा काम किया रानपाल्या और उसके साथियों ने जो वह चीनी इस तालाब में डाल दी नहीं तो वह कंजूस कारखाने का चेयरमैन उसने कभी भी थोड़ी सी भी चीनी हम लोगों को न दी है। अच्छा ही किया रानपाल्या ने, कम से कम हमें यह मीठा पानी तो पीने को मिला है...।'' औरतें बोलती जा रही थीं।

उधर पतंगराव पाटिल गुस्से से लाल-पीले होते जा रहे थे। अब उन्होंने रानपाल्या का पूरा बन्दोबस्त करने की ठान ली।

मौसम सुहावना था। एडशी का पहाड़ी इलाका सृष्टि सौन्दर्य से भरपूर था। कलकल करती खूबसूरत नदी पूरे हर्षोल्लास से, पहाड़ पर स्थित अपने जन्मस्थान से नीचे आती नजर आती थी। एक जगह काफी ऊँचाई से उसका प्रवाह नीचे एक प्रपात का रूप धारण कर गिरता जा रहा था। दृश्य बड़ा मनोरम था। गिरते प्रपात की फुहारें इन्द्रधनुष के रंग बिखेर रही थीं। ऐसे लगता था मानो महादेव की पिंडी से शुभ्र गंगा मैया का प्रवाह बह रहा हो और रास्ते में आते पत्थरों से टकराकर अठखेलियाँ करता हुआ पानी आगे बढ़ रहा हो। रानपाल्या को यह जगह बहुत पसन्द थी। वह नियमित रूप से यहाँ आकर थोड़ी देर टिककर; प्रपात से गिरते हुए पानी के नीचे बैठकर नहाया करता था। निर्मल शीतल जल से नहाकर उसे नव चैतन्य का आभास होता था। पूरी चौकसी बरतने के बाद ही वह ऐसी खूबसूरत जगह पर अपना कुछ समय बिता पाता था। नदी से निकाले गए कुछ गोल पत्थरों को उसने एक जगह पर सजाकर रख दिया था। इन पत्थरों को सिंदूरी रंग देकर उन्हें वह अपनी कोडियारा देवी और अन्य देवता समझकर उनकी पूजा पूरी श्रद्धा और भक्ति से किया करता था। इस प्रकार से पूजा करने के बाद ही वह अपना काम शुरू करता था। उस दिन भी नहाने के बाद पूजा कर वह एक बड़े से पत्थर पर आकर बैठ गया। सोचते हुए वह छोटे पत्थरों से निशाना लगाकर सामने वाले पत्थरों पर रखे पत्थरों

को गिराता था। निशाना अचूक लगने पर वह खुश होकर हँस देता। उसकी टोली में एक नया लड़का आकर दाखिल हुआ था। 'आंबड' गाँव का वह 'चिल्लर पारधी' था जो रानपाल्या का हमउम्र था। वह समय-समय पर आकर रानपाल्या को खबर दिया करता था कि किस गाँव में कौन जमींदार है और वह कितना अमीर है। कहाँ डाका डाला जा सकता है...।

रानपाल्या से आज वह मिलने आया था और उसे एक चौंका देनेवाली खबर दे रहा था। चिल्लर पारिधी ने कहना शुरू किया, "हमारे आंबड गाँव के पास एक बहुत पुरातन और प्रसिद्ध बालाजी का मन्दिर है। मन्दिर की मूर्ति के गले में एक किलो वजन के सोने के अनेक आभूषण हैं और इस मूर्ति का अपना वजन एक सौ किलो का होगा। यह मूर्ति पंच धातुओं से बनाई गई है। पुरातन मूर्ति होने के कारण इसमें शायद पचास किलो तक सोना हो सकता है। यदि हम इस मूर्ति को उठाने में कामयाब होते हैं, तब हमें अपनी अगली जिन्दगी में डाका डालने की जरूरत नहीं पड़ेगी। लेकिन यह मूर्ति चुराना इतनी आसान बात नहीं है। इसे चुराना हमारी पूरी पारधी जाति के लिए मानो कोई बहुत बड़ा आवाहन है! इसका कारण यह है कि यह मन्दिर एक बहुत ऊँची सीढ़ियाँ चढ़कर जाना पड़ता है। वहाँ पहुँचते-पहुँचते सारा दम निकल जाता है। साँस फूलकर इनसान थककर बेहाल हो जाता है। उस पर यदि इतनी भारी मूर्ति उठानी पड़े तो उस समय उसे उठानेवाले की हालत खस्ता हो सकती है। एक और बात जो बहुत महत्त्वपूर्ण है...वह यह कि उस मूर्ति को उठाकर लाने के पश्चात् उसे छिपाकर कहाँ रखा जाए? इन सारी बातों पर हमें ध्यान देना होगा और पूरी सोच समझ के बाद ही डाका डालने की तैयारी करनी होगी...क्या मैं ठीक कह रहा हूँ?" चिल्लर पारधी ने प्रश्नभरी निगाहों से रानपाल्या की ओर देखा।

रानपाल्या अपना सिर खुजाते हुए बोला—"यार तुमने सवेरे-सवेरे बड़ी अच्छी खबर दी, पर साला मैंने कभी देव धर्म, श्रद्धा स्थान की चोरी करने की कभी नहीं सोची! पर तुम जैसे कह रहे हो, उसके मुताबिक यह शिकार एक तगड़ा शिकार लगता है। बालाजी—यह एक बहुत बड़ा श्रद्धा स्थान है। लोग इसे बहुत मानते हैं। उनकी मन्नतें भी यह भगवान पूरी करता है। वैसे देखा जाए तो अब तक किसी भी पारधी ने भगवान की चोरी नहीं की है। पर यदि सोचा जाए तब हमारे लिए सिर्फ एक ही भगवान है और वह है हमारी कोडियारा देवी, वही हमारी असली देवी है उसके सिवाय हम किसी और की पूजा नहीं करते, अन्य किसी देवता को नहीं मानते। हमारी कोडियारा देवी ही हम पारधियों को संकटों से उबारती है। हमें सहारा देती है। उसी को हम अपनी 'आदिमाय' मानते हैं। इसलिए किसी भी अन्य देवता को हमें मानने की जरूरत नहीं है। बालाजी ब्राह्मणों और मारवाड़ियों का भगवान है। हम पारधियों का 'नैवेध' इस देवता को नहीं दे सकते, उसे कभी वे लोग स्वीकारेंगे नहीं। इसलिए मैं समझता हूँ कि अमीरों के अमीर भगवान की चोरी करना मेरी नजरों

में कोई गुनाह नहीं। हाँ पर वह बात अलग है कि यहाँ चोरी करना एक बड़ा मुश्किल काम है। यहाँ डाका डालने से पहले हमें पूरा सोच-विचार करना होगा। किसने कैसे क्या करना है, कब करना है, इस बारे में सब मिलकर विचार करेंगे। तब ही हम अपना कदम आगे बढ़ाएँगे। एक बात पक्की है, हमें यह काम करना ही है। यह काम करने के बाद ही मैं शान्ति से बैठूँगा।''

चिल्लर पारधी की बात पर रानपाल्या गहराई से सोचने लग गया। एक दिन सुबह उठकर वह नाना पाटिल से मिलने चला गया। दोनों एक जगह बैठकर सोचने लगे कि बालाजी के मन्दिर पर डाका डालने के बाद उस मूर्ति को कहाँ रखा जाए। उसका आगे क्या किया जाए। रानपाल्या उस आदमी से भी जाकर मिला जहाँ वह डाके से मिली चीजों–सोना, जेवरों आदि को बेचा करता था या जिसके पास ले जाकर रखा करता था।

रानपाल्या ने नाना पाटिल से कहा–''मालिक इस बार मैं एक बड़ा शिकार करने जा रहा हूँ। उस शिकार को कैसे निगलना और पचाना है, इसी सोच में मैं हूँ। उस शिकार को लाकर कहाँ रखा जाए यह सवाल मेरे सामने है। अब मैं बात साफ-साफ बोलता हूँ...। आंबड गाँव के पास एक ऊँची पहाड़ी पर बालाजी का मन्दिर है। उस बालाजी की मूर्ति को चुराने का मेरा इरादा है। इस मूर्ती में बड़े पैमाने पर सोना मिला है। क्योंकि वह मूर्ति पंचधातु की बनी है जिसमें अधिक मात्रा में सोना मिला हुआ है। चोरी तो हम कर ही लेंगे परन्तु मूर्ति हाथों में आने के बाद उसे बेचने का काम आपको ही करना पड़ेगा...? ऐसा कहकर रानपाल्या ने प्रश्नभरी नजरों से नाना पाटिल की ओर देखा।

नाना पाटिल ने सोचते हुए कहा–''देखो भाई, मुझे सोना-रुपया दो तो उसे मैं अपने पास रख सकता हूँ–उसे अच्छी तरह सँभालकर रख सकता हूँ पर यह मूर्ति वगैरा अभी मेरे घर पर लाकर मत रखो। उसे तुम किसी खेत या बाग में ले जाकर गाड़ दो और कुछ दिन वैसे ही छिपाकर रख दो क्योंकि चोरी के बाद सब जगह हल्ला मच जाएगा, तलाशियाँ होंगी, इसलिए उस बला को तुम अभी से मेरे घर में लाकर ना रखो। भगवान की चोरी कोई अच्छी बात नहीं होती, बिना बात के तुम्हारे नाम के साथ मेरा नाम भी जुड़ जाएगा, और मेरे मुँह पर कालिख पुत जाएगी। लेकिन जब चोरी के बाद का हल्ला और उससे मचा शोर शान्त हो जाएगा तब और तभी मैं उस मूर्ति को तपाकर उसमें से सोना अलग कर, उस सोने को बेचने में तुम्हारी सहायता कर सकूँगा। मेरी बात समझ आई?''

रानपाल्या ने अपनी जगह से उठते हुए नाना पाटिल से कहा–''आप बिलकुल चिन्ता न करें, आपकी बातें हम समझ गए हैं। हम पूरा काम बड़ी सूझ-बूझ से करेंगे। हम यहाँ केवल अपने काम की खबर आपको देने आए थे। आपसे बात हो गई है। अब हम चलते हैं...।'' उठकर रानपाल्या बाहर चला आया और अपने दो

साथियों समेत रहिमान्या और तीरमान्या को साथ लेकर तीनों चलते बने।

10

जैसे कि तय किया गया था—एक अमावस्या की घनी अँधेरी रात को चिल्लर पारधी, रहिमान्या, तारक्या, बन्दुक्या, रानपाल्या के साथ मिलकर, आंबड गाँव के पास स्थित ऊँची पहाड़ी वाले मन्दिर पर जा पहुँचे। ऊपर चढ़ने में थोड़ी दिक्कत जरूर हुई परन्तु गन्तव्य तक जल्दी पहुँचने के विचार से किसी ने उस पर अधिक ध्यान न दिया। मन्दिर के दरवाजे पर मोटा ताला लगा हुआ था। उसे तोड़ने में थोड़ा-सा समय लगा पर वे निर्विघ्य अन्दर जा पहुँचे। मन्दिर में रात के अँधेरे में दीये की रोशनी में चमचमाती मूर्ति बहुत खूबसूरत लग रही थी। रानपाल्या ने चुपचाप उसे अपनी पीठ पर लाद दिया। लगभग सौ किलो भार की मूर्ति को रानपाल्या पहाड़ी पर से नीचे ले आया। भार उठाकर वह थक गया था। अतः उसने वह मूर्ति अपनी पीठ पर से उतार कर एक गन्ने के खेत में रख दी। आगे मूर्ति को उठाकर चलना उसने ठीक न समझा। चौकन्ना होकर चारों ओर देखकर, उसने गन्ने के उस खेत के एक कोने में पानी के निकट, एक गहरा गड्ढा खोदकर बालाजी की मूर्ति को उसमें दबा दिया।

रानपाल्या ने चिल्लर पारधी से कहा—“देखो भाई, अब तक हमने बहुत डाके डाले हैं, चोरियाँ की हैं, पुरानी गढ़ियों पर डाके डालकर अनेक सोने की मूर्तियाँ और खजाने लूटे हैं—अब तक चुराई हुई मूर्तियाँ छोटी थीं। उन्हें हमने बड़ी सहजता से पचा लिया। पर यह मूर्ति सौ किलो से भी अधिक वजन की लगती है। इसे हजम करना कठिन लगता है। इतनी बड़ी मूर्ति की चोरी मैंने पहली बार की है। कल लोग जब दर्शन करने मन्दिर आएँगे तब यहाँ जबरदस्त कोहराम मच जाएगा और पुलिसवाले छानबीन शुरू कर देंगे। इसलिए आज के बाद आठ दस दिनों तक हममें से कोई भी पारधी बस्ती पर नहीं जाएगा। जो कुछ घटेगा उसे हमें दूर से ही देखना होगा। कोडियारा देवी जैसी हमारी मन्नत पूरी करती है वैसे ही इस बालाजी ने भी हमारी इच्छा पूर्ति की, तब हमें अपनी जिन्दगी में फिर कभी डाका डालना नहीं पड़ेगा। यह चोरी अगर हम पचा सके तब इससे और अधिक अच्छी बात कोई दूसरी नहीं हो सकती है। हल्ला मचने से पहले ही हम लोगों को अपने स्थान पर एडशी के पहाड़ों में जाकर छिप जाना चाहिए। मांजर सुभ्या की सरहद में पहुँचना जरूरी है... ।”

दूसरे दिन सुबह जब मन्दिर का पुजारी पूजा करने आया तब मन्दिर का टूटा हुआ ताला देखकर वह घबरा गया। गर्भगृह में जाकर देखा तब वहाँ मूर्ति न देखकर उसका सिर चक्कर खाने लगा। मूर्ति कहाँ गई, कौन ले गया उसे, कौन आया होगा यहाँ... । घबराया हुआ पुजारी जोरों से चिल्लाने लगा “चोरी हो गई, कोई यहाँ से मूर्ति

चुराकर ले गया है...।" यह सनसनी आँख के झपकते ही चारों ओर फैल गई। आसपास के सारे भक्तगण मन्दिर आ पहुँचे। चर्चा होने लगी। कुछ भक्तों के साथ मन्दिर का पुजारी पुलिस चौकी पर चोरी की खबर देने भागा। आसपास के दस-बीस गाँवों में चोरी की खबर फैलते ही वहाँ के लोग बेचैनी से भर गए और तैश में आकर पुलिस थाने के सामने प्रदर्शन करने लग गए। उनकी एक ही माँग थी–बालाजी की मूर्ति को ढूँढ़कर पुनः मन्दिर में प्रस्थापित जल्दी से जल्दी किया जाए। पुलिसवाले भी इस चोरी से चकरा गए थे। इतनी ऊँची पहाड़ी से बड़ी-बड़ी सीढ़ियाँ उतरकर, कौन इतनी भारी मूर्ति उठाकर ले जा सकता है? भक्तों में और पुलिसवालों में तर्क-विर्तक चल रहे थे। इतनी महत्त्वपूर्ण और प्रसिद्ध पंचधातु की मूर्ति किसने चुराई होगी? सरकार भी सोच में पड़ गई थी। सारे पेपरों में यही खबर पहले पन्ने पर थी। सब इसी बारे में चर्चा कर रहे थे। पुलिसवाले मूर्ति का पता अभी तक लगा पाने में कामयाब नहीं हुए थे। पेपर में हर रोज तरह-तरह की बातें छप रही थीं। लोगों से और सरकार में बेचैनी बढ़ रही थी। यह सब देखते हुए सरकार ने मूर्ति को ढूँढ़ने के लिए एक खास पथक का गठन किया और उन लोगों पर मूर्ति को ढूँढ़ निकालने का काम सुपुर्द किया। रोज के रोज भक्तों के जत्थे पुलिस थाने के सामने धरना देकर बैठने लगे। उनकी एक ही माँग थी–"मूर्ति को ढूँढ़कर ला दो।"

रानपाल्या और उसके साथी रानसुभ्या के एडशी के पहाड़ी इलाके में बैठे घटनाओं पर नजर रखे हुए थे। लोगों में फैल रहे असन्तोष को देखते हुए रानपाल्या को लगने लगा था कि शायद यह मूर्ति की चोरी वह हजम न कर पाएगा। पुलिस ने शायद भाँप लिया होगा कि यह काम उसी का है...। पुलिस उसका पीछा करते हुए उस तक पहुँच सकती थी। क्योंकि पुलिस अब जगह-जगह पर छापे डाल रही थी। निरपराध मासूम पारधी औरतों, बच्चों को जबरन पकड़कर उनसे मारपीट कर रही थी। इन्हीं छापों से उन्हें भनक पड़ गई थी कि कोई नए पारधी लोग ढोकी गाँव से होकर आंबड गाँव की तरफ चले गए थे। बस फिर क्या होना था? पुलिसवालों के रजिस्टर में रानपाल्या का नाम दर्ज था। वे जानते थे कि रानपाल्या और उसके साथी डाके डालने में माहिर हैं। उन्होंने ही यह चोरी की होगी। यह अंदेशा उन्हें था। अपना यह शक जाहिर कर उन्होंने अपना पथक ढोकी गाँव के पुलिस थाने में भेजा। उस थाने में इन्स्पेक्टर सयाजी पवार बैठा हुआ था। उस पथक ने सयाजी पवार को रानपाल्या की सम्पूर्ण जानकारी दी। वह डाके कैसे डालता है, उसने अब तक कहाँ-कहाँ लूटपाट की है, इस बारे में उसे बताया। सयाजी पवार ने पथक के मुखिया से कहा–"मेरे थाने में उसे पकड़े जाने का उल्लेख किया गया है पर उस पर कभी भी मन्दिर लूटने या मूर्ति चुराने का आरोप नहीं लगाया गया है। हाँ उसके रिश्तेदार अब भी पारधी बस्ती में रहते हैं।" यह सुनकर वह पथक एक बार फिर बस्ती पर जा पहुँचा और उन्होंने वहाँ पुनः पूछताछ शुरू कर दी। जिससे भी वे बात करते वे

कह देते कि रानपाल्या के बारे में वे कुछ भी नहीं जानते हैं। बिरडीस, जलन से पूछने पर उन्होंने कहा कि उनका बेटा कहीं दूर शिकार करने गया है। वे भी सीधे कोई ठीक जवाब नहीं दे रहे थे। आंबड गाँव से आए हुए पथक इन्स्पेक्टर बाघमारे तमाम पारधियों को पकड़कर थाने पर ले गया और ऐलान कर दिया कि यदि डाकू रानपाल्या अपने साथियों से साथ थाने पर न पहुँचा तब उसके माँ-बाप और साथियों को बन्दी बनाकर जेल में डाल दिया जाएगा। हजारों-लाखों लोगों के विश्वास का सवाल है। उनके श्रद्धा स्थान को गहरा धक्का पहुँचाया गया है। यदि उसने वह मर्ति वापस लौटा दी तब उसे कोई तकलीफ न दी जाएगी।

नाना पाटिल भी अब गहरी सोच में पड़ गया था। पारधी लोग यदि पकड़े गए और अगर उन्होंने उसका नाम ले दिया तो बिना बात के उसके मुख पर कालिख फिर जाएगी। तुरन्त उसने रानपाल्या को खबर भिजवा दी कि 'लोगों की भावनाओं को गहरी ठेस पहुँची है, लोग बौखला गए हैं। अतः समझदारी इसी में है कि रानपाल्या वह मूर्ति पुलिसवालों के हवाले कर दे।'

रानपाल्या तक अब यह खबर पहुँच चुकी थी कि उसके माँ-बाप और गर्भवती पत्नी को पुलिस पकड़कर ले गई है और उन्हें वहीं रखा जाएगा। जब तक रानपाल्या जाकर पुलिस थाने में नहीं खड़ा हो जाता। इसी बात का उसे डर था और वही हुआ... उसके सामने केवल एक ही उपाय था जिससे वह सबको बचा सकता था। वह उपाय था मूर्ति लाकर पुलिस को सौंप देना। अपना विचार पक्का कर वह नाना पाटिल से मिला और उसके द्वारा सयाजी राव पवार इन्स्पेक्टर को सन्देशा भिजवाया, 'मैं मूर्ति लौटाने को तैयार हूँ। परन्तु उसके बदले में सब पारधियों को और उसके परिवार को बन्दीगृह से छुटकारा देना होगा...।'

पुलिस इनस्पेक्टर के साथ समझौता होने के पश्चात् सब पारधियों को कैद से छोड़ दिया गया और निश्चित किए गए समय पर रानपाल्या अकेले ही आंबड गाँव के पुलिस थाने में चला गया। वहाँ रानपाल्या ने यह भी कहा कि वह चोरी उसने अकेले ने ही की है।

पुलिस इन्स्पेक्टर बाघमारे और ढोकी के फौजदार पवार ने रानपाल्या से पूछताछ शुरू कर दी और कहा—"तुम अब तक घरों पर डाके डाला करते थे पर तुमने मन्दिरों पर भी हाथ डालना शुरू कर दिया?" इस पर चंचल और कुशाग्र बुद्धि रखनेवाले रानपाल्या ने उत्तर दिया, "साहेब, मैंने मन्दिर की मूर्ति नहीं चुराई है। मेरे पर आप गलत आरोप न लगाओ। मन्दिर की मूर्ति मैं अवश्य लाया हूँ पर आप मुझसे जरूर पूछिए कि मैं वह क्यों उठाकर लाया और उसे मैं कैसे लाया...।" इन्स्पेक्टर भी यह बात जानने के लिए उत्सुक था।

उसने कहा—"हाँ रानपाल्या बताओ तो सही इतनी ऊँची और कठिन चढ़ाईवाली पहाड़ी पर से, इतनी भारी मूर्ति को तुम नीचे कैसे उठा लाए? इसका हम सबको बहुत

अचरच हो रहा है...।"

इस पर रानपाल्या बोला—"देखो साहेब, इस प्रदेश में बहुत पाप हुआ है। भगवान के नाम पर बहुत गलत बातें और धन्धे हो रहे हैं, लोग भगवान का नाम लेकर अनाचार कर रहे हैं। मैं भी बालाजी का भक्त हूँ। डाके डालने के बाद काम अच्छा हो जाने के बाद मैं डाके से प्राप्त हुआ सोना गुप्त रूप से आकर बालाजी को अर्पण करता था। कभी-कभी बालाजी के दर्शन कर जाता था। परन्तु एक दिन भगवान बालाजी मेरे सपने में आया और मुझसे कहा कि इस पृथ्वीतल पर बहुत पाप हो रहा है, मुझे कुछ चमत्कार करके दिखाना होगा। तुम मुझे मन्दिर से उठाकर, नीचे ले जाकर कहीं रख दो। बालाजी के इस दर्शन के बाद अमावस की रात को मुझे कुछ-कुछ असाधारण सा महसूस होने लगा। ऐसा लगा मानो किसी शक्ति ने मुझे पछाड़ लिया हो। मेरे पर कब्जा कर लिया हो। इसी अवस्था में मैं भागते हुए मन्दिर के दरवाजे के सामने आ पहुँचा—और देखता क्या हूँ—वहाँ का लगा ताला अपने आप टूटकर गिर गया। मन्दिर का द्वार खुल गया। बालाजी की मूर्ति को कन्धों पर उठाकर मैं झटके में पहाड़ी से नीचे उतर आया और उस मूर्ति को मैंने एक खेत में छिपा दिया...। देखिए साहेब, इस सारी घटना में मेरा कोई दोष नहीं है। मैंने कोई गुनाह नहीं किया है। यह भगवान की मर्जी थी, जो कुछ हुआ उसी की मर्जी से हुआ है...।" दोनों इन्स्पेक्टर रानपाल्या की बातों से चकरा गए थे।

उन्होंने कहा—"ऐसा लगता है कि यह ठीक कह रहा है। इसकी बातों में तथ्य है वरना इतनी भारी मूर्ति को कोई एक अकेले कैसे उठाकर पहाड़ी से नीचे ला सकता है? देखो रानपाल्या अगर तुम सच कह रहे हो, तब तुमने उस मूर्ति को जहाँ भी रखा है उसे वहाँ से उठाकर उसी स्थान पर रख दो। तुम ऐसा करोगे तब ही हम तुम्हारी बातों पर विश्वास करेगें।"

रानपाल्या के पीछे-पीछे पुलिसवालों का एक जत्था निकल पड़ा। वे चाहते थे कि एक पहुँचा हुआ डाकू उनके चंगुल से भाग न निकले। रानपाल्या के हाथ-पाँव मोटी सलाखों से जकड़ दिए गए थे। पूरी बारात उस गन्ने के खेत में पहुँची जहाँ मूर्ति को छिपाकर रखा गया था। आसपास के किसान और लोग मूर्ति चुरानेवाले डाकू को देखने इकट्ठा हो गए थे। खेत पर पहुँचते ही उसकी सलाखें हटा दी गईं जिससे रानपाल्या को जमीन खोदने की दिक्कत ना पड़े। रानपाल्या ने अब एक नौटंकी रची और वह जोर-जोर से झटके देने लगा मानो उसके शरीर में फिर कोई शक्ति प्रवेश कर रही हो। फिर वह कुछ ब्राह्मणों जैसा मंत्रोचार बड़बड़ाने लगा, अपनी कोडियारा देवी की प्रार्थना करने लगा। जोर से याचना शुरू कर दी है—कोडियारा देवी माँ, मुझे इस संकट से उबारो, मेरे में इतना बल दो कि इस चुराई हुई मूर्ति को मैं इस जगह से अकेला निकाल सकूँ...।" ऐसे कहकर उसने अपनी देवी के समक्ष साष्टाँग नमस्कार किया और कहता रहा—"मुझे बल दे, बल दे...।" इतना कहने के बाद

उसने कुदाली उठाई और खोदना शुरू किया। देखते ही देखते एक तरफ मिट्टी का ढेर लग गया और जमीन के अन्दर छिपी मूर्ति नजर आने लगी। और थोड़ी मिट्टी निकलने के बाद पूरी मूर्ति के दर्शन एकत्रित लोगों को हुए, तेजस्वी मूर्ति को देखकर सबकी आँखें चौंधिया गईं। भावपूर्ण हो सबने हाथ जोड़ दिए। सबने एक स्वर में कहा–''अच्छा हुआ चोरी हुआ भगवान मिल गया...इस पारधी के शरीर में साक्षात् बालाजी ने प्रवेश किया था, बालाजी ने ही इसको इतनी शक्ति दी कि वह अकेला ही उसे उठा सके। चलो देखें तो सही क्या वाकई में यह अकेला मूर्ति को उठाकर वापिस मन्दिर में रख पाएगा। यदि ऐसा हुआ तो हम समझेंगे कि सचमुच यहाँ पाप बढ़ गया है...।''

पुलिस ने रानपाल्या से कहा–''यदि तुमने जो कुछ कहा वह सच है, तब अब तुम इस मूर्ति को उठाकर, वापिस अपनी इसकी जगह पर ले जाकर रख दो तभी तुम्हारी बातों पर विश्वास करेंगे। यदि ऐसा न कर पाए, तब तुम्हें जेल की हवा खानी पड़ेगी। हाँ, और यदि तुम इस मूर्ति को अपने स्थान पर रख सकोगे तब तुम्हें हम कोई सजा न देंगे, इतना ही नहीं, हम अपने साहब को कहकर तुम्हें इनाम भी दिलवाएँगे।''

रानपाल्या ने कहा–''साहेब मैं भी असली पारधी की औलाद हूँ। मेरे बापजादों ने भयंकर बाघों की नाक में नकेल डाली है, उनकी पीठ पर बैठकर शिकार किया है। हमें मिले शिकार के दुगने वजन वाले बारहसिंगे को हमने पाला है। कस्तूरी मृग को हमने सँभाला, पाला है। हम पारधियों का खून ऐसा है कि बड़ा भार उठाना हमें मुश्किल नहीं लगता। इस मूर्ति को उठाना मेरे लिए हाथ के मैल जैसा आसान है...।'' यह कहते हुए रानपाल्या ने अपना पूरा दम एकत्रित कर दाँत भींचकर गड्ढे से मूर्ति को उठाया और एक ही झटके में उसने वह मूर्ति उठाकर बाहर रख दी...। और दूसरे ही क्षण 'जय कोडियारा देवी' का घोष कर उस मूर्ति को उसने अपनी पीठ पर रखकर आंबड गाँव की पहाड़ी का रुख कर भागना शुरू कर दिया। देखनेवालों को लगा मानो उसके शरीर में शक्ति का संचार हो गया था।

ऊँची पहाड़ी पर चढ़नेवाला रानपाल्या ऐसे लग रहा था मानो कोई शक्तिशाली 'पटागोह' पहाड़ी चढ़ रही हो। इतनी भारी मूर्ति को सहजता से ले जाते हुए देखकर सारे दर्शक प्रसन्नताभरी निगाहों से, इस आश्चर्यचकित करनेवाली घटना को देख रहे थे। वे मान चुके थे कि यह देवी का चमत्कार ही हो सकता है। पुलिस और सारी जनता दंग रह गई थी। अब तक मूर्ति चुरानेवाले को कोसने वाले गाँववाले रानपाल्या का बखान कर रहे थे। वे कह रहे थे–''यह बात सही लगती है कि हमारे यहाँ पाप बहुत बढ़ गया है, इसीलिए इस पारधी के रूप में बालाजी हमें दिखाई दिया। इस धरती पर उतर आया। कहते हैं ना कि भगवान किस रूप में हमारे सामने आए कह नहीं सकते। इसे देखकर लगता है कि यह पारधी चोर न होकर असली

देवी भक्त है, उसे छोड़ देना चाहिए...।'' लोगों ने पुलिसवालों से विनती करनी शुरू कर दी कि रानपाल्या को छोड़ दिया जाए। उसे कोई भी सजा न दी जाए।

रानपाल्या बिना रुके पहाड़ी पर चढ़ गया और मूर्ति को अपनी जगह पर रख दिया। वह पसीने से लथपथ हो रहा था और बेहद थक गया था। उसकी पीठ बुरी तरह से छिल गई थी और खून की बूंदों से सनी हुई थी। वह अपनी थकान और छिली पीठ किसी को दिखाना नहीं चाहता था, इसी कारण पहाड़ी पर से निकलते झरनों के पानी से और उस पानी से बने पोखरे में जाकर उसने डुबकी लगाकर अपनी थकान को और खरोंची गई पीठ को सहलाकर ठीक किया। काफी देर तक पानी में डुबकियाँ लगाता रहा। बाद में एक मछली की तरह पानी में पीठ पर तैरता रहा जब उसका शरीर और मन तरोताजा हुआ तभी वह पानी से बाहर निकला।

पानी से बाहर निकलने के बाद उसने देखा कि लोगों की भीड़ उसे आश्चर्यचकित होकर देख रही थी। सिर ऊँचा किए तनकर पानी से बाहर आते हुए रानपाल्या को देखकर लोगों के जमावड़े ने हर्षोल्लासित होकर तालियाँ बजाकर उसका स्वागत किया। डाकू के रूप में मानो स्वयं भगवान का दर्शन वे लोग कर रहे थे ऐसा प्रतीत हो रहा था। बालाजी का दर्शन करने के बजाय उस दिन लोग रानपाल्या के पैर छू रहे थे—बालाजी के भक्तों ने डाकू को असली भक्त मानकर—उसका गुणगान कर—उसे बड़े गाजे-बाजे के साथ वे पहाड़ी से उसे जुलूस में नीचे उतार लाए।

रानपाल्या इस सब बदलाव से हक्काबक्का होकर रह गया—वह मन ही मन सोचने लगा कि इन श्रद्धालुओं के बीच से और पुलिसवालों की चंगुल से बच निकलने का शायद यी एक मौका है—अब तक अपनी अक्ल और सूझबूझ के बलबूते पर उसने पुलिसवालों को और श्रद्धालुओं को बेवकूफ बनाया था और अपनी चमड़ी बचाई थी। अब भी उसी प्रकार मुझे इनसे छुटकारा पाना होगा—अब भी मुझे यह दिखावा करना होगा कि मेरे शरीर में भगवान का संचार हुआ है—और उसी पूरी स्थिति में तेजी से भाग निकल सकता हूँ—''और रानपाल्या ने वैसा ही किया...। अपने सिर को झटकते हुए—बदन को हिचके—झटके देते हुए—किसी घोड़े या हिरन की फूर्ती और तेजी से वह भाग निकला और आँख के झपकाते ही वह जंगल में अदृष्य हो गया। गाफिला पुलिसवाले कुछ समझ न पाए कि क्या हुआ—समझ आते ही कुछ दूर तक उन्होंने रानपाल्या का पीछा किया—परन्तु तब तक वह उनकी आँखों से ओझल हो चुका था।

रानपाल्या बहुत दूर जा चुका था—उसे भागा देखकर पुलिसवाले अपने हाथ मलते रह गया। सारी घटना लोगों के चर्चा का विषय बन गई थी...एक डाकू के शरीर में भगवान बालाजी ने संचार किया और उसी ने यह सारा अनर्थ करवाया—पाप के अधिक हो जाने से यह चमत्कार हुआ था इस पर लोगों का विश्वास हो गया था। उधर पुलिसवाले दुखी हो गए थे कि एक डाकू उनके हाथों से निकल गया—

वे चाहते थे कि उसे पकड़कर उससे सारे अपराधों को उगलवाना–पर क्या करते–रानपाल्या उनके हाथों न लगा था। उन्हें इसी बात से खुशी थी कि चोरी हुई मूर्ति वापस आ गई थी और एक बार फिर वह अपनी जगह पर रखी गई थी। यदि ऐसा न हुआ होता तब जनता के असन्तोष और क्रोध का सामना उन्हें करना पड़ता–वरिष्ठ अधिकारियों से वे प्रताड़ित होते और शायद उनके ('प्रमोशन') बदली पर असर पड़ता।

रानपाल्या अपनी सूझबूझ और चालाकी से लोगों की और पुलिस की चंगुल से छूट गया था। इस घटना के बाद दूसरे दिन सब अखबारों में पहले पन्ने पर इसी खबर को नमक मिर्च लगाकर छापा गया था। काफी दिनों तक लोग इस घटना को भूला न पाए थे।

रानपाल्या जानता था कि पुलिस चुप बैठनेवाली नहीं थी–एक न एक दिन वे उसका पीछा करते हुए उसे ढूँढ़ने जरूर आ पहुँचेंगे। इसलिए वह पुनः एडशी के घनघोर जंगलों की घाटियों में आकर छिप गया। वहाँ के एक अजस्त्र बड़े 'बड़ के पेड़' के चौड़े-मोटे तने में अपने छिपने की एक जगह बना ली थी–वह जगह ऐसी बनाई गई थी कि वहाँ रानपाल्या बिना किसी दिक्कत के कितने ही दिन वहाँ रह सकता था। उस कमरे जैसी जगह को उसने पेड़ की छालों से बना दरवाजा भी लगा लिया था–एक बार वह दरवाजा बन्द करने पर–पुलिस को तो क्या–उनके बाप को भी पता नहीं लगता था कि कोई इनसान उसके अन्दर बैठा हुआ है। खास–गिने-चुने–विश्वासू साथियों को ही इस जगह के बारे में पता था। पहले भी कई बार रानपाल्या इस जगह पर छिपा रहा था। रानपाल्या यहाँ ऐसे छिपता था मानो कोई लोमड़ी आकर रातभर वहाँ रात बिताती हो। इस समय भी रानपाल्या ने उसी सुरक्षित जगह की शरण ली। जल्दी ही पुलिसवाले भी उस जंगल में आ पहुँचे थे–उन्होंने उस बड़े बड़ के आसपास कई चक्कर काटेंपर उन्हें उस गुप्त जगह का बिलकुल भी पता न लगा–एक दो बार तो पुलिसवाले उस पेड़ के नीचे आकर भी बैठ गए थे–उस समय केवल रानपाल्या की आँखें उन्हें देख रहीं थीं।

अपनी परम्परागत नीतियों से–अपनी अकलमंदी से, पारधी लोग जंगलों–गिरी कन्दराओं और घाटियों में छिपकर जिन्दगी का गुजर-बसर करना जान गए थे–झाड़ियों में छिपकर शिकार कैसे किया जाता है इसकी जानकारी रानपाल्या को जन्मजात थी–छिपे हुए पशु-पक्षियों की शिकार वह बड़ी अच्छी तरह से कर लिया करता था। उसका वह अनुभव अब इस समय उसके काम आ रहा था। वह इतना अवश्य चाहता था कि इस समय वह किसी का शिकार न बन बैठे–पुलिस उसका शिकार न कर पाए–उस कठिन समय में वह अत्यधिक सावधानी बरत रहा था–वह श्वासो श्वास भी सँभालकर कर रहा था–ऐसी स्थिति में कई दिन रानपाल्या ने उस गुप्त जगह पर गुजारे। उसका साला रहिमाना जब बड़ के पेड़ के पास उसे खाने

के लिए रोटी लाता था तब वह अपने मुँह से कभी टिटही की आवाज या कभी कोकिला की आवाज निकाल कर इशारा देता था कि उसका भोजन वह ले आया है। सावधानी बरतते हुए रानपाल्या केवल भोजन लेने और नित्यकर्म करने के लिए ही अपनी जगह से बाहर निकलता था।

एडशी के जंगल में छिपे रहते समय एक दिन रहिमान्या ने रानपाल्या को बुरी खबर लाकर सुनाई। हाँफते हुए वह जंगल में पहुँचा–झाड़ियों में छिपा कर रखे हुए पानी के मटके से उसने गटागट पानी पीकर अपनी प्यास बुझाई–आवाजें निकाल कर रानपाल्या को बाहर आने को कहा और उसने कहना चालू किया–"हमारे 'कलम्ब' की बस्ती पर एल.सी.बी. के लोगों ने छापा इसलिए डाला कि उन्हें शक था कि रानपाल्या शायद अपने ससुराल में आकर छिपा बैठा है।

आते ही पहले उन्होंने दारू की हाथभट्ठियों की तोड़फोड़ कर दी और सारे कच्चे माल को नष्ट कर दिया। सब घरों को ढूँढ़ डाला। हर वस्तु को उलट-पलटकर देखा। मेरे घर में मेरी पत्नी बुधवारी बैठी थी जिसकी गोद में मेरी बेटी मंजुली थी। बेटी को देखकर एक थानेदार ने मेरी पत्नी से पूछा कि तुम्हारे पारधी समाज में यह इतनी खूबसूरत बच्ची कहाँ से आई? तुम इसे कहाँ से उठाकर लाई हो? किस शहर के किस अमीर घर से इस बच्ची को तुमने अगवा किया है। कहाँ से चुराया है इसे? इतनी गोरी चिट्टी खूबसूरत लड़की पारधियों की हो ही नहीं सकती। तुम इसे कहीं से चुराकर लाई हो...। फिर उसने मेरी पत्नी को धमकाना डराना शुरू कर दिया। इस पर मेरी पत्नी ने हाथ जोड़कर गिड़गिड़ाते हुए उससे कहा कि साहेब यह मेरी ही बेटी है, इसे मैंने अपनी कोख में नौ महीने पाला है। मैंने ही इसे जन्म दिया है। वह यदि गोरी चिट्टी है, खूबसूरत है तो इसमें उसका या मेरा क्या गुनाह? साहेब आप चाहे तो सब कुछ ले जाओ पर मेरी प्यारी बेटी मंजुली को मत ले जाओ...।

"पर पुलिसवाले मेरी पत्नी की कोई भी बात सुनने या मानने को तैयार न थे। वे कहने लगे कि इस लड़की का और तुम्हारा खून मेल खाता है या नहीं इसकी हम जाँच करेंगे और तब पता लगेगा कि यह तुम्हारी ही बेटी है या नहीं। इतना कहकर पुलिसवाले मेरी बेटी को उठाकर अपने साथ ले गए। मेरी पत्नी रोई-गिड़गिड़ाई पर पुलिसवालों ने उसे लातें मारना शुरू कर दिया। फिर भी वह जमीन पर लोटती हुई, मार खाती हुई कहे जा रही थी–यह मेरी ही बेटी है... इसे छोड़ दो, मत ले जाओ। फिर भी वे मंजुली को उठाकर ले गए। तबसे मेरी पत्नी ने बिस्तर पकड़ लिया है। खाना-पीना छोड़ दिया है...। पुलिस के छापे, मारपीट पारधियों के लिए कोई नहीं बात नहीं है पर मेरी बेटी को इस तरह उठा ले जाना, केवल वह खूबसूरत है, गोरी चिट्टी है, इसलिए? ऐसा होना क्या गुनाह है? मैंने अपनी पत्नी से कई बार कहा था कि अपनी बेटी को रोज नहला धुलाकर साफ मत रखो, बाल मत बनवाओ, अच्छे कपड़े मत पहनाओ, वह किसी की नजरों में न जाए। उसे किसी की नजर लग

जाएगी पर उसने मेरा कहा न माना। देखो अब क्या हो गया। पुलिसवालों की नजर उस पर पड़ ही गई, बताओ रानपाल्या अब मैं क्या करूँ। तुम ही कुछ कहो... ।''

रानपाल्या ने पूरी बात सुनकर रहिमान्या से कहा–''भाई जाने दो ना...अधिक चिन्ता मत करो। आज नहीं तो कल-परसों पुलिस समझ ही जाएगी कि बेटी तुम चुराकर नहीं लाए हो। तुम्हारी पत्नी बुधवारी की कोख से ही जन्म लिया है–देखो, वे लोग जल्दी ही आकर तुमसे कहेंगे कि आकर अपनी बेटी को यहाँ से ले जाओ। देखो तो रहिमान्या क्या जमाना आ गया है? एक जमाना था जब हम बच्चे नंग-धड़ँग या कभी कमर पर लँगोटी पहने हुए जंगलों में घूमा करते थे। जंगलों में पशु-पक्षियों के सिवाय और कोई हमें नजर नहीं आता था। अपने माँ-बाप एक ही बात से डरा करते थे कि कहीं बाघ उनके बच्चे को उठाकर न ले जाए या फिर जंगली सूअर बच्चे को हानि न पहुँचाए। उन प्राणियों से रक्षण करने तीरकमान और फाँस का उपयोग करते थे। परन्तु इस स्वतंत्रता के मिलने के बाद ये पुलिसवाले बाघ से भी खतरनाक हो गए हैं। इन्होंने तो किसी न किसी बहाने पारधियों का रोज शिकार करना शुरू कर दिया है। हमको पकड़ने के लिए वे सरकार से 'परवाना' लेकर आते हैं, इस कारण हम उनका मुकाबला भी नहीं कर सकते। उनसे हमें संरक्षण भी नहीं मिलता। जब उनका जी चाहे वे हमारी जवान बहू-बेटियों को उठाकर ले जाते हैं। पुराने जमाने में अंग्रेज भी हमें तंग करते थे, पर उन्होंने कभी नहीं कहा कि यह बच्चा तुम्हारा नहीं है। न ही कभी उन्होंने हमारा बच्चा भी उठाया होगा। परन्तु अब देखो ये लोग हमें कैसे तंग कर रहे हैं। कैसे मगरूरी से हमसे कह रहे हैं कि यह बच्ची तुम्हारी नहीं है, जब कि वह बच्ची एक पारधी की बेटी है? रहिमान्या तुम बिलकुल भी फ्रिक न करो...यदि तुम्हारी बच्ची इन आठ-दस दिनों में वापस नहीं आई तब जैसे मैंने 'बालाजी' को उठाया था वैसे ही मैं तुम्हारी बेटी को पुलिस थाने से उठाकर ले आऊँगा। यह मेरा तुमसे वायदा है। मैं असली पारधी हूँ। और यह रानपाल्या अपने वायदे का पक्का है, यह तुम जानते हो... ।'' रानपाल्या ने रहिमान्या को धीरता से रहने की सलाह दी।

कलम्ब की पारधी बस्ती से छोटी सी बच्ची को उठाया गया था। परन्तु चोरी की कोई भी अब तक शिकायत किसी ने थाने में दर्ज नहीं की थी। इसी वजह से पुलिस ने माँ-बेटी के खून की जाँच की रिपोर्ट में यह कह दिया कि दोनों का खून एक ही है। नतीजा यह हुआ कि पारधियों की 'बुधवारी' को थाने बुलवाकर, उसकी बेटी मंजुली को उसे सौंप दिया गया। मंजुली की स्थिति ऐसी हो गई थी मानो किसी खरगोश को शिकारी ने पकड़कर रखा हो। लड़की का रो-रोकर बुरा हाल हो गया था, वह बेहद डरी हुई थी। आँखें और मुँह लाल हो गए थे। बहुत बुरी हालत में थी वह जब उसकी माँ ने उसे कई दिनों बाद देखा। माँ ने अपनी बिछड़ी हुई बेटी को अपनी बाँहों में भरकर गले से लगा लिया।

पुलिसवालों ने बड़े रुखे और कड़े स्वर में कहा–''तुम कहती हो कि यह तुम्हारी

ही बेटी है? चलो तुम पर विश्वास कर लेते हैं और इसे तुम्हें लौटा देते हैं, हाँ एक बात को ध्यान से सुनो, हम उसे उठाकर थाने ले आए थे इस बात की चर्चा न करना और चुपचाप इसे अपने साथ घर ले जाना।'' बुधवारी को धमकाकर पुलिस ने उसे लौट जाने को कहाँ।

लौटते समय मंजुली अपनी माँ से ऐसी चिपकी हुई थी जैसे वह कोई गाय पर चिपकी किलनी हो। रोते हुए मंजुली ने अपनी माँ से कहा—''माय मुझे कभी पुलिसवालों को मत ले जाने दो, वे बड़े खराब हैं, खाने-पीने देते समय वे मुझे धमका रहे थे, मार रहे थे, बहुत बुरे लोग थे वे सब... ।''

अपनी बेटी को लेकर बुधवारी अपनी बस्ती पर लौट आई। इस घटना के बाद उसने सोच लिया था कि अब वह अपने पति का कहना मानकर अपनी बेटी को वह इस प्रकार से रखेगी कि बेटी फिर कभी सुन्दर न दिखे। उसे आठ-दस दिनों के बाद नहलाएगी, बालों को कभी तेल नहीं लगाएगी और न ही अच्छे साफ-सुथरे कपड़े पहने को देगी। किसी समय अच्छी खासी साफ-सुथरी रहनेवाली, रोज बाल बनाकर आँखों में काजल डालनेवाली और नजर न लगे इसलिए काला टीका गालों पर लगानेवाली मंजुली का रूप बिलकुल अलग लगने लगा था। उसका गोरा रंग छिपाने के लिए उसकी माँ बुधवारी अब हर रोज तवे पर लगी कालिख अपनी बेटी के चेहरे पर मल देती थी। वह चाहती थी कि फिर कभी पुलिस की नजर उसकी बेटी पर न पड़े। रहिमान्या खुश था कि उसकी पत्नी ने उसकी बात मान ली थी। वह बुधवारी से बोला, ''समझ गई हो...अपने पारधियों की बहू-बेटियों को चाहिए कि वे बन-ठनकर न रहे, साफ-सुथरी न रहें फिर चाहे उनके बदन से भेड़-बकरियों की तरह बू ही क्यों न आती हो। ऐसे रहने पर ही वे लोगों की बुरी नजरों से बच सकती हैं। हम लोग ऐसे ही सुरक्षित रह सकते हैं। समझी ना?''

आसपास के गाँवों में रानपाल्या की दहशत बढ़ गई थी जिसके कारण उस परिवार के बड़े-बड़े जमींदार और अमीर लोग रानपाल्या की नजरों से बचकर रहना चाहते थे। वे जान गए थे कि दुश्मनों से बदला पारधी अवश्य लेते थे—अतः उन्होंने उसके विरोध में बोलना छोड़ दिया था। वे लोग उससे दूर ही रहना पसन्द करते थे। उसकी बस्ती के आसपास फटकना भी नहीं चाहते थे।

रानपाल्या की कमाई अच्छी हो रही थी। बिरडीस की तबीयत भी अब सुधर गई थी। खेती के काम में अब वह अधिक ध्यान देने लग गया था। खेत के पास उसने कुआँ खुदवा लिया था। दो-चार एकड़ की जमीन पर, अच्छा पानी मिलने के कारण खेती हरी-भरी होकर लहलहाने लग गई थी। बिरडीस के साथ उसके अन्य पारधी साथी भी अपने-अपने खेतों से अच्छी कमाई करने लगे थे। एक बार फिर वे लोग किसानों जैसी अच्छी जिन्दगी बिताने के सपने देखने लगे थे।

बाजीराव देशमुख ने पारधियों से अपना मुख मोड़ लिया था, वह एक बीती बात

थी। नाना पाटिल का सहारा मिलने के बाद पारधियों की जिन्दगी सुधर रही थी। बुरे धन्धे और काम बन्द कर वे अब खेती करने में और ठीक ढंग के कामों में जुट गए थे। इस बदलाव के कारण अब रानपाल्या को भी अपने परिवार और बस्ती के लोगों की अधिक चिन्ता न थी। बिरडीस बूढ़ा हो रहा था, उसे थकावट आ जाती थी–फिर भी वे सब शान्ति से गुजर-बसर कर रहे थे। इससे रानपाल्या का मन शान्त था। जब कभी पुलिस छापा मारती थी तब पहले जैसे बिरडीस और जलन जंगल में भागकर छिपते न थे, वरन निडरता से पुलिस से सवाल-जवाब करते थे और डटकर अपनी जगह बने रहते थे। पुलिस भी रानपाल्या के वहाँ न होने पर उन्हें छोड़कर वहाँ से चली जाती थी।

रानपाल्या को व्यवहार ज्ञान अच्छा था। कहीं भी डाका डालने के बाद, अपने साथियों को उनका हिस्सा दे देने के बाद नाना पाटिल से लेकर पुलिस थानेदार तक का हिस्सा उन्हें ठीक समय पर पहुँचा देता था। इस काम में उसने कभी देर न की थी। जिसका उसे बहुत फायदा मिलता था। रानपाल्या जब अपने माँ-बाप और पत्नी से मिलने आता था तब उसकी तरफ पुलिसवाले अनदेखी कर देते थे और उसके कारनामों से वे अपनी आँखें मूँद लेते थे। कभी जब उनके वरिष्ठ अधिकारियों का दबाव उन पर बढ़ जाता था तब वे किसी छोटे बड़े पाँच-दस गुनहगारों को पकड़कर हिरासत में ले लेते थे। जो अकसर पारधी होते थे। वातावरण के शान्त हो जाने पर उन्हें छोड़ दिया जाता था।

रानपाल्या के बढ़ते दबदबे से और सुधरती हुई परिस्थितियों के कारण बाजीराव देशमुख चिढ़कर हाथ मसलता हुआ बैठ जाता। मन-ही-मन उसे कोसता रहता था। मन-ही-मन वह कहता, 'किसी दिन इस पारधी को मैं जरूर मजा चखाऊँगा, उसे एक गन्ने की तरह निचोड़कर रख दूँगा, ऐसा न कर पाया तो मैं अपना नाम बदल दूँगा। यह हरामखोर हमारे परम्परागत दुश्मन से जा मिला है। उसके साथ मिलकर वह हमें नीचा दिखा रहा है। अब मुझे एक ही काम करना होगा, इन्स्पेक्टर सयाजी राव पवार को हटाकर एक बार फिर घाडगे पाटिल को यहाँ लाकर बिठाना होगा। इसी प्रयत्न में बाजीराव देशमुख रहने लगे थे।

रानपाल्या के मन से अब तक बाजीराव देशमुख और पतंगराव पाटिल से बदले की भावना नहीं गई थी। तीव्रता भी कम न हो पाई थी परन्तु वह जान चुका था, उनका वह कुछ भी बिगाड़ नहीं सकता। उनका विरोध करना वैसा ही होगा जैसे कोई तिलचट्टा हाथी से टक्कर लेने की सोचे! उनके घरों पर डाका डालना, यहाँ हथियारबन्द पुलिस रहती थी, खतरा मोल लेना था। उन पर हाथ डालना उसकी शक्ति से परे था, इस बात का अहसास उसे हो गया था। काफी समय बीत जाने से बदले की धार कम हो रही थी।

रानपाल्या सोच में पड़ गया था। मन-ही-मन कह रहा था, 'मेरी इस समय की

स्थिति वाल्या कोली (वाल्मीकी) जैसी हो गई है। डाके डालता हूँ, और डाके के काम करने के हिस्से भी बाँटता हूँ मैं, इतना करने पर मुझे अकेले जंगलों में जीवन बिताना पड़ रहा है, जब मेरा परिवार कहीं और बस्ती में रह रहा है, कब तक ऐसा जीवन बिताऊँ मैं? कितने दिन मैं अपने माँ-बाप, पत्नी से दूर रहूँ? क्यों न मैं भी बादशाह पारधी जैसे पुलिस के सामने आत्मसमर्पण कर दूँ? वैसे भी अब तक कोडियारा देवी की कृपा से अपनी पारधी बस्ती ढोकी गाँव के पास अच्छी प्रकार से बस भी गई है। मेरे लोग खेतीबाड़ी का काम करने लग गए हैं। अच्छे दिन आ गए हैं। मेरे आत्मसर्मपण से मेरे लोगों को भी परेशान न होना पड़ेगा। मेरे लोग अब आत्मसम्मान से जीने लगे हैं इसलिए अब उन्हें कोई परेशान न करेगा...। इस प्रकार की उसकी सोच और भी गहराती गई और एक दिन, कुछ निश्चय कर वह नाना पाटिल के दरवाजे के समक्ष जाकर खड़ा हो गया। रानपाल्या को सामने देख नाना पाटिल अपनी मूँछों पर ताव भरते हुए उससे कहा–''आज सुबह-सवेरे ही कैसे आना हुआ? कोई खास बात? कहीं कोई डाका-वाका डालकर तो नहीं आए हो?''

इतने सारे सवालों को सुनकर अपने हाथ से रुकने का इशारा करते हुए रानपाल्या ने कहा ''नहीं मालिक डाका डालकर सामान देने नहीं आया हूँ। मैं आज किसी खास काम को लेकर आपसे मिलने आया हूँ।''

नाना पाटिल ने प्रश्नभरी निगाहों से रानपाल्या को देखा और बोले–''अच्छा? ठीक है–तो फिर बोले–क्या कहना है तुम्हें?''

रानपाल्या विनीत होकर बोला–''आपका सहारा लेकर मैं अलग तरह का अच्छा जीवन जीना चाहता हूँ। आज आपके आशीर्वाद से हमारे पारधी बाँधव अपनी खेतीबाड़ी करके सम्मान से जीवन व्यतीत करने लग गए हैं। आज हमारे पास दस-बीस एकड़ जमीन भी है। कुएँ खोदकर अच्छा पानी मिलने के कारण उपज भी ठीक हो रही है। मेरी पत्नी का पैर भारी है और जल्दी ही मैं बाप बन जाऊँगा। मैंने पक्का विचार कर लिया है कि मैं अब चोरी डाका डालना छोड़ दूँगा और खेतीबाड़ी का काम कर, अपने परिवार को संग रखूँगा। यदि आप अपने पुलिस अधिकारी से कहकर मुझे किसी छोटे-मोटे जुर्म में गिरफ्तार करवा कर, मुझे जमानत देकर छुडवा दो। तब आपके मेरे ऊपर बड़े उपकार होंगे। आपके आशीर्वाद से मैं अपना जीवन सुधारकर अपने परिवार के साथ उपयोगी जीवन व्यतीत कर सकूँगा। यही विनती करने मैं आज आपके पास आया हूँ...।''

रानपाल्या की बात पर नाना पाटिल को विश्वास ही नहीं हो रहा था। बड़े आश्चर्य से उन्होंने कहा–''अरे तुम तो जंगली बाघ हो! आसपास के गाँववाले तुम्हारे नाम से भी डरते हैं! और तुम आज कह रहे हो कि तुम बकरी जैसे जीना चाहते हो? यह बहुत बड़ा बदलाव है..., चलो ठीक है अगर तुम कहते हो तो मैं अपने जानकार पुलिस अधिकारी से बात करता हूँ–तुमने जैसे सुझाया वैसे ही किसी

छोटे-मोटे जुर्म में तुम्हें गिरफ्तार कर जल्दी ही तुम्हें जमानत पर छुड़वाने की कोशिश करता हूँ। अगर ऐसा कर सका तब वह मेरे लिए भी अच्छा ही साबित होगा। एक बात ध्यान से सुन लो। यदि कारखाने के चेयरमैन पतंगराव पाटिल और बाजीराव देशमुख को पता चल गया कि तुम अब बाघ से बकरी बन गए हो तब वे दोनों तुम पर झपट्टा मारकर तुम्हें मार डालेंगे। बड़ी सावधानी से तुम्हें रहना होगा। आई बात समझ में?''

रानपाल्या ने कहा–''आप मेरे साथ हमेशा रहे हैं, अब भी आपका हाथ मेरे सिर पर है। हाँ मैं आपकी बात का ध्यान रखूँगा और सँभलकर रहूँगा साहेब। मैं भी इनसान हूँ, मैं भी एक ढंग की जिन्दगी अपने परिवार के साथ, जीना चाहता हूँ। आपका हम पारधियों को बड़ा सहारा है...अगर आप चाहें तो सब कुछ हो सकता है।''

नाना पाटिल ने रानपाल्या को धीरज बँधाते हुए कहा–''मैं तुम्हारी सहायता करूँगा। मैं जब तक तुम्हें बुलावा न भेजूँ तब तक तुम कुछ गड़बड़ न करना, अपनी जगह पर बने रहना। पुलिस अधिकारी मेरा रिश्तेदार है और वह मेरे कहने में है। मेरा कहना वह अवश्य मानेगा।'' नाना पाटिल से आश्वासन लेकर रानपाल्या वहाँ से लौट गया।

एक दिन रानपाल्या ने एडशी के अपने अड्डे पर सब साथियों को आकर मिलने को कहा। सबके इकट्ठा होने पर उसने कहा–''मेरे साथियो! आज तक चोरी-चकारी-डकैती करते हुए हमारी जिन्दगी खराब हो गई है। हम कुत्ते-बिल्लियों की जिन्दगी बिताने लगे हैं। जबकि हम एक इनसान हैं! धीरे-धीरे हमारी पारधी बस्ती के लोग जहाँ भी बस गए हैं, वहाँ वे खेती-बाड़ी और मजदूरी करके अपना जीवन यापन कर रहे हैं। इस तरह से जीकर ही हमारा पारधी समाज बचा रहेगा। चोरी-डाके डालते रहने पर हमारी हालत बहुत बुरी हो जाएगी, उसमें कभी सुधार नहीं होगा। एक बात अच्छी हुई कि आबंड गाँव के बालाजी की चोरी की हुई मूर्ति हमने लौटा दी वरना पूरी दुनिया की दुश्मनी हम मोल ले लेते। परन्तु उस मूर्ति को लौटाकर हम लोगों के विरोध और क्रोध से बच गए हैं। गाँव का वातावरण भी अब ठीक हो गया है। बादशाह पारधी ने जैसे हिम्मत करके डाके डाले, समय आने पर राजनीति में खेलनेवाले लोगों से हाथ मिलाया। आत्मसमर्पण कर नौकरी करके जीवनदान पाया और पारधी समाज का भी भला किया। हमें भी अब कुछ ऐसा ही करना पड़ेगा, उसका अब समय आ गया है। ऐसा करने के बाद हम एक दिन सब अपने परिवारों के संग ढंग की जिन्दगी जी सकेंगे। मैंने अपना विचार पक्का कर लिया है। पुलिस की पकड़ में नहीं आना है, उनसे बचे रहना है। हाँ, जब वह पकड़ने आए तब उनके हाथ लग जाना है और बाद में पुलिस को रुपए पैसे देकर जमानत देकर जल्दी छूटकर घर आ जाना है। और बाद में खेतीबाड़ी करते हुए जीवन यापन करना है। तुम लोगों को भी यही विचार कर लेना चाहिए, इसी में सबकी भलाई है... ।''

उसकी साथी रानपाल्या की बात बड़े ध्यान से सुन रहे थे। रहिमान्या, तारक्या और तीरमान्या ने कहा—"तुम जो कुछ भी कह रहे हो वह सच है पर स्वयं ही पुलिस के हवाले हो जाने पर वे लोग हमारी बुरी तरह से पिटाई कर देंगे? हमें जेल में बन्द कर देंगे। हमारी सुनवाई न होगी, तब हमारे बीबी-बच्चों का क्या हाल होगा? वे भूखे-प्यासे मर जाएँगे...क्या इसके बारे में भी तुमने सोचा है?"

रानपाल्या ने अपने साथियों से कह दिया कि उसका विचार पक्का है और वे सब सजगता से रहें।

एक दिन अपना खेती का काम छोड़कर बिरडीस नाना पाटिल का सन्देशा लेकर रानपाल्या से मिलने गया और उसने बेटे से कहा—"देखो बेटा, कोडियारा देवी की कृपा से हमारा काम ठीक चल रहा है और तुम्हारा भाई रानपाल्या भी खेती के काम को अच्छी प्रकार से कर मेरा हाथ बँटाता है। तुम्हारी बीबी बकरी भी अब गर्भिणी है, कुछ भी करो और तुम अब जल्दी से घर लौट आओ और चैन से हमारे साथ रहने लगो। हमारे पास जो कुछ भी पैसा, रुपया है, नाना पाटिल की सहायता लेकर सरकारी अधिकारियों को देकर घर लौट आओ। मैं अब थक चुका हूँ, तुम्हारे लौटने पर ही मुझे शान्ति मिलेगी, तब ही मैं चैन से जी सकूँगा बेटा...।"

उधर नाना पाटिल भी सोचने लगा था कि यदि रानपाल्या जैसा व्यक्ति कानून के चंगुल से बचकर बाहर आ जाएगा तब उसका साथ मिलने पर वह एक बार फिर राजनीति में लौटकर अपना खोया हुआ सम्मान पुनः प्राप्त कर सकता है। इस नए जमाने की राजनीति में दलित, आदिवासी पिछड़ी जातियों को साथ रखकर उनसे अच्छे सम्बन्ध बनाकर रखने पर, बहुत सहायता मिल सकती है। राजनीति में बने रहने के लिए उनका उपयोग किया जा सकता है। रानपाल्या के साथ रहने पर आसपास के परिसर में उसका दबदबा बना रहेगा, विरोधक दबे रहेंगे। उन्होंने यदि आवाज उठाई तो पारधियों को कहकर वह आवाज दबाई जा सकती है। काँटे से काँटा निकाला जा सकता है। यह सब सोचकर नाना पाटिल ने रानपाल्या की सहायता करने की ठान ली।

एक दिन तड़के ही चीनी कारखाने के पासवाली पारधी बस्ती को पुलिस की चार-पाँच गाड़ियों ने घेर लिया। धूल उड़ाती सायरन बजाती हुई वे गाड़ियाँ बस्ती के चारों ओर आकर रुक गईं। तय किए गए मुताबिक इन्स्पेक्टर सयाजीराव पवार ने सहजता से रानपाल्या को घर से बाहर लाकर उसके हाथों में हथकड़ियाँ डाल दीं। किसी भी अन्य पारधी को कुछ भी न कहा गया, केवल रानपाल्या को ही पकड़कर ले जाया गया।

दूसरे दिन जब अखबारों में बड़े अक्षरों में वार्ता छपी थी, डाकूगिरी करनेवाला खतरनाक रानपाल्या पकड़ा गया है। पकड़े जाने पर उसे पुलिस हिरासत मिली और कोर्ट में केस दर्ज हुआ। न्यायाधीश से लेकर सरकारी वकील और निचले लोगों तक

रानपाल्या ने पैसा लुटाया, सबकी जेबें गर्म कर दीं। लूट से कमाया पैसा लुटा दिया, रुपया पानी जैसा बहा। केस चला परन्तु गवाहों के न मिलने पर रानपाल्या छूट गया। छह महीनों बाद, वह निर्दोष साबित होकर घर लौट आया। ऊँचे सिर से, रानपाल्या अब एक सर्वसामान्य व्यक्ति की तरह अपने परिवार के साथ जिन्दगी बिताना चाहता था। उसने अब तय कर लिया था कि आनेवाली जिन्दगी में वह अब एक छोटी से चींटी भी नहीं मारेगा, खेती-बाड़ी का काम करते हुए वह अपना जीवन व्यतीत करने लगा।

अपनी नई स्वतंत्रता की जिन्दगी से रानपाल्या खुश था। मेहनती किसान बनकर वह खेती पर ध्यान देकर करने से उपज अच्छी मिल रही थी। वह अपना माल बेचने बाजार जाकर सारा पैसा अपनी गाँठ में बाँधकर घर लौटता। पुलिस के छापे से डर कर वह अपना पैसा जरूरतमन्द गाँववालों को ब्याज पर दे देना—या उधार दे देता था। इस प्रकार के व्यवहार की पारधियों की आदत थी। घर में पैसा रखने के बजाय लोगों को उधार देने पर ही उनका धन सुरक्षित रहता था, यह उनकी धारणा थी। ब्याज पर पैसा लगाने से फायदा ही होता था। यही कुछ सोचकर रानपाल्या ने भी अपना सारा पैसा अलग-अलग जगह किसानों, मजदूरों को उनकी जरूरतों के समय जैसे—बच्चों के शादी ब्याह के समय दिया। देखते ही देखते अनेक लोग उसके कर्जदार बन गए थे। रानपाल्या को भी एक सेठ साहूकार बनने में देर न लगी। अब तक सेठ साहूकार केवल मारवाड़ी या ब्राह्मण ही हुआ करते थे। कर्जदार उसे 'साहूकार' कहकर ही बुलाते थे। किसी जमाने में जंगलों में चोरी-छिपे रहनेवाला रानपाल्या अब एक किसान की तरह गुलाबी साफा—जिसे 'पालकुर' साफा कहा जाता था—बाँधकर, जिसका एक छोर शान से एक कन्धे पर डालकर बदन पर शुभ्र सफेद वाईल की धोती कुर्ता जो इस्त्री किया हुआ होता था। मुँह में तम्बाकू का बीड़ा खाते हुए बड़ी शान से अपने खेत, घर और बाजार तक जाता आता रहता था। तम्बाकू की पिचकारी समय-समय पर थूककर रूमाल से अपनी मूँछें साफ करता हुआ वह नजर आया करता था। रानपाल्या के साथी तीरमान्या और लगमण्या भी अपने दोस्त की तरह ही खेती कर अच्छा जीवन बिता रहे थे। उनके पास भी खेती की अच्छी जमीन थी, उस पर मेहनत कर कोई भी चोरी-चकारी न करते हुए सीदा सादा जीवन व्यतीत करने लगे थे।

बाजीराव देशमुख और पतंगराव पाटिल पारधियों की खुशहाली देखकर चिढ़े हुए थे। उन्होंने उन लोगों को बहुत सताया था। परन्तु ऐसा होने पर भी पारधी लोगों को सिर ऊँचा कर आराम से गुजर-बसर करते देख उनका माथा ठनक रहा था। पूरी तरह से उजड़ जाने के बाद भी वे फलने-फूलने लगे थे, जिससे दोनों के मन में मानो काँटे से चुभ रहे थे।

बिरडीस अब थक रहा था। बुढ़ापा आ गया था। हाथ में लाठी लेकर चलने लग

गया था। इतना होते हुए भी वह नियमित खेतों में जाकर देख-रेख करता था। उसकी देख-रेख से उपज में बढ़ोतरी होती जा रही थी। उनकी साम्पत्तिक स्थिति भी सुधर रही थी। जाते-आते लोग अब कहने लगे थे—पारधियों का खेत-पारधियों के बागान-पारधियों का बाड़ा...। बिरडीस की पारधी बस्ती में पाँच-छह बैल-गाय और भैंसों का रंभाना सुनाई देता था। यह पारधी बस्ती की प्रगति का प्रतीक बन गया था। गाँववालों को पारधी बस्ती के नए रूप की आदत हो चली थी। गाँव में जब कोई अपना खेत बेचने की सोचता तब उसका पहला ग्राहक अकसर रानपाल्या ही होता था, साहूकारी कर उसके पास काफी धन इकट्ठा हो जाता था। जिससे वह मौका पाते ही जमीन खरीद लेता। कुछ ही समय में ढोकी गाँव का वह एक प्रतिष्ठित नागरिक माना जाने लगा था। अनेक वर्षों पहले ढोकी गाँव को नागरिकता मिलने के कारण, हर चुनाव में पारधी अपने मतदान का हक निभाते आए थे।

पारधी बस्ती के सारे लोग किसी एक व्यक्ति को ही अपना मत देते थे। उन मतदाताओं की संख्या इतनी अधिक हो जाती थी कि जिस व्यक्ति के चुने जाने की सम्भावना न रहती थी, उस व्यक्ति को पारधी मतदाताओं के सारे मत मिल जाने पर वह निश्चित रूप से वह चुनाव जीत जाता था। यह एक जानी मानी बात हो चुकी थी। इस कारण पारधी बस्ती को चुनाव के समय बहुत महत्त्वपूर्ण समझा जाता था। ऐसे समय रानपाल्या का महत्त्व बहुत बढ़ जाता था। रानपाल्या जिसे कहता था उसके लोग उसी को अपना मत दे देते थे। लेकिन रानपाल्या केवल नाना पाटिल की सलाह मानता था। अन्य लोगों के साथ मेल-मिलाप होने के कारण रानपाल्या की सूझबूझ भी बढ़ गई थी, वह समझदार हो गया था।

ग्राम पंचायत का चुनाव निकट था। रानपाल्या ने निश्चय कर लिया कि यह चुनाव वह लड़ेगा और ग्राम पंचायत का सरपंच बनकर दिखाएगा। यह विचार पक्का कर उसने अपना नामांकन पत्र भर दिया। चुनाव के दंगल में पहली बार कोई पारधी उतरा था। यह खबर चारों ओर फैल गई और सबकी चर्चा का विषय बन गई। इस खबर से विधायक बाजीराव देशमुख और पतंगराव पाटिल बौखला गए। वह कह रहे थे कि यदि पारधी यह चुनाव जीत गया और ग्राम पंचायत का सरपंच बन बैठा तब वह उन्हें बहुत भारी पड़ सकता है और एक दिन ये सारे पारधी छाती पर बैठकर मूँग दलने लगेंगे। समय रहते ही हमें इनका कुछ बन्दोबस्त करना पड़ेगा वरना इनका कीड़ा सारे गाँव को खा जाएगा और हम बर्बाद हो जाएँगे। बाजीराव और पतंगराव ने एक गुप्त बैठक बुलाई और पारधियों को समाप्त करने का षड्यंत्र रचा जाने लगा।

पारधियों के हरे-भरे सब्जियों के बगीचे और लहलहाते खेतों को देख गाँववाले पारधियों की मेहनत की सराहना करते न थकते थे। पारधियों द्वारा उगाई हुई सब्जियाँ, प्याज, लहसन, बैंगन, मिर्ची वगैरा बहुत बढ़िया किस्म की होती थीं। लोग वही लेना पसन्द करते थे। हर सप्ताह बाजार के दिन जलन और बकरी दोनों

सास-बहू अपने सिरों पर सब्जी के बड़े टोकरे उठाकर अपनी साग-सब्जी बेचने पहुँच जाती थीं। बकरी का बेटा भी अब बड़ा हो गया था। जो अपनी माँ के साथ चला जाता था और काम में उसका हाथ बँटाता था। उसके छोटे-छोटे हाथ बड़ी तेजी से काम करते थे। वह एक होनहार बेटा था।

रानपाल्या ने भी मेहनत में कोई कभी न रखी थी जिसके कारण वह एक कामयाब इनसान बन गया था। वह सरपंच बनने के सपने देखने लग गया था। गाँववाले उसका सम्मान करते थे। मछुआरों की बस्ती में, गड़रियों की बस्ती में चमारों की और चूड़ों की बस्ती में वह आदरणीय व्यक्ति था। बहुत लोगों के साथ उसका आना-जाना था। लोगों की जरूरत के समय वह हमेशा उन्हें सहायता देता था। वह कभी किसी को सताता नहीं था, ना ही किसी को नीचा दिखाता था। अपनी अच्छाई से उसने खासा नाम कमा लिया था। रानपाल्या को एक बात सदैव अखरती थी। अपना सारा हिसाब-किताब वह जबानी ही किया करता था। लिखना-पढ़ना वह नहीं जानता था। उसे लगने लगा था कि उसे अपने बेटे को पढ़ने पाठशाला भेजना होगा। बेटे को शिक्षित करना होगा।

बातें करते हुए रानपाल्या ने एक दिन अपने पिता बिरडीस से कहा—"बाबा जानते हो समझ-बूझकर मैंने अपने बेटे का नाम 'वकील' रखा है? हम लोगों को अब तक कितनी ही बार कोर्ट-कचहरी जाना पड़ा है—अनेक कठिनाइयों को झेलना पड़ा है—हर समय हमें वकील की जरूरत पड़ी है। मुझे याद है, हमारा वकील जज साहब के सामने काला कोट टाई-बूट पहनकर बड़ी शान से अंग्रेजी में बढ़-चढ़कर बातें और जिरह किया करता था। क्या शान थी उसकी! मैं चाहता हूँ कि मेरा बेटा भी पढ़-लिखकर वकील बने, अन्याय के खिलाफ लड़े। जज साहब के सामने खड़े होकर अपनी बातें उनके समक्ष रखे, यह मेरा सपना है, इसीलिए मैंने इसका नाम वकील रखा है।"

बिरडीस ने मुस्कुराते हुए, सिर हिलाते हुए अपने बेटे से कहा—"बहुत अच्छी सोच है तुम्हारी, बहुत सोच-समझकर नाम रखा है तुमने अपने बेटे का, नहीं तो अब तक हम लोगों के नाम रानमाल्या, रानपाल्या, कभी हरिणी तो कभी गवत (घास) या बकरी और जलन रखते आ रहे थे। जब हमारा सम्बन्ध फिरंगी लोगों से और पुलिसवालों से आया तब हमने अपने नाम तलवारी, बन्दुक्या, पिस्तुल्या इत्यादि रखने शुरू कर दिए। बन्दूक से तेजी से निकलती गोलियाँ हमें भा गई थीं। हम चाहने लग गए थे कि वैसी ही गोलियाँ और बन्दूकें हमारे पास भी हों। समय बदला और अब हमारा सम्बन्ध गाँव के लोगों से और कोर्ट कचहरी से होने लगा। मुझे जब कभी कोर्ट में लाकर खड़ा कर दिया जाता था तब मैं बहुत विस्मित हो जाता था, जब ये काले कोट वाले वकील सही को गलत और गलत को सही साबित कर देते थे। उनके झूठ के और काले धन्धों को देखकर मैं हैरत में पड़ जाता था। उस जज

को मैं जब साहेब कहकर बोल रहा था तब मुझे 'तू-तड़ाक' करने के आरोप में सजा सुनाई गई और मुझे बन्दी बनाकर रख दिया गया। मैं उस बात को कभी भुला न सका...। अच्छा सोचा तुमने कि उसे तुम वकील बनाना चाहते हो। हाँ उसे स्कूल भेजकर बड़ा–पढ़ा-लिखा बनाना है। वकील बनकर काला कोट पहनकर वह कोर्ट जाकर एक दिन पूछ पाएगा कि मेरे दादा को किस जुर्म की सजा दी गई थी! हम लोगों को ही क्यों हमेशा गुनहगार समझा जाता है? मैं चाहता हूँ कि तुम्हारा बेटा एक दिन वकील बनकर यह सवाल पूछे...उस समय मैं जिन्दा रहूँ या ना रहूँ...पर उस समय मेरी आत्मा को शान्ति अवश्य मिलेगी।''

बिरडीस बड़ी प्रसन्नता से अपने पोते को देखते हुए अपनी बात कर रहा था।

ग्राम पंचायत की मीटिंग पर रानपाल्या हमेशा की तरह सफेद चिट्टे वाली धोती और कुर्ता पहने 'पालकुटी' का गुलाबी साफा बाँधे, उसका एक लटकता छोर अपने कन्धे पर डाले, मुँह में तम्बाकू के पान का बीड़ा चबाता हुआ चला जा रहा था। ग्राम पंचायत का चुनाव जीतकर सभासद बनने के बाद उसकी शान बढ़ गई थी। समय-समय पर पारधी बस्ती के लोगों की वह सहायता करता जिसके कारण सब लोग उसके बारे में हमेशा अच्छा ही बोला करते थे। ऐसा होने के कारण सरपंच को भी उसकी बात माननी पड़ती थी। गाँव के लोगों के संग भी उसका आना-जाना बढ़ गया था। सब, कोई भी अच्छा काम करने सदैव राजी हो जाते थे, वे सब मिलकर काम करते थे।

एक दिन सुबह उठते ही रानपाल्या ने अपनी पत्नी बकरी से कहा–''देखो बकरी, आज तुम अपने बेटे को अच्छे से नहला-धुलाकर सिर पर तेल लगाकर, उसके बाल बनाकर उसे नए कपड़े पहनाकर जो मैंने उसके लिए पिछले हफ्ते ही लाकर तुम्हारे हवाले कर दिए थे; मेरे पास भेज दो। वह किसी पाटिल के बेटे जैसा सजा-धजा दिखना चाहिए। हमारे वकिल्या को आज हम स्कूल ले जाएँगे, उसे हम स्कूल में भर्ती कर देंगे। पढ़-लिखकर वह बड़ा आदमी बनेगा। कल ही मैं 'कांबले' गुरुजी से मिलकर आया हूँ। उन्होंने भी मुझसे कहा है, 'हाँ उसे कल ले आओ, मैं खुद उसे पढ़ाऊँगा, उसका नाम भी मैं अपने रजिस्टर में लिख लूँगा। तुम चिन्ता मत करो, ले आओ उसे।'''

बकरी अपने पति की और हैरत से देखने लगी और सोचने लगी कि क्या वास्तव में उसका बेटा पढ़-लिखकर वकील बनेगा? मेरा वकिल्या जब ठीक से स्कूल जाने लगेगा तब मैं कोडियारा देवी के नाम से कुछ अलग पैसा निकालकर रख दूँगी। इस आनेवाली अमावस्या को एक मुर्गी का भोग मैं देवी को लगाऊँगी। मन-ही-मन मन्नत माँगकर बकरी ने अपने बेटे को ठीक तरह से तैयार कर अपने पति के हवाले कर दिया।

वकिल्या सुनी हुई सब बातों से घबरा गया था। उसने मुसमुसाना शुरू कर दिया।

उसे समझ नहीं आ रहा था कि उसका बाप उसे पकड़कर कहाँ ले जा रहा है। स्कूल नाम के किस बन्दीवास में उसे पकड़कर ले जाया जा रहा है...उसकी आँखों से आँसू बहने लगे फिर नाक से पानी आने लगा। उसने जोर से माँ को पुकारना शुरू कर दिया। जब उसे ले जाया जा रहा था तो उसने जोर-जोर से रोना शुरू कर दिया। रानपाल्या को बेटे की मनःस्थिति की कोई खबर न थी। वह अपनी ही सोच में डूबा हुआ, अपने बेटे को ऐसे पकड़कर ले जा रहा था जैसे वकिल्या कोई पकड़ा हुआ शिकार हो। वह उसे घसीटता हुआ स्कूल के अहाते में जा पहुँचा। कांबले गुरुजी के पास जाकर रानपाल्या ने कहा–"लो गुरुजी, यह आ गया आपका चेला, सँभालो इसे... ।"

कांबले गुरुजी ने रानपाल्या से बच्चे का नाम और पता पूछा तब रानपाल्या गुरुजी से बोला–"मास्टरजी, हमने अपने बेटे का नाम वकिल्या रखा है। मेरा नाम रानपाल्या है और हम पारधी बस्ती में रहते हैं। बस मैं आपको इतना ही बता सकता हूँ।"

कांबले गुरुजी ने कहा–"बेटे के जन्म की तारीख क्या है? तुम्हारे परिवार का नाम क्या है, वह तो बताओ?"

रानपाल्या ने कहा–"गुरुजी हमारा कोई पारिवारिक नाम नहीं है। अगर आप मेरे बेटे की जन्म की तारीख पूछ रहे हैं तब वह भी मैं न बता पाऊँगा। पर बेटे की माई बोलती है कि वह गर्मी के दिनों में रात को पैदा हुआ है।"

कांबले गुरुजी बोल उठे, "बेटे को पढ़ाए बिना ही तुमने उसको वकील बना दिया है, चलो अच्छा है। मैं उसका नाम वकील रख देता हूँ। ठीक है ना?"

रानपाल्या ने कहा–"मास्टर जी लिख ही डालो, हम लोग कहाँ पढ़े-लिखे होते हैं! आप जैसा ठीक समझें वहीं लिख लो।"

कांबले मास्टर जी रानपाल्या की बात समझ गए और उन्होंने लिख डाला वकील रानपाल्या पारधी। मई-जून के बीच वह छह वर्ष का होगा, उस हिसाब से उन्होंने वकिल्या की जन्म तारीख लिख डाली और उसे अपना विद्यार्थी बना लिया। उन्होंने उसका नाम अपने रजिस्टर में डाल दिया था।

हँसकर कांबले गुरुजी ने रानपाल्या से कहा–"अब रोज अपने बेटे को नियमित रूप से पढ़ने भेजा करो, तुम्हारा बेटा होशियार और होनहार लगता है। अगर यह पढ़ लिख गया तो तुम पारधियों का नाम रोशन करेगा। मुझे पूरा भरोसा है।"

पहले आठ-पन्द्रह दिन, हर रोज रानपाल्या अपने बेटे को स्कूल छोड़ने और लेने आता रहा। नए चेहरे को देखकर कक्षा के विद्यार्थी कुतूहल से भरे हुए थे। नया लड़का उनसे अलग लगता था, उसका नाम भी उनके लिए अलग था। हाजरी लेते समय जब गुरुजी वकिल्या रानपाल्या पारधी नाम पुकारते थे तब झट से वकिल्या खड़ा होकर 'यस गुरुजी' कहकर फिर नीचे अपनी जगह पर बैठ जाता था। बच्चे वकिल्या पारधी कहते हुए चिढ़ाया करते थे।

वकिल्या अब स्कूल और अपनी कक्षा में रम गया था। उसके दोस्त बनने शुरू हो गए थे। उसे स्कूल अच्छा लगने लगा था, कुछ गड़रिए, कुम्हार और अन्य जाति के बच्चों से उसकी दोस्ती हो गई थी जो उसके घर के आसपास रहते थे। नए दोस्त बनने के कारण वह अब अपनी माँ और दादी के साथ सब्जी बेचने के लिए उनके साथ न जाकर दोस्तों के साथ खेलना अधिक पसन्द करने लगा था।

दिन और महीने बीते। अपनी कक्षा में वह एक होशियार विद्यार्थी माना जाने लगा। वकिल्या पढ़ाई में तेज था, अपना गृहपाठ बिना नागा किया करता था। पुस्तक बहुत अच्छी तरह कक्षा में पढ़कर सुनाता था। उसकी वाणी स्पष्ट और शुद्ध थी। जब वह अपनी पुस्तक जोर से पढ़कर सुनाता था तब ऐसा लगता था मानो कोई जल-प्रपात गिर रहा हो। हर साल परीक्षा में वह प्रथम स्थान लेता रहा। अपने गुरुजनों में वह एक 'लोकप्रिय' विद्यार्थी बन चुका था।

अपने बेटे की प्रगति देखकर रानपाल्या बहुत प्रसन्न था। उसकी बाँछें खिल गई थीं। कभी रानपाल्या अपने बेटे के साथ; उसकी पुस्तकें और बस्ता लेकर; उसे स्कूल छोड़ने चला जाया करता था। उसे गर्व था कि पारधियों का यह पहला बेटा है जो स्कूल पढ़ने गया और जो वहाँ पढ़ाई में नाम ऊँचा कर रहा है। रानपाल्या सोच रहा था कि अब तक वह कई खेतों का मालिक कहलाता है पर उसे लगा कि अब वह मानो सारे गाँव का ही मालिक है। उसे लगा जैसे सारी दुनिया ही उसकी मुट्ठी में आ गई हो। हाँ अब वह भी बाजीराव देशमुख की बराबरी कर सकता है। लोग उसे भी सम्मान से देखने लगेंगे। एक दिन अपना बेटा पढ़-लिखकर बड़ा आदमी बनेगा, ऐसे सपने देखते हुए रानपाल्या अपना जीवन खेतीबाड़ी करने हुए बिता रहा था।

पारधी बस्ती से अब कोई झगड़ा-फसाद, चोरी-चकारी की खबर नहीं आती थी। हाथभट्ठी की दारू बनाने का काम सुचारू रूप से चालू हो गया था। पुलिसवाले भी अपना पैसा हर महीने खुशी से ले जाया करते थे। इसी कारण बस्ती में शान्ति थी। रानपाल्या से पूछे बगैर पुलिसवाले बस्ती में कदम भी न रखते थे। हाँ कभी कभार यदि पारधियों से कुछ बड़ी गलती हो जाती थी तब अवैध रूप से दारू बनाने के जुर्म में एक दो लागों को पकड़ लिया जाता था। यह काम रानपाल्या को बताने के बाद किया जाता था। रानपाल्या और पुलिस को अपनी-अपनी सीमाएँ मालूम थीं। इस प्रकार दोनों ही एक-दूसरे पर निर्भर रह कर, ठीक-ठाक जीवन बिता रहे थे। ढोकी के प्रत्येक पारधी के पास अब थोड़ी बहुत खेती की जमीन, गाय-बैल थे। मिट्टी-गारा और टिन की छतोंवाले घर थे। पारधी बस्ती में एक बार फिर खुशहाली दिखने लगी थी।

रानपाल्या की पत्नी बकरी दूसरी बार गर्भवती थी। बन्दुक्या की पत्नी चुटकी का भी पैर भारी था। पारधी बस्ती में दो नए बच्चों के होनेवाले आगमन की खुशी में रानपाल्या और बन्दुक्या ने बस्ती में प्रीतिभोज का आयोजन किया। इस उपलक्ष्य में दो बकरों को काटा जाना था। चुटकी की शादी को दो साल बीत चुके थे पर इतने

समय में वह गर्भवती न होने के कारण बन्दुक्या हर समय उसे दोषी ठहराता था। तब रानपाल्या उसे कहा करता था, ''अरे बन्दुक्या जरा सबूरी दिखाओ, आज नहीं तो कल कोडियारा देवी के आशीर्वाद से तुम्हारी मनोकामना जरूर पूरी होकर रहेगी। चिन्ता करना छोड़ दो।''

बकरी और चुटकी के दिन साथ-साथ होने के कारण दोनों ही आनेवाली सन्तानों के बारे में अकसर बातें किया करती थीं। बड़ी उत्सुक थीं दोनों बच्चों के आगमन के लिए...।

कोडियारा देवी के मन्दिर के सामनेवाला आँगन लीप-पोतकर स्वच्छ किया गया। प्रतिभोज और गोदभराई की तैयारियाँ शुरू हो गईं। उसमें शामिल होने के लिए बकरी के माँ-बाप को भी निमंत्रण भेजा गया। अपने जमाई का बुलावा मिलने पर वे भी बड़ी खुशी से चलने को तैयार हो गए थे। अपनी बेटी की सुख से भरी घर-गृहस्थी वे दोनों अपनी आँखों से देखना चाहते थे। बकरी की माँ गंगूबाई उस दिन नहा धोकर तैयार हो गई। तड़के ही माँ-बाप दोनों बेटी के घर के लिए रवाना हो गए। गंगूबाई धीरे-धीरे चल रहे थी। थोड़ी रुकती फिर चलना शुरू कर देती। आधा रास्ता पार कर चुके थे कि जोरों से हवा चलने लगी। नाश्ते का समय हो चुका था। धूप-छाँव, हवा का खेल चल रहा था। धूप के आने पर उनकी परछाईयाँ उनके पैरों के पास आने लग गई थीं। असमय हवा के झोंके के कारण डालियों पर बैठे पक्षी झूला झूलते नजर आ रहे थे।

गेंडया ने बदलती हवा को देखकर कहा–''यह कैसा हवा में अचानक बदलाव आ रहा है? हवा के रुख को देखकर और वातावरण से आती खुशबू को देखकर ऐसा लगता है कि जल्दी ही बारिश आनेवाली है। हमें जल्दी-जल्दी चलना होगा, नहीं तो बारिश हमारा रास्ता रोक लेगी। चलो जल्दी उठाओ अपने पाँव, वरना हम पहुँच न पाएँगे।'' यह कहते हुए दोनों पति-पत्नी जल्दी चलने लग गए। अचानक बड़ी जोर से बिजली कड़की, दोनों ने अपने कानों पर हाथ रख दिए तो आवाज सह न सके...। देखते ही देखते अँधेरा छा गया, गहरे बादल घुमड़ रहे थे। बिजलियाँ चमकने लगी थीं।

गंगूबाई ने घबराकर कहा–''मुआ यह कैसा विघ्न आ गया है? आज ही ऐसा होना था? बच्चों ने इतने शौक से प्रतिभोज का आयोजन कर हमें बुलावा भेजा था। बादल घिर आए हैं। गरज रहे हैं, लगता है जोर से पानी बरसेगा।'' जंगली मैदान को पार कर बड़ के पेड़ के पास से गुजरती हुई पगडंडी पर, गंगूबाई अपने सिर का पल्ला ठीक करती हुई अपने पति गेंडया के पीछे चली जा रही थी कि बारिश शुरू हो गई और अचानक ओले बरसने लगे। बिजलियाँ कड़कती जा रही थीं और उस समय उसके प्रकाश में दिखते बादलों से फटाफट गिरते ओलों की मार बदन पर लगने लगी थी। ऐसा लगा कि उन्हें मानो कोई पत्थर मार रहा हो। वे बड़ के पेड़ तले आकर खड़े हो गए। गेंडया ने अपनी पत्नी से कहा–''तुम्हें मालूम है कि इस

तरह का ओले बरसना अच्छा माना जाता है? यदि इन ओलों को खा लिया जाए तब बदन की गर्मी बाहर निकल जाती है! इन्हें यदि बोतल में भरकर रख दिया जाए तब यदि किसी बच्चे के पेट में दर्द हो या उसे बुखार हो जाने पर उस पर यह पानी छिड़क देने पर बच्चा क्या आदमी भी ठीक हो जाता है। हमारे पास अभी कोई बोतल नहीं है वरना मैं इन ओलों को बोतल में भर लेता।''

गेंडया ने अपने दोनों हाथों में गिरते ओलों कों झेल कर अपने मुँह में भर लिया और उन्हें निगलता रहा। गंगूबाई को भी अपने हाथों से गेंडया उन ओलों को खिला रहा था। दोनों के पेट में बहुत ठंडा-ठंडा लग रहा था। अब भी कई बार बिजली कड़कती जा रही थी। उसी क्षण कड़कती बिजली को उन्होंने जमीन पर उतरते देखा। ऐसा लगा मानो कोई चाँदी की गले की जंजीर नीचे गिर रही हो। दृश्य सुहावना और डरावना लगा। दोनों का बदन पूरा भीग चुका था। ठंड से दोनों के दाँत कटकटाने लग गए। दोनों कोई छिपने की आड़ ढूँढ़ने लगे। थोड़ी दूर पर इमली का बड़ा सा पेड़ था। वहाँ वे जाकर रुकना चाहते थे। साड़ी पूरी भीगी होने के कारण गंगूबाई जल्दी चल नहीं पा रही थी। टाँगों से साड़ी चिपकी जा रही थी। उसी हालत में दोनों उस पेड़ के नीचे आकर बैठ गए। वहाँ पहुँचते ही वे ओलों की मार से बच गए। बारिश थमने का नाम न ले रही थी। वे दोनों, वहीं बैठे रहे। उसी समय पेड़ पर बैठे उल्लू ने बोलना शुरू कर दिया। गाँव से बड़ी दूर घेरेदार इमली का पेड़ हरी लम्बी इमलियों से लदा हुआ था।

गेंडया ने उल्लू की आवाज सुनकर कहा–''कहते हैं कि ऐसे बड़े इमली के पेड़ पर भूत-प्रेतों का राज होता है।'' आसपास जहाँ भी नजर घुमाओ, कोई भी नजर नहीं आ रहा था। सब कुछ शान्त। नीरवता की कुछ आवाज थी शायद! आदमी, जानवर कोई न था वहाँ, ऐसी स्थिति में उल्लू के बार-बार बोलने पर दोनों बेहद डर गए थे और मन-ही-मन प्रार्थना करते हुए बारिश रुकने का इन्तजार करने लगे। गंगूबाई उकताकर बोल उठी, ''यह बारिश क्यों नहीं रुक रही?'' इतने में बिजली फिर जोर से कड़की। गंगूबाई ने अपने दोनों हाथों से अपने कान बन्द कर दिए कि... इमली की टहनियों से टकराती, कड़कती हुई बिजली गंगूबाई के ऊपर आ गिरी। गेंडया उसी के साथ सटकर बैठा हुआ था। वे दोनों अपनी आवाज भी न निकाल सके। कड़कती बिजली उन पर आ गिरी थी और दोनों की जान क्षणार्ध में निकल गई थी। टूटी हुई टहनियों की तरह दोनों की गर्दनें एक तरफ लटक गई थीं।

उधर कोडियारा देवी की पूजा और गोदभराई के उपलक्ष्य में रखे प्रतिभोज की तैयारियाँ हो रही थीं और बकरी अपने माँ-बाप की राह बेसब्री से देख रही थी। उसकी समझ में नहीं आ रहा था कि वे आने में इतनी देर क्यों लगा रहे थे। ढोकी बस्ती के आसपास भी गरजकर बारिश हो रही थी। तेज हवाएँ बह रही थीं। और ओले बरसने भी शुरू हो गए थे। शायद वे दोनों कहीं रास्ते में अटक गए थे? यही हो

सकता है, बकरी सोच रही थी। हवा, तेज बारिश के होते हुए भी नियोजित कार्यक्रम जैसे-तैसे किया गया। प्रीतिभोज के बाद रानपाल्या बन्दुक्या को लेकर अपने सास-ससुर को खोजने निकल पड़ा। घर में उसने बता दिया कि वह गेंडया और गंगूबाई को ढूँढ़ने जा रहा है। जब तक दोनों घर से निकले तब तक बारिश थम चुकी थी। हवा भी थम गई थी पर हवा में ठंड महसूस होने लगी थी। इस बदली हवा को देखकर रानपाल्या बन्दुक्या से बोला, ''मायला, बन्दुक्या यह असमय बारिश और ओलों की बरसात कैसे हो गई अचानक? इससे हमारी खेती को नुकसान हो गया होगा, पकने लगी जवारी खराब हो गई होगी और नई बुवाई भी नष्ट हो गई होगी। जाकर देखने के बाद ही नुकसान का अन्दाजा कर सकूँगा। दोनों बातें करते हुए नाले के किनारे-किनारे चले जा रहे थे।

जंगल स्थित मैदान के पास वे पहुँचे ही थे कि एक बड़े से इमली के पेड़ के पास इकट्ठा हुए चार-पाँच किसान उन्हें देखकर जोर-जोर से बुला रहे थे। इधर आ जाओ, जल्दी आ जाओ। क्या हुआ यह देखने के लिए रानपाल्या और बन्दुक्या उसी ओर चल दिए। वहाँ पहुँचने पर उन्होंने जो दृश्य देखा उसे देखकर वे हैरान हो गए! अपने सास-ससुर की मृत देह देखकर वे चौंक गए थे। बिजली इन दोनों पर गिरी थी जिससे उनकी मौत हो गई थी। यह बात साफ थी। तेज बारिश और बिजली गिरने से यह हादसा हुआ था। रानपाल्या अपना सिर पकड़कर वहीं बैठ गया। उसे कुछ सूझ न रहा था कि क्या किया जाए। बिजली गिरने से दो लोगों की मौत हो गई थी यह वार्ता तब तक चारों ओर फैल गई थी। अपने खेत से रानपाल्या बैलगाड़ी ले आया और अपने सास-ससुर की मृत देह वह कलम्बी ले जाना चाहता था। गर्भिणी बकरी अपने माता-पिता के शोक से बेहाल थी। अपना सिर पीटकर वह कहे जा रही थी, ''हे भगवान क्या बुरा समय दिखाया तूने, देवी तुने तो मेरे माँ-बाप एक ही झटके में मुझसे छीन लिए, क्या बिगाड़ा था मैंने तुम्हारा? मेरे माँ-बाप को मारने के लिए ही असमय बारिश कर उन्हें मार डाला? भगवान तेरा कभी भला न हो। तेरा सत्यानाश हो जाए...तूने ऐसा क्यों कर दिया...?'' बहुत देर तक वह आक्रोश में रही।

गाड़ी लेकर जाते हुए रानपाल्या को रास्ते में गाँव का लेखपाल मिल गया। उसने रानपाल्या से कहा—''तुम पारधियों को कायदा-कानून कुछ मालूम नहीं होता। तुम इन मृत देहों को पहले सरकारी अस्पताल ले जाओ। वहाँ उनकी चीरफाड़ होने के बाद ही तुम इनका अन्तिम संस्कार कर सकते हो। ऐसा न करोगे तो तुमको गुनहगार माना जाएगा। इस प्रकार की मौत जब कहीं जंगलों में होती है या कभी किसी मजदूर की अचानक दुर्घटना होकर मौत हो जाने पर सरकार उसके घरवालों को पैसा ेती हैं—इसलिए मैं तुमसे एक बार फिर कहता हूँ कि तुम इन मुर्दों को सरकारी अस्पताल में ले जाओ। मेरी भी वहाँ जान-पहचान है, मैं भी जाकर, वहाँ गाँव में जाकर बना देता हूँ कि पारधियों के दो बन्दे जो कलम्ब निवासी थे, उन पर बिजली

के गिरने से उनकी मौत हो गई है।''

गाँव के लेखपाल की बात को रानापाल्या समझ गया और उसने अपनी बैलगाड़ी सरकारी अस्पताल की ओर मोड़ दी। अस्पताल में चीर-फाड़ होने के बाद मृतकों को एक बार फिर बैलगाड़ी में रख दिया गया। तब तक, वहाँ का पूरा पारधी समाज एकत्रित हो गया था। शोकाकुल लोग गाँव के बाहर स्थित श्मशान भूमि की ओर चल पड़े। गाड़ी श्मशान भूमि के बाहर खड़ी कर दी गई। आदिवासी पारधियों के रीति-रिवाज के अनुसार पूरी विधि सम्पन्न करने के पश्चात् श्मशान भूमि में एक बड़ा गड्ढा खोदा गया जहाँ मुर्दों को दफनाया जाना था।

इतना कुछ हो ही रहा था कि गाँव के कुछ लोग, पाटिल, सरपंच, पटवारी को लेकर श्मशान भूमि पहुँच गए। पारधियों के मुर्दे जलाने या गाड़ने के लिए यह श्मशान भूमि नहीं है। यह जगह केवल गाँव के मराठा, ब्राह्मण, माली, तेली, मछुआरे और गड़रियों की मृत देह जलाने के लिए है। तुम पारधियों ने यहाँ आने की हिम्मत कैसे की? तुम्हारा इस गाँव से सम्बन्ध ही क्या है? तुम उधर कहीं दूर जंगलों में रहनेवाले आदिवासी हो, किसी जमाने में तुम लोग गाँव के बाहर आकर बस गए। गनीमत समझो कि हमने तुम्हें वहाँ टिकने दिया! अब तुम लोग हमारी श्मशान भूमि में भी आ पहुँचे? यहाँ भी अपना अधिकार जमाना चाहते हो? ऐसे ही कुछ लगता है?'' लोग बोलते जा रहे थे...।

रानपाल्या ने कहा–''ओ गाँवधनियो! तुम सब इस गाँव के मालिक हो। हम गरीब लोग हैं, हमारे हाथ के तलवों पर ही हमारा पेट है। हम मजदूर हैं, हमारी अपनी कोई जगह नहीं है। फिर यदि कोई मर जाए तो हम उसे कहाँ ले जाएँ, आप ही बताएँ हम क्या करें?''

इसके ऊपर तपाक से सरपंच बोला–''तुम हमसे क्यों पूछते हो? जाओ दूसरी तरफ जहाँ ढोर-चमारों की श्मशान भूमि है। इस श्मशान भूमि पर आने की हिम्मत फिर कभी न करना...।''

पहले ही मौत की मार से दुखी पारधियों पर मानो आसमान ही टूट पड़ा था। इस अहसास से दुखी रानपाल्या बोल उठा, ''यह किस तरह के इनसानों का देश है? जिन आदिवासी पारधियों की कई पीढ़ियाँ यहाँ बसी हुई थीं। उन पारधियों के मृतकों को यहाँ दो गज जमीन भी नसीब नहीं होती हैं? क्या इनसानियत बाकी है यहाँ?''

धरती पर रखे हुए मुर्दों को एक बार फिर गाड़ी में डाल दिया गया। गेंडया और गंगूबाई को मरे हुए दो दिन बीत चुके थे। चीर-फाड़ और गर्मी के कारण मुर्दों के बदन से पानी निकलने लगा था और बदबू आने लग गई थी। नीम के पत्तों को बैलगाड़ी में डाल दिया गया और बदबू से निपटने के लिए बहुत सारी अगरबत्ती जला कर मुर्दों के चारों ओर रख दी गईं। इतना करने पर भी अगरबत्ती का धुआँ बदबू को न मिटा सका।

जलन ने कहा–"बिना बात के हम मुर्दों को सरकारी अस्पताल ले गए। अगर शरीर की चीर-फाड़ न होती तो अच्छा था। कम से कम ऐसी बदबू तो न आती! अपने यहाँ किसी की मृत्यु होने पर मुर्दे के शरीर पर हींग, बेल और महुआ के और नीम के पत्ते पीसकर, उसका लेप शरीर पर लगाया जाता है। इसके कारण मृत देह तीन-चार दिन बिना बदबू आए रह जाती है। पर अब हम अपने जंगलों से बहुत दूर, गाँव में आकर बस जाने से यह सब कुछ करना भूल गए हैं और अपने रिवाज भूलते जा रहे हैं।"

बिरडीस ने आगे आकर कहा–"चलो उठो, हमें परली तरफ ढोर-चमारों की श्मशान भूमि की ओर जाना होगा। वहीं जाकर हम मुर्दों को दफना देंगे। एक बार फिर बैलगाड़ी और पारधी मर्द-औरतें और बच्चे शोक करते हुए दलितों की श्मशान भूमि की तरफ बढ़ने लगे। बैलगाड़ी के वहाँ पहुँचते ही दलित बस्ती के पाँच-पचास लोग औरतें व बच्चे नाले के किनारे आ पहुँचे। बैलगाड़ी के सामने खड़े होकर कुछ लोगों ने कहना शुरू किया–"अरे-अरे तुम पारधी लोग हमारी श्मशान भूमि पर क्यों चले आए हो? तुम पारधियों के भूत बहुत बुरे होते हैं। बड़े डरावने होते हैं। अगर तुम लोगों की मृतात्मा–भूत बनकर हमारी बस्ती में घूमकर हमारे बाल-बच्चों को डराने लग जाएँ तब हम लोग क्या कर सकेंगे? तब हमारा क्या होगा? ना बाबा ना, हम तुम्हारे सामने हाथ जोड़ते हैं और तुमसे फिर कहते हैं कि कहीं और जगह जाकर तुम अपने मृतकों को दफनाओ, यहाँ बिलकुल भी नहीं। जिन्दा पारधी का नाम लेते ही हमें डर के मारे टट्टियाँ आने लगती हैं। यदि मरा हुआ पारधी यहाँ दफनाया गया तब उसका भूत हमें पछाड़ेगा। हमारा जीना हराम कर देगा।" वहाँ के दलितों ने भी पारधियों को वहाँ से खदेड़ दिया।

इस घटना से हताश होकर बिरडीस बोल उठा, "हे कोडियारा माय, देवी, इस तरह का दुख तू किसी दुश्मन को मत देना। इन आँखों को क्या कुछ देखना पड़ रहा है। हम पारधियों की जिन्दगी कुत्ते की जिन्दगी से भी बदतर है? क्या हम कुत्ते को जैसे खुले में फेंक देते हैं–क्या हम आदिवासियों को भी वैसे ही फेंक दिया जाए?" ...दुख और पीड़ा से भरे हुए सारे पारधियों ने जोरों से रोना शुरू कर दिया।

रानपाल्या ने बकरी से कहा–"इस गाँव में मृतकों को लाने के बजाय यदि हम उन्हें ढोकी गाँव की तरफ ले जाते तो अच्छा होता, पर अब उन्हें वहाँ ले जाने में बहुत देर लग जाएगी।"

सारे पारधी लोग इसी कशमकश में थे कि अब कहाँ जाया जाए, तब उसी समय मुसलमान गुलाब शेख घोड़े पर सवार होकर अपने घर जाता हुआ, वहाँ से गुजर रहा था। उसने पारधियों की स्थिति को भाँप लिया। वह जानता था कि पारधी अपने मुर्दे इधर-उधर लेकर घूम रहे थे–उसने रुककर रानपाल्या से बात की। फिर वह बोला–"क्या यार सभी इनसान अल्लाह के बन्दे हैं। सभी यहीं पे पैदा होते हैं और सभी

को इसी मिट्टी में मिल जाना होता है। इनसान इनसान के काम आए यही तो धर्म होता है। चलो तुम बैलगाड़ी मेरे खेत की तरफ घुमाओ, पोखरे के पीछे काफी खुली जगह है वहाँ तुम्हें कोई नहीं रोकेगा।''

गुलाब शेख की बात सुनकर उस दुखभरे समय में भी सब उपस्थित पारधियों के चेहरों पर खुशी की लहर दौड़ गई। रानपाल्या ने कहा—''देखो यह परधर्मीय होते हुए भी हमारी कठिनाई के समय में इसने हमारी सहायता की। यह वास्तव में भला आदमी है।''

गुलाब शेख के बताए हुए स्थान पर एक बड़ा गड्ढा खोदकर, एक के ऊपर एक मुर्दा रखकर उन्हें दफना दिया। दफनाते समय गाड़ी में रखे हुए नीम के पत्ते भी मुर्दों पर डाल दिए गए। बाद में जमीन को ठीक कर उस पर पास पड़े हुए कुछ भारी पत्थर लाकर रख दिए जिससे जंगली जानवर और कुत्ते आकर जमीन न कुरेदें। मुर्दे दफनाए जाने के बाद पास के तालाब में सब पारधियों ने डुबकियाँ लगाकर पापों से मुक्ति पानी चाही।

दुखी लोग दिलों पर बड़ा बोझ लिए अपने-अपने घरों को लौट गए।

11

पारधी बस्ती में एक दिन कचहरी से सिपाही आ पहुँचा। रहिमान्या और तारक्या से मिलकर उसने कहा—''जिन पर बिजली गिरी थी और मौत हो गई थी, उन मृतकों के नाम के पैसों को साहेब ने मंजूरी दे दी है। वे पैसे तुम आकर ले जाओ। तुम्हें कचहरी आना पड़ेगा।'' गेंडया और गंगूबाई की मौत से सब परिवारवाले बहुत दुखी हो गए थे, कहीं काम न मिलने के कारण चार दिन से घरों में चूल्हे भी न जले थे। रहिमान्या भी अपने मृतक माँ-बाप के पैसे लेने तहसीलदार की कचहरी पहुँच गया। भूख से अधमरे हुए बाल-बच्चों का पेट उन पैसों से भरने की बात उसके मन को ढाढ़स बँधा गई।

तहसीलदार साहब ने उससे नाम पूछा, ''क्या नाम है तुम्हारा?''

''रहिमान्या गेंडया पारधी।'' उसने कहा।

फिर तहसीलदार साहब ने कहा—''पारधी का मतलब तुम आदिवासी लोग हो? तुम्हारे माँ-बाप की मृत्यु बिजली गिरने से हुई जो एक दुर्घटना थी। इसी कारण सरकार ने यह पैसे मंजूर किए हैं। क्या तुम मृतकों के वारिस हो? तब तुम्हें अपने गाँव जाकर ग्राम पंचायत से 'उस गाँव के तुम रहिवासी हो' इस बात का प्रमाण-पत्र और जिस अस्पताल में मृतकों की चीर-फाड़ की गई थी वहाँ के डॉक्टर का प्रमाण-पत्र मुझे लाकर देना होगा। उन प्रमाण-पत्रों के मिलने पर ही मंजूर किए गए पैसे तुम्हें

मिलेंगे, जाओ और जाकर दोनों प्रमाण-पत्र ले आओ।''

तहसीलदार साहब की इतनी लम्बी चौड़ी बात सुनकर रहिमान्या चकरा गया। उसकी समझ में कुछ न आया कि कौन सा प्रमाण-पत्र? वह क्या होता है? दफ्तर से बाहर आकर उसने बाहर खड़े सिपाही से पूछा–''साहेब कहते हैं कि मेरे माँ-बाप के मर जाने पर सरकार ने पैसे मंजूर कर दिए हैं। उन्होंने मुझे दो कागज लाने को कहा है। पर वे दो कागज मैंने किससे लेने हैं। क्या तुम मुझे इतना बता सकोगे, बड़ी मेहरबानी होगी। हम जंगलों में रहनेवाले पारधी लोग हैं, हमें यह सरकारी बातों का कुछ पता नहीं है। ना ही हम कायदा कानून समझते हैं।''

वहाँ से पूरी बात समझ लेने के बाद रहिमान्या और तारक्या अपनी बस्ती लौट आए। दूसरे दिन सवेरे ही वह कलम्बी ग्राम के सरपंच के द्वार पर जा बैठा और उसका इन्तजार करने लगा। सरपंच के घर से बाहर निकलते ही उसकी नजर बैठे हुए पारधी पर पड़ी, तब सकपकाकर सरपंच बोला–''अरे तुम पारिधी लोग सुबह-सुबह आकर मेरे दरवाजे के सामने क्यों बैठे हो? क्या मुझे पूछने चले आए कि तुम्हारे मृतकों को हमारी श्मशान भूमि में क्यों गाड़ने नहीं दिया? अरे बाबा वह मेरे अकेले का कहना थोड़े ही था। अरे वह तो सब गाँववालों का कहना था, गाँववाले जो चाहते हैं वैसा ही मुझे करना पड़ता है। मालूम है ना?''

यह बात सुनते ही रहिमान्या ने बहुत अकुलाए स्वर में हाथ जोड़ते हुए कहा–''नहीं मायबाप, मैं यह सवाल आपसे पूछने बिलकुल नहीं आया हूँ। मैं आपसे कुछ कहने आया हूँ। मेरे माँ-बाप पर बिजली गिरी, जिससे उनकी मौत हो गई। उसके लिए सरकार ने पैसे मंजूर किए हैं। सरकार का कहना है कि गाँव के सरपंच से यह लिखवाकर लाओ कि हम इस गाँव के रहिवासी हैं और मृतकों के हम वारिसदार हैं।''

सरपंच चिमाजी राव बोले–''अरे बाबा तुम लोग हमारे गाँव के अहाते में रहते हो पर गाँव से बड़ी दूर-दूर बस्ती होती है तुम लोगों की, ठीक है ना? बहुत सालों से बसे हो यहाँ। हम जाते-आते तुम्हें देखते हैं, पर तुम लोग हमारे गाँव के पास रहते हो इसलिए तुम्हें हमारे गाँव का रहिवासी माना जाए या नहीं, यह हमारे सामने एक पहेली है। सरकार में जमा कराने तुम मुझसे प्रमाण-पत्र की माँग कर रहे हो! ठीक है...मैं गाँव के दो-चार जानकार और समझदार लोगों से बात करता हूँ और फिर तय करता हूँ कि तुम्हें ऐसा प्रमाण-पत्र दिया जाए या नहीं।'' सरपंच ने उन दोनों को चले जाने को कहा।

चिमाजी राव सरपंच ने दो-चार लोगों से बात की और फिर वह सोचने लगा। यदि उसने रहिमान्या को गाँव का रहिवासी होने का प्रमाण-पत्र दे दिया तब आगे समस्याएँ खड़ी हो सकती हैं। पहले ही यह चोरों की जाति है...इन लोगों को गाँव से बाहर कितने भी दिन रहने दो, रहें, पर यदि एक बार इन्हें गाँव का मान लिया गया तब वे सब यहीं बस जाएँगे, हमेशा के लिए। ऐसे नहीं होना चाहिए बस।

सरपंच ने कोतवाल के हाथों रहिमान्या को सन्देशा भेजा, "तुम्हें गाँव में जब तक रहना है रहो, पर तुम्हें गाँव के रहिवासी होने का प्रमाण-पत्र हम नहीं दे पाएँगे।" गाँव का और गाँववालों का रहिमान्या के साथ कोई भी सम्बन्ध न होने के कारण और सरकारी कायदे-कानून से अनजान होने के कारण, वह उस उत्तर से असमंजस में पड़ गया। उसे कुछ न सूझा कि अब वह क्या करे। उसने अपनी बहन बकरी के पति रानपाल्या को बुला भेजा। रानपाल्या को लेकर रहिमान्या सरपंच से मिलने गया।

रानपाल्या ने सरपंच से कहा–"साहेब सरकार ने मेरे सास-ससुर की मौत पर पैसे मंजूर कर दिए हैं, उसे पाने के लिए ही केवल आपसे एक प्रमाण-पत्र की जरूरत है जिसमें लिखा गया है कि रहिमान्या आपके गाँव का निवासी है। झट से ऐसा लिखकर दीजिए।"

उस पर सरपंच बोला–"देखो तुम पारधी लोग हमारे गाँव के रहिवासी कैसे हो सकते हो? और मरे हुए वे लोग हमारे गाँव की सरहद में नहीं मरे हैं। हमारे लोग जैसे कई पीढ़ियों से इसी गाँव में रहते हैं वैसे तो तुम लोग नहीं रहते हो। यहाँ रहने का तुम्हारा इतिहास कहाँ है? मृतक मिया-बीबी तुम्हारे ढोकी गाँव की सरहद में मरे हैं इसलिए उसी गाँव से तुम वह प्रमाण-पत्र लेकर इसे दिलवा दो। हमारे गाँव के तुम रहिवासी हो इसका प्रमाण-पत्र तुम्हें हमारे गाँव से नहीं मिलेगा।"

रानपाल्या ने कहा–"देखो हम एडशी गाँव के रहिवासी हैं, मेरा बेटा यहाँ के स्कूल में दाखिल हुआ है। हम यहाँ खेतीबाड़ी करते हैं।" रानपाल्या की बात काटते हुए सरपंच ने फिर कहा–"ठीक है, उस गाँव में तुम्हारा घर-बार, खेतीबाड़ी है। और उस गाँव के पास तुम रहते हो। इसलिए तुम्हारे नाम ग्राम पंचायत के रेकॉर्ड में लिखे गए होंगे। पर हमारे कलम्ब गाँव का पारधियों की बस्ती से कोई भी सम्बन्ध नहीं है। यह हम सालों से जानते हैं। वहाँ बसनेवाले पारधियों के घर घास-फूँस, पतों के बने हैं। उनसे हमारा कोई वास्ता नहीं पड़ता। वे लोग हमसे बहुत दूर रहते हैं।"

सरपंच की बात सुनने पर रहिमान्या और रानपाल्या अपने हाथ मलते हुए लौट गए।

रानपाल्या अब ढोकी गाँव के सरपंच के पास जा पहुँचा और उससे कहा–"आप यह लिख दीजिए कि हमारे गाँव के अहाते में उन पति-पत्नी की मृत्यु हुई और वे पास के जंगल वाले मैदानी इलाके के रहिवासी थे।"

ढोकी का सरपंच सोचकर बोला–"उस गाँव के पारधी इस गाँव के पास मरे यह सार्टिफिकेट मैं कैसे दे दूँ? तुम लोग हमारे गाँव के पास घरबार लेकर खेतीबाड़ी करने लग गए। ग्राम पंचायत में आपका नाम लिखा गया जिससे इस ग्राम के वासी होने की मान्यता आप लोगों को मिली। यदि ऐसा न किया होता तब हम लोग भी आप लोगों को यहाँ के रहिवासी न मानते! पर गाँववालों ने ऐसा मानकर तुम पर उपकार ही किया है। यह तुम जानते हो? लेकिन अब किसी दूसरे गाँव के आदमी को तुम

यहाँ का रहिवासी दिखाकर सार्टिफिकेट माँग रहे हो, तुम्हारे कहने पर यह काम मैं नहीं कर सकता हूँ। मैं ऐसा सार्टिफिकेट नहीं दूँगा। पारधी लोगों की बिजली के कारण मौत हो गई है यह बात सही है पर उनकी मौत की जिम्मेदारी हमारा गाँव कैसे ले सकता है? इसलिए तुम कलम्ब लौट जाओ और वहीं के सरपंच से बात करो।''

रानपाल्या और रहिमान्या समझ गए थे कि दोनों ही ग्राम के सरपंच उन्हें ग्रामवासी होने का प्रमाण-पत्र देने वाले नहीं थे। उनके समक्ष प्रश्न था कि अब क्या किया जाए? अपने माँ-बाप के लिए सरकार द्वारा मंजूर किए पैसों को पाने के लिए एक दिन रहिमान्या और तारक्या तहसील चले गए।

वहाँ तहसीलदार साहेब से मिलकर उन्होंने बताना शुरू किया, ''साहेब हम लोग आदिवासी पारधी हैं, हम लोग लिखना-पढ़ना नहीं जानते हैं, हमेशा हम लोग गाँव और गाँववालों से बहुत दूर रहते हैं। अलग अपनी बस्ती बनाकर रहते हैं जिसके कारण गाँववाले हमें उस गाँव का नागरिक नहीं समझते हैं। हम लोगों को कभी कागज की जरूरत नहीं पड़ी, सदियों से हम जंगलों में रहते आए हैं। कुछ वर्षों से हमने जंगल छोड़कर गाँव के आसपास रहना शुरू किया। गाँववाले हमेशा हमें चोर और गुनहगार समझते आए हैं। वे हमें अपने से चार हाथ दूर ही रखना ठीक समझते हैं। हमें देखते ही हमसे वे दूर-दूर रहते हैं। वे लोग हमें गाँववाले होने का सार्टिफिकेट देने से इनकार करते हैं... अब आप ही कहें साहिब कि इस हालत में हम क्या करें?''

दोनों पारधियों की बात ध्यान से सुनकर तहसीलदार सोनावणे ने कहा—''तुम्हारे रहन-सहन से और तुम्हारी बातचीत से मैं इतना जान गया हूँ कि तुम आदिवासी पारधी हो और देश के कायदे-कानून तुम्हारी समझ से बाहर हैं। तुम्हारे माँ-बाप ओले बरसने के बाद गिरी बिजली से मौत के शिकार बन गए हैं, उनकी मृत्यु अचानक हो चुकी है। इतनी बात मुझे मान्य है, परन्तु मैं एक सरकारी नौकरी, कानून का रखवालादार हूँ। कानून से मेरे हाथ बँधे हुए हैं, जो कानून में बैठता है वहीं मैं करने को बाध्य हूँ। यदि तुम गाँव के रहिवासी होने का प्रमाण-पत्र लाकर मुझे देने में असमर्थ हो तब वे मंजूर किए गए पैसे मैं तुम्हें नहीं दे सकता। कैसे भी करके जब कभी तुम वह प्रमाण-पत्र यहाँ लाकर दिखाओगे उसी दिन तुरन्त तुम्हें वे रुपए मिल जाएँगे। अब तुम यहाँ से चले जाओ, अपना समय बरबाद मत करो और प्रमाण-पत्र लिए बगैर यहाँ के चक्कर मत काटो। उसका कोई फायदा न होगा।''

तहसीलदार से यह जवाब पाकर दोनों अपना-सा मुँह लटकाए लौटने लगे। उन्हें देखकर लग रहा था मानो किसी ने जूते मारकर उनकी पिटाई कर दी हो...। रहिमान्या की समझ में आ रहा था कि सरकार के कायदे में उनकी कोई जगह नहीं, उनकी कोई सुनवाई नहीं...भारी मन से वे पारधी बस्ती पर लौट गए।

कुटुम्ब प्रमुख गेंडया और गंगूबाई की मौत से पूरी पारधी बस्ती पर दुख की काली घटा छा गई थी। दुख इस बात से और भी बढ़ गया था कि पारधियों को

गाँववाले अपने में से एक न समझते थे। गाँव का नागरिक उन्होंने नकार दिया था। जिसके कारण पारधीजनों पर भूखों मरने की नौबत आ रही थी। बच्चे भूख सहन नहीं कर पा रहे थे। उन्होंने रोना-बिलखना शुरू कर दिया था। ऐसे में एक दिन रहिमान्या और तारक्या एक खेत में घुस गए और वहाँ से जवार की पकी बालियाँ और बकरे का मांस भूनकर खाया और तब कहीं तन की जठराग्नि शान्त हुई। दूसरे दिन उस खेत के किसान को पता लग ही गया कि उसके खेत से बकरी का बच्चा और जवार की बालियाँ काट कार पारधी ले गए हैं। गाँव के लोग और सरपंच का माथा ठनक गया। वे कहने लग गए थे, ''पारधियों की यह बला यहाँ से पता नहीं कब टलेगी...अच्छा ही हुआ गेंडया की मौत हो गई। एक बला टली, देखो तो इन लोगों की हिम्मत! अब ये लोग हमीं से इनके नागरिक होने का प्रमाण-पत्र माँगने लगे हैं। क्या इतना काफी नहीं था कि इन्होंने अब हमारे खेतों से चोरी करनी भी शुरू कर दी? इन लोगों को यहाँ से खदेड़ देने का समय आ गया है। यदि इनको यहाँ से अभी न भगा दिया गया तब वे हमारे सिर पर बैठने लगेंगे। और एक दिन हम लोगों को भारी पड़ जाएँगे... ।''

सारे गाँववाले हाथों में लाठियाँ और कुल्हाड़ियाँ लेकर पारधी बस्ती की ओर चल पड़े। बस्ती पर पहुँचने पर पारधियों की घास-फूस से बनी झोपड़ियों को सोटियों से तोड़ डाला, जो कोई सामने आया, बच्चा-बूढ़ा-औरत उसे पीटकर रख दिया। इतने बड़े जमावड़े को देखकर, पारधी अपनी जान हथेली पर रखकर वहाँ से भाग निकले। गाँववालों ने तोड़ी हुई झोपड़ियों को आग लगा दी। अपने जलते हुए घर-संसार को छोड़कर भागते हुए रहिमान्या तारक्या मंजुली मुड़-मुड़कर देख रहे थे। अपना उजड़ा हुआ वर्तमान। रोते-पीटते, वे थोड़ी दूर जाकर, एक रेलवे स्टेशन पर बैठ गए। जान बची यही उनके लिए बड़ी बात थी।

रहिमान्या ने बैठते हुए कहा–''माँ-बाप के मरने के बाद यहाँ कुछ रह नहीं गया था। जो कुछ भी बचा था उसे गाँववालों ने जला दिया। अब हम खाली हाथों बहुत दूर चले जाएँगे, बहुत दूर मुम्बई शहर में चले जाएँगे। वहाँ हमें कोई चोर पारधी नहीं कहेगा। वहाँ हमारी पहचान चोर पारधी की न होगी।''

स्टेशन पर गाड़ी आकर रुकी। सामने जो डब्बा आया उसमें वे जाकर बैठ गए। गाँववालों से डरे हुए पारधी, अपने परिवारों समेत मुम्बई शहर पहुँच गए।

दूसरे दिन रानपाल्या के कानों तक खबर पहुँची उस घटना की जो कलम्ब की पारधी बस्ती में घटी थी और जो दुर्दशा वहाँ सबकी हुई थी। उस खबर से रानपाल्या को बहुत गहरा धक्का लगा था। उसका मन खेद से भर गया। वह सोच रहा था कि रहिमान्या यदि सरकार से पैसे लेने के लिए गाँववालों के पास जाकर प्रमाण-पत्र न माँगता तब शायद यह दुर्दशा न होती। उसकी बस्ती भी, ढोकी के गाँववालों ने ऐसे ही एक बार जला डाली थी। वही हाल आज कलम्ब की पारधी बस्ती का हुआ

था। उसके सब रिश्तेदारों के घर जल गए थे। उसकी समझ में न आ रहा था कि वह क्या करे। बकरी का रो-रोकर बुरा हाल हो गया था। वह अपने को सँभाल न पा रही थी। रोते हुए कहे जा रही थी, "भगवान जाने मैं कब अपने भाई को देख पाऊँगी। पता नहीं कहाँ चले गए हैं वे सब लोग। कुछ करो, उनकी तलाश करो, पुलिस में रपट लिखवा दो...।"

बकरी का दुख रानपाल्या समझ रहा था, वैसे ही अपनी स्थिति भी वह समझ चुका था। अपनी पत्नी को समझाते हुए उसने कहा–"देखो मेरी तरफ सुनो, पके खेतों को निगरानी करने के लिए हमें कोई सहायता मिल नहीं सकती है। हम पारधी हैं और अकेले पड़ चुके हैं। मैं पुलिस थाने में जाऊँगा तब मेरी बात कोई नहीं सुनेगा, कोई मेरे से रपट नहीं लिखवाएगा। यह तुम तो जानती हो? उलटे मैं वहाँ गया तब गलत आरोप मुझ पर रखकर मेरे ही हाथ-पाँव बाँधकर मुझे बन्दी बना डालेंगे। यही पारधियों का जीवन है। ऐसे ही हमें जीना है, खुद को बचाए रखना है। राजा की मार और बारिश की मार पड़े तब अपना दुखड़ा किसके सामने जाकर सुनाएँ? बस यही हाल हम पारधियों का है। पढ़-लिखकर जब अपना बेटा वकिल्या, सयाना होकर इस देश का कानून जान पाएगा तभी हम पारधियों की हालत सुधरेगी। हमें धीरज रखना होगा...।" ऐसी बातें कहकर रानपाल्या बकरी को शान्त करता रहा। रानपाल्या अपने भाई और माँ-बाप के साथ अपनी खेती के काम में जुट गया, पैदावार अच्छी हो रही थी, पैसा इकट्ठा करते जा रहा था। कोई खेत बेचने लगता तब चढ़े भाव देकर वह जमीन खरीद लेता, जमीन खरीदकर वह गाँव में अपने पैर जमा रहा था। कारखाने के पास वाली पारधी बस्ती की प्रगति देखकर बाजीराव देशमुख और पतंगराव पाटिल जल-भुनकर रह जाते। अपनी आँखों के सामने बेधड़क होती उनकी उन्नति उनसे देखी न जाती थी। बार-बार वे सोचते कि पारधियों का कुछ बन्दोबस्त करना पड़ेगा, उनकी प्रगति पर रोक लगानी होगी। वे जान गए थे कि उनकी प्रगति का कारण था नाना पाटिल और पुलिस अधिकारी की उन्हें मिलनेवाली सहायता और हर महीने दिए जानेवाला खूब सारा पैसा। वे कहने लगे थे कि दीमक जैसे पेड़ को सुखा देती है वैसे ही पारधियों की प्रगति की दीमक सारे ढोकी गाँव को बर्बाद कर देगी। सारा गाँव निगल जाएँगे ये पारधी!

दोनों समझ गए थे कि कुछ भी कर उस पुलिस अधिकारी को उस जगह से हटा देना होगा। इसी काम को लेकर एक दिन गुस्से से भरे बाजीराव देशमुख मुम्बई जा पहुँचे और वहाँ के मुख्यमंत्री के पास जाकर बैठ गए। बातचीत के बाद अपनी बात उन्होंने मनवा ली। अपने आदमी–घाडगे पाटिल की बदली पुनः अपने उस्मानाबाद के थाने में करवा ली और प्रसन्नता से गाँव लौट आए।

बदली होकर उस्मानाबाद लौटे हुए घाडगे पाटिल को देखकर आसपास की पारधी बस्तियों के लोगों में घबराहट फैल गई। इस खबर से रानपाल्या विचलित हो

गया। उसे लगा कि अब उसकी खैर नहीं! पारधियों को घाडगे पाटिल यमदूत की तरह लगता था। जहाँ भी वह बदली लेकर जाता वहाँ जाकर पारधियों के घर ढूँढ़-ढूँढ़कर उनको पकड़कर ले जाता। उन्होंने गुनाह किया हो या न किया हो उसे कोई फर्क नहीं पड़ता था। उनको मार-पीटकर किसी के किए हुए गुनाह में फँसाकर उनका जीना हराम कर देता। पारधियों का सत्यानाश करना ही मानो उसका शौक था! अपने प्रशिक्षण के समय उसने पारधियों के बारे में पूरी जानकारी हासिल कर ली थी। हरिण पारधी, गाँव पारधी, पाल पारधी, लँगोट पारधियों की वेशभूषा, उनका खान-पान, चोरियाँ और डाके डालने के तरीके पूरी तरह से जानकारी उसने प्राप्त कर ली थी। उसको पूरा विश्वास हो चुका था कि पारधी गुनहगार और चोर ही होते हैं और अब उसका यही काम होगा—उनका संहार करना। अपने कार्यकाल में उसने वैसे ही किया। लोगों ने उसे 'पारधियों का काल' यही संज्ञा दे डाली थी। पारधियों की धर-पकड़ के कारण सरकार ने उसका समय-समय पर सम्मान भी किया था। इसी कारण उस्मानाबाद में बदली होने के बाद उसने रानपाल्या का पीछा करना चाहा। रानपाल्या को पकड़े बगैर वह चैन से बैठ न पा रहा था। अतः उसने सब जगह आदेश दे रखा था कि रानपाल्या को किसी न किसी प्रकार पकड़ा जाए। इस बात की खबर रानपाल्या के कानों तक पहुँच गई थी। रानपाल्या की जान अब सूखने लग गई। इतना होते हुए भी वह अपने परिवार के साथ शान्ति से जीवन बिताने की कोशिश कर रहा था।

एक दिन कारखाने के चेयरमैन पतंगराव पाटिल ने थाने में जाकर शिकायत कर डाली, ''रात में मेरे घर पर डाका डालने दस-पन्द्रह लोग आए थे। रात के अंधेरे में मैंने अपनी बन्दूक से हवा में गोलियाँ चलाईं जिससे डरकर वे भाग निकले। जरूर वह रानपाल्या की टोली होगी। आप उनका बन्दोबस्त कर दीजिए।'' पुलिस कान्स्टेबल जो हर महीने रानपाल्या से पैसे लेता था, उसने यह खबर रानपाल्या तक पहुँचा दी। रानपाल्या समझ गया कि घाडगे पाटिल अब उसे चैन से जीने नहीं देगा। वह तुरन्त नाना पाटिल के पास पहुँचा और पूरी बात उसे बता दी। इस बार नाना पाटिल ने अपने हाथ ऊपर कर दिए और कहा—''अब तुम्हारी सहायता करना मेरे बस की बात नहीं है। मैं कुछ नहीं कर सकूँगा।''

बिरडीस ने परिस्थितियों को भाँपकर अपने बेटे से कहा—''हम पारधियों का अच्छा बर्ताव और हमारा फलना-फूलना पतंगराव पाटिल और बाजीराव देशमुख से देखा नहीं जा रहा, वे हमसे चिढ़ गए हैं। वे जानते हैं कि पारधियों की प्रगति उनके घर लूटने के बाद उनके रुपयों से हुई है। इसलिए बेटा अब मैं तुमसे कहता हूँ कि तुम अब अपने घर में न रहकर एक बार फिर जंगल में जाकर छिपे रहो। मुझे ये आज कल के आसार ठीक नजर नहीं आ रहे हैं। तुम्हें खुद को उनकी पकड़ से बचाना होगा, पहले दिनों की तरह कभी रातों को आकर हम सबसे मिल जाया करो।''

रानपाल्या अपने पिता की बात समझ रहा था। एक बार फिर उसने अपना डेरा जंगल में डाल दिया। उसके वनवास का आरम्भ हुआ। पुलिस भी उसे ढूँढ़ते फिर रही थी। पुलिसवालों ने अपने साथ कुत्तों का पथक लाना शुरू किया। खा-पीकर बने ताकतवर कुत्ते पुलिसवालों को खींचते हुए दूर-दूर तक ले जाते थे। प्रशिक्षित कुत्ते जंगलों की ओर न जाते हुए बार-बार पारधी बस्ती की ओर खींचकर ले जाते थे।

संयोगवश उस दिन रानपाल्या और तीरमान्या सूअर का शिकार लेकर अपनी बस्ती पर लौटे थे। सूअर के गोश्त के पकने की गन्ध हर घर से आ रही थी। गोश्त की सुगन्ध से वे कुत्ते भागते हुए बस्ती पर आ पहुँचे। जोर-जोर से झटके देते हुए वे पुलिसवालों को अपने पीछे घसीट रहे थे। यह सब देखकर घाडगे पाटिल ने कहा–''देखो तो सही, वे लोग यहीं पर मौजूद हैं। हमारे कुत्तों ने ठीक पहचाना है।'' पुलिस को आते देख रानपाल्या और तीरमान्या पहले ही अपने घरों से निकलकर खेतों में जाकर छिप गए थे। कुत्तों और पुलिसवालों ने बस्ती को घेर लिया था। वे हर घर में घुसकर ढूँढ़ते फिर रहे थे। कुत्तों ने भौंक-भौंककर सबको परेशान कर दिया था।

दोनों को वहाँ न पाकर घाडगे पाटिल ने सब पारधियों को एकत्रित कर खड़ा कर दिया और अपनी खास गालियों की वर्षा व उन सब पर करनी शुरू कर दी। डंडा दिखाकर वह कड़ककर बोला–''बोलो तुममें से कौन-कौन पाटिल के घर में डाका डालने गए थे? सामने आओ या उनके नाम बताओ–वरना तुममें से ऐसे किसी की भी खैर नहीं है। हर एक का चमड़ा उघाड़कर इन कुत्तों के सामने डाल दूँगा...।''

जलन और बिरडीस ने कहा–''साहेब, हम अब अच्छी तरह खेतीबाड़ी कर, मेहनत से कमाई कर अपनी जिन्दगी बिता रहे हैं। हम पारधियों पर गलत आरोप मत लगाओ, हमने कुछ नहीं किया है। उस पतंगराव पाटिल और बाजीराव ने हम पर झूठा आरोप लगाया है। आप उनकी बातों में आकर हम पर इल्जाम लगा रहे हैं। ऐसा आरोप लगाकर हम पर आप गूं मत लगाओ साहब, हम आपके पैरों पड़ते हैं।''

घाडगे पाटिल ने आँखें तरेरते हुए कहा–''साले हरामखोर, क्या तुम पारधियों के बापजादों ने भी कभी खेती की थी? चोरियाँ और डाके की कमाई से तुमने ये खेत खरीदे हैं, क्या यह बात हम नहीं जानते हैं?''

बिरडीस ने कहा–''साहेब, तुम्हारी कसम खाकर मैं कहता हूँ कि यह हमने मेहनत की कमाई से और कई बार आधा पेट भरकर, रुपए जोड़-जोड़कर इन खेलों को खरीदा है–पाई-पाई जोड़कर हम कुछ कर पाए हैं। हाथभट्ठी की शराब बनाने के सिवाय हम कोई भी अन्य काम नहीं करते हैं।''

जलन बोल पड़ी–''साहिब, देखो हम लोगों पर झूठा आरोप मत लगाओ। तुम्हारे इन पुलिसवालों से पूछो, हम हाथभट्ठी की दारू बनाने के बदले में इन्हें हर महीने बराबर रुपया देते आए हैं। उनका बड़ा अफसर समय-समय पर आता रहा है। उस समय उसे मुर्गी, बकरे का खाना भी हम हमेशा खिलाते रहे हैं। वे जो माँगते थे तब

वह सब उन्हें हम दे देते थे। हमने उन्हें कभी मना नहीं किया था। पूछो-पूछो इन्हीं पुलिसवालों से... ।''

''देखो, तुम पारधी मुझे यह सब कुछ मत सुनाओ, वैसे करनेवाला पुलिस अधिकारी अब बदली होकर यहाँ से चला गया है। तुम लोगों को अब मैं अपनी तरह से ठीक करनेवाला हूँ। कल से, तुम लोग अपनी हाथभट्ठी की दारू एक बूँद भी न बना पाओगे। आज मैं खाली हाथ लौटनेवाला नहीं हूँ, तुम्हारा वह डाकू बेटा रानपाल्या कहाँ है, यह मुझे बताओ। वह भड़वा बड़ा आदमी बन बैठा है? यहाँ के बाजीराव देशमुख और पतंगराव पाटिल की बराबरी करना चाहता है? बस एक बार वह मेरी पकड़ में आ जाए, उसी समय मैं उसकी नाक में नकेल डाल दूँगा। उसे उसी गाँव के चौराहे पर लाकर खड़ा कर दूँगा और पूरे गाँव में उसे घुमाऊँगा।

इतना कहकर सारे पारधियों को उसने लातों और मुक्कों से मारना शुरू कर दिया और बाद में उन्हें चुपचाप बैठने को कह दिया। दूसरी तरफ पुलिसवाले हर घर में घुसकर सारी मूल्यवान चीजों को, सोना-चाँदी, जेवरात, रुपया जो भी कुछ हाथ लगा उसे उठाकर अपनी जेबें भर रहे थे।

इसी भगदड़ में एक पुलिस इन्स्पेक्टर ने घाडगे पाटिल के पास आकर कहा– ''रानपाल्या और वह दूसरा पारधी यहाँ कहीं भी नहीं है। शायद वे दोनों भाग चुके हैं।''

घाडगे पाटिल ने कहा–''अपने कुत्तों को उनके पीछे लगा दो, वे उन्हें ढूँढ़ निकालेंगे ना?''

इस पर इन्स्पेक्टर बोला, ''साहेब, कुत्ते पारधी बस्ती पर नहीं आएँगे क्योंकि यहाँ के हर घर में गोश्त पक रहा है, गोश्त की खुशबू से ही वे कुत्ते यहाँ पहुँचे थे।''

घाडगे पाटिल ने चिल्लाकर कहा–''तुम लोगों को अकल-वकल है या नहीं? पुलिस में कब से भरती हुए हो? पुलिस का काम है पूँछ पकड़कर हाथी को हथियाना। ठीक कह रहा हूँ मैं? अब एक काम करो, पंचनामा लिखते समय, ब्यौरा देते समय यह मत लिखना कि कुत्ते गोश्त की बू सूँघते हुए बस्ती पर पहुँचे थे। यह लिखना कि छिपे हुए डाकुओं की गन्ध सूँघते हुए कुत्ते इस बस्ती पर पहुँचे थे। ऐसे ही ब्यौरा देना, समझे? तुम्हें मेरे नीचे काम करना है ना? तुम्हारा काम ठीक है या नहीं यह लिखना मेरे हाथ में है। मेरा कहा तुम्हें मानना पड़ेगा। जाओ मेरा मुँह क्या देख रहे हो? जाकर उन दोनों को आसपास के खेतों में ढूँढ़ो, वहीं कहीं छिपे बैठे होंगे ये दोनों।''

पुलिस अपने कुत्तों को लेकर खेतों के कोने-कोने से देखते जा रहे थे पर उन्हें कोई नजर न आया। थोड़े चक्कर काटकर वे लौट गए। घाडगे पाटिल फिर बस्ती पर जा पहुँचा। बिरडीस, जलन और अन्य बड़े-बूढ़ों को छोड़कर वह बाकी सब पारधियों को पूछताछ के लिए थाने ले गया।

रानपाल्या का छोटा भाई रानमाल्या खेत में काम कर रहा था। उसे भी जब

पकड़कर ले जाने लगे तब अकुलाकर बिरडीस थानेदार से बोला, "साहिब मेरे इस बेटे ने कोई गुनाह नहीं किया है। आज तक इसने किसी की कौड़ी को भी हाथ नहीं लगाया है। इसका नाम कभी भी पुलिस थाने में दर्ज नहीं हुआ है। वह एक साफ-सुथरा किसान है।"

घाडगे पाटिल ने कहा–"यह एक अच्छा खासा दाढ़ी-मूँछोवाला जवान आदमी है। यह कैसे हो सकता है कि पारधी होते हुए भी आज तक इसने कोई गुनाह नहीं किया हो? पारधी बस्ती के पन्द्रह से अठारह बरस के उम्र के बच्चों के नाम पर दो-चार छोटे-मोटे गुनाह, चोरी-चकारी का गुनाह दाखिल होता ही है और उस बारे में थाने में उनके नाम रजिस्टर में आ ही जाते हैं। हम लिख ही लेते हैं! यह कैसे हो सकता है कि अब तक इसका नाम हमारे रजिस्टर में नहीं आया? मैं यहाँ का अधिकारी होता तो अब तक मैं उसे कम से कम दो-चार बार जेल की हवा खिला देता। यदि ऐसा अब तक नहीं हुआ होगा तब इसे पुलिसवालों की कमजोरी समझना चाहिए। चलो, ले चलो इसे अपने साथ...इस पर कुछ आरोप लगाकर इसे दो-चार दिनों तक हवालात में बन्द कर दो और इस बारे में अपने रजिस्टर में इस लड़के का नाम दर्ज कर दो। अगर इस बूढ़े-बुढ़िया ने ज्यादा शोर मचाना शुरू किया तब उन्हें भी इस लड़के के साथ गाड़ी में चढ़ा दो और साथ ले चलो।"

अपने वरिष्ठ अधिकारी के ये बोल सुनकर पुलिस कान्स्टेबल ने बिरडीस और जलन को उनके बेटे रानपाल्या के साथ खड़ी गाड़ी में धकेल दिया। चुटकी और बकरी गर्भवती होने के कारण वे कहीं जाकर छिप गई थीं जिसके कारण वे पुलिसवालों की नजरों से बची रहीं। स्कूल में पढ़नेवाला वकील यह सबकुछ देखकर तड़प उठा। एक पुलिसवाले ने पूछा कि यह किसका बेटा है? उत्तर मिलने पर वकिल्या के गालों पर उसने दो-चार थप्पड़ जड़ दिए। थप्पड़ इतने जोर से मारे गए थे कि अँगुलियों के निशान गालों पर दिखने लगे। अपने गालों को सहलाता, रोता हुआ वह अपनी माँ की गोद में जा बैठा तब तक पुलिसवाले वहाँ से चलते बने थे। डरा-सहमा हुआ वकिल्या खरगोश की तरह माँ के पल्ले के नीचे दुबककर सो गया।

पुलिस स्टेशन पर रानमाल्या, जलन और बिरडीस को एक कमरे में बन्द करके रखा गया। रानमाल्या के लिए यह पहला मौका था, पुलिस की मारपीट से वह बेहद घबरा गया था। उसके माँ-बाप उसको समझा-बुझाकर शान्त करने का प्रयास कर रहे थे। वे कहते रहे..."तुमने कुछ नहीं किया है, तुम डरो नहीं, वे हम लोगों को छोड़ देंगे।"

पुलिस की नजरों से बचने के लिए रानपाल्या और बन्दुक्या एक सूखे हुए कुएँ में जा छिपे थे। लगातार दो दिन वे वहीं बैठे रहे। जब उन्हें लगा कि आसपास कोई नहीं है तब वे कुएँ से बाहर निकल आए। उन्होंने नाना नाटिल को सन्देश भिजवाकर उनसे सहायता माँगी।

उधर पुलिस थाने में घाडगे पाटिल के हाथों मुख्य आरोपी रानपाल्या न लगने पर उसने अपना गुस्सा उसके माँ-बाप और भाई पर उतारा। उनकी मारपीट कर उन पर झूठा आरोप लगा दिया कि उन्होंने पत्थर फेंके और मारामारी की।

उन पर कचहरी में दावा लगाया और बाद में जमानत पर उन्हें छोड़ दिया गया। इस घटना के पश्चात् घाडगे पाटिल ने एक गुप्त बैठक में बाजीराव देशमुख और पतंगराव पाटिल को बुलाया और पारधियों का सदैव के लिए कैसे बन्दोबस्त किया जाए इस पर चर्चा करते हुए, उस पर अमल किस प्रकार किया। जाए इस पर सोच विचार किया, वे गाँव से पारधियों अस्तित्व मिटाना चाहते थे।

सारी पारधी बस्ती दहशत में जी रही थी। बिरडीस ने जलन से कहा–"कुछ भी हो। हमारे छोटे बेटे को उन लोगों ने जमानत पर छोड़ दिया, हमारे लिए यही बहुत बड़ी बात है। नहीं तो ये पुलिसवाले दसियों झूठे आरोप लगाकर हमारे बेटे को महीना दो महीने थाने में अटकाकर मारपीट कर उसे अधमरा कर देते तो हम क्या कर सकते थे? जो हुआ बहुत अच्छा हुआ। हमारे पास थोड़ी बहुत खेतीबाड़ी होने के कारण हम किसान होने के कारण बेटा छूट सका है, चलो अच्छा ही हुआ।"

रानपाल्या को जब पता लगा कि उसका भाई और माँ-बाप जमानत पर छूट गए हैं तब उसने चैन की साँस ली। वह सोच रहा था, इस प्रकार का जुल्म वे उसके परिवार पर क्यों ढा रहे हैं? उनकी यह कोई बहुत बड़ी चाल हो सकती है। घाडगे पाटिल एक खूँखार पुलिसवाला है। वह मेरा पीछा छोड़नेवाला नहीं है।

बिरडीस ने रानपाल्या से कहा–"कैसे भी करके हमें अपनी जमीन बचानी होंगी। वही हमारा बहुत बड़ा सहारा है। इसी जमीन के कारण अब तक हम इस ढोकी समाज में टिके हुए हैं। न्याय माँगने के लिए हम ऊँचे अधिकारी तक जाएँगे। वकील को हमारी पैरवी करने भेजेंगे। अब कुछ तो हमें करना ही होगा। इस पर जलन और हरिणी जो गुस्से से भरी हुई थी, बोली, "देखो तो उस कलमुँहे ने क्या किया है! अरे कैसा पुलिसवाला है यह घाडगे पाटिल? घर में घुसकर सारा घर ही लूटकर ले गया? मेहनत का कमाया हुआ धन–सोना, गहना सब कुछ तो ले गया मुआ, हमारी वस्तुओं से उसने अपना घर भर लिया होगा। वह कुछ वापिस थोड़े ही देगा हमें। हम तो लुट गए...कभी भला न हो उसका।" उसे गालियाँ देती हुई, दोनों बड़बड़ाती रहीं।

रानपाल्या बोला–"अच्छा हुआ तुम लोग छूटकर आ गए, नहीं तो हमने ब्याज पर दिया हुआ पैसा हमें न मिलता और हमारा पैसा बाहर होने के कारण ब्याज पर दे देने के कारण बचा रहा। घर पर रखा हुआ होता तब ये पुलिसवाले वह रुपया भी मार लेते। तब हम पूरे कंगाल हो जाते।"

एक दिन मछुआरे का बेटा अंकुश बिरडीस से मिलने आया। उसका खेत चीनी कारखाने के निकट था। वह बिरडीस से बोला, "इस साल मैं अपनी बेटी की शादी करना चाहता हूँ। तुम्हारा खेत मेरे खेत के पास ही है इसलिए मैं खेत बेचना चाहता

हूँ। तुम ही शायद मेरी खेती के अच्छे दाम दोगे। यही सोचकर मैं तुम्हारे पास चला आया। कारखाने के चेयरमैन को अगर भनक पड़ गई कि मैं खेत बेच रहा हूँ तब वे ही मेरी खेती हड़प लेंगे। यदि तुमसे अच्छा दाम मिला तब मैं तुम पारधियों को ही यह जमीन बेच दूँगा।''

रानपाल्या से विचार-विमर्श करने के बाद बिरडीस ने वह जमीन खरीद लेने का विचार कर लिया। रानपाल्या ने अपने पिता से कहा—''गाँव में हमने कुछ पैसा ब्याज पर दिया हुआ है। उसमें से बीस-पच्चीस हजार रुपया वापस लेकर हमें यह जमीन खरीद लेनी चाहिए। पैसे गए तो गए, कम से कम जमीन तो अपने हाथों में रहेगी? मछुआरे की जमीन हमारे खेत के बिलकुल करीब होने से हम हमारे कुएँ का पानी वहाँ इस्तेमाल कर पाएँगे। अपनी उपज बढ़ा सकेंगे। आजकल पुलिस हमारे पीछे हाथ धोकर पड़ी हुई है। अगर पकड़े गए तब यहाँ के लोग ब्याज तो दूर हमारा पैसा भी वापस नहीं देंगे। इससे अच्छा होगा कि हम यही जमीन खरीद लें। वही ठीक होगा।'' रानपाल्या ने अपने पिता को वह सौदा पक्का करने भेज दिया। मछुआरे अंकुश को पच्चीस दिनों में पैसे देने का वायदा कर वह वापस लौटा।

बाजीराव देशमुख और पतंगराव पाटिल के कानों तक वह खबर पहुँचते ही वे आग-बबूला हो उठे और गुस्से से भरकर बोले—''पहले से ये पारधी हमारी छाती पर बैठ मूँग दल रहे हैं। अब उन्होंने कारखाने के पासवाली जमीन खरीद ली तो हमारी नाक ही काट ली है, ऐसा माना जाएगा।

पतंगराव पाटिल बोला—''वह मछुआरा अंकुश मेरे पास क्यों नहीं आया जमीन बेचने? गया तो किसके पास, उस पारधी के पास? वह भी उद्दंड बन गया है?''

गुस्साए पतंगराव पाटिल ने मछुआरे अंकुश को बुला भेजा और अंकुश से कहा, ''अपनी वह जमीन तुम कारखाने को दे दो। हमें उस जमीन की जरूरत है। हमें जमीन कम पड़ रही है।''

इस पर अंकुश बोला—''मैंने अपनी जमीन का सौदा कर लिया है। अपनी जबान मैं दे चुका हूँ। हम मछुआरे अपनी जबान के पक्के होते हैं। देखिए साहिब, अपनी बात से हम पलटते नहीं हैं।''

इस बात पर पतंगराव बहुत नाराज हो गए। उन्होंने ठान लिया कि किसी भी तरह उस जमीन को पारधियों के पास न जाने देंगे। कुछ सोचकर उन्होंने घाडगे पाटिल को बुला लिया और उससे पूछा कि अब क्या किया जाए। आदिवासी पारधियों को कानून के घेरे में कैसे लिया जाए। क्या अड़चनें आ सकती हैं, उन्हें कैसे दूर किया जाए, इस पर सोच-विचार होने लगा। कानून की बातें घाडगे पाटिल ने उन्हें समझा दीं।

घाडगे पाटिल ने पतंगराव और बाजीराव से कहा—''पिछले कई महीनों से मैं रानपाल्या को पकड़ने का प्रयत्न कर रहा हूँ, उसे रस्सियों से बँधा कटघरे में देखना

चाहता हूँ। पर वह अब तक बचता फिर रहा है। और अब तक मेरी पकड़ से बाहर ही है। दिन-भर वह जंगलों में घूमता फिरता है कभी-कभी-रातों को आकर वह घरवालों से मिल जाता है। परन्तु अब जैसे मैं कहता हूँ उसी प्रकार का बन्दोबस्त आप लोगों को करना होगा। मैं दो दिनों बाद पाँच-छह दिन की छुट्‌टी लेकर कहीं चला जाता हूँ। पूरा बन्दोबस्त करके जिससे तब जो कुछ होगा वह मेरे नाम पर नहीं आएगा। मेरा रेकॉर्ड खराब नहीं होगा और आपका काम भी हो जाएगा। आपका काम बनने के बाद उस केस से कैसे निपटना है, वह मैं देख लूँगा।''

यह आश्वासन देकर घाडगे पाटिल वहाँ से चलता बना। रानपाल्या अब अपने भाई रानमाल्या को उन लोगों के पास भेजने लगा जिन्हें उसने रुपए ब्याज पर उधार दिए थे। उनके पास जाकर वह पैसे लौटा देने की माँग करने लगा। पैसे न मिलने पर बार-बार वहाँ चक्कर काटने लगा जिससे वे लोग; किसान और छोटे-मोटे व्यापारी खीजने लगे। वे रानमाल्या से कहने लगे कि एक ही किश्त में वे पूरा पैसा लौटाने में असमर्थ हैं। रानपाल्या को उन पैसों की बहुत अधिक आवश्यकता होने के कारण वह छिप-छिपकर भेष बदलकर लोगों के पास जाकर पैसों की माँग करने लगा। वह कहता–''मेरे सारे पैसे एक ही किश्त में दे दो। ब्याज न देना चाहे मत दो, मेरे पैसे मुझे वापस चाहिए, जरूरत है...।'' वह हाथ जोड़कर कभी गिडगिड़ा पैसों की माँग करता। कुछ चिढ़े हुए लोगों ने कहा–''हमने पैसे न दिए तो क्या कर लेंगे?'' ऐसा कहकर वे पैसे लौटाने में आनाकानी करने लग गए थे।

इन सब बातों की खबर चीनी कारखाने के चेयरमैन पतंगराव पाटिल के कानों तक पहुँच गई। पाटिल ने अपने आदमी उन सब लोगों के पास भेजे जिन्हें रानपाल्या के पैसे लौटाने थे। उन सबको अपने पास बुलाकर एक मीटिंग की, उसमें पतंगराव पाटिल ने कहा–''ये साले सब पारधी बहुत मगरूर हो गए हैं। चोरी से कमाया हुआ पैसा वे ब्याज पर देने लग गए हैं। जरूरतमंदों को वही पैसा उधारी में दे देते हैं और अपना स्थान इस गाँव में मजबूत करते जाते हैं। यदि यही सब कुछ होता रहा तब वे हम लोगों को भारी पड़ जाएँगे। नाक से ज्यादा भारी नाक की नथनी हो जाएगी और वह नाक को तोड़ देगी। ऐसा नहीं होना चाहिए, इसलिए मेरा कहा मानो, मेरे आदेश का इन्तजार करो और फूटी कौड़ी भी पारधी को मत दो समझे?''

एक दिन पतंगराव पाटिल ने गाँव के चार-पाँच जवान छोकरों को बुलाया, जो गुंडागर्दी करने के लिए मशहूर थे। उन्हें अपने पास बुलाकर पाटिल ने उनसे कहा–''सुनो मेरी बात, आनेवाले समय में मैं तुम सबको कारखाने का सभासद बना लूँगा जिससे तुम्हें लाभ होगा। परन्तु ऐसा सभासदत्व पाने के लिए पहले तुम्हें मेरा एक काम करना होगा। इन पारधियों की जो दीमक हमारे गाँव में लगी हुई है उस दीमक को तुम्हें हटाना होगा। इन पारधियों का बन्दोबस्त करना होगा।'' छोकरों ने पतंगराव पाटिल की बात मान ली।

पतंगराव पाटिल, बाजीराव देशमुख और घाडगे पाटिल ने एकत्रित होकर योजना बना डाली। कौन कहाँ से आएगा, कैसे आएगा, इस बात की पूरी तैयारी करा दी गई। दिन निश्चित कर दिया गया। अफसर घाडगे पाटिल ने चार दिन की छुट्टी की अर्जी दे दी और अपने गुप्तचरों द्वारा पतंगराव पाटिल को कहला भेजा कि आनेवाले मंगलवार को पारधी लोग देवी की पूजा के लिए एकत्रित होनेवाले हैं और वहाँ रानपाल्या भी अपने साथी और परिवारवालों के साथ पहुँच रहा है। यह एक अच्छा मौका है। जो भी कुछ करना है इसी दिन कर डालो। कोई भी काम अधूरा मत छोड़ना। नहीं तो जैसे चिढ़ाया गया साँप पीछा करता हुआ पुनः आकर काटता है वैसे ही चिढ़े हुए पारधी पलटकर फिर वार कर देते हैं। बदला ले लेते हैं। यह कभी मत भूलना।'' इतना कहकर अपना सामान बाँधकर, घाडगे पाटिल छुट्टी पर चला गया।

पारधी बस्ती पर सोमवार से ही चहल-पहल थी। मंगलवार के दिन होनेवाली पूजा की तैयारियाँ शुरू हो गई थीं। बकरे कटने वाले थे, बच्चे खुश थे कि उन्हें अच्छा खाना मिलनेवाला था। अच्छा खानपान, नाच गाने के सपने देखते हुए पारधी लोग चैन की नींद में डूब गए थे। रानपाल्या अपने साथियों समेत अपनी बस्ती पर आ पहुँचा और अपने परिवार के साथ खा-पीकर सो गया।

पतंगराव पाटिल व बाजीराव देशमुख ने भी सोमवार की रात अपनी पूरी तैयारी कर ली थी। गाड़ियाँ, घोड़े, लाठियाँ, कुल्हाड़ियाँ लेकर उनके जवान चेले अपने साथियों के साथ आधी रात तक वहाँ पहुँच गए थे। मंगलवार की सुबह ही उजाला होने से पहले ही यह तय हुआ था कि पारधी बस्ती को घेर लिया जाएगा और एक ही समय उस पर धावा बोल दिया जाएगा।

मंगलवार को, सवेरा होने से कुछ समय पहले पक्षियों की चहचहाट सुनाई देने लग गई। एक-दूसरे का चेहरा दिखता नहीं था। मुर्गा बाँग देने लगा था। मनुष्यों से अधिक ज्ञानी मुर्गा सोतों को जगाने का अपना काम कर रहा था। इसी समय जंगल में कहीं दूर बैलगाड़ियों को रोक दिया गया। पेड़ों पर से पक्षी उड़कर अपना दाना-पानी ढूँढ़ने जथ्थों में जाने लग गए थे। उधर जमीन पर, लाठियाँ, कुल्हाड़ियाँ हाथों में लिये लोगों के दस्ते पारधी बस्ती की ओर बढ़ते चले जा रहे थे। ऐसा लग रहा था मानो लोगों को अपने शिकार बाघ की, उस स्थान पर होने की भनक पड़ गई थी और उसे पकड़ने के लिए वे शिकार को चारों ओर से घेर रहे थे।

ढोकी गाँव में अपना अस्तित्व बनानेवाले पारधी, किसान की जिन्दगी बिताने की चाह रखनेवाले पारधी, उस समय चैन की नींद सो रहे थे। आनेवाले महासंकट से बिलकुल बेखबर उस रात के प्रहर में वे सब गहरी निद्रा में थे।

अचानक बस्ती पर जोर का हमला हुआ। अपने घरों में सोते हुए पारधियों पर अचानक लाठियाँ बरसने लगीं। मारो-पीटो की आवाजें उठने लगीं। औरतों, बच्चों की चीखों से वातावरण भर गया। सब हक्के-बक्के थे कि यह मार अचानक कहाँ

से पड़ी। दिल को दहलानेवाली आवाजें मारने वालों की गुस्से से भरी चीखों में घुल गईं। जो पारधी सामने आया–बच्चा, बूढ़ा, जवान, सब पर लाठियों, कुल्हाड़ियों तलवारों की मार पड़ रही थी। सब लहूलुहान हो गए थे। कराहने, रोने की आवाजों से परिसर भर गया था। खून से लथपथ बिरडीस और रानपाल्या अपने घर की छत की लकड़ी तोड़कर उसे अपना हथियार बनाकर, आक्रमणकारियों का प्रतिकार कर रहे थे। इतने बड़े जमावड़े के सामने वे अधिक टिक न सके। उनके हाथों से लकड़ियाँ कब टूटकर गिरी इसका उन्हें पता ही न चला। एक तरफ बिरडीस, जलन अपने ही खून में लथपथ हो जख्मों से भरे जमीन पर गिरे पड़े थे। दूसरी ओर सिर के बीचोंबीच कुल्हाड़ी का घाव पड़ने से रानपाल्या जमीन पर गिरा पड़ा था। किसी नारियल के बीचोंबीच घाव पड़नें पर जैसे नारियल दो टुकड़ों में बँट जाता है वैसा ही कुछ रानपाल्या की खोपड़ी का हुआ था। अपने घर की गोबर से पुती हुई, सरकंडों की दीवार में छेद कर बकरी अपने बेटे को साथ लेकर जैसे-तैसे उस हत्याकांड से दूर भागी। आक्रमणकारी पारधी बस्ती के हर घर को ढूँढ़कर, पारधियों को घर से बाहर खींच कर, उनके हाथ पाँव तोड़ते जा रहे थे। जैसे वे कोई भेड़-बकरी हों। निर्दयता और बर्बरता का वहाँ तांडव हो रहा था। सैकड़ों की तादाद में आए आक्रमणकारियों ने सब पारधियों की हत्या कर डाली। इस हत्याकांड के बाद, आए हुए समाज कंटकों ने पारधियों के मुर्दों को घरों के भैंसे और बकरियाँ जहाँ बँधी थी सबको आग लगा दी। जलती हुई बस्ती को पीछे छोड़ वे सब वहाँ से चलते बने। पास खड़े ट्रैक्टरों और बैलगाड़ियों में सवार होकर हाथ लिया काम पूरा किया। यह सोच लेकर, वे एक भरी-पूरी बस्ती को उजाड़कर निकल गए थे।

बस्ती के पासवाले खेत में कुएँ के पास सोए हुए अपने देवर रानमाल्या को जगाते हुए बकरी बिलकती हुई बोली–''दुश्मन ने घात लगाकर बस्ती पर धावा बोल दिया है। वहाँ मारकाट हो रही है। जल्दी जागो, उठो, जान बचाकर भाग चलो।'' रानमाल्या और बकरी भागते हुए अपनी बस्ती की ओर बढ़े, खेतों से निकलते हुए बस्ती के पास आ पहुँचे। उनके घर जल रहे थे। गौशाला में बँधी भैंसें, बकरियाँ आग में झुलस रही थीं। खूँटियों से बँधी होने के कारण भाग नहीं पा रही थीं। झटके देकर खुलने की कोशिश कर रही थीं। दोनों अपने घर के सामने आ पहुँचे। अपने माँ-बाप, भाई के शरीरों के टुकड़े देखकर रानमाल्या खुद को सँभाल न पाया। गला फाड़कर वह चिल्ला रहा था। आक्रोश कर रहा था। बकरी दुख से बेहाल थी। मृत पति को देखकर वह सन्न रह गई। फिर था उसका असहय रूदन...। दोनों रो-रो कर पूछ रहे थे–"हमने किसी का क्या बिगाड़ा था? क्यों ऐसे किया? क्यों, इन्हें मार डाला? क्यों आग लगा दी? क्यों हमारा सत्यानाश किया। क्यों-क्यों?"

देवर भाभी जलते घर पर मिट्टी डालकर आग बुझाने की कोशिश कर रहे थे। दिन निकल आया था। उजाले में सब कुछ स्पष्ट दिखने लग गया। सब घर उजड़

कर जल चुके थे। अधजली लाशें बिखरी पड़ी थीं। चारों ओर सन्नाटा था। रानमाल्या और बकरी ने रानपाल्या का अधजला शरीर खींचकर ढेरी से बाहर निकाला। इसके बाद बिरडीस और जलन के शरीरों को बाहर निकाला। थोड़ा ढूँढ़ने के पश्चात् हरिणी, लगमण्या, तीरमान्या के मुर्दे भी उन्हें मिल गए। सब मुर्दों को पास-पास लाकर उन्होंने रख दिया। कोई आएगा और आकर उनकी सहायता करेगा इसी इन्तजार में देवर भाभी मुर्दों के पास बैठे रहे। दोनों की रुलाई रुक न रही थी।

दोपहरी होने को थी परन्तु ढोकी गाँव में पारधी बस्ती में घटी इस घटना की किसी को भी खबर न थी, न पुलिस को, न गाँववालों को। किसी को न आते देख रानमाल्या और बकरी घबरा गए थे। एक ओर बिखरे पड़े मुर्दे और दूसरी ओर गोशाला में आग लगने से झुलसकर मरे हुए जानवर, जिनके शरीर से खाल और मांस लटक रहे थे। घर से बाहर कुछ बैल और बकरियाँ जो खूँटे से बँधे हुए थे परन्तु आग की लपेट से बच गए थे, बुरी तरह से रंभा रहे थे और झटके देकर खुलने की कोशिश कर रहे थे।

कुछ ही समय में पुलिस की दो गाड़ियाँ एक के बाद एक आकर पारधी बस्ती के सामने आकर रुक गईं। रानपाल्या और बिरडीस से डरनेवाले कुछ लोग भी धीरे से वहाँ पहुँचने लग गए। वे देखना चाहते थे कि वहाँ क्या कुछ हुआ था। पुलिस चारों ओर घूमकर स्थिति का जायजा ले रही थी और अपने मुँह से 'चुक चुक' की आवाज करती हुई अपनी मुँडियाँ हिलाती जा रही थी। उनसे भी वह दृश्य देखा न जा रहा था। पर वे कुछ न करना चाहते थे। पारधियों का इस प्रकार का हत्याकांड होनेवाला है इसका अंदेशा उन्हें पहले से ही होने के कारण, उनका अधिकारी घाडगे पाटिल एक दिन पहले ही छुट्टी पर चला गया था। इसी कारण वहाँ पुलिस भी हत्याकांड होने के तीन-चार घंटों बाद ही घटना स्थल पर पहुँची थी।

पूरी बस्ती के जानवरों और मुर्दों का पंचनामा पुलिस ने किया और जीवित रानमाल्या और बकरी से यह कह कर, "अब तुम इन सब मृतकों का अन्तिम संस्कार कर डालो।" वहाँ से निकल गए।

नाना पाटिल अपने कुछ राजनैतिक कार्यकर्ताओं को लेकर घटना स्थल पर पहुँच गए और पूरी बस्ती के फोटो उतार लिए। अपने राजकीय विरोधी बाजीराव देशमुख और पतंगराव पाटिल पर यह आरोप लगा दिया कि घाडगे पाटिल की मदद से उन्होंने यह अमानुष हत्याकांड करवाया था। गुंडों की सहायता से उन्होंने यह काम किया–इस प्रकार की खबर उन्होंने फोटो के साथ मुख्य अखबारों में छपवा दी–ये सारी खबर छपवा कर उन्होंने स्वयं अच्छे इनसान होने का दावा किया। खबरों को पढ़कर अनेक संघटनाओं के कार्यकर्ताओं ने शोर मचा दिया कि पारधियों के हत्याकांड की जाँच करवाई जाए।

पुलिस के चले जाने के बाद रानमाल्या ने एक गड्ढा खोदा और उसमें अपने

माँ-बाप भाई और रिश्तदारों के मुर्दों को डालकर उन्हें वहीं दफना दिया और मिट्टी डाल दी। खूटों से बँधे जख्मी जानवरों को उसने खोल दिया। वह सोच रहा था कि अब उसे इस गाँव में नहीं रहना है।

बकरी इस हत्याकांड से बुरी तरह से डरी हुई थी। वह सोच रही थी कि यदि वह समय पर चौकन्ना होकर अपने बेटे को लेकर वहाँ से न भागती तब उसका भी वही हाल होता जो रानपाल्या और उसके सास-ससुर का हुआ। उसके देवर रानमाल्या की तकदीर अच्छी थी जो वह चौकसी करने खेत पर चला गया था और वहीं सो गया था। इसीलिए उसकी जान बच गई। वकील मेरे साथ होने से बच गया। मैंने पारधी का बीच बचा लिया नहीं तो बीज न रहता! इस अभद्र विचार को उसने अपने मन से जोर से झटक दिया।

पाठशाला में पढ़नेवाला, वर्णमाला को लिखनेवाला बेटा वकील अपने पिता-दादाजी की मृत देहों को देखकर बहुत डर गया था। उसकी समझ से बाहर था जो कुछ उसने देखा। वह एक जंगल में खोए हुए बछड़े की तरह घबराया हुआ इधर-उधर घूम रहा था। और रोते जा रहा था। कभी सुबकता तो कभी हिचकियाँ भरकर रोने लग जाता। उसके कोमल मन पर यह बहुत बड़ा आघात था।

उधर पुलिस थाने में घाडगे पाटिल अपनी ड्यूटी पर आकर बैठ गया था। उसने यही कहा कि इस घटना की उसे कोई जानकारी नहीं है। घाडगे पाटिल ने छुट्टी से वापिस आने पर हत्याकांड की जाँच की सारी कार्यवाही अपने हाथों में ले ली। जाँच के बाद उसने रिपोर्ट में लिखा था–''मैंने जाँच की–सामाजिक कार्यकर्ताओं ने कुछ गुंडों को भेज कर पारधी बस्ती का पूरा हत्याकांड रचा और बाद में वहाँ घरों में आग लगा दी। जिस दिन यह घटना घटी उस समय बाजीराव देशमुख और पतंगराव पाटिल ढोकी गाँव में नहीं थे। उनके यहाँ न होने से यही साबित होता है कि इस दुर्घटना से उनका कोई सम्बन्ध नहीं था। यह पूरी घटना शायद पारधियों के आपसी बैर होने के कारण घटी है। वैसे भी रानपाल्या एक डाकू था। वह किसान नहीं था, इसी कारण शायद उसके किसी दुश्मन ने उससे बदला ले लिया हो।''

इस प्रकार की रिपोर्ट देकर घाडगे पाटिल ने उस पूरे हत्याकांड पर पर्दा डालने की कोशिश की।

घाडगे पाटिल का प्रयास था कि ढोकी के किसी गाँववाले को इस घटना से जोड़ा न जाए, बाजीराव देशमुख और पतंगराव पाटिल को हर तरह से बचाने की कोशिश में वह लगा हुआ था। तीनों यही चाहते थे कि एक भी पारधी जिन्दा न रहे। उनकी सब जमीनें कारखाने के कब्जे में आ जाए। अपना ही पूरी तरह से वहाँ राज हो। कोई अन्य गैर वहाँ पहुँच न पाए। इसी हेतु को मन में रखकर उन्होंने यह हत्याकांड करवाया था।

रानमाल्या और बकरी के जिन्दा बचने पर उन्हें बहुत दुख हुआ था। अपनी

जमीनों, खेतों पर हक जतानेवाले जिन्दा थे। इससे वे दुखी हो गए थे। वे जानते थे कि एक दिन उन दोनों से उन्हें फिर सिरदर्दी मिलनेवाली है।

हत्याकांड को आठ दिन भी नहीं हुए थे कि घाडगे पाटिल ने एक झूठा केस बनाकर रख दिया था... कि मेरे वहाँ के अधिकारी होते हुए, मेरे पर जानलेवा हमला कर, मुझे मार देने की कोशिश की गई थी। झूठा केस बनाकर रखने का कारण स्पष्ट था कि यदि किसी तरह इस हत्याकांड से रानमाल्या बच गया या अन्य कोई पारधी बच गया और अगर उसने या किसी ने पतंगराव और बाजीराव के विरुद्ध अपनी आवाज उठाई तब उस झूठे केस द्वारा विरोधक को पकड़ा जा सके। गर्भवती बकरी पर भी, अपने बेटे के साथ कारखाने में घुसकर चोरी करने का आरोप लगाने का विचार घाडगे पाटिल कर रहा था। इस प्रकार रानमाल्या और बकरी को अपनी गिरफ्त में लेकर वे पारधियों का मुँह हमेशा के लिए बन्द कर देना चाहते थे। इस अपनी नई चाल से वे प्रसन्न थे।

घाडगे पाटिल जानता था कि कोर्ट में पारधियों की तरफदारी करनेवाला कोई भी आगे आनेवाला नहीं था और यह भी सच था कि यदि कोई भी पारधी जिन्दा हो तब वह अपनी जान को खतरे में डालकर भी अपने विरोधी से बदला अवश्य लेता या भविष्य में लेने के काबिल हो सकता था। ऐसा न हो इसलिए कुछ कदम उठाने होंगे, यह उन्होंने सोचा...।

अपने माँ-बाप और भाई की मृत्यु से दुखी और अधमरा रानमाल्या सोच रहा था कि अपनी गर्भिणी भावज और भतीजे को लेकर वह कहीं दूर निकल जाएगा और अपनी जिन्दगी गुजारेगा। ऐसे समय ही, एक दिन घाडगे पाटिल ने उन पर झपट्टा मारा और तीनों को पकड़कर थाने ले आया। उन पर, जैसे उसने सोच रखा था; झूठे आरोप लगाकर उनपर कोर्ट में केस चला दिया।

पारधियों का इतना बड़ा हत्याकांड होने पर, उस केस को पुलिसवालों के मुख्य पद पर विराजमान समीर देशपांडे ने अपने हाथों में ले लिया और पूछताछ आरम्भ कर दी। सब अधिकारियों को अपने पास बुलाकर मीटिंग ली और उस मीटिंग में उन्होंने कहा–"ढोकी गाँव में हुए पारधियों के हत्याकांड का कारण बहुत अलग है। जो पुलिस बता रही है वैसे नहीं है। मुझे कुछ और ही लग रहा है। अपने देश को स्वतंत्रता मिलने के बाद डॉ. बाबा साहेब अम्बेडकर ने संविधान में सब नागरिकों को समान अधिकार दिए थे। एक व्यक्ति का एक मत। सबको अपनी-अपनी संस्कृति के अनुरूप जीने का अधिकार था। यह एक मूलभूत अधिकार माना गया था। केवल अंग्रेजों ने बनाए कानून के आधार पर किसी पर भी जन्म से ही गुनहगार होने का ठप्पा लगाकर उसे तंग करना या मार देना या उनकी बस्तियों को नष्ट कर देना, यह अपने समाज पर बड़ा कलंक माना जाना चाहिए। यहाँ ऐसे ही हुआ है। पारधियों को गुनहगार करार देकर यह हत्याकांड हुआ है। उनके अपने स्वार्थ के लिए

शायद? मैं चाहता हूँ कि इस दुर्घटना की बड़ी बारीकी से पूछताछ की जाए। जाँच की जाए, नए सिरे से फिर जाँच की जाए। आदिवासी पारधी समाज भारत का एक मूल रहिवासी समाज है। उन पर जमींदार, गाँव के गुंडों ने अन्याय और अत्याचार किए हैं और हमारे पुलिसखाते के बड़े अधिकारियों ने उन जमींदारों की हर तरह से सहायता की है। इन पारधियों पर अत्याचार किए हैं। आज ढोकी गाँव में और ढोकी गाँव में हुए हत्याकांड के सन्दर्भ में अगर कुछ नई बात सामने आई हो, नई घटना घटी हो तब उसकी पूरी रिपोर्ट मुझे लाकर दी जाए।'' इस प्रकार का इशारा समीर देशपांडे ने अपने सहयोगियों को दिया।

सी.आई.डी. ने अपनी छानबीन के बाद रिपोर्ट तैयार की। जिसमें लिखा था– ''पारधी जाति के लोग खेती कर एक किसान की तरह जिन्दगी बिता रहे थे, यह बात सही है। परन्तु ऐसे होते हुए भी वहाँ के किसान, मजदूर और जरूरतमंदों को वे रुपया ब्याज पर देते थे और अपने पैसों की वसूली जबरदस्ती या डरा-धमकाकर किया करते थे। कई बार जबरदस्ती और दबाव डालकर पारधी लोगों से उनकी जमीनें खरीद लेते थे। इन सब बातों से उकताए हुए, परेशान लोगों ने एकत्रित होकर एक सुबह पारधी बस्ती पर धावा बोल दिया। लोगों के बड़े जमावड़े ने, एक बहुत बड़े जन समुदाय ने उस पारधी बस्ती में जाकर हत्याएँ कर वहाँ के घरों को जला दिया। वैसे भी वहाँ के पारधी लोग हाथभट्ठी की शराब बनाकर, उससे कमाए हुए पैसों के बल पर, गाँव में दहशत फैला रहे थे।

गाँव के पासवाले चीनी कारखाने के साथ लगाए गए 'उड़ान' शराब कारखाने से बननेवाली शराब की बिक्री पर भी इस हाथभट्ठी की बनी दारू का असर दिखाई देता था। इस बारे में वहाँ के चेयरमैन ने पुलिस थाने में शिकायत भी दर्ज की थी। एक बार अवैध हाथभट्ठी की दारू बनाने की जगहों पर जानलेवा हमला उन पारधियों ने किया, परन्तु घाडगे पाटिल की तकदीर अच्छी होने के कारण वे तब बाल-बाल बच गए। पारधी लोगों के अत्याचारों से तंग आकर वहाँ के लोगों ने उन पर हमला किया था। उस हमले का रूपान्तर हत्याकांड में हुआ था।''

उस रिपोर्ट के बाद अधिकारी घाडगे पाटिल की बदली कर दी गई। अब उसकी बदली के पश्चात् समीर देशपांडे ने गाँव के कुछ लोगों पर हत्याकांड में सहयोगी होने का आरोप लगाकर उन्हें गिरफ्तार कर लिया। इस खबर से चारों ओर कोहराम मच गया।

पारधी बस्ती में एक भी व्यक्ति जिन्दा नहीं बचा था, इस कारण लोगों ने जाकर वहाँ से जो भी कुछ उनके हाथ लगा वे उसे उठाकर ले गए। कुछ ही दिनों पहले फलती–फूलती पारधी बस्तीर आज श्मशानवत् हो गई थी। जगह-जगह पर उनके घरों के सामने गाड़े हुए मुर्दे ही बस अब वहाँ बचे हुए थे। जख्मी जानवर कहीं इधर-उधर घूमते नजर आते थे। जहाँ कभी पक्षियों का चहचहाना सुनाई देता था कुएँ

से पानी निकालते समय कुई-कुई की आवाज आती थी वहाँ अब नीरव शान्ति थी। पारधियों का टूटा सूखा कुआँ ही अब बचा हुआ था। धीरे-धीरे वह पारधियों की बस्ती अब गाँववालों के जानवरों का चरागाह बन गई थी। कारखाने के पासवाली पारधियों की बहुत बड़ी जमीन पर अब वहाँ के चेयरमैन पतंगराव पाटिल ने अपना कब्जा कर लिया था। उस पर हक जतानेवाला गाँव में कोई न बचा था। इस कारण अब पाटिल ने उस जमीन पर अपनी चौहद्दी समझकर काँटेदार तार लगा दिए थे।

अधिकारी घाडगे पाटिल की बदली होने से पहले ही उसने अपना नियोजित काम अपने ढंग से पूरा कर लिया था। जिससे वह सन्तुष्ट था। रानमाल्या को पुलिस की हत्या करने का प्रयत्न करने के आरोप में जेल में डाल दिया था। बकरी पर आरोप था कि कारखाने के अन्दर घुसकर वह चोरी कर रही थी। अतः वह पुलिस की गिरफ्त में आ गई थी।

बकरी को उसके बेटे के साथ पकड़ लिया गया था। तब उसे धमकाया गया– "देख तेरे सारे लोग मारे गए हैं, इस बारे में तुम अपनी जबान से एक शब्द भी नहीं निकालना। जेल से छूटने के बाद अपने बेटे को लेकर तुम यहाँ से कहीं बहुत दूर चली जाना। ऐसा न करोगी तब यहाँ के गाँववाले तुम्हें और तुम्हारे बेटे को पकड़कर मार डालेंगे। तुम्हारे पर केवल चोरी का आरोप है, जल्दी ही तुम छूट जाओगी पर तुम्हारे देवर पर, हमारे साहब को मारने का प्रयत्न करने का आरोप है इसलिए वह नहीं छूट पाएगा। आज तुम्हारी कोर्ट में सुनवाई है, तुम्हें वहाँ हाजिर रहना है। वहाँ का न्यायदेवता बहुत बड़ा देवता है। वहाँ तुम अपनी जबान पर ताला लगाकर रखना। न्याय देवता जो कुछ कहेगा वह चुपचाप सुन लेना। वह जो कुछ कहेगा उस पर अपनी मुंडी हिला देना, उसी में तेरी भलाई है। समझी?" बकरी को डराकर, समझा-बुझाकर, पुलिस उसे कोर्ट में पेशी के लिए ले गई।

बकरी का केस शुरू हुआ। वकील के सवाल-जवाब शुरू हुए। बकरी अपने बेटे का हाथ पकड़े चुपचाप सिर झुकाए कटघरे में खड़ी रही। वकील ने कहना शुरू किया, "इस पारधी औरत ने कारखाने के विश्रामगृह में घुसकर चोरी की है। भारी सुन्दर चद्दरें, कपड़े, चाँदी के बर्तन उठाते हुए इसे रंगे हाथों पकड़ा गया है। सबूत के तौर पर इन चीजों को यहाँ लाया गया है। आप इन्हें देख सकते हैं। बकरी ने चोरी करने की कबूली दी है।"

वकील की इस बात को बकरी बड़ी हैरत से सुन रही थी। उसे समझ नहीं आ रहा था कि वकील इतना बड़ा झूठ कैसे बोल रहा था? टकटकी बाँधे बकरी उसे देखती रही।

जज साहब ने बकरी से पूछा, "क्यों बीबी यह जो कुछ कह रहा है क्या वह सही है?"

पुलिसवालों ने उसे जैसे कहा था, उसी के मुताबिक बकरी ने केवल अपनी

हामी, अपनी मुंडी हिलाकर, भर दी और चोरी की इस बात को वह मान गई?

जज साहब ने अपना फैसला सुनाते हुए कहा–"चोरी के जुर्म में बकरी को दो महीनों की कैद की सजा सुनाई जाती है परन्तु इसके साथ इसका बेटा भी है जिसका उस चोरी के साथ कोई सम्बन्ध नहीं है अतः उसे छोड़ दिया जाए और केवल बकरी को कैद कर लिया जाए।"

अब तक होंठो पर अँगुली रखकर चुपचाप बैठी बकरी चिल्लाई, "साहब चोरी करते समय मेरा बेटा मेरे साथ था, इसलिए उसे भी मेरे साथ जेल में ही रहने दीजिए। मायबाप सरकार, मेरी आपसे हाथ जोड़कर इतनी ही विनती है। सरकार मुझे केवल दो महीने की सजा मत दीजिए। यह सजा और बढ़ा दीजिए। मैं पारधी औरत हूँ मेरा सातवाँ महीना चल रहा है, मेरे प्रसव में दो, ढाई महीने बाकी हैं। आनेवाले दिन धूप-बारिश के दिन हैं, अपने बच्चे को जन्म मैं बाहर किस प्रकार दे पाऊँगी? इस दुनिया में मेरा अब कोई नहीं बचा है, इसलिए मेरी आपसे प्रार्थना है कि मेरी सजा दो महीने और बढ़ा दीजिए...।" असहाय बकरी विनीत हो अपनी बात कहे जा रही थी।

यह विनती सुनकर न्यायाधीश आश्चर्य से चकित हो गए, "लोग सजा कम करने को कहते हैं और तुम सजा बढ़ाने को कहती हो? मेरे हाथ कानून से बँधे हुए हैं। तुम्हारे पर चोरी का आरोप है, इसके लिए मैं तुम्हें केवल दो महीने तक सजा दे सकता हूँ परन्तु तुम्हारी विनती को मानकर तुम्हारे बेटे को तुम्हारे साथ रखने की आज्ञा मैं देता हूँ।"

कोर्ट की सुनवाई के बाद पुलिस बकरी और उसके बेटे को सीधे येरवाड़ा की जेल ले गए। अपने छोटे से बेटे वकिल्या को लेकर अपना सात महीने का पेट, अपने पति रानपाल्या का आखरी बीज अपने उदर में सँभालते हुए, महिलाओं की कैद में अपनी सजा भोगने जा रही थी। जेल जाते समय बकरी का मन विषाद से भर गया। वह सोचती कि कैसा है यह जीना। इस तरह से जीने का कोई अर्थ नहीं है। हे कोडियारा देवी! दुनियाभर के संकट तुम हम पारधियों पर क्यों लादती जा रही हो? देखते ही देखते मेरे माँ-बाप मुझसे छीने, उसके बाद भाई और भावज गए, नाते रिश्तेदारों को गाँववालों ने भगा दिया। पता नहीं कहाँ चले गए वे सब! उस दुख से मैं उबर भी न पाई थी कि महान दुखों का पहाड़ मेरे पर आ गिरा। लगा जैसे सारा आसमान ही फटकर मेरे ऊपर गिरा हो। मेरा सर्वस्व लूट लिया, मेरा पति मुझसे छिन गया, सास-ससुर मारे गए। देवी मैं बरबाद हो गई...एक देवर इस हत्याकांड से बचा था वह भी अब कैद में है। मेरे बच्चे का कोई दोष न होते हुए बस मेरे पेट से जन्म लेने के कारण वह भी मेरे साथ जेल में बन्द है। मैं निर्दोष होते हुए भी चोरी के झूठे आरोप में दो महीनों की सजा भुगत रही हूँ। मिन्नतों के बाद मेरे बेटे को मेरे साथ रहने दिया वरना बाहर उसे सँभालने वाला कोई न था। मेरा छोटा सा बेटा कहाँ रहता? कौन उसकी देखभाल करता। माँ-बाप के बिना बेचारा कहाँ

जंगलों, रास्तों में घूमता फिरता? मैं सोच भी नहीं सकती...। सजा काटकर बाहर निकलने पर कहाँ जाना होगा मुझे? मैं क्या करूँगी? जहाँ गाँव था, घर था वहाँ कोई भी नहीं है अब...। जेल से निकलने के बाद मुझे बेटे को लेकर कहीं दूर चले जाना होगा। और आनेवाले बच्चे की परवरिश करनी होगी।

छोटा वकिल्या अपनी माँ की दयनीय स्थिति देखता रहता था। समझने की कोशिश करता था। पारधियों के नसीब में आई वेदनाएँ और दुख वह सात वर्ष की उम्र से देखता और झेलता आया था। पुलिस थाना, कोर्ट, कचहरी, जेल का प्रवास वह कर रहा था। वह मन-ही-मन कहता, 'मेरे बाप का सपना था कि मैं वकील बनूँ। मैं भी वकील बनना चाहता हूँ। कोर्ट में काले कपड़े पहनकर सफेद को काला और काले रंग को सफेद करना यही काम होता है? मेरी माय को चोरी करने के आरोप में सजा दी, वह चोरी जो उसने की ही नहीं थी? और वकील ने यह साबित भी कर दिखाया कि चोरी माँ ने ही की है? यह भला क्या बात हुई? और हम वह सजा काट भी रहे हैं! मेरे बाप को भी यह बात पता थी शायद कि झूठे आरोप लगाकर पारधियों को जेल भेजा जाता है, सजा दी जाती है! मुझे अब वकील बनना ही होगा। वकील बनकर मैं यह सिद्ध करूँगा कि पारधियों ने कोई गुनाह नहीं किया है...मैं उन्हें बचाऊँगा...।' ऐसे सोचते हुए वह अपनी माँ की अँगुली पकड़कर जेल के दरवाजे के अन्दर घुस गया।

जेल के अन्दर आए बकरी और वकील को दो दिन हो गए थे। बड़ी मुश्किल से वह दो कौर रोटी मुँह में डाल पाई थी। अपने घर की याद, सास-ससुर और पति के चेहरे उसकी नजरों के सामने घूम जाते। उनकी याद से आई रुलाई को वह रोक न पाती थी। अपने रुदन की आवाज को दबाने के लिए, अपनी साड़ी का पल्ला वह अपने मुँह में ठूँस देती...। असहाय हो अपने बेटे को अपनी छाती से लगा लेती। बेटे को चूमते हुए वह कोडियारा देवी से विनती करती, "हे कोडियारा देवी! ऐसे बुरे दिन मेरे बेटे को न दिखाना कभी, उसकी रक्षा करो माँ। वह ठंडी आहें भरकर चुप हो जाती।"

एक के बाद एक, एकदम इतने सारे संकट उस पर टूट पड़े थे कि बकरी को शान्ति से शोक करने का मौका ही न मिल पाया था। दुख उसके अन्दर भरा पड़ा था। जेल में आने के बाद ही उसे दुखः-शोक करने का मौका मिला था। बकरी कह रही थी—"कोडियारा देवी ने न जाने पारधियों के नसीब में क्या-क्या लिखा है। हमारे ही लोग भेड़-बकरियों की तरह कट रहे हैं। घर-बार लूटे, जलाए जाते हैं। पैसों, खेतों पर कब्जे कर लिए जाते हैं। जिन लोगों ने ऐसा किया है उन लोगों को कभी सजा नहीं मिलती। हमारे लोग मारे जाते हैं और हम ही लोगों को झूठे आरोपों द्वारा जेल भेजकर न किए हुए जुर्म की सजा भुगतनी पड़ती है। वहाँ हम लोग सड़ते रहते हैं...यह कैसा उलटा न्याय है?"

तीसरे दिन जेलर ने आकर बकरी से कहा–'' कल से तुम जेल में झाड़ू पोंछा लगाने का काम करोगी। जहाँ-जहाँ घास बढ़ जाती है उसे काटना होगा तुम्हें।''

सात महीने के गर्भ को लेकर बकरी अपना दिया हुआ काम चुपचाप कर देती थी। काम करने से आई थकावट के बाद वह एक कोने में सो जाती थी। कभी वह चौंककर उठ बैठती, जब कोई बुरा सपना देखती। सपन े में हमेशा उसे लगता कि कोई बस्ती पर मारकाट करने, घर जलाने आया है और वकिल्या को उठाकर ले जा रहा है...। घबराकर वह उठकर बैठ जाती और अपने हाथ से वकील को टटोल कर देखती कि वह पास ही में सोचा हुआ है या नहीं...। वह फिर स्वयं से ही कहती, ''अच्छी है यह जेल, बाहरी दुनिया से तो अच्छी ही है हमारे लिए, कम से कम यहाँ हमें मारने तो कोई नहीं आएगा। मेरा बेटा मेरे साथ यहाँ सुरक्षित रहेगा। सारे पारधी मेरा पति, देवर, सास-ससुर पहले ही जेल में क्यों नहीं आए। वे यहाँ होते तब शायद जिन्दा होते, हम पर इतने सारे संकट तो न आते। हकनाक मेरे सब लोगों ने अपनी जान गँवा दी।'' नींद खुलने के बाद वह अपने भविष्य के बारे में सोचने लग जाती थी।

वकील अपनी माँ को उसके काम में मदद किया करता था। जेलर के आने पर उसे 'सेल्यूट' करता। बकरी ने वकील को 'नमस्कार' करना भी सिखाया था, किसी समय वह जेलर से हाथ भी मिला लेता था। वहाँ का रखवालदार वकिल्या को प्यारभरी नजरों से देखकर कहता, ''इतनी छोटी सी उम्र में बेचारा सजा भुगत रहा है। भगवान जाने आगे इसका क्या होगा? कैसी होगी जिन्दगी इसकी?''

सजा के दो महीने समाप्त होने में देर न लगी। बकरी सोच में पड़ गई थी कि इतना बड़ा पेट लेकर वह कहाँ जाएगी। बच्चे के आने में अभी पन्द्रह-बीस दिन बाकी थे। ऐसी हालत में यदि उसे जेल से निकलना पड़ा तब वह क्या करेगी? कहाँ जाएगी? कहाँ रहेगी? वकिल्या को कैसे सँभालेगी। इन सब बातों की चिन्ता उसे सताए जा रही थी। वह सोचने लगी कि ऐसी कोई युक्ति की जाए जिससे वह और महीना डेढ़ महीना जेल में रह सके।

जेल में बकरी के साथ एक औरत रहती थी। उसने जब तीसरी बार लड़की को ही जन्म दिया तब उसके पति ने उसकी बहुत मारपीट की और कहा–''तूने बेटा क्यों नहीं जना? तुम अपनी इस कलमुँही बेटी को लेकर मेरे घर से निकल जाओ।'' और पत्नी को उसने मायके भेज दिया। उस स्त्री को बहुत गुस्सा आया। ससुराल से परेशान और पति की मारपीट से तंग आकर उस औरत ने उसी गुस्से में अपनी नवजात बच्ची का गला घोंटकर उसकी हत्या कर दी और मृत शरीर को गन्दगी में दफना दिया। इस घटना का जब पुलिस को पता चला तब उस स्त्री को खून करने के आरोप में जेल भेज दिया। वह स्त्री अनेक वर्षों से जेल में रह रही थी जिसके कारण जेल के सब नियमों से वह अवगत थी। बकरी ने जब उसे अपनी व्यथा सुनाई

तब वह बहुत दुखी हो गई। उसने बकरी को सहलाते हुए उसके कन्धे पर हाथ रखकर कहा–"मेरी बात सुनो, क्या तुम जानती हो कि मैंने अपने पति और ससुरालवालों से परेशान होकर उनके दुर्व्यहार से तंग आकर अपनी प्यारी बच्ची को ही जान से मार डाला? अब मैं अपने किए पर बहुत पछता रही हूँ। वह बच्ची बहुत प्यारी व सुन्दर थी, वह दुख मुझे अब भी कचोटता है, रातों को अब भी मुझे रुलाई आती है। अपनी बेटी मैंने खो दी पर मैं चाहती हूँ तुम्हारा बच्चा ठीक इस दुनिया में पधारे। वह यह दुनिया देखे, मुझे उससे बहुत खुशी मिलेगी। मैं सोच लूँगी कि मेरी सुन्दर प्यारी बच्ची फिर लौटकर इस दुनिया में आई है। मैं तुम्हें एक आइडिया सुझाती हूँ, तुम्हें एक बात का सुझाव देती हूँ। यदि तुम्हें कुछ दिन और यहाँ रहना है तो...बताऊँ? तो सुनो जेल में यदि दो औरतें आपस में लड़ने-झगड़ने लगती हैं तब उनकी सजा दो-दो महीनों से बढ़ा दी जाती है। तुम्हारे छूटने में अभी आठ-दस दिन बाकी हैं। ठीक है ना? तो ऐसे करो। तुम जब अपना काम करने जाओ तब किसी औरत से झगड़ा कर लेना जोर-जोर से चिल्लाना शुरू कर देना जिससे तुम्हारी सजा का समय बढ़ जाएगा। जैसे कि तुम चाहती हो।" कैदी मालनबाई वहाँ से चली गई।

बकरी को उस कैदी मालनबाई के शब्द, उसका सुझाव 'बहुमूल्य' लगा। बहुत काम का सुझाव था वह! एक दिन बकरी बैठकर खुरपे से घास काट रही थी कि इतने में एक अन्य कैदी उसके सामने से गुजर रही थी कि एकदम उठकर बकरी उसके पास चली गई और चीख-चीखकर कहने लगी–"जरा देखो तो, मुई मेरी तरफ कैसे घूर-घूरकर देखती हुई, चिढ़ाती हुई निकल रही है... ।" और इतना कहकर बकरी ने अपने हाथ का खुरपा उस औरत के माथे पर दे मारा। चोट के लगते ही उसके माथे से खून बहने लगा। वह चिल्लाने-रोने लगी। शोरगुल सुनकर वहाँ के चौकीदार भागते हुए दोनों औरतों के पास आ पहुँचे। दोनों का झगड़ा मिटाने के लिए उन्हें जेलर के सामने लाया गया।

जेलर ने कड़ी आवाज में कहा–"तुम लोग बहुत मगरूर हो गई हो, बहुत हेकड़ी है तुममें क्यों? जेल में रहकर भी झगड़ती हो, शर्म नहीं आती? झगड़ा करके तुमने यहाँ का नियम तोड़ा है। बकरी, तुम यहाँ से आठ दिन में छूटने वाली थीं पर तुमने इससे झगड़ा कर ठीक नहीं किया, तुमने तो इसका सिर ही फोड़ दिया? सजा भुगतनी ही पड़ेगी, तुम्हें यहाँ और डेढ़ महीना सजा भुगतनी होगी। तुम जब तक यहाँ रहोगी तब तक तुम्हें रसोईघर के बर्तन माँजने पड़ेंगे। जाओ अब।"

सजा सुनकर बकरी खुश थी। उसने मन-ही-मन कहा, 'मैंने जज साहब को कहा भी था कि मेरी सजा दो महीने से बढ़ाकर चार महीने कर दी जाए पर वह मुआ नहीं माना। यदि उसी समय उसने मेरी सजा बढ़ा दी होती तब उस बेचारी कैदी स्त्री को चोट न खानी पड़ती। क्या करूँ, यहाँ रहने के लिए मुझे यह सब करना पड़ा! अब मैं शान्ति से यहाँ अपने बच्चे को जन्म दे सकूँगी। खाना-पीना यहाँ ठीक मिलता

ही है। मेरा बेटा वकिल्या भी यहाँ सुरक्षित रह सकता है।' उसकी चिन्ता दूर हो गई थी। बकरी अब शान्त और खुश थी।

बकरी का बड़ा नौ महीनों का पेट देखकर वकील के साथ मालनबाई भी उसके काम में हाथ बँटाने लगी थी। बकरी बर्तन माँजती वकील अपनी माँ को सदैव धीरज बँधाता रहता, मालन उसे कहती—"बच्चा पैदा होने के बाद मैं तुम्हारी मदद करूँगी, मैं तुम्हें और बच्चे को नहला-धुलाऊँगी। तुम्हारे वकील की देखभाल भी मैं किया करूँगी। मेरे किए पाप शायद कुछ धुल जाएँगे। मुझे शान्ति मिलेगी शायद और अच्छा भी लगेगा बच्चों का काम करते हुए?"

एक दिन सवेरे बकरी के पेट में दर्द शुरू हो गया। दर्द से वह जमीन पर लोटने लगी। चीखने-चिल्लाने लगी। मालनबाई बकरी को जेल के दवाखाने ले गई। थोड़ी ही देर में बकरी का प्रसव हो गया। जच्चा-बच्चा ठीक-ठाक थे। बकरी ने एक सुन्दर सी बेटी को जन्म दिया था। बच्ची साँवली, सुदृढ़ अच्छे तीखे नैन-नक्श वाली थी। खूबसूरत बच्ची को अपनी गोद में लेकर मालनबाई अत्यधिक प्रसन्नता से भर गई थी। बकरी अपनी बेटी को देखकर जितनी खुश थी उतनी हुई खुशी मालनबाई को भी हुई। अपनी खोई हुई बच्ची को जैसे वह पुनः देख रही थी। मालन ने गद्‌गद होकर भीगे स्वर में बकरी से कहा—"मेरी मृत बच्ची ने तुम्हारी कोख से फिर जन्म लिया है, तुम जब तक यहाँ रहोगी इसकी देखभाल मैं ही किया करूँगी।"

बकरी ने बहुत प्यार से मालनबाई से कहा—"बाई तुम्हारी कृपादृष्टि के कारण ही मैं इस बच्ची को जन्म दे सकी हूँ। यदि मैं यहाँ से बाहर चली जाती तब मेरी हालत कुत्ते-बिल्लियों से भी बदतर होती। शायद हमें बिन माँगे मौत मिल जाती। रास्ते पर लोगों ने हमें मरा पाया होता। मेरा बेटा बिना माँ-बाप का यतीम हो जाता। रास्ते, जंगलों में घूमता फिरता। मालनबाई तुम्हें देखकर तुमसे मिलकर ऐसे लगता है कि बाहरी स्वतंत्र दुनिया से यहाँ जेल के अन्दर की दुनिया ही अच्छी है, सुरक्षित है। यहाँ के लोग अच्छे हैं, दुखः-दर्द समझते हैं। मुझे यहाँ अच्छा लगता है। सजा समाप्त कर छूटने के बाद एक बार फिर कोई गुनाह कर मैं वापस यहाँ लौटना चाहती हूँ। मैं बाहरी दुनिया की शक्ल भी नहीं देखना चाहती। मेरे पास अब दो बच्चे हैं पालने के लिए। मुझे मेहनत कर इन्हें पालना होगा, कष्ट उठाने होंगे। सँभालकर इन्हें बड़ा करना होगा।"

जेल में बच्चे का जन्म होना ऐसा प्रथम बार हुआ था। जेल का वातावरण कुतूहल से भरा हुआ था। सब नवजात को प्यारभरी नजरों से देखा करते थे। एक चौकीदार ने खुश होकर एक किलो जलेबी मंगाकर सबको बाँटी थी। मालनबाई ने एक दिन बकरी से पूछा—"क्यों बकरी बाई अपनी बेटी का क्या नाम रखोगी?" तब बकरी ने कहा—"इसका जन्म कैदखाने में हुआ है, इसलिए मैं इसका नाम 'कैदिन' रखूँगी। इस पर बकरी को समझाते हुए मालनबाई ने कहा—"ना ना, 'कैदिन' यह

नाम ठीक नहीं है, जेल में यह जन्मी है इसलिए इसका नाम तुम 'जेलवंती' रखो।''

बकरी को यह नाम पसन्द आया और उसने झट से कह दिया, ''हाँ सच में यह नाम बहुत अच्छा है, हम इसका नाम यही रखेंगे और इसे जेलवंती कहकर ही पुकारेंगे।''

वकिल्या इस नए आगमन, अपनी छोटी सी नवागत बहन को बड़े कुतूहल और प्रेम से देख रहा था। अब वे दो से तीन हो गए थे। माँ की गोद में सोई हुई बहन को वह प्यार से सहलाया करता था। दूध पीती बच्ची कभी-कभी अपनी छोटी-छोटी आँखें खोलकर वकिल्या की ओर एकटक देखती रहती। भाई-बहन में अनकहा प्यार बढ़ता रहा।

बढ़ाई गई सजा के दिन समाप्त हो गए थे। एक दिन हवलदार काठी ठोकता हुआ बकरी के सामने आकर खड़ा हुआ और बोला–''कल तुम्हारी यहाँ से छुट्टी हो रही है। इसलिए तुम्हारे अपने कपड़े पहनकर तैयार रहना। हम तुम्हें बस अड्डे तक छोड़ने आएँगे, तैयार रहना।''

यह बात सुनकर बकरी ने जोर से रोना शुरू कर दिया। मालन के गले लगकर वह मुसमुसाने लगी। बकरी को लगा जैसे वह शादी के बाद ससुराल जाने लगी हो। उसका दुख और रोना थमता नहीं दिखता था।

वह समझ चुकी थी कि अब उसकी सजा बढ़नेवाली नहीं थी। दूसरे दिन चुपचाप वह अपने पुराने कपड़े पहनकर तैयार हो गई। मालनबाई की आँखों में आँसुओं की धारा बह रही थी। बिछुड़ने का गम था। मालनबाई ने रोते हुए कहा– ''बेटी प्रेम का कोई धर्म या जाति नहीं होती। प्रेम हो जाने पर आँखों से आँसुओं की धार अपने आप बहने लगती है। तुम किस जाति, धर्म की हो, कहाँ से यहाँ आई हो, यह मैं कुछ भी नहीं जानती थी। परन्तु तुम पर आए संकट मेरे संकटों से बहुत भारी थे, बुरे थे, इसी कारण तुम पर मेरा प्यार उमड़ पड़ा। तुम में मेरी जान अटक गई। अपनी मृत बेटी को मैंने पुनः जन्म लेते देखा। तुम्हारी बेटी के रूप में उस प्रेम से मैं बँध गई। इस कैदखाने में मुझे तुमसे बहुत बड़ा सहारा मिला, कैसे बताऊँ मैं कि तुमसे मुझे क्या मिला, मेरे पास कहने को शब्द नहीं हैं, कैसे बताऊँ?'' मालनबाई ने बकरी को अपने गले से लगाकर उससे विदाई ली।

बकरी ने अपनी पुरानी साड़ी का छोटा झोला बनाकर अपनी बेटी जेलवंती को उस झोले में डालकर, झोले को अपनी पीठ पर बाँध दिया। वकिल्या बेटे की अँगुली पकड़कर वह चल दी। चलते हुए वह पुणे के रेलवे स्टेशन जा पहुँची। जेल के सारे बिताए दिन और घटनाएँ उसकी आँखों के सामने से चलचित्र की तरह गुजर गईं। जेल में वह कितनी सुरक्षित थी, इसका अहसास उसे हो गया था। बाहरी दुनिया में वह कहाँ जा रही थी, क्या करनेवाली थी इसकी कोई जानकारी उसे नहीं थी। पहाड़ जितना दुख वह किसे बता सकेगी, कौन सुनेगा, कौन सहारा बनेगा उसे कुछ मालूम

न था। वह सोच रही थी, 'यदि मैं गाय-भैंस होती तब आराम से किसी गोशाला में रहती, पंछी होती तब चैन से घोंसले में रह जाती और अपने बच्चों को पालकर बड़ा करती। आदिवासी बनकर पैदा हुई, यह अच्छा नहीं हुआ। देखते-देखते मेरी आँखों के सामने मेरा सुखी घर-संसार उजड़ गया। जवान तगड़ा पति था जिसे गाँववालों ने मार डाला। उस गाँव में मेरे लिए अब कोई जगह नहीं है। वहाँ के लोग मुझे जिन्दा नहीं छोड़ेंगे। यदि दोनों बच्चों को पाल-पोसकर बड़ा करना है तब मुझे यहाँ से कहीं दूर जाकर बस जाना होगा।' एकाएक बकरी को याद आया कि उसके माँ-बाप के मरने के बाद उसके भाई-भाभी और नाते सम्बन्धियों को इसी प्रकार गाँववालों ने भगा दिया था। उन लोगों ने पेट पालने के लिए महानगरी मुम्बई की शरण ले ली थी। वह सोचने लगी, 'क्यों न मैं भी वहीं चली जाऊँ? वही अच्छा होगा लेकिन इतने बड़े शहर में मैं भाई को कहाँ ढूँढ़ पाऊँगी? वह कहाँ रहता होगा? मैं उसका अता-पता भी नहीं जानती हूँ। ऐसे ही स्टेशन पर कुछ दिन रुककर हो सकता है कि कभी उसका भाई उसे दिखाई दे?' इसी आशा को लेकर बकरी अपने दोनों बच्चों को लेकर मुम्बई जानेवाली गाड़ी में जा बैठी और वहाँ जा पहुँची।

12

स्टेशन पर गाड़ी रुकी और बकरी बच्चों को लेकर गाड़ी से उतर गई। एक कोने में बैठकर अपनी छोटी बेटी को कभी अपनी गोद में रखकर या कभी उसे सरकंडे के सूप में रखकर आते-जाते लोगों से भीख माँगती? कहती जाती–'दया करो इस नन्ही सी जान को दूध पिलाने के लिए दो-चार पैसे दे दो।' उसे भीख मिल जाया करती थी। वकील भी मौके की खास जगह पर खड़ा होकर भीख माँगने लग गया था। भीख में उसे हर रोज रुपैया-दो रुपैया मिल जाते जिसे वह लाकर अपनी माँ को दे देता। भीख माँगते बकरी को बहुत बुरा लगता था, वह सोचने लगी कि यदि वह इसी तरह भीख माँगती रही तो वकील को भीख माँगने की बुरी आदत पड़ जाएगी। उसे यह ठीक नहीं लगा। उसकी पढ़ाई बन्द हो जाने का उसे बहुत दुख था। वह चाहती थी कि उसके पति का देखा हुआ सपना पूरा हो। बेटे को वह वकील बना हुआ देखना चाहता था।

शुरू-शुरू में बकरी मुम्बई नगरी की धूमधाम, वहाँ के लोगों की उमड़ती हुई भीड़ को देखकर घबरा गई थी। गाड़ी से उतरती हुई इनसानों की 'लहरों पर लहरें' आती देख वह चकरा जाती थी। उसे लगा जैसे इस मानव समुद्र में वह डूब जाएगी, खो जाएगी। इतने बड़े जन-समुदाय में वह अपने भाई को कैसे ढूँढ़ पाएगी, इसी की चिन्ता उसे परेशान कर रही थी। धीरे-धीरे उसने वहाँ की लोकल गाड़ियों में जाकर भीख माँगना शुरू कर दिया। अब तक उसका नई जगह का डर कम हो गया था।

व्ही.टी. स्टेशन छोड़कर अब उन्होंने चर्चगेट स्टेशन पर बैठना शुरू कर दिया। चर्चगेट से बोरीवली स्टेशन तक दोनों माँ-बेटा आया-जाया करते थे। गाड़ी से यात्रा करनेवाले अकसर अमीर लोग दिखते थे। ऐसा वकील करता था, उनकी कमाई भी अच्छी हो जाती थी। बकरी अब बिना झिझक के गाड़ियों में भीख माँगने लग गई थी।

माँ और बच्चे स्टेशन के एक कोने में सो जाया करते थे। एक रात जब वे सो रहे थे तब कुछ पुलिसवाले जाँच-पड़ताल करने स्टेशन पर जा पहुँचे। सोते हुए माँ व बच्चों को जगाया और उनसे कहा–"यह स्टेशन तुम भिखारियों की सोने रहने की जगह नहीं है–उठो और निकलो यहाँ से।" उन पर दो-चार डंडे बरसा दिए। धमकाकर कहा–"आइन्दा तुम यहाँ दिखाई दिए तो तुम्हें जेल में डाल देंगे।" यह डाँट सुनकर बकरी अपने दोनों बच्चों को लेकर अँधेरी स्टेशन पर चली गई। अँधेरी के चौराहे के सिग्नल के पास हमेशा अमीर लोगों की गाड़ियाँ आकर रुका करती थीं। वहाँ भीख माँगने पर अच्छे पैसे मिल जाया करते थे, यह बकरी जान गई। यह चौराहा हवाई अड्डे के बहुत नजदीक होने के कारण आने-जानेवाले लोग अच्छे पैसे दे दिया करते थे। हवा और ठंड में सड़कों के किनारे पर सो जाना बकरी को बिलकुल अच्छा न लगता पर क्या करती, कोई चारा भी तो न था। उसकी गठरी में केवल भीख माँगने के लिए दो कटोरे, पानी पीने के लिए एक डिब्बा, ओढ़ने-बिछाने के लिए एक गुदड़ था। उस गठरी को वह रास्ते के किसी पेड़ पर टाँग दिया करती। ऐसी हालत में वह दिन काट रही थी। उसे इन्तजार था अपने भाई के मिलने का या कोई जान-पहचानवाला दिखने का। जिन्दगी से वह कुछ हताश-सी हो चुकी थी।

कहते हैं कि हर विपरीत परिस्थिति की इनसान को आदत हो जाती है। वही बकरी के साथ भी हुआ। मुम्बई की भीड़-भाड़, वहाँ की आबोहवा, गन्दगी इस सबको झेलती हुई वह जीना सीख गई थी। भीख माँगकर मिले पैसे वह जमा करने लग गई। एक दिन उसने देखा कि जमीन के नीचे डालनेवाले बड़े-बड़े चौड़े पाइप रास्ते के एक तरफ डालकर ट्रक चले गए थे। दूसरे दिन उसने देखा कि दो-चार भिखारियों ने अपना बोरिया बिस्तर उन पाइपों के अन्दर डाल दिया है। बकरी ने भी सोचा कि उसके पास नन्ही सी बेटी और छोटा सा बेटा है जिन्हें धूप और बारिश से बचकर सोने की जगह चाहिए, क्यों न वह भी अपनी गठरी लेकर यहाँ आ जाए और यहाँ रह जाए? यह सोचकर वह एक पाइप में जाकर खड़ी हो गई।

दूसरे दिन एक भिखमँगा उसके पास आकर बोला, "यदि तुम्हें इस पाइप में रहकर यहाँ के चौराहे के सिग्नल पर भीख माँगनी है तब तुम्हें मुझे रोज दो रुपए देने होंगे। इस सिग्नल पर भीख माँगने का अधिकार सिर्फ मेरा है, मेरे सिवाय यहाँ और कोई भी भीख नहीं माँग सकता।"

ठंडी, बारिश के दिन आते देख बकरी ने गिड़गिडाते हुए कहा–" दादा दो रुपया कहाँ से लाऊँ? मेरे पास दो छोटे बच्चे हैं। मैं रोज तुम्हें एक रुपया दे सकूँगी

मेहरबानी करके मुझे यहाँ रहने दो। ठंड, बारिश के दिन हैं, मेरे बच्चे पहले से ही बीमार हैं। जैसे-तैसे हम अपना पेट पाल रहे हैं।'' थोड़े बहुत पैसे यहाँ मिल जाते हैं। बकरी की बात सुनकर उस दादा ने कहा–''ठीक है यहीं रहो।'' वह वहाँ से चलता बना। उस दिन के बाद वह हर आठवें दिन बकरी से पैसे वसूलकर ले जाता। दुखियारी बकरी सोच रही थी, 'क्या जमाना आ गया है! गाँव तो गाँव यहाँ भी मुझे लोग जीने नहीं दे रहे हैं। यहाँ भीख माँगने के लिए भी 'हफ्ता' देना पड़ रहा है। हे भगवान क्या है यह सब?' उसने अपना माथा पीट लिया।

बकरी को मुम्बई आए हुए एक वर्ष बीत चुका था। मुम्बई की गाड़ियों की, लोगों की भीड़-भड़क्के की उसे आदत हो चुकी थी। वहाँ की जानकारी भी काफी कुछ उसे हो गई थी। वहाँ का 'बड़ा पाव' खाने की आदत उन्होंने डाल ली। अब तक उसने सौ-डेढ़ सौ रुपए भी जमा कर लिए थे। बकरी सोचने लग गई, कि क्यों न भीख माँगने के साथ-साथ फूलों के गजरे और गुब्बारे बेचना शुरू कर दे? यदि उससे कुछ कमाई हो जाती है तब वह कहीं एक झोंपड़ा बनाकर रह लेगी? उसे विचार अच्छा लगा। बकरी को अपने घर खेतों में काम करने की आदत थी। मेहनत करने की इच्छा थी। खेतों में उगाई हुई साग-सब्जी बेचने की आदत थी। इतना ही नहीं शिंदी के पत्तों से, घास से वह तटिट्याँ भी बना लिया करती थी, उनको अलग आकार देने की कला भी उसे अवगत थी।

बकरी एक दिन अँधेरी के मार्केट चली गई और वहाँ से सफेद मोगरे के फूल और डोरे का गोला ले आई। पाइप के अन्दर बैठकर उसने सुन्दर गजरे गूँथ डाले और चौराहे के सिग्नल के पास खड़े होकर गाड़ियों के रुकने पर अच्छे घरों की औरतों को वह उन गजरों को दो-दो रुपया लेकर बेचने लगी। वकील के हाथों वह रंग-बिरंगे गुब्बारे पकड़ा देती। गाड़ियों में बैठे छोटे बच्चे गुब्बारे के लिए जिद करते और तब गाड़ी वाले वकील से गुब्बारे खरीदकर अपने बच्चों को खुश कर देते। कई बार गुब्बारों की बिक्री अधिक हो जाती। बकरी इस बदलाव से खुश थी। बेटा कमाने लग गया था, इस बात से उसे एक राहत मिली थी।

रोज हुई बिक्री के पैसे वह सँभालकर रखने लग गई। हिसाब रखते हुए उसे आनन्द मिल रहा था।

अँधेरी के चौराहे के सिग्नल पर से हर रोज एक गाड़ी गुजरा करती थी। लालबत्ती आने पर अकसर वह गाड़ी रुक जाती। वकील से, उसमें बैठी महिला हमेशा तीन-चार गुब्बारे खरीद लिया करती। गुब्बारे खरीदने के बाद वह महिला उसकी पीठ थपथपाकर कहती, ''शाबाश गुड बॉय।'' बकरी बच्चे की कमाई देखकर खुश हो जाती। अच्छी कमाई हो जाने से अब बकरी ने पुराने बाजार जाकर कुछ कपड़े खरीद लिए थे जिन्हें धो धाकर साफ कर उसने अपने बच्चों को पहनाया और स्वयं ढंग की साफ-सुथरी साड़ी पहनी। बकरी ने अपनी दुनिया उस पाइप में बसा ली थी।

सब्जी-रोटी पकाने के लिए चार बर्तन खरीद लिए थे। बड़ा पाव रोज खाने के बजाय अब वह रोज भोजन बनाने लग गई। मुम्बई के महानगर में, मानव समुद्र में वह समा गई थी।

वह फिर सपना देखने लग गई। इसी सोच में थी वह, कि वकील को वह कहाँ पढ़ने भेजे। क्या कोई स्कूल आसपास था? कभी वह उदास हो जाती और सोचती कि किस बूते पर वह बच्चे को पढ़ने भेजेगी? कहाँ होगा ऐसा स्कूल जो उसे पढ़ाएगा और सयाना बनाएगा? क्या उसका बेटा ऐसे ही रास्तों पर घूमता फिरेगा? उलटे-सुल्टे विचारों से उसका सिर भन्ना जाता। परन्तु पासवाले चेकनाका चौराहे से उसकी अब आमदनी भी अच्छी होने लग गई थी, इस बात की उसे खुशी भी होती थी। हर रोज की तरह उस दिन भी वही गाड़ी सिग्नल के पास जा रुकी। वकिल्या दौड़ता हुआ गाड़ी के पास जा पहुँचा। गाड़ी के मालिक ने कहा–"आज मैं तुमसे गुब्बारे जरूर लूँगा पर मुझे तुमसे कुछ पूछना है, तुमसे बात करनी है।" ऐसा कहते हुए उसने गाड़ी रास्ते से एक तरफ कर ली, वकील को पास बुला लिया और कहा–"बेटा तुम कितने अच्छे हो, इतनी छोटी सी उम्र में तुम कितना काम और मेहनत करते हो। मैंने पहले तुम्हें भीख माँगते हुए देखा है परन्तु अब तुमने गुब्बारे बेचना शुरू कर दिया है इसीलिए मैं तुमसे रोज गुब्बारे खरीद लेता हूँ। अब तुम मुझे बताओ तुम कहाँ रहते हो, कहाँ से आए हो तुम? तुम्हारे माँ-बाप कौन हैं? वे क्या करते हैं?"

वकील ने तुरन्त उत्तर दिया, "मैं यह सब कुछ नहीं जानता हूँ। मेरी माँ सब जानती है। वो देखो, मेरी माँ वहाँ गजरें बेच रही है।"

गाड़ी से वह साहब नीचे उतरा और वकील को साथ लेकर वह बकरी के पास जा पहुँचा। उसने बकरी का हाथ जोड़कर अभिवादन करते हुए कहा–"मेरा नाम फादर गोन्साल्बिस है! यहाँ पास ही अँधेरी में हमारा स्कूल है। मैं वहाँ गरीब अनाथ बच्चों को पढ़ाता हूँ। तुम्हारे बेटे को मैं बहुत दिनों से देख रहा हूँ। उससे गुब्बारे खरीदकर मैं स्कूल के बच्चों को दे देता हूँ। तुम्हारा बेटा बड़ा चुस्त और होशियार लगता है, तुम यदि इसे मेरे स्कूल में पढ़ने भेज दो तो मैं इसे अच्छी शिक्षा दूँगा, जिससे यह एक दिन बड़ा आदमी बन जाएगा, क्या तुम इसे पढ़ने भेजना चाहोगी?"

बकरी ने विस्फारित नेत्रों से फादर गोन्साल्बिस को देखते हुए कहा–"साहिब हम गरीब पारधियों के नसीब में कहाँ लिखा है लिखना-पढ़ना? इस बच्चे का बाप यदि जिन्दा होता तब अलग बात थी। वह अपने बेटे को वकील बनाना चाहता था। इसलिए उसने इसका नाम वकील रख दिया। पर हमारे दुश्मनों से हमारा सुख चैन देखा नहीं गया, उन्होंने मिलकर हमारी दुनिया ही उजाड़ दी। इसके बाप को उन्होंने सिर फोड़कर मार डाला। मेरा सारा परिवार खत्म हो गया। हमारे सारे सपने धूल में मिल गए। मैं जैसे-तैसे जान बचाकर बेटे को लेकर वहाँ से भाग निकली थी जिससे हमारी जानें बच गईं। जीने की इच्छा हमें मुम्बई की महानगरी में ले आई। अब कुछ

भी करके हम अपना पेट भर रहे हैं। दिन भर मेहनत करते हैं और रात को यहाँ के पाइप में आकर सो जाते है। यहीं हमारा घर-संसार है। चाहती तो मैं बहुत हूँ कि मेरा बेटा पढ़-लिखकर सयाना बन जाए पर मेरे पास इतना पैसा कहाँ जो मैं उसे पढ़ा सकूँ?''

बकरी की बात सुनने के बाद फादर ने कहा–''अब आप वकील की चिन्ता करना छोड़ दीजिए। उसका पूरा खर्चा हम उठाएँगे। आप केवल उसका नाम, जन्म, तारीख और उस दिन क्या वार था बता दीजिए बस।''

बकरी बोली–''साहिब इसका नाम वकील है। इसका जन्म 'बिस्तरवार' को हुआ था, इतना मुझे मालूम है। हमें आदिवासी पारधी कहा जाता है। इससे अधिक मुझे जानकारी नहीं है। साहिब मेरी आपसे एक विनती है। मेहरबानी करके आप इसका नाम केवल वकील ही लिखिए, आगे पारधी मत लगाइए नहीं तो बड़ा हो जाने पर पारधी नाम को देखकर लोग इसे चोर जाति का ही समझकर मार डालेंगे। इसके बाप की तरह यह भी मारा जाएगा। यदि आप चाहें तो अपना नाम इसके आगे लगा दीजिए। उसके नाम के आगे कुछ भी लिख दीजिए। परन्तु पारधी मत लिखना। इसे आप पढ़ा-लिखाकर बड़ा आदमी बना दीजिए। बड़ी मेहरबानी होगी आपकी...।''

फादर गोन्साल्बिस ने कहा–''बाई आपके बेटे का नाम वकील है, ऐसा मत कहो। आज के बाद उसका नाम 'वकील गोन्साल्बिस होगा। आपको तो कोई ऐतराज न होगा इस नाम से? यह नाम ठीक लगता है आपको?''

बकरी ने कहा–''साहेब यह नाम अच्छा है। मैं भी उसे अब वकील कहकर ही पुकारूँगी।''

''मैं उसकी उम्र छह-सात साल की लगा दूँगा, ठीक है?'' फादर ने कहा।

''साहब कुछ भी लिखोगे तो चलेगा।'' बकरी ने कहा।

''एक बार वकील का नाम स्कूल में भर्ती करने के बाद आप उससे इतवार को ही मिल सकेंगी। उसे हम अपने पास रखेंगे और वहीं पढ़ने का इन्तजाम भी होगा, ठीक है ना? बीच-बीच में उसे आप मिलने न आया करना।'' फादर ने कहा।

एक दिन बकरी ने अपने बेटे को फादर गोन्साल्बिस के पास छोड़ दिया और डबडबाई आँखों से वकील के भविष्य के सुहाने सपने देखती हुई, अपनी बेटी को साथ लेकर घर लौट गई।

बकरी अपनी नन्ही सी बेटी जेलवंती के साथ रास्ते के किनारे पाइप में रह रही थी। पेट पालने लायक कमाई कर लिया करती थी। वकील उसे बहुत याद आया करता। जब कभी उससे रहा न जाता तब वह अपनी बिटिया को गोद में लेकर वकील के स्कूल के बाहर ऐसी जगह जाकर बैठ जाती जहाँ से वह बच्चों को देख पाती थी पर वह किसी की नजरों में न आती थी। घंटों वहाँ बैठे रहने पर भी उसे वकील कभी नजर न आया। आते-जाते बच्चों को वह देखती रहती, बच्चों के झुंड

में बेटे को ढूँढ़ने की कोशिश किया करती, फिर रविवार का दिन आ गया। छुट्टी के दिन बकरी अपने बेटे से मिलने को आतुर थी। वह सुबह ही उससे मिलने निकल पड़ी। बकरी के कपड़ों की तरफ देखकर सबको लगा कि शायद कोई भिखारन वहाँ आ पहुँची है, इसलिए किसी ने भी उसकी ओर ध्यान नहीं दिया। उसे अनदेखा कर दिया। अन्त में उससे रहा न गया और एक चपरासी को पकड़कर उसने कहा–"भाई, मैं अपने बेटे वकील से मिलने आई हूँ, उसे मेरे पास भेज दो।" चपरासी ने अन्दर जाकर बता दिया। वकील कमरे से भागता हुआ निकला और अपनी माँ के गले लग गया। वकील ने अपनी बहन को प्यार से देखा, उसकी छवि अपनी आँखों में भर लिया और उसे चूमता चला गया। इतने दिनों बाद माँ और अपनी बहन को देखकर उसकी आँखें डबडबा गईं। फिर हँसकर अपनी माँ से बोला–"माई, देखो तो जेलवंती कितनी बड़ी हो गई है। कैसे मुस्कुरा रही है मुझे देखकर?" बकरी अपने बेटे को प्यार भरी नजरों से निहारती जा रही थी। फिर अपना सिर हिलाती हुई धीरे से बोली–"यहाँ तुम्हें खाना-पीना ठीक मिलता है ना रे?"

वकील ने कहा–"माय यह बहुत अच्छी जगह है, सारे मुझसे बहुत प्यार करते हैं। मैं जब यहाँ आया था तब सबने मुझे दाँत साफ करना सिखाया, नहाना सिखाया, ढंग से कपड़े पहनने सिखाया। समय पर सोना और समय पर खाना सिखाया। इतना ही नहीं उन्होंने मेरा बहता नाक भी साफ किया। मेरे बाल काटे। मेरे हाथ-पाँव पर साबुन मल-मल कर उन्होंने मुझे नहलाया-धुलाया। उन्होंने मुझे नए कपड़े भी लाकर दिये। अब रोज मैं वैसे ही करता हूँ जैसे मुझे सिखाया गया है। रोज मैं अच्छे कपड़े पहनकर पढ़ने जाता हूँ। स्कूल के नियमों का पालन करता हूँ, रोज प्रभु की प्रार्थना करता हूँ। अब मुझे सब कुछ सीखने को मिलता है।"

बकरी अपने बेटे की बातें सुनकर बहुत प्रसन्न हुई और फिर बेटे की पीठ थपथपाकर कहा–"बेटा पूरा ध्यान देकर, मन लगाकर अपनी पढ़ाई करते रहना। हम आदिवासियों का तुम एक इकलौता दीया हो जो बचा रहा है। पढ़-लिखकर तुम बड़े हो जाओ, तुम्हारे दीये की ज्योति बढ़ती रहे, उस ज्योति का उजाला हम आदिवासी अज्ञानी, अशिक्षित लोगों के अज्ञान का अँधेरा दूर करेगा। अनपढ़-अन्धों को तुम चलना जीना सिखाओगे। देखो किसी से लड़ाई झगड़ा मत करना। मन लगाकर पढ़ना। कभी-कभी छुट्टी में तुम अपने अँधेरी के सिग्नल के पासवाले पाइप के घर हमसे मिलने आया करना। अब तक मैं वहीं रह रही हूँ। उसी गन्दे नाले में डाले जानेवाले पाइप में...। हाँ, पर कल-परसों ही कुछ लोग कह रहे थे कि नाला बनाने के लिए वहाँ सुरंग खोदने का काम चालू होनेवाला है। काम शुरू होते ही सब पाइप उठा लिए जाएँगे। ऐसा होने पर मुझे पाइप छोड़ना पड़ेगा। जब मैं रहने की जगह बदल दूँगी तब मैं तुम्हें आकर जरूर बता दूँगी, ठीक है?"

वकील को स्कूल वापस जाने की जल्दी थी। अतः वह बकरी से बोला–"माई

तुम मेरी बिलकुल चिन्ता न करो। फादर मुझे 'मायसन' कहते हैं और मेरी बड़ी अच्छी देखभाल करते हैं। तुम अब जाओ, जब कभी तुम यहाँ दुबारा आओ तब 'वकील कहाँ है–ऐसे मेरे दोस्तों से मत कहो।' फिर वे मुझे 'वकील वकील' कहकर चिढ़ाते हैं। यहाँ के सारे लोग मुझे अब वकील गोन्साल्बिस इस नाम से जानते हैं। तुम भी मुझे इसी नाम से बुलवा लिया करो। जिससे मैं तुम्हारे पास जल्दी आ सकूँगा।''

बकरी ने मन-ही-मन कहा–'मेरा बेटा बहुत होशियार हो गया है। अच्छी भाषा बोलता है, अच्छा ही हुआ। कोडियारा देवी फ़ादर गोन्साल्बिस के रूप में हमारे सामने आई और हमारी मदद की। मैंने मन्नत माँगी थी देवी से, वह पूरी हुई है। बेटा पढ़ने लग गया है। अब कुछ पैसा इकट्ठा होने पर मैं देवी के सामने बकरे की बलि चढाऊँगी और मेरी मन्नत पूरी होने पर उसे धन्यवाद दूँगी।'

बकरी अब जेलवंती को अपने साथ लेकर मुम्बई की किसी भी लोकल रेलगाड़ी में गुब्बारे, कन्धे, सूइयाँ, बालों में लगाने वाले पिन बेचती हुई नजर आती थी। रेलगाड़ी में जरूरती वस्तुएँ लेकर बेचने की उसे आदत हो गई थी। काम पूरा होने के बाद रात गए वह अपने घर लौट आती। ऐसे ही एक दिन वह चर्चगेट स्टेशन पर उतर गई। जेलवंती को लेकर सिग्नल पार करती हुई वह बेटी को पानी पिलाने ले जा रही थी। सिग्नल के पास काफी गाड़ियाँ रुकी हुई थीं जिन पर बुरी नजर से बचने के एक लड़का धागों में पिरोए हुए नीबू मिरचों के 'लटकने' बेच रहा था। बेचनेवाले की शक्ल सूरत जानी-पहचानी लग रही थी। उसे लगा कि वह चेहरा शायद उसके भाई रहिमान्या जैसा था। वह उसे ठीक तरह से देख न पा रही थी इसलिए वह सड़क के किनारे जाकर खड़ी हो गई और एकटक उस चेहरे को देखने का प्रयत्न करने लगी। वह संभ्रम में पड़ गई थी। वह उसका भाई था या नहीं? इतने में सिग्नल ने रंग बदला और सब गाड़ियाँ निकल गईं। वह व्यक्ति हाथों में नीबू मिरचों की लड़ियाँ लेकर रास्ता पार करने लगा ही था कि बकरी उसके पीछे भागी और बोली– ''कहं तु बावरीच अपनं नाम रहिमान्या तो नाहीं चं (बताओ तो तुम्हारा नाम रहिमान्या तो नहीं है)?'' यह पारधी भाषा में कहा गया वाक्य सुनकर उस व्यक्ति ने पलटकर देखा। अपना नाम सुनकर वह बौखला गया और बोला, (महं बावरीच तुमनं रहिमान्या, तुम कब मुम्बई आवचं बकरी?) ''मेरा नाम तुमने सही कहा, मैं रहिमान्या, तुम कब मुम्बई आई बकरी?''

रहिमान्या की आँखें आँसुओं से भर गईं। दोनों को मिले बहुत समय गुजर चुका था। बहुत वर्षों बाद मिले थे भाई-बहन। दोनों की आँखें आनन्दाश्रुओं से डबडबा गईं। बकरी ने मन-ही-मन कहा–'मेरा भाई मुम्बई आकर खा-पीकर मोटा-ताजा होने के बजाय ऐसा दुबला-पतला बीमार क्यों लगने लगा है? हड्डी-पसली एक हो गई है, क्या हुआ होगा मेरे भाई को?' यह सोचते हुए वह अपने भाई को एक तरफ ले

गई और उसके साथ सुख-दुख की बातें, खोद-खोदकर पूछने लगी, अपनी कर्मकथा, आपबीती सुनाने लग गई। बहन की दुखभरी कहानी सुनकर रहिमान्या और भी दुखी हो गया। बहन के दुख के सामने उसे अपना दुख बहुत छोटा लगने लगा। बहन उसे बार-बार पूछती रही, ''तुम इतने कमजोर क्यों लग रहे हो? क्या हुआ है तुम्हें? क्या यहाँ भी पुलिस ने तुम्हें पकड़कर, जेल में डालकर, मार-पीट की है?''

रहिमान्या ने कहा–''क्या बताऊँ बहन तुम्हें अपनी रामकहानी! मैं हमेशा ऐसे ही सिग्नल पर खड़े होकर अमीरों की गाड़ियों पर लगाने के लिए नीबू-मिरची और कुचाले की लाड़ियाँ और माला बनाकर बेचा करता था। जाकर गाड़ियों में लगाया करता था जिससे उनकी गाड़ियों को किसी की नजर न लगे। वह लड़ी लगाने पर गाड़ीवाले मुझे दो रुपए दे दिया करते थे। ऐसे ही एक दिन मैं एक गाड़ीवाले की गाड़ी पर नीबू मिरचियों की माला लगा रहा था कि सिग्नल बदला और गाड़ियों ने चलना शुरू कर दिया। मैं गाड़ी के पास से हटा ही था कि दूसरी गाड़ी ने मुझे धक्का मार दिया और मैं सड़क पर गिर गया, उस गाड़ी ने अभी रफ्तार नहीं पकड़ी थी, नहीं तो यहाँ गाड़ियाँ बहुत तेज रफ्तार से भागती हैं।...यदि कोई गाड़ी के नीचे आ गया तब दसियों गाड़ियाँ उस आदमी को कुचलते हुए निकल जाती हैं। उस समय किसी के जिन्दा बचने का सवाल ही नहीं रहता। ऐसी मौत के बाद उस आदमी को कुत्ते-बिल्ली की तरह रास्ते के एक तरफ फेंक दिया जाता है और गाड़ियों के आने-जाने के लिए रास्ता खुला कर दिया जाता है। पर मेरी तकदीर अच्छी थी जो मैं नहीं मरा। कोडियारा देवी के आशीर्वाद से उस गाड़ीवाले ने रुककर, मुझे रास्ते के एक तरफ खींच लिया। आसपास जमा हुए लोगों ने दवाखाने में भरती कर दिया। मेरे घुटनों व हाथ-पाँव पर गहरी चोटें आई थीं, जिसके कारण वहाँ मुझे पन्द्रह दिन-महीना रहना पड़ा। उसके बाद मैं ठीक तरह से चलने फिरने लग गया था। एक दिन सहज ही मैंने अपने पेट पर हाथ फेरा तब मैंने अपने पेट पर लगे टाँके देखे और तब मैं चकरा गया। मैंने डॉक्टर के पास जाकर पूछा कि मेरे पेट पर यह टाँके कैसे लगे हैं? क्या मेरे पेट का ऑपरेशन किया गया है? तब डॉक्टर ने जवाब देते हुए कहा–'तुम्हारा एक्सीडेंट होने के बाद तुम्हारे घुटने, हाथ-पाँव में चोट लगी हुई थी, वैसे ही तुम्हारी अन्तड़ियों में भी मरोड़ लग गया था। वे बँध गई थीं। उस अन्तड़ियों के मरोड़ को खोलने और सीधा करने के लिए हमें पेट खोलना पड़ा अन्तड़ियों के मरोड़ को खोलने से ही तुम्हारी जान हम बचा पाए। आज तुम जिन्दा हो, वह ऑपरेशन मैंने ही किया था।"

डॉक्टर के कहे को सच मानकर मैंने फिर अपना काम-धन्धा शुरू कर दिया। एक दिन फिर मेरे पेट में दर्द उठा, इसलिए मैं एक-दूसरे डॉक्टर को दिखाने गया। उसने मेरे पेट का फोटो निकलवाया। वह फोटो देखकर डॉक्टर ने मुझे बताया कि मेरे पेट से एक किडनी निकाल ली गई है। आनेवाले दिनों में ऐसा दर्द बार-बार

उठ सकता है। मुझे पहले डॉक्टर पर बहुत गुस्सा आया और मैं उससे पूछने चला गया कि उसने मुझसे झूठ क्यों बोला। उसने मेरी किडनी क्यों निकाल ली। उस पर डॉक्टर ने मुझसे कहा–"अरे पगले, तुम्हारी जान बचाई उस गाड़ीवाले आदमी ने जो तुम्हें यहाँ ले आया था। तुम्हारे ठीक होने में कुछ दिन लग गए थे–दवाखाने का बिल बहुत बढ़ गया था। तुम एक हट्टे-कट्टे जवान आदमी थे। संयोग से उस गाड़ीवाले का बाप किडनी की बीमारी से ग्रस्त था। उसे किडनी की आवश्यकता थी। अगर उसे किडनी न मिलती तो वह मर जाता। तुम्हें दवाखाने में रहने का बिल भी देना था। अतः पैसे के बदले में उन्होंने तुम्हारी किडनी निकालकर उनके बाप को दे देने को कहा। तुम्हारी किडनी उनके पिता को मिलने से उनकी जान बची और तुम्हारा देय बिल भी प्राप्त हुआ। हिसाब बराबर हो गया। एक किडनी के होते हुए तुम अपनी जिन्दगी भली प्रकार से गुजार सकते हो। अब मेरा कहना मानो इस बारे में तुम किसी से बात मत करना। वरना ये बड़े लोग बहुत बुरे होते हैं। यह मुम्बई नगरी है, मत भूलना। कुछ भी हो, उस गाड़ीवाले ने तुम्हें यहाँ लाकर तुम्हारी जान बचाई है। चलो यह मैं तुम्हें पाँच हजार रुपए देता हूँ, इन पैसों से तुम कुछ नया काम शुरू करो, नहीं तो तुम्हें इतना सारा पैसा कौन देनेवाला था? यह कहकर और रुपए देकर उसने मुझे लौट जाने को कह दिया।

मैंने भी सोचा कि इस मुम्बई नगरी के अमीर लोगों से पंगा लेना ठीक नहीं होगा, इनसे हमें कभी न्याय नहीं मिलेगा। इस दुनिया में ऐसा कौन है जो हमारा दुखड़ा सुनेगा? इससे बेहतर है चुप रहना। इसलिए अब मैंने एक झोंपड़ा बना लिया है और मैं यहीं रहने लग गया हूँ। वहाँ की झोपड़पट्टी में बस्ती में, मराठवाड़ा से आए हुए अनेक पारधी परिवार बस गए हैं। यहाँ हमें अब पारधी नहीं कहा जाता, अब हम पत्थर तोड़नेवाले कहे जाते हैं। हमारे वहाँ के सब पारधी लोग अब सड़क के किनारे पत्थर तोड़ने का काम करने लगे हैं। राजगीरों की देखरेख में ये लोग काम करने का ठेका ले लेते हैं। मुझे भी अब वहाँ अच्छा लगने लगा है। परन्तु जबसे मेरी किडनी निकाले जाने का पता मुझे लगा है तबसे मैं मन से टूट गया हूँ। बस बीबी-बच्चों का पेट पालने के लिए मैं काम कर रहा हूँ। रोज इस सिग्नल पर खड़े होकर मैं नीबू मिरची का लटकाना बेचता हूँ।"

बकरी ने ठंडी आह भरते हुए कहा–"हे कोडियारा देवी माय, मेरे नसीब में ये सारे दुख देखने का, झेलने का ही लिखा है तूने? जहाँ जाओ वहाँ एक ही जैसी बात? पलाश के पत्ते तीन ही होते हैं, कहीं भी गाँव में रहो तब लोग पारधियों को चोर-डाकू कहकर जलाकर मार डालते हैं। शहर में आकर यदि अपनी जात को छिपाकर रहने लगो तब हमारी गरीबी का फायदा ये शहरी अमीर उठाते हैं। आखिर हम गरीब लोगों को जिन्दा रहने का अधिकार है या नहीं, बता कोडियारा देवी तू ही बता दे, देवीमाय तू ही जवाब दे।" ऐसे कहते हुए भाई-बहन एक दूजे के गले पड़कर रोने लगे।

बकरी रोती ही रही बहुत देर तक...।

जेलवंती अब तक चुपचाप सबकुछ सुन रही थी और चुलबुलाती रही परन्तु फिर वह भी फिर भूख लगने पर तिलमिला उठी और 'माय रोटी, भूख' कहती हुई रोने लग गई। यह देखकर रहिमान्या उन्हें अपनी बस्ती में ले गया। बकरी को घर आई देखकर रहिमान्या की पत्नी बहुत खुश हो गई। बच्चे अपनी बुआ को देखकर विस्मित और खुश थे। परिवार पर आनन्द की लहर छा गई। रहिमान्या की पत्नी ने जेलवंती को खिलाया-पिलाया। बकरी अपने भाई-भावज और उनके बच्चों को देखकर बहुत प्रसन्न थी। उसके लिए यह एक बड़ी महत्त्वपूर्ण बात थी। मुम्बई की महानगरी में, यहाँ के मानव-समुद्र में वह कभी अपने भाई से मिल पाएगी यह आशा वह शायद खो चुकी थी। पर आज अचानक सबके मिल जाने पर, उसे लगा जैसे उसे सब कुछ मिल गया। डूबते को तिनके का सहारा मिल गया था। भाई के मिलने का आनन्द वैसे ही था मानो उसे स्वर्ग मिल गया हो!

एक दिन वह अपने भाई को गाँव भेजकर पता लगाना चाहती थी कि उसके देवर रानमाल्या का क्या हाल है। क्या वह जेल से छूट गया है? अपने पति, सास, ससुर के मर जाने के बाद आगे क्या हुआ? वहाँ की कोई भी खबर उसे न थी। वह सोच रही थी कि क्या ही अच्छा हो जब भाई सारी खबर वहाँ से ले आए। अगर उसका देवर जेल से छूट गया होगा तो उसे भी यहाँ बुला लिया जाए, सारे मिलकर इकट्ठे रह सकेंगे। एक दूजे का सहारा बन सकेंगे। वे दिन फिर अच्छे ही होंगे।

बकरी अपने भाई के घर दो दिन रुकी रही। चौपाटी के समुद्र की ऊँची उठती लहरों को देखकर उसे हैरत होती कि उन लहरों में कितना वेग है, कितनी तेजी से ऊपर की ओर उठकर फिर जोर से फुहारें उड़ाती हुई लहरें नीचे गिरती जाती हैं। उसकी गोद में बैठी जेलवंती भी उस उफने समुद्र को एकटक देख रही थी। बकरी झोंपड़ी से बाहर आकर समुद्र-तट की बालू में आकर बैठ जाती और उस दूर तक फैले समुद्र को निहारती रहती। लहरों पर लहरें आकर तट पर टकराकर उसी तेजी से लौट जातीं। समुद्र में इतना पानी कहाँ से और कैसे भर जाता है? अपने गाँव की नदी और नाले भर जाने पर जोरदार बारिश के बाद, अपने तट तोड़कर बाढ़ पैदा कर देते हैं। परन्तु यहाँ तो अभी बारिश नहीं हुई है। फिर इस समुद्र में इतना पानी कैसे भर गया और पानी उफनता क्यों नजर आ रहा है?

कुछ देर वह वहीं बैठी रही। कुछ देर बाद उसने देखा तब समुद्र का उफनना बन्द हो गया था और लहरें उमड़ती और बलखाती हुई पीछे-पीछे हटती जा रही थीं। जहाँ से पानी हटता गया वहाँ की रेती पैरों को ठंडक पहुँचा रही थी। इस ज्वार भाटे का खेल वह काफी देर तक देखती रही, समुद्र का पानी जैसे ही कम होने लगा वैसे ही वहाँ की झोपड़पट्टी के लोग, बच्चे, औरतें हाथों में भगोने, कटोरे, थालियाँ लेकर समुद्रतट पर आ धमके और तट पर बिखरी हुई सीपियाँ और घोंघाओं को पकड़कर

अपने पास के बर्तनों में भरने लग गए। कई जगहों पर से रेती में सिर छिपाकर बैठे हुए छोटे-छोटे कछुए भी वे ढूँढ़कर निकाल रहे थे। सीपियों के बर्तनों में गिरते समय 'चर-चर' की आवाज आ जाती थी। वहाँ का सारा वातावरण इस जैसी अनेक आवाजों से भरा हुआ था। बकरी आश्चर्यचकित होकर देख रही थी कि सब लोग यह क्या इकट्ठा कर रहे हैं। उससे न रहा गया और अपने भाई से उसने पूछ ही लिया।

रहिमान्या ने हँसकर उत्तर दिया–"बकरीबाई, ये सीपियाँ और घोंघे इनको उबालकर खाया जाता है। इन्हें उबालकर, फोड़कर बीच से मांस के छोटे-छोटे गोले बाहर निकाल लिए जाते हैं। वे गोले पकौड़ों की तरह स्वादिष्ट होते हैं। हम उसकी भजिया बनाते हैं। मुम्बई में समुद्र के किनारों पर रहनेवाले लोग इन सबको बड़े चाव से खाते हैं। एक बार इस समुद्र तट पर हमारे यहाँ पाए जानेवाले बड़े हिरन जितनी बड़ी मछली यहाँ मिली थी। वह मछली हवा में पाँच-छह फुट ऊँची उठकर फिर पानी में गिर जाती थी। सब लोग उस मछली को पकड़ने को डर रहे थे। तब मैं ही भागता हुआ उस मछली के पास जा पहुँचा जो रेती में पड़ी थी। मैंने अपने पास रखी दरांती से उस मछली पर चार-पाँच वार किए तब कहीं जाकर वह मछली मरी फिर मैंने चार लोगों को बुलाकर उसे उठाया और बस्ती में ले गए। उसके टुकड़े करके बस्ती के पन्द्रह घरों में उन टुकड़ों को बाँट दिया। क्या स्वाद था उस मछली का, वाह-बढ़िया। उन टुकड़ों और हमने भूना, सुखाया तला और उबालकर भी खाया। आठ-दस दिनों तक वह मछली हम सब लोग खाते रहे। मुँह में मछली का टुकड़ा डालते ही उसमें से तेल निकल आता था। जंगलों में मैंने बहुत शिकार किया और कई तरह का मांस खाया पर इस मछली का स्वाद कुछ अलग ही था। ऐसा मांस कभी नहीं खाया था। अच्छा खाना शायद मेरे नसीब में अब तक नहीं आया था...!

बकरी, यहाँ एक बात अच्छी है, कुछ भी हो जाए पर इनसान भूखों नहीं मरता। यहाँ कुछ न कुछ खाने को मिल ही जाता है। यहाँ भिखारी रहते हैं और अमीर भी रहते हैं। हर कोई अपनी तरह से अपनी जिन्दगी जीता है। कई बार सोचता हूँ कि गाँव से मैं यहाँ अच्छी जिन्दगी जी रहा हूँ। मुम्बई की खास बात है। यहाँ हर जाति का, धर्म का मनुष्य जिन्दगी बिताता है। उससे कोई उनकी जाति या धर्म नहीं पूछता। इस समुद्र में अनेक तरह के जीव-जन्तु विचरते हैं। मछलियाँ यहाँ अन्न खोजती हैं। सबका पेट वहाँ भरता है। मुम्बई के इस मानवों के समुद्र में हर कोई ढंग से जिन्दा रहने का प्रयत्न करता रहता है। उसे कष्ट उठाने पड़ते हैं। ऐसे करते हुए कोई किसी से यह नहीं पूछता कि तुम कौन जाति या धर्म के हो। नहीं तो हमारे मराठवाड़े में यदि किसी को पता लग गया कि यह पारधी है तब समझो कि उसकी खैर नहीं। वे लोग पागल कुत्ते की तरह पारधी के पीछे पड़ जाते हैं और उसकी जान लेकर ही रुकते हैं। आदिवासी पारधी बिन माँगी मौत मर जाता है इसलिए कहता हूँ मैं तुमसे बकरी कि तुम गाँव जाने का नाम भी मत लो। ठीक है तुम्हारी वहाँ जमीन और खेती-बाड़ी है,

क्या वह सब कुछ तुम्हारी जान से ज्यादा है? अच्छा ही हुआ कि कोई साहब तुम्हारे बेटे को पढ़ाने-लिखाने अपने साथ ले गया, उसकी जिन्दगी बन जाएगी। तू भी यहाँ एक झोंपड़ी बनाकर रह जा, मुझे बहुत अच्छा लगेगा। क्या सोच रही हो?''

रहिमान्या की बात काटती हुई बकरी बोल पड़ी, ''रहिमान्या दादा, मैं अँधेरी में सिग्नल के पास रहती हूँ। वहाँ अब जल्दी ही नाले का काम शुरू होनेवाला है। हम जिस पाइप में रहते हैं उसे वहाँ से हटा दिया जाएगा। मैं फिर रास्ते पर आ आऊँगी इसलिए अच्छा ही होगा अगर मुझे यहाँ झोंपड़ी डालने की जगह मिल जाए तो!.. है कोई जगह यहाँ? जरा देखो तो सही...।''

रहिमान्या ने हँसते हुए कहा—''बहना तुम बिलकुल चिन्ता मत करो। इस झोंपड़पट्टी का दादा मेरी जान-पहचान का है। उसको पाँच सौ रुपए दे देने से वह तुम्हें झोंपड़ी बना देने की जगह दिखा देगा। यदि म्युनिसिपल के लोग परेशान करने आए तब उस झगड़े का निपटारा भी वह कर देगा। मुम्बई में कहीं भी रहना हो तो इन दादा लोगों को पटा के रखना पड़ता है, उनकी सहायता के बिना हम कुछ भी नहीं कर सकते।''

बकरी ने कहा—''रहिमान्या दादा तुम सच कहते हो, मैं मुम्बई में जब नई-नई आई थी तब वकील को साथ लेकर मैं भीख माँगा करती थी। बारिश के दिन सिर पर थे इसलिए मैं रास्ते के किनारे पड़े हुए पाइप में रहना चाहती थी। उस समय भी रहने और भीख माँगने के पैसे एक दादा वसूल किया करता था। तुम चिन्ता मत करो। अँधेरी के सिग्नल पर मैं फूलों के गजरे बेचा करती थी तब मैंने कुछ रुपए जमा किए थे, वे अब मेरे काम आएँगे। कल ही मैं वे रुपए तुम्हें लाकर देती हूँ। हाँ और मेरे बेटे को भी मुझे बताना पड़ेगा कि मैं अपनी रहने की जगह बदल रही हूँ।''

समुद्र से लाई गई सीपियों की और घोघों की सब्जी और रोटी खाकर बकरी लौटने लगी तब रहिमान्या उसे चर्चगेट स्टेशन तक छोड़ने गया। स्टेशन की ओर जाते समय बकरी झिझकते हुए रहिमान्या से बोली, ''रहिमान्या मुझे नहीं समझ आ रहा कि मैं तुमसे यह बात कहूँ या ना कहूँ—खैर बोल ही देती हूँ, मुझे अब तक मेरे गाँव से कोई खबर मिली नहीं है। हमारे मरे हुए लोगों का केस चल ही रहा था कि रानमाल्या को, मेरे देवर को; पुलिस पकड़कर ले गई झूठे जुर्म में! जेल से वह छूटा है या नहीं, इस बात का कोई पता नहीं लगा है। क्या तुम किसी की नजरों में न आते हुए यह खबर निकलवा सकते हो? मेरी छोटी उम्र है। आगे मुझे काफी बड़ी जिन्दगी बितानी है, दो बच्चों को लेकर कैसे रह पाऊँगी मैं अकेली? जेल जाने से पहले रानमाल्या ने मुझसे कहा था, 'भाभी तुम चिन्ता मत करो, मैं तुम्हें और बच्चों को अनाथ नहीं होने दूँगा। मेरा भाई यदि गुजर गया तो मैं जेल से छूटने पर तुमसे शादी करूँगा और हम बच्चों के साथ एक नई जिन्दगी की शुरुआत करेंगे। मैं तुम्हारे बच्चों को अपने बच्चे समझकर पालूँगा।' ऐसे कहते समय उसकी आँखें भर आई

थीं। कैसे भी हो, यदि वह मुम्बई आ जाता है तो मुझे बड़ा सहारा मिलेगा। मुझे जीवन में आधार मिल जाएगा। चाहो तो तुम्हें मैं वहाँ आने-जाने का खर्चा भी देने को तैयार हूँ पर मेरे भाई कुछ भी करके यदि तुम उसका पता ढूँढ़ सको तब मेरे पर बहुत बड़ा तुम्हारा उपकार होगा। करोगे मेरा यह काम...?''

रहिमान्या ने अपनी बहन की बात मान ली और एक दिन मुम्बई से वह गाँव की ओर जानेवाली रेलगाड़ी में बैठकर, निकल पड़ा। कुर्डुवाड़ी स्टेशन पर उतर गया। कर्डुवाड़ी से लातूर छोटी रेलगाड़ी से चला गया। वह गाड़ी, ताँगे की रफ्तार से धीरे-धीरे चलती थी। 'पलसद' स्टेशन पर छोटी गाड़ी रुकने पर रहिमान्या उतर गया। अँधेरा होने तक वह स्टेशन पर ही रुका रहा। वह नहीं चाहता था कि कोई उसे पहचाने। बाद में वह छिपता हुआ पारधी बस्ती पर जा पहुँचा। पारधी बस्ती के कुत्ते इस नए आगंतुक पर जोर से भौंकने लग गए। कुत्तों के भौंकने से सारी बस्ती चौकन्नी हो गई। लोग जान गए थे कि कोई नया आदमी बस्ती में आ गया है।

रहिमान्या ने अपनी पुरानी आदत के अनुसार 'पिगली' पक्षी की आवाज निकालना शुरू कर दिया और बाद में अपनी पारधी बोली में कहा—''महं बावरिचं तरंग्या नाना' कहकर उसने पारधियों को बता दिया कि वह भी उनमें से एक है।

उस बस्ती का मुखिया तरंग्या अपने घर से बाहर निकल आया। रहिमान्या को उसने पहचान लिया और कहा—''अरे तुम तो हमारी रिश्तेदारी में हो, क्या हालत बना ली है तुमने अपनी? कितने दुबले हो गए हो? गाल नीचे बैठे हुए हैं, पीठ और पेट चिपके हुए हैं। तुम बस एक हड्डी का ढाँचा रह गए हो, क्यों भाई क्या बीमार हो तुम?''

तरंग्या ने रहिमान्या को पास बिठाकर, पानी का लोटा उसके सामने रख दिया।

अपने 'पाल' (कपड़े से बना तम्बू) के सामने गुदड़ी फैलाकर दोनों उस पर बैठ गए और दोनों एक दूजे की खैरीयत पूछने लगे। तरंग्या ने कहा—''जैसे भी हो तुम दूर देश में जाकर अपने परिवार के साथ रहकर आराम से पेट भर रोटी तो खा सकते हो, चैन की नींद तो सो सकते हो। यही बहुत बड़ी बात है। नहीं तो यहाँ का हमारा हाल देखो, दीन-दरिद्र वैसे का वैसा ही है। उसमें कोई बदलाव नहीं, पुलिस अब भी हमें परेशान करती है। यहाँ आसपास कहीं भी कुछ घट जाए हम पर अब भी मारपीट की जाती है। माँ-बहनों-बेटियों की इज्जत से खिलवाड़ होती है। ढोकी में हुए हत्याकांड के बाद गाँववाले और पुलिसवाले उन पर लगे आरोपों से छूट गए। उन्होंने छूटने के बाद हम सब पर बेहद अत्याचार किए। पागल कुत्तों की तरह वह हमारा पीछा करते रहे। हमारा जीवन एक साँप और नेवले के जानलेवा खेल की तरह चलता आ रहा है। हमें लगा था कि जिन लोगों ने बिरडीस, रानपाल्या और सब लोगों की हत्या की है उनको कड़ी सजा मिलेगी। हमारी तरफदारी करनेवाला कोई सामने आएगा और हमारे हक में बोलेगा पर ऐसा नहीं हुआ। कोर्ट में सजा सुनाने के बाद

लगा कि पारधियों को अब कोई परेशान नहीं करेगा। पर क्या हुआ? हाथी की शक्ति रखनेवाले रानपाल्या को मार डाला, उसकी जमीनें, खेत हड़प लिए गए। झूठे अँगूठों के निशान लगवाकर उसकी सारी जमीन, खेत कारखाने के कब्जे में चले गए। रानपाल्या का जो भी कुछ था उसे इन सब लोगों ने मिलकर हड़प लिया। बहुत बुरा हुआ हम लोगों के साथ।''

रहिमान्या न कहा—''तरंग्या नाना, इतने बड़े केस से ये सारे लोग छूट कैसे गए? किसी को सजा नहीं हुई? रानपाल्या का भाई रानमाल्या बच गया था, उसका क्या हुआ? कहाँ है रानमाल्या?''

तरंग्या ने कहा—''अरे बाबा क्या कहूँ तुमसे, तुम्हारे दुश्मनों ने जज साहब को बोरियाँ भरकर रुपए दिए, सरकारी वकील खरीद लिया और रुपयों के दम पर फैसला अपने हक में करवा लिया। देखो तो सही पैसे के सामने दुनिया झुकती है। कहते हैं कि धन के लालच में रानी भी सीढ़ियाँ उतरकर नीचे आती है। यह कहावत सच साबित हुई थी। रानपाल्या और बिरडीस का केस जब अपने आखरी दौर में आया तब जज और वकील का बहुत वाद-विवाद हुआ। फैसले के एक दिन पहले कारखाने के चेयरमैन और बड़े सांसद, जज साहब के घर खूब पैसा लेकर पहुँचे, वकील को भी पैसा दिया। पैसे ने अपना कमाल दिखाया और फैसला बिरडीस और रानपाल्या के विरुद्ध गया। कहा गया था कि पारधियों की आपसी दुश्मनी के कारण वह हादसा हुआ, ऐसा फैसला सुनाया गया। मारने आए हमलावर पारधी भाग गए। आरोपी कौन थे यह सिद्ध न हो सका। कुछ पारधियों पर झूठे आरोप लगाकर उन्हें कटघरों में खड़ा कर सजा सुनाई गई। ढोकी गाँव के प्रतिष्ठित लोग उस दिन गाँव में उपस्थित न होने के कारण पतंगराव पाटिल और बाजीराव देशमुख की निर्दोष मुक्त हो गए। पुलिस अधिकारी घाडगे पाटिल भी उस दिन छुट्‌टी पर होने के कारण वे भी बच गए। उलटा उन्होंने आरोप लगाया था कि पारधियों ने उन पर जानलेवा हमला किया था जिसमें वे बाल-बाल बच गए थे। रानमाल्या ने यह जानलेवा हमला किया था इसलिए उसे आजीवन कारावास की सजा सुनाई गई। इससे एक बात स्पष्ट हो गई कि इस देश में पारधियों की सुनवाई कहीं नहीं थी, उनका रखवाला कोई नहीं था। यहाँ का न्याय उलटा था, जिनके लोगों को मार दिया गया उन्हीं को उम्रकैद की सजा भुगतनी पड़ रही थी। और जिन्होंने मारा था उन खूनियों को निर्दोष कहकर छोड़ दिया गया। इस प्रकार का अन्याय करनेवाला न्याय मैंने कभी नहीं देखा। इस देश में बहुतेरे अंग्रेज आए और राज किया, उन्होंने भी अत्याचार किया पर वे अन्यायी नहीं थे। किसी से गलत व्यवहार नहीं किया। उनमें भी इन्सानियत नाम की चीज बाकी थी।

"पर स्वतंत्रता के बाद सरकार ने समाज में क्या आदिवासियों को मार डालने का कायदा बनाया हुआ है? इनकी बात मेरी समझ से बाहर की है। देख बाबा रहिमान्या वह तेरी बहन, रानपाल्या की पत्नी अपने बच्चे लेकर कहीं दूर चली गई,

यह उसने बहुत समझदारी की बात की, इसीलिए वह बच गई और अब किसी प्रकार अपने बच्चों को पाल रही है। मैं भी अब ऐसा ही विचार कर रहा हूँ। इस मराठवाड़ा मुल्क में रहकर हम जी नहीं सकेंगे। पुलिस और जमींदार हमें जीने नहीं देंगे। तुम्हें कल परसों की बात बताता हूँ। एक दिन औरंगाबाद से एक बड़ा पुलिस अफसर किसी छानबीन के सिलसिले में उस्मानाबाद आया था। उस्मानाबाद की पुलिस उन्हें खुश करने के इरादे से एक जीपगाड़ी लेकर यहाँ बस्ती पर आ गई। पुलिस की गाड़ी देखकर हम सब मर्द 'एडशी' के जंगलों में छिप गए। जवान बहू-बेटियाँ पालों में सो रही थीं। बैटरी के उजाले में, सब औरतों को इकट्ठा कर एक जगह बैठने को कहा। चेहरों पर बैटरी का प्रकाश डालकर, अठारह और बीस वर्ष की दो-तीन लड़कियों को जबरदस्ती से पकड़कर गाड़ी में डालकर वे उन्हें अपने साथ ले गए। उन्हें वे डंडे मार रहे थे...। आए हुए पुलिसवाले शराब के नशे में धुत थे। मेरी बीबी ने बहुत शोर मचाया, भागती हुई वह जीपगाड़ी के सामने खड़ी होकर चीख रही थी, उनसे पूछ रही थी कि हमारी जवान बेटियों को कहाँ ले जा रहे हो? पुलिस की जीप उसकी टाँगों को रौंदती हुई निकल गई। अब वह जनम-भर के लिए लँगड़ी हो गई है।

"दो-तीन लड़कियों को पुलिस उस्मानाबाद के सरकारी डाकबँगले पर ले गई और वे लोग अपने बड़े साहब से बोले–'साहब आपका खाना-पीना सब कुछ हो गया होगा। अब यह खास नजराना पारधियों की जंगली मुर्गियाँ आपके लिए हम पकड़कर लाए हैं, इन्हें सँभाल लो।' कहते हुए हमारी बेटियों को 'शैय्याशोबत' के लिए उन्हें सौंप दिया।

"उन्होंने भी रात उनके साथ बिताने के लिए उनको स्वीकार किया। इस डाक बंगले में उस अधिकारी ने और उसके साथियों ने रात भर उनकी इज्जत लूटी। उन्होंने जाते हुए कहा था कि पारधियों की चिकनी मुर्गियाँ उन्हें पसन्द आ गई थीं। अगली बार फिर आना ही पड़ेगा, कहकर उन पुलिसवालों को शाबाशी दी और लड़कियों को वापस भेज दिया। लड़कियाँ अपने बाल मुँह में ठूँसकर रोती हुई घर लौटी थीं। घरवालों को लड़कियों ने आपबीती कह डाली। उनकी करूण कथा सुनकर मैं पानी-पानी हो गया। पुलिसवालों पर बहुत क्रोध आया था, चाहता था कि उन्हें कच्चा चबा जाऊँ पर क्या करता? मेरे में बल या उन पर आवाज उठाने की हिम्मत न थी।

" 'सुटकी' नाम की बीस-बाईस वर्ष की बहू मेरे घर में थी, उसका एक वर्ष का बेटा भी घर में था। मेरी बहू सुटकी की पुलिस ने इज्जत लूट ली; इसलिए वह जीना ही नहीं चाहती थी। एक दिन चलती रेलगाड़ी के सामने कूदकर उसने आत्महत्या कर ली। उसका बेटा अनाथ हो गया। उसे बकरी का दूध पिलाकर हम पाल रहे हैं। मेरी पत्नी जिसकी टाँगों के ऊपर से पुलिस जीप निकल गई वह लँगड़ी होकर घर बैठी है। और दो अन्य लड़कियाँ जिनकी इज्जत पुलिस ने लूटी है वे रोते हुए जिन्दगी काट रही हैं। उन्हें शुद्ध करने के लिए दो-तीन बार जात-पंचायत बैठी है। देखो अब

आगे क्या होता है! कोडियारा देवी कौन सा रास्ता दिखाती है। उसके दिखाए हुए रास्ते पर हम चलेंगे।''

तरंग्या से सारा किस्सा, रामकहानी सुनकर रहिमान्या मन-ही-मन कहने लगा, 'हम पारधी जहाँ भी जाएँगे वहाँ हमें अन्याय और अत्याचारों के अलावा कुछ नहीं मिलना है। हम पहले ही मुम्बई चले गए थे इसलिए यहाँ के होनेवाले अत्याचारों से बच गए वहाँ जैसे-तैसे गुजर-बसर तो हो रहा है। यही बड़ी बात है।'

तरंग्या की बातें सुनकर रहिमान्या का सिर सुन्न हो गया। 'कलम्ब' में उन पर हुए अत्याचार उसकी आँखों के सामने से घूम गए और उसने निश्चय कर लिया कि कल सवेरे ही वह यहाँ से निकल जाएगा। नहीं तो एक बार फिर पुलिस उसे आकर पकड़ लेगी और उसके बीबी-बच्चे भूखों मर जाएँगे। दूसरे दिन अँधेरे में ही वह गाँव से निकल पड़ा और जैसे वहाँ आया था वैसे ही मुम्बई लौट गया।

मुम्बई आते ही सीधे वह अँधेरी, अपनी बहन के पास आया और पूरा हाल उसे सुना दिया। भाई के सारे बोल उसे ऐसे लगे मानो किसी ने गरम सीसा उसके कानों में उड़ेल दिया हो। उसके मन के किसी कोने में एक आशा जाग्रत थी कि किसी दिन रानमाल्या उसकी जिन्दगी में आकर उसे ढंग की जिन्दगी गुजारने में सहायक बनेगा पर अपने भाई की बातें सुनने के बाद उसकी वह आशा–निराशा में बदल गई। आए हुए संकट का सामना उसे ही अकेले करना था, यह वह जान गई थी। भाई के मुख से निकले दुखभरे शब्दों का वह जहर जैसे गटागट पी गई और पचा गई। एक लम्बा साँस और ठंडी आह भरकर उसके मुँह से अचानक निकल पड़ा– ''उन विषैले कड़वे मुखवालों का भगवान कभी भला न करे। हम गरीबो की आहें, शाप उन्हें लग जाएँ, वे भी जल-भुनकर राख हो जाएँ। वे लोग भी मेरे पति, सास-ससुर जैसे बुरी मौत से मरकर श्मशान में जा गिरे। उनकी भी मिट्टी हो जाए। वह कोडियारा देवी ऐसे विपदा के समय कहाँ जाकर छिप बैठती है? कहते हैं कि वह गीले पेड़ों में भी आग लगाने की क्षमता रखती है। फिर इन शैतानों को, हमारे दुश्मनों को क्यों नहीं जलाकर रख देती यह देवी? क्या वह भी पापिन रांड देवी है? या शैतानीन है? मैं उसकी क्यों आराधना करूँ। हम गरीब थके-हारे होकर भी, भूखे रहकर व्रत करते हैं उसका, उसे बकरे, मुर्ग की बलि चढ़ाते हैं। इतना कुछ करने पर भी वह हमारे संकट के समय हमारा साथ नहीं देती है क्यों...?''

एक दिन बादल छाने लग गए थे, आसमान में बिजली कड़क रही थी। हवा, पानी से बचने के लिए वह अपनी बेटी जेलवंती को लेकर अपने पाइप के पास जा बैठी। इतने में नाला बनानेवाले लोग वहाँ आ धमके। उन्होंने उससे कहा–''बाई, बारिशों के दिन हैं, अपने भिखारी भाइयों के साथ तुम यहाँ से चली जाओ, अपना सामान यहाँ से हटा लो। एक निश्चित समय में हमें यहाँ का काम पूरा करना है। यहाँ आसपास इकट्ठा हुआ पानी हमें बाहर निकलकर फेंकना है, और इस काम के

लिए हमें इन पाइपों की आवश्यकता है। हम इस पाइप को ले जाना चाहते हैं।"

बकरी सोच में पड़ गई। मुम्बई जैसे शहर में बारिश के मौसम में मेरा यह पाइप का घर छूटने पर मैं कहाँ जाऊँ? कहाँ रहूँ? जिस दादा ने उसे यह जगह रहने को दी थी—उसी के पास जाकर वह कहने लगी कि उसे कोई नई जगह ढूँढ़ कर वह दे दे। तब दादा ने उससे कहा कि म्युनिसिपैलिटी सारे पाइप उठाकर ले जा रही है। इस समय वह उसकी मदद नहीं कर सकेगा। बकरी एक बार फिर रास्ते पर आ गई। अपनी गठरी एक बार और उसने एक पेड़ पर टाँग दी और वह किसी कोने को ढूँढ़कर वहाँ अपना गुजारा करने पर मजबूर हो गई। एक दिन बड़ी जोरदार बारिश हुई, बिजलियाँ कड़कीं और कुछ देर तक पानी बरसा। गर्मी और उमस से भरी मुम्बई नगरी अचानक हुई इस बरसात के कारण बर्फ जैसी ठंड हो गई। जहाँ देखो वहाँ पानी ही पानी दिखता था। गोरेगाँव, अँधेरी के इलाके में बारिश की मार से सब परेशान हो गए थे, बिजलियों का कड़कना कम न हो रहा था। कई बार ऐसा लगता था कि बिजली किसी पर गिरकर उसकी जान ले लेगी।

बिजली-बारिश का वह तमाशा चार-पाँच घंटे चलता रहा। बारिश का पानी जमीन की मिट्टी से खेल खेलता जा रहा था। सड़क पर पड़ा मिट्टी का हर कतरा, बारिश का पानी उसे अपने साथ और वहाँ की गन्दगी को भी लेता हुआ, सड़कों के किनारे साँप की चाल जैसा बलखाता हुआ चला जा रहा था। बहता पानी जोर पकड़ता आगे बढ़ रहा था। परन्तु जगह-जगह पर पड़े प्लास्टिक के थैले, कागज-गत्ते, खोखे और कचरा, पानी के बहाव में बाधा डाल रहे थे। कई जगहों पर पानी का बहने का रास्ता रुकने से पानी जमा होता जा रहा था। रास्तों में पानी भरने लगा था। बकरी ने अपने पल्ले से बेटी जेलवंती को बारिश की मार से बचाए रखा था। हर थोड़े समय के बाद अपनी खड़े होने की जगह बदलती रहती थी। वह बारिश की मार से ऐसे भाग रही थी मानो कोई घबराया हुआ खरगोश शिकारी के डर से भागता फिर रहा हो। बारिश उसका पीछा किए जा रही थी। उसकी हालत देखकर लोग, होटलवाला, दुकानदार उसे भिखारन समझकर दूर भगा देते थे। उसे खड़े रहने की जगह कोई न मिल रही थी। पानी से पूरी तरह से भीगी बकरी, आड़ में रुकने की जगह ढूँढ़ती फिरती रही। उस समय रास्ते पर से जानेवाले वाहन उस पर कीचड़ के छींटे फेंकते जा रहे थे—गन्द उस पर उड़ रहा था। कपड़ों पर उठा गन्द और कीचड़ बरसती हुई बारिश ने धो डाला। रास्ते पर घूमती बकरी के कपड़े बार-बार गन्दे हो रहे थे। रास्ते पर के बहते पानी ने अब एक नदी का रूप धारण कर लिया था। पानी का बहाव तेज होता जा रहा था।

बकरी डर रही थी कि पानी का बहाव उसे ऐसी जगह नाली में न धकेल दे जहाँ से वह उठ न पाए और अपनी बेटी के साथ वह उसी में डूबकर मर जाए। ऐसा हुआ तब वकील का क्या होगा? उसका इस दुनिया में कौन बचेगा, उसे माँ का प्यार कौन

देगा? वह किसे माय कहकर बुलाएगा...? अनेक विचार उसे घेरे जा रहे थे। इतनी भयानक बारिश वह पहली बार देख रही थी मुम्बई में! आसमान फटकर गिरनेवाली वर्षा उसने अपने गाँव में कभी नहीं देखी थी। बारिश में पनाह लेने की जगह उसे अँधेरी स्टेशन के पुल पर एक टीन के छप्पर के नीचे मिली। अपना पल्ला निचोड़ कर उसने बेटी का भीगा बदन पोंछा। अपने भीगे बालों को खोलकर उन्हें झटक कर उसने बाल सुखाने की कोशिश की।

रास्तों में पानी बढ़ता जा रहा था, रास्तों पर नदियाँ बह रही थीं। उन पर चलनेवाली मोटरगाड़ियाँ कागज की नावों जैसी रास्तों पर तैरती नजर आने लग गई थीं। पूरे मुम्बई शहर का जन-जीवन इस अतिवृष्टि के कारण, जोरदार बरसते पानी के कारण अस्त-व्यस्त हो गया था। पूरे शहर की लोकल गाड़ियाँ चलनी बन्द हो गई थीं। लोगों को घर लौटने में कठिनाई हो रही थी। लोग जहाँ-तहाँ अटके बैठे थे, भूखे-प्यासे। जहाँ सहारा मिलता, वहीं वे रुके रहते, बड़ा पाव खाकर अपनी भूख मिटा रहे थे। पूरी मुम्बई नगरी का बुरा हाल था।

हर जगह इकट्ठे हुए पानी के निकास के लिए, उस बारिश और ठंड में मुम्बई महानगरपालिका के कर्मचारी अविरत काम कर रहे थे। बन्द नालियाँ-नाले साफ कर वहाँ अटके हुए प्लास्टिक के थैले और अटका हुआ गन्द बाहर निकाल रहे थे। कचरा और गन्द साफ होने के बाद, रास्तों पर जमा पानी बाहर निकालना शुरू हो गया और कुछ ही समय में सारे रास्ते साफ-सुथरे दिखने लग गए। पानी सारा गन्द बहाकर ले गया था। बारिश के कारण जैसे पूरी मुम्बई धुलकर साफ हो गई थी। रास्तों पर पुनः गाड़ियों का और लोगों का आना-जाना शुरू हो गया।

लोगों का सारा जीवन बकरी पुल पर बैठी देख रही थी। वह सोच रही थी कि इन मुम्बईवासियों पर भी संकट और दुख बार-बार आते हैं। उन दुखों को मान देकर वे नए सिरे से जीवन जीने लग जाते हैं। थोड़ी देर शोक करते है, बाद में भूलकर अपने-अपने काम में लग जाते हैं। मुझे भी इन लोगों से कुछ सीख लेनी होगी। मुझे बीती बातों को भुला, अन्याय, संकट, अत्याचारों को भुलाकर फिर से जीना सीखना होगा।

वह सोच रही थी कि इस तरह रास्तों के किनारे, कभी फुटपाथ पर अपने जैसी विधवा, छडी औरत, एक छोटी बच्ची को लेकर कैसे जीवन बिता सकती है? अच्छा होगा यदि वह अपने भाई के पास एक झोंपड़ी बनाकर रह जाए और बाकी जिन्दगी गुजर-बसर करके बिता दे। तब तक वकील भी पढ़-लिखकर बड़ा हो जाएगा। छोटी जेलवंती भी हाथ में थाली लेकर, भीख माँगकर कुछ पैसे कमा लेती है। यदि मैं वहाँ जाकर पहले जैसे गजरे, गुब्बारे, नीबू बेचना शुरू कर दूँ तब वहाँ रहकर भी मैं पैसा कमा सकती हूँ।

बकरी एक दिन अपनी गठरी लेकर जुहू चौपाटी के झोंपड़पट्टी में रहनेवाले

अपने भाई के पास जा पहुँची। रहिमान्या को अपनी बहन की तब तक कोई खबर न थी। वह नहीं जानता था कि उस बारिश में उसका क्या हाल था, वह कहाँ थी। जब बकरी को उसने अपने दरवाजे में खड़ी देखा, तब वह बड़ा खुश हुआ। बकरी ने अपना हाल उसे सुनाया और अपने पल्लू में बाँधे हुए हजार पाँच सौ रुपए उसके हाथों पर रखकर वह बोली–"दादा–अब मेरे आगे-पीछे कोई नहीं है–तुम्हारे प्यार की छत्रछाया में हम रहना चाहते हैं। तुमने मुझसे कहा था कि यहाँ के दादा को पैसे देकर तुम मुझे यहाँ झोंपड़ी बनवा दोगे।"

रहिमान्या एक दिन जाकर लकड़ियाँ ले आया और दादा की बताई हुई जगह पर उसने बकरी के लिए झोंपड़ी बना डाली। चार बल्लियाँ गाड़कर, ऊपर प्लास्टिक के कपड़े की छत डाल दी। बकरी का घर झटपट बन गया था! कुछ ही दिनों में बकरी झोंपड़पट्टी के अन्य लोगों के साथ घुल-मिल गई। भाई के निकट रहने आ जाने से वह बहुत खुश थी।

दीवाली के दिन पास आ रहे थे। लोगों का आपस में आना-जाना बढ़ गया था। मेहमान आते-जाते थे। लोग अच्छे कपड़े पहने, हँसते-खेलते जीवन का आनन्द उठा रहे थे। झोंपड़पट्टी में रहनेवालों की खुशियों को देखकर वह सोच रही थी कि अब तक वह रास्ते पर रहती आई थी जिसके कारण वकील ने कभी कोई त्योहार–दीवाली नहीं मनाई थी। वह कभी उसे घर नहीं ला पाई थी।

अब बात और थी। घर छोटा था, झोंपड़पट्टी ही सही अपना हक का घर बसाया था उसने, अब इस दीवाली को वह वकील को घर बुला सकती थी। एक दिन बकरी अँधेरी के सेंट जॉन हाय स्कूल में जा पहुँची जहाँ वकील पढ़ता था।

बकरी ने फादर के पास जाकर कहा–"साहेब इस दीवाली के त्यौहार के चार दिन मैं अपने बेटे को अपने साथ ले जाना चाहती हूँ, क्या भेजेंगे उसे मेरे साथ? बहुत साल हुए जब मैंने उसे कुछ अपने हाथ से बनाकर खिलाया था। अब मैं फुटपाथ पर नहीं रहती हूँ। मैंने अपनी झोंपड़ी बना ली है इसीलिए उसे मैं चार दिन के लिए ले जाना चाहती हूँ। दीवाली के बाद मैं उसे यहाँ ले आऊँगी।"

फादर ने कहा–"देखो बाई प्रभु के आशिर्वाद से और उसकी कृपा से तुम्हारा बेटा बहुत गुणवान है। आज वकील गोन्साल्बिस सेंट जॉन हाय स्कूल का चहेता है। वह इस स्कूल की नाक है, उसका यहाँ मान है। वह सिर्फ पढ़ाई में ही अच्छा नहीं है बल्कि नेकबाजी और दौड़ने में भी वह सदैव पहला नम्बर लेता है। सारे खेलों में वह होशियार है। उसने इस स्कूल के लिए बहुत पुरस्कार जीते हैं। वह यहाँ का एक बहुत प्यारा विद्यार्थी है। मुझे डर है कि वह तुम्हारे साथ आने पर, वहाँ के लोगों के लड़ाई झगड़ों के लपेटे में आ जाएगा, जिससे उसका विपरीत परिणाम हो सकता है।"

बकरी ने कहा–"साहेब, आप बिलकुल चिन्ता न करे, मैं उसे फूल की तरह सँभालकर रखूँगी और उसे आपके पास ले आऊँगी।"

फादर ने वकील को बुलाया और उसे पहनने के लिए कुछ कपड़े दिए, कुछ पढ़ाई की पुस्तकें दीं और उसे उसकी माँ के साथ भेज दिया।

वकील अब आठवीं कक्षा में पढ़ता था। फादर के साथ फर्राटेदार अंग्रेजी में बातें करता था। वकील को अंग्रेजी बोलते देखकर बकरी को विश्वास ही नहीं हुआ कि यह उसी का बेटा है। वकील का बदलाव उसे अच्छा लगा। अंग्रेजी बोली वह समझ न पा रही थी परन्तु फिर भी बड़े प्यार से वह अपने बेटे को देखती जा रही थी। मन-ही-मन उसने कहा–'सच ही है, मेरा वकील ऐसे ही कोर्ट में जज के सामने खड़े-खड़े अंग्रेजी बोलकर अपने बाप और दादा के खून के बारे में सवाल उठाएगा? झगड़ा करेगा? उन्हें निर्दोष साबित करेगा?'

वह दिवास्वप्न देखने में मग्न थी और तभी वकील अपनी माँ का हाथ खींचकर उसे घर चलने को कह रहा था। वकील ने फिर से कहा–"चलो माय, चलो जल्दी-जल्दी।"

बगुले जैसे सफेद चिट्टे कपड़े पहन, टाई लगा, बूट पहनकर किसी अंग्रेज अफसर जैसा बनकर बेटा जब उसके साथ चलने लगा, तब बकरी का आनन्द गगन छू रहा था। खुशी से वह फूली न समा रही थी। बकरी की आँखें छलक गईं और वह अपने बेटे से बोली "मेरे बच्चे कहीं मेरी ही नजर तुम्हें न लग जाए। बेटे तुमने पढ़-लिखकर हमारे दस पुरखों का उद्धार किया है। आज तुम्हें देखकर मैं समझ पाई हूँ कि पढ़-लिखकर, शिक्षा लेकर आदमी बड़ा बनता है। फादर ने पहले ही यह बात मुझसे कही थी मेरे लाड़ले।" कहते हुए बकरी अपने बेटे का मुँह चूमती जा रही थी।

बकरी, वकील और जेलवंती अँधेरी लोकल के डब्बे में जा बैठे, गाड़ी चल दी। वकील अपनी माँ और बहन को अपने स्कूल की मौज-मस्ती की कहानियाँ सुना रहा था। बड़ा खुश होकर बातें करता जा रहा था। वह सोच रही थी कि यदि फादर सारे पारधी बच्चों को अपने स्कूल में भरती कर लें तब उन सबका कायाकल्प हो जाएगा। पर फादर इतने सारे बच्चों को कैसे सँभाल पाएगा? कुछ भी हो मेरे वकिल को तो उसने अपने स्कूल में भर्ती कर दिया यही बहुत है! हम पर बहुत उपकार है फादर के।

बातें करते हुए तीनों अपनी बस्ती में पहुँच गए। झोंपड़ी में आ गए। वकील स्कूल के वातावरण, रहन-सहन का आदी हो गया था। झोंपड़पट्टी में आकर उसे अजीब सा लगा। वहाँ का वातावरण, गरीबी, कीड़े-चींटियों की तरह जीने का तरीका उसे रास न आया। वकील मन-ही-मन कह रहा था–'हे प्रभु! इस प्रकार के दुख कष्टों से भरा जीवन कब तक मेरे लोगों को झेलना पड़ेगा? मैं जब बड़ा हो जाऊँगा तब प्रभु के सन्देश को मान कर मैं इन लोगों के आँसू पोंछूँगा। इनका दर्द दूर करूँगा यह काम में अवश्य करूँगा।'

इतने में बकरी का भाई रहिमान्या वहाँ आ पहुँचा। बहुत वर्षों बाद रहिमान्या वकील को देख रहा था। उसे देखकर रहिमान्या विस्मित हो गया। बकरी बोली,

‘‘वकील, पहचाना तुमने अपने मामा को?’’

‘‘हाँ आई, (माँ) तुमने जैसे बताया था उसी से मैं मामा को पहचान गया।’’ वकील ने कहा।

बहुत दिनों बाद आए बेटे के लिए माँ ने खूब सारे पकवान मिठाइयाँ बनाईं। दीवाली के दिन लड्डू और करंजी (गुजिया) बनाकर दीं। झोंपड़पट्टी के सारे बच्चे स्कूल में छुट्टियाँ होने के कारण हुड़दंग मचा रहे थे। घूमने-फिरने से समुद्र तट ‘चौपाटी’ पर निकल जाते। एक दिन वकील भी अपने मामा के साथ, सैर करने चौपाटी चला गया। लुकन-छिपाई खेलते समय वकील और रहिमान्या का बेटा ‘सायब्या’ भी बच्चों के खेल में शामिल हो गए। खेल में दो टीमें बनी थीं। नए लड़के वकील को देखकर सब विस्मित थे, उसके शानदार कपड़े, बीच-बीच में अंग्रेजी बोलना, वे जानना चाहते थे कि यह लड़का कौन है। संगीतराव नाम के झोंपड़पट्टी के लड़के ने पूछ लिया–‘‘कौन है बे यह लड़का?’’ सायब्या ने उत्तर दिया, ‘‘यह मेरी बुआ का बेटा है और एक बहुत अच्छे स्कूल में पढ़ता है। यह पहली बार दीवाली की छुट्टी में घर आया है।’’

संगीतराव ने नाम पूछने पर पटाक से उत्तर मिला–‘‘माय नेम इज वकील गोन्साल्बिस” तब संगीतराव ने पूछा–‘‘आयला, ओ सायब्या तुम तो पारधी आदिवासी हिन्दू लोग हो फिर इसका नाम ऐसे कैसा है?” तब वकील गोन्साल्बिस ने कहा–‘‘यह मेरे अपने व्यक्तिगत जीवन का प्रश्न है। मेरे फादर ने मुझे स्कूल में यह नाम दिया है। एनी ऑब्जेक्शन? क्या तुम्हें इससे कोई अड़चन है?’’

संगीतराव ने कहा–‘‘ना भाई, ऐसे नहीं है, हमारे हिन्दुओं में ऐसे नाम नहीं होते। इसलिए मैंने पूछा।’’ खेल ही खेल में वकिल्या ने अपनी होशियारी सबके सामने साबित कर दी थी। झोंपड़पट्टी के खेलने आए सारे बच्चे वकील के बारे में ही बातचीत करते रहे। आदिवासियों में यह इतना होशियार कैसे निकला? इससे पहले तो यहाँ कोई ऐसा दिखाई नहीं दिया? इसी का सबको आश्चर्य हो रहा था। एक ने कहा–‘‘अरे ये आदिवासी लोग उन क्रिश्चयन लोगों से पैसे लेकर अपना हिन्दू धर्म छोड़कर क्रिस्ती बन जाते हैं। तुमने इसका नाम देखा क्या है? गोन्साल्बिस, अरे यह नाम हिन्दू का नाम न होकर, क्रिस्ती लोग ऐसे ही होते हैं। हिन्दुओं को क्रिस्ती बना देते हैं।’’

इस तरह की काना-फूसी बस्ती के लोगों में शुरू हो गई। यह सब बखेड़ा देखकर वकील सायब्या के साथ घर लौट आया। तब तक यह खबर बस्ती में फैल गई कि बस्ती के आदिवासी पारधी का धर्मांतर कराया जा रहा है। यह खबर हिन्दू एकता मंच के प्रवीण जोशी के कानों तक जा पहुँची।

एक दिन हिन्दू एकता मंच के दस-पन्द्रह कार्यकर्ता झोंपड़पट्टी में आ पहुँचे और बकरी के घर जाकर ‘हिन्दू एकता की विजय हो, धर्मांतर करनेवालों का धिक्कार

हो', ऐसे नारे लगाने लग गए। घोषणा देने के बाद प्रवीण जोशी ने बकरी को बाहर बुलाया और कहा–"तुम्हारे बेटे का नाम वकील गोन्साल्बिस कैसे है? क्या तुम्हें क्रिश्चन लोगों ने पैसे देकर धर्म बदलने को कहा?"

यह बात सुनकर डरी हुई बकरी बोली–"धर्मांतर क्या होता है? हम नहीं जानते इस बारे में। और ना ही हमें किसी ने एक पैसा दिया है।

प्रवीण जोशी ने कहा–"ना-ना, वे लोग गरीब आदिवासी हिन्दुओं को पैसे का लालच देकर, उनकी लोक संख्या बढ़ाने के लिए तुम लोगों के नाम बदल देते हैं। तुम हमें अभी सब कुछ ठीक से बता दो। हम तुम्हें जो चाहो वह मदद करेंगे पर तुम इसका पहला नाम ही इस्तेमाल करो। वह क्रिश्चयन नाम अपने नाम के आगे से हटा दो। उसे उस क्रिश्चयन स्कूल में मत भेजो, ऐसा न किया तो हम तुम्हें यहाँ रहने न देंगे। तुम्हारे विरोध में हम आन्दोलन छेड़ देंगे। तुम अपने बेटे को हिन्दू धर्म और रीति-रिवाजों के मुताबिक बड़ा करो। पढ़ाओ, व्यहार करो, इसी में तुम्हारी भलाई है, तब ही तुम ठीक तरह से रह सकोगी।"

शतकों से दबी हुई, चुपचाप रहनेवाली बकरी नागिन की तरह फुँफकारती हुई गुस्से से भरी हुई बोल पड़ी–"ओ कलमुँहे तब तुम्हारा धर्म कहाँ गया था रे, जब हम पारधियों पर, चोरी न करने पर भी, गुनहगार समझकर बिना वजह वे लोग मारते-जलाते रहे–कुत्ते-बिल्लियों की तरह काटते रहे, तब तुम्हारा धर्म नहीं था कि इस दुखयारी की पूछताछ की जाय? उन्हें सहारा दिया जाए? क्या मारने वालों के हाथ तुम पकड़ नहीं सकते थे? हमारे घर जलकर राख हो गए, तब तुम्हारा धर्म कहाँ था? क्या किया उसने हमारे लिए? क्या दिया धर्म ने हमें? अरे–अपने आँसुओं के पानी के साथ हम अपनी रोटी खाते हैं। कुत्ते-बिल्लियों से भी बदतर है हमारा जीवन! तब हम भी तुम्हारे ही धर्म के हैं यह बात तुम्हें समझ नहीं आई? हम पर दया नहीं आई? हम पारधियों की कितनी ही पीढ़ियाँ जल-भुनकर राख हो गई हैं। हमारे लिए काला अक्षर भैंस बराबर होता है। हमारे किसी भी आदमी को पढ़ना-लिखना नहीं आता है। कायदा-कानून हम नहीं जानते हैं। अंग्रेजों के जमाने में भी हमारी पीढ़ियाँ जेलों में सड़ती रहीं। आज भी हम लोग जेलों में बन्द सड़ रहे हैं। आपके धर्म ने इस पर कभी विचार किया है?

"पर वह एक पराया आदमी था जो सामने आया, मेरे से कोई रिश्ता नहीं था उसका! हम उसे नहीं जानते थे। उसने मेरे बेटे को रास्ते से उठाकर मुझसे पूछा कि क्या वह उसे स्कूल में भर्ती कर दे। फादर ने मेरे बेटे की बहती नाक अपनों हाथों से साफ की थी, नहला-धुलाकर बेटे को साफ किया। उसे पढ़ाया-लिखाया, लायक बनाया, साफ कपड़े और रहने को जगह दी। स्कूल में नाम लिखने के समय वह बेटे का नाम वकील पारधी ऐसे ही लिख रहा था परन्तु मैंने ही उसे ऐसा करने से रोका, मैंने ही उससे कहा कि बेटे के नाम के आगे पारधी मत लगाना। पारधी नाम

से ही लोग चिढ़ जाते हैं और हमें मार देते हैं। इसका बाप और दादा भी इसीलिए मारे गए। लोगों ने सोए हुए मेरे प्रियजनों को मार डाला। मेरे बेटे का नाम पारधी न रखकर कोई दूसरा नाम मैंने ही चुनने को कहा था फादर से। तब उन्होंने पारधी की जगह गोन्साल्बिस नाम लगा दिया। उन्होंने ही उसका पूरा खर्चा उठाया। अब वह आठवीं में पढ़ता है। पहली बार हम किसी पारधी का उज्ज्वल भविष्य देख रहे हैं। वह पढ़-लिखकर बड़ा होगा और तुम बामण मराठों की तरह, वह भी एक दिन पारधियों का विकास करेगा...।

पर तुम मुए, धर्म के नाम पर, फिर हमें मिट्टी में मिलाना चाहते हो। फादर को स्कूल में जाकर यदि मेरा बेटा सयाना बन जाता है तब तुम्हारे धर्म का इससे कैसे नुकसान हो जाता है? हमारे अज्ञान का, अन्याय का फायदा उठाकर तुमने हमें गुनहगार बना डाला। अब तुम समझ लो कि मैं बेटे का नाम भी नहीं बदलूँगी और ना ही उसे स्कूल से निकालूँगी फिर चाहे तुम मुझे इस झोंपड़पट्टी में मत रहने देना। जाना पड़ा तब मैं यहाँ से चली जाऊँगी।''

उस पर प्रवीण जोशी ने कहा—''ए बाई बिना बात के चपड़-चपड़ मत करो, तुम औरतों को क्या अकल होती है? तुम्हारे घर में कोई मरद है?''

बकरी बोली, ''इधर देखो, सामने मेरा भाई खड़ा है। करो इससे बात।''

इस पर रहिमान्या बोला, ''मेरा नाम रहिमान्या है।'' यह नाम सुनते ही प्रवीण जोशी सकपका गया। उसने पूछा—''तुम्हारा नाम रहिमान्या कैसे है? क्या तुमने मुसलमान का धर्म स्वीकारा है? अ रे रे, यह तो बहुत बुरा हुआ। ऐसे होता रहा तब आगे हिन्दू धर्म का रक्षण कैसे होगा? अब मैं तुम पर पुलिस केस कर देता हूँ—'' ऐसे बड़बड़ाते हुए हिन्दू एकता की घोषणा करते हुए प्रवीण जोशी वहाँ से चला गया।

दूसरे दिन पेपरों में बड़े अक्षरों में खबर छपी थी कि मुम्बई में हिन्दुओं का अन्य धर्मों में धर्मांतर हो रहा है। इस खबर से, प्रवीण जोशी की शिकायत पर, झोंपड़पट्टी पर पुलिस आ पहुँची। पूछताछ चालू हुई कि क्या वास्तव में रहिमान्या ने धर्मांतर किया था। वह मुसलमान बन गया था?

पुलिस अधिकारी संजय चौधरी ने पूरी तरह से पूछताछ की। बकरी से बात कर पूरी जानकारी प्राप्त की। पूरी बात समझने के बाद उन्होंने फादर की सराहना की, कि इतने कष्ट उठाकर वे वकील को पढ़ा रहे थे।

पूछताछ के दौरान संजय चौधरी ने रहिमान्या से नाम पूछा और प्रश्न किया कि इस तरह का नाम क्यों रखा गया था। रहिमान्या ने उत्तर दिया—''हम हैं आदिवासी पारधी लोग। हमें नाम, गाँव का कुछ पता नहीं था। हम पहले जंगलों में रहा करते थे। तब पेड़-पौधे, फूल प्राणियों के नाम हम रखते थे। हम शिकार करके गुजर-बसर किया करते थे। परन्तु अंग्रेजों ने जंगलों पर बंधन डालकर हमारे वहाँ जाने पर रोक लगा दी। इस रोक पर हम लोगों ने अपनी आवाज उठाई, हमने उनका विरोध किया,

हम बुरे बने। हमें चोर-डाकू कहा गया। हमारी पूरी जाति को ही गुनहगार मान लिया गया। स्वतंत्रता प्राप्ति के बाद भी हमारी हालत वही बनी रही। हमारा सम्बन्ध हमेशा पुलिसवालों से और कोर्ट-कचहरी से आता रहा। ऐसे समय जो नए नाम हम लोगों ने सुन लिए उन्हीं नामों को हमने अपने बाल-बच्चों को दे दिया। अगर आप देखेंगे तब हमारे नाम होते हैं–बन्दुक्या, पिस्तुल्या, रायफल्या, काडतुस्या। कोर्ट से सम्बन्धित नाम हैं–वकील, जज्जा, बॉलिस्टया और तारक्या। मेरे बाप ने एक मुसलमान पीर से मन्नत माँगी थी। पीर का नाम था रहिमान साहेब, मन्नत पूरी होने पर मेरे जन्म के बाद मेरा नाम रहिमान्या रखा गया, अब आप ही बताएँ कि इस नाम की जाति क्या है? धर्म क्या है? इस बात को हम नहीं जानते हैं। हमारी भाषा और आपकी भाषा में अन्तर है। हमारा कोई धर्म नहीं है। हम आदिवासी पारधियों का जीवन जी रहे हैं। मेरी बहन ने अपने बेटे को पढ़ने स्कूल भेजा, इसी बात पर यह पूरा हंगामा खड़ा हो गया है।''

पूरी बात सुनने के बाद चौधरी थानेदार ने अपना माथा ठोककर कहा–''अरे यह क्या है? अपने भारत में आदिवासी पारधियों को अब भी ऐसे संकटों का सामना करना पड़ता है? मानवता पर यह एक कालिख लगी हुई है। इनकी शिक्षा के लिए, सामाजिक सुधारों के लिए हमने कुछ भी नहीं किया अब तक? कुछ लोग बिना कारण धर्म के नाम पर शोर मचाना शुरू कर देते हैं। हंगामा खड़ा कर देते हैं। धर्म कहता है कि मानव मानव से प्रेम करे, उसकी सहायता करे। मुश्किल समय में साथ देना सभी धर्मों के लोग भूल जाते हैं। कुछ लोग परदेश से पैसे लेकर धार्मिक कार्य करते हैं वह अच्छी बात है। यह आदिवासी स्कूल गया इसलिए वह परधर्म में चला गया, यह कहना ठीक न होगा। वह बेचारा कोई फादर जिसने धर्म के सन्देश के अनुसार एक पारधी बच्चे को अपना नाम दिया, इससे धर्म कैसे डूबा? यह समझ नहीं आया है। मैं अब पूरी रिपोर्ट लिखूँगा और कहूँगा कि इन आदिवासी पारधियों को सामाजिक सुधार करने में सहभागी बनाना होगा और सरकार को ही इस वकील गोन्साल्बिस की तरह, बच्चों का खर्चा उठाना होगा, तभी इनके बच्चों के खाने, पीने, रहने, पढ़ने के प्रश्न का हल निकलेगा।''

जाते हुए चौधरी ने वकील गोन्साल्बिस से कहा–''बेटा तुम्हारा नाम किस जाति का है, किस धर्म का है यह मैं नहीं जानता हूँ पर तुम बड़े होकर, पढ़-लिखकर अपने समाज को इस नरक, इस यातना से जरूर ऊपर उठाना। इसके बाद किसी भी जाति के लोग आकर तुम्हें परेशान नहीं करेंगे। इसका मैं अवश्य ध्यान रखूँगा।''

दूसरे दिन, बकरी सुबह जल्दी उठ गई और वकिल्या को जल्दी से तैयार होने को कह दिया। उसने अपने बेटे से कहा–''ओ मेरे बच्चे, मैं तुम्हें तुम्हारे बाप की तरह झोंपड़पट्टी में मरने नहीं दूँगी। मेरी मति मारी गई थी मैं जो तुम्हें यहाँ ले आई इन दीवाली की छुट्टियों में। प्यार जो उमड़ा था मेरे मन में तुम्हारे लिए? बाल-बाल बच गए हो तुम शायद, मैं ही तुम्हारा नुकसान करने चली थी। पर अब इसके बाद

मैं कभी भी तुम्हें किसी भी छुट्टी में घर–इस झोंपड़पट्टी में आने को नहीं कहूँगी। वह गलती मैं नहीं दोहराऊँगी। चलो अभी मैं तुम्हें फादर के स्कूल छोड़ आती हूँ। वहीं रहकर तुम पढ़-लिखकर बड़े आदमी बन जाओ।''

माँ-बेटा स्कूल जाने के लिए निकल पड़े।

वकील सिर झुकाए सोचता चला जा रहा था–'हे यीशु प्रभु! तू मुझे मानवता का, प्रेम और सद्भाव का रास्ता दिखा। मुझे यह दुख सहने की ताकत दे। हे प्रभु मैं तुम्हें वचन देता हूँ कि मैं मन लगाकर पढ़ूँगा। शिक्षा और बुद्धि के दम पर मैं बहुत बड़ा बनूँगा। मैं अपने गरीब बाँधवों की सेवा करूँगा। उन्हें मैं मानवता और प्रेम का धर्म सिखाऊँगा। उन्हें सयाना बनाऊँगा। भूखे को अन्न, प्यासे को पानी देकर, गरीबों की सेवा ही असली धर्म है, इस बात को मैं सबको समझा दूँगा। धर्म के नाम पर, किसी पर या एक-दूसरे के विरोध में घोषणा करके हाथ में सोटी, लाठी लेकर प्रश्न कभी हल नहीं किए जा सकते। सारी मानव जाति एकत्रित हो प्यार से रहे यही इस प्रभु का सन्देश है। यह बात मैं सब गरीबों को समझा दूँगा। जैसे फादर ने स्कूल शुरू किया, मुझे पढ़ा-लिखाकर सयाना बनाया उसी तरह मैं भी झोंपड़पट्टी में रहनेवाले बच्चों के लिए स्कूल खोलूँगा और प्रभु के ऋण को चुकाऊँगा।''

बोझिल मन से वकील ने अपनी माँ से कहा–''आई (माँ) तू अब घर चली जा, मेरी चिन्ता मत करो। मैं खूब पढ़ूँगा। तुमने और मेरे पिता ने जो सपना देखा था, उसे मैं अवश्य पूरा करूँगा। बड़ा होकर तुम सबकी मैं सेवा करूँगा। फादर का व्यवहार ही धर्म है, ऐसा मैं मानता हूँ। बड़ा होकर मैं इसी मार्ग पर चलूँगा और अन्य लोगों को भी चलने को कहूँगा।''

●●●